Sammlung Vandenhoeck

V&R
Vandenhoeck
& Ruprecht

Weiber, Menscher, Frauenzimmer

Frauen in der ländlichen Gesellschaft
1500 –1800

Herausgegeben von
Heide Wunder und Christina Vanja

Vandenhoeck & Ruprecht

Für die große Unerstützung bei der
verlagsgerechten Bearbeitung der Manuskripte
danken wir Frau Angelika Möller und Sabine Stange.

Die Deutsche Bibliothek – CIP-Einheitsaufnahme

Weiber, Menscher, Frauenzimmer :
Frauen in der ländlichen Gesellschaft, 1500 –1800 /
hrsg. von Heide Wunder und Christina Vanja. –
Göttingen: Vandenhoeck und Ruprecht, 1996
(Sammlung Vandenhoeck)
ISBN 3–525–01361–2
NE : Vanja, Christina [Hg.]; GT

Umschlagbild: Sigrid und Wolfgang Jacobeit, Illustrierte
Alltagsgeschichte des deutschen Volkes, mit einem Vorwort
von Jürgen Kuczynski, Bd. 1 1550 –1810, Köln 1986, S. 207, Abb.247.

Druck und Bindung: Hubert & Co., Göttingen

Inhalt

Heide Wunder / Christina Vanja
Einleitung 7

I. »Jede Arbeit ist ihres Lohnes wert«

Dorothee Rippmann
Frauenarbeit im Wandel. Arbeitsteilung,
Arbeitsorganisation und Entlöhnung im Weinbau am
Oberrhein (15./16. Jahrhundert) 26

Arno Fitz
Heimarbeit und Selbstbewußtsein von Vorarlberger
Frauen im 18. Jahrhundert 60

Christina Vanja
Auf Geheiß der Vögtin. Amtsfrauen in hessischen
Hospitälern der Frühen Neuzeit 76

Ulrike Gleixner
Die »Gute« und die »Böse«. Hebammen als Amtsfrauen
auf dem Land (Altmark/Brandenburg, 18. Jahrhundert) ... 96

II. Im Lichte der Öffentlichkeit

Lieselott Enders
Bürde und Würde. Sozialstatus und Selbstverständnis
frühneuzeitlicher Frauen in der Mark Brandenburg 123

Werner Troßbach
»Rebellische Weiber«? Frauen in bäuerlichen
Protesten des 18. Jahrhunderts 154

Rainer Walz
Schimpfende Weiber. Frauen in lippischen
Beleidigungsprozessen des 17. Jahrhunderts 175

Silke Göttsch
»... sie trüge ihre Kleider mit Ehren ...«.
Frauen und traditionelle Ordnung im 17.
und 18. Jahrhundert 199

Christina Vanja
Das »Weibergericht« zu Breitenbach.
Verkehrte Welt in einem hessischen Dorf des
17. Jahrhunderts 214

III. Fremd auf dem Land

Helfried Valentinitsch
Frauen unterwegs. Eine Fallstudie zur Mobilität
von Frauen in der Steiermark um 1700 223

Barbara Hoffmann
»Weil man uns anderswo nicht hat dulden wollen«.
Radikalpietistische Frauen in Wittgenstein 237

Irene Hardach-Pinke
Gouvernanten. Abgesandte städtischer
Kultur auf dem Lande 254

Autorinnen und Autoren 277

Heide Wunder / Christina Vanja

Einleitung

»Weiber«, »Menscher«, »Frauenzimmer«, so wurden Frauen verschiedenen Standes in der Gesellschaft der Frühen Neuzeit bezeichnet. »Weib« hatte keineswegs – wie heute – einen negativen Akzent, sondern benannte die verheiratete Frau, das »Eheweib«. »Menscher« dagegen hießen die ledigen »Weibspersonen« mit dienenden Aufgaben, denen alles zuzutrauen war, ein Vorurteil, das sie vor allem in Unzuchtsprozessen zu bestätigen schienen. Demgegenüber gehörten die »Frauenzimmer« den Familien der gehobenen Stände an,[1] deren weibliche Angehörige schon im Mittelalter über eigene Gemächer (Frauenzimmer) verfügten.

Diese Unterscheidung der Frauen nach zivilem und sozialem Stand findet sich sowohl in der städtischen als auch in der ländlichen Gesellschaft der Frühen Neuzeit, ein Befund, der nicht zu den geläufigen Vorstellungen von der ländlichen Gesellschaft paßt. Anders als die Stadt galt sie lange als einfach strukturiert, geprägt vom bäuerlichen Wirtschaften, den Launen der Natur ebenso unterworfen wie denen der Grund- und Gutsherren. Konsequenterweise wurden die Kräfte, die die Veränderung der ständischen Agrargesellschaft zur modernen Gesellschaft bewirkten, außerhalb der ländlichen Gesellschaft verortet und deren Repräsentant, »der Bauer«, einer überwundenen Phase der Menschheitsgeschichte zugerechnet. Galt schon »der Bauer« als geschichtslos, wieviel mehr seine Frau. Auf die Leistungen des »aufgeklärten Absolutismus« und der bürokratischen Preußischen Reformen für die Herausbildung moderner Staatlichkeit fixiert, waren die Forschungsinteressen von der Vorstellung geleitet, daß gesellschaftliche Veränderungen erfolgreicher »von oben« als revolutionär »von unten« – wie in Frankreich – entwickelt werden.

Demgegenüber setzten sich in den letzten drei Jahrzehnten, als zu dem traditionellen Interesse an Politikgeschichte ein neues Verständnis des historischen Prozesses als Geschichte der Gesellschaft und der sozialen Beziehungen trat, in der Forschung neue Perspektiven durch. Nicht die Stadt, sondern das Land, wo in der Frühen Neuzeit in Dörfern, Weilern, Einzelhöfen, Gutshöfen, Adelssitzen und gewerblichen Siedlungen (Mühlen, Bergwerke, Hammerwerke), aber auch in Flecken, Märkten und Landstädtchen die meisten Menschen lebten und arbeiteten, wurde zum zentralen Beobachtungsfeld, um dem Wandel der ländlichen zur »modernen« Gesellschaft auf die Spur zu kommen. Wichtige Anstöße für die Forschung kamen von der Auseinandersetzung mit den vielfach wenig erfolgreichen Versuchen, in den dekolonisierten Ländern Südamerikas, Afrikas und weiter Teile Asiens politischen, wirtschaftlichen und sozialen Wandel zu initiieren. Die Transformation der ländlichen Gesellschaft Europas als Modell von »Entwicklung« und »Modernisierung« wurde Gegenstand intensiver Studien, die einerseits mit dem Instrumentarium der Sozialwissenschaften, andererseits mit dem der Ethnologie betrieben wurden.[2] Unter diesen Prämissen sind wirtschaftlich-soziale Differenzierungen auf dem Lande,[3] Bevölkerungsbewegungen und ihre Determinanten,[4] das Interagieren von Bauern und Herrschaft/Staat[5] sowie »kollektive Mentalitäten«[6] und »Volkskultur«[7] analysiert worden. Das Bild vom »Land« als Raum der Agrikultur hat sich zu dem eines wirtschaftlich und sozial ausdifferenzierten, dynamischen Kräftefeldes verändert[8] und zugleich die Konturen des Landes als »Kulturraum« und den »Eigensinn«[9] der dörflichen Gesellschaften, aber auch der Gruppenkulturen[10] erkennbar gemacht.

Frauen sind in diesem Forschungsprozeß in das Blickfeld gerückt, weil das generative Verhalten sowie die geschlechtsbezogene Arbeitsteilung für die Historische Demographie und die Familienforschung zentrale Indikatoren zur Ermittlung wirtschaftlicher und sozialer Strukturen und deren Wandel darstellen. Dementsprechend sind sie als Töchter, Ehefrauen und Witwen, als ledige Mütter und Haushaltungsvorstände, als selbständig und unselbständig Arbeitende in bäuerlichen wie in gewerblichen Haushalten hervorgetreten.[11]

Aber erst die Historische Frauen- und Geschlechterforschung hat gezielt nach der Geschichte der Frauen gefragt und die Bedeutung der Beziehungen zwischen den Geschlechtern für die Strukturierung der gesellschaftlichen Machtverhältnisse betont.[12] In der Forschungspraxis stand anfangs der Aspekt der Diskriminierung im Vordergrund – ausgelöst durch die Hexenverfolgungen des 15.–18. Jahrhunderts[13] –, dann, im Zeichen des Konzepts »Sozialdisziplinierung«[14], die Kriminalisierung von nichtehelichen Beziehungen als »Leichtfertigkeit« bzw. »Unzucht« sowie das Problem Kindsmord.[15] Neuerdings wird die rechtliche und soziale Ungleichheit zwischen Frauen und Männern vor Gericht thematisiert.[16]

Die Wende von der Frauen- zur Geschlechtergeschichte[17] hat neue Möglichkeiten eröffnet, die Konstruktion von Geschlecht und die Durchsetzung von Geschlechterrollen zu analysieren.[18] Hierbei nimmt die öffentliche Instanz › Gericht‹ einen zentralen Platz ein, da die Gerichtsakten eine Fülle von Einblicken nicht nur in die rechtliche Situation, sondern ebenso in die konfliktreichen wirtschaftlichen und sozialen Beziehungen der ländlichen Gesellschaft erlauben, zu denen sonst nichts schriftlich überliefert ist. So werden Kommunikation und Interagieren von Frauen, Fragen der Eheanbahnung,[19] Gewissensfragen[20] und »Seelennöte der Untertanen«[21] erkennbar. Darüberhinaus lassen sich Lebensläufe von Frauen wenigstens teilweise rekonstruieren.[22]

Die Frauen- und Geschlechtergeschichte hat – wie die Erforschung der sozio-ökonomischen und sozio-kulturellen Wandlungen seit dem 15. Jahrhundert insgesamt – von den Kontakten zu Nachbardisziplinen profitiert. Was heute über Frauen in der ländlichen Gesellschaft bekannt ist, ist den Fragen und Interessen mehrerer Disziplinen zu verdanken.[23] Als besonders anregend für die Analyse der ländlichen Gesellschaft haben sich die Perspektiven der Volkskunde/Europäischen Ethnologie/Empirischen Kulturwissenschaft,[24] der Ethnologie/Anthropologie[25] und der Sozialwissenschaften erwiesen, während die literarische und bildliche Überlieferung noch weitgehend der Erschließung harrt.[26] In diesem wissenschaftlichen Austauschprozeß haben sich sowohl der › Zuschnitt‹ der Fragen wie das Erkenntnisinteresse verändert. Heute kommen Studien zur ländlichen Gesellschaft der Frühen Neuzeit, seien sie nun anthropologisch oder mikrohistorisch, agrarisch oder gewerblich orientiert, nicht mehr ohne das Strukturmerkmal der »Geschlechterbeziehungen« aus: Der Zugang zu Besitz als Grundlage für das Haushalten und Wirtschaften wurde durch Erben und Heiraten eröffnet, das Netz sozialer Beziehungen durch Familie, Verwandtschaft und Patenschaften geknüpft.[27] Die Transformation der ländlichen Gesellschaft läßt sich an der veränderten Arbeitsteilung in der Protoindustrie wie im agrarischen Bereich ablesen,[28] die zugleich neue schichten- und geschlechtsspezifische Ausprägungen der Lebensweisen und Lebensstile bewirkte.[29]

Trotz dieser Vervielfältigung der Perspektiven und Fragestellungen bleiben Forschungsdesiderate. Die Differenziertheit und Komplexität der dörflich-bäuerlichen Gesellschaft sowie ihre Charakterisierung als »ländliche Klassengesellschaft« (Josef Mooser) ist ebenso eindrucksvoll herausgestellt worden wie ihr »Eigensinn« (Alf Lüdtke). Die Randgruppenforschung[30] hat nachgewiesen, daß neben Bauern, Gesinde,[31] der stetig wachsenden Zahl von Kleinstellenbesitzern, Tagelöhnern, Dorfhandwerkern, protoindustriellen Arbeitern auch Heimatlose und Fahrende zur ländlichen Gesellschaft gehörten und als Signatur für bestimmte soziale und wirtschaftliche Entwicklungen in der Frühen Neuzeit gelten können: Soldaten, Bettler, Räuber,[32] Zigeuner. Doch die zu den verschiedenen sozialen Gruppen gehörenden Frauen sind noch keineswegs hinreichend beachtet worden. Dazu ein paar Hinweise.

Das öffentliche Handeln von Frauen ist erst ansatzweise thematisiert worden. Zwar liegen erste Studien zum Agieren von Frauen vor Gericht vor, sie betreffen jedoch in erster Linie Fragestellungen, die heute als frauenspezifisch gelten (Unzucht, Kindsmord, Zauberei). In welchen Bereichen Frauen jedoch insgesamt anklagend oder angeklagt hervortraten, wird erst eine Gesamtauswertung aller Gerichtsverfahren bis auf die unterste Ebene der Bußgelder deutlich machen. Vor allem als »Weibergemeinde« der verheirateten Frauen, die die Hebamme wählten,[33] und als gerichtliche Instanz »in weiblichen Sachen«[34] traten Frauen als Gruppen auf. Ihre Bedeutung, die der der jungen Männer entspricht, ist erst in Ansätzen sichtbar.[35]

Noch kaum untersucht ist das Interagieren der Frauen als Haushaltungsvorstände (insbesondere Witwen) mit der Obrigkeit, das deren spezifische Bedürftigkeiten (Armut und Krankheit), aber auch deren selbständiges Argumentieren erkennen läßt.

Die Rolle von Frauen im bäuerlichen Widerstand könnte durch die Vernetzung mit Personendaten aus Kirchenbüchern, Wirtschafts- und Gerichtsakten besser erkennbar werden.[36] Erst dann wird es möglich sein, das Zusammenspiel von männlichen und weiblichen Aktionsgemeinschaften im Dorf und besonders beim bäuerlichen Widerstand zu bewerten.

Die Gruppenkultur der Frauen ist noch kaum erforscht. Es ist davon auszugehen, daß magische Praktiken und Frömmigkeit,[37] aber auch Arbeiten und Nachbarschaftlichkeit wichtige Hinweise geben werden.

Im bisherigen Forschungsspektrum kaum berücksichtigt sind adelige Frauen, Klosterfrauen und Unternehmerinnen auf dem Land. Zu einem Konzept, in dem das Neben- und Ineinander sehr verschiedener Lebenswelten auf dem Lande grundlegend ist, gehören selbstverständlich die Frauen der »oberen Stände«; einige wegweisende Studien haben gezeigt, wie lohnenswert ein solches Unterfangen ist.[38]

Ziel dieses Bandes ist es, Einblicke in die Komplexität der ländlichen Gesellschaft und ihren Wandel in der Frühen Neuzeit aus den Perspektiven der Frauen- und Geschlechtergeschichte zu eröffnen.[39] In drei Schwerpunkten (Arbeit und Beruf, Öffentlichkeiten, Heimatlosigkeit und Fremdsein) mit zwölf weitgehend aus den Quellen gearbeiteten Beiträgen wird die Vielfalt der Lebens- und Handlungsmöglichkeiten von Frauen erkennbar. Zum einen sind die neueren Forschungsschwerpunkte – Protoindustrie, bäuerlicher Widerstand, Hexenverfolgung, die »Ordnung der Geschlechter«, »Randgruppen« – vertreten, zum anderen werden das vernachlässigte Gebiet der Frauenarbeit[40] sowie das Thema »Fremde« neu entfaltet. Schließlich wird am Beispiel der Mark Brandenburg ein territorialer Überblick über das breite Spektrum von Handlungsmöglichkeiten für Frauen gegeben.

Wir wünschen, daß die Beiträge Forschungen zu fehlenden Aspekten anregen. Es mangelt weder an Fragen und Quellen noch an konzeptuellen Überlegungen.[41]

Zu den Beiträgen

Der erste Teil dieses Buches widmet sich der Frage, welchen Wert die Arbeit von Frauen auf dem Lande besaß. Welche Stellung nahm sie im Rahmen der Arbeitsteilung zwischen den Geschlechtern ein, wie wurde sie bewertet, welche Bedeutung besaß sie für die Frauen selbst und welche Positionen konnten Frauen innehaben? Alle vier Beiträge dieses Teils behandeln das Thema der Lohnarbeit, die seit dem späten Mittelalter nicht nur allgemein an Bedeutung gewonnen hatte, sondern zugleich deutlich in den allgemeinen wirtschaftlichen und sozialen Wandel eingebunden war.

Von der Annahme ausgehend, daß Lohnverhältnisse Ausdruck hintergründiger Denkstrukturen und Wertungen sind, untersucht *Dorothee Rippmann* die Entwicklung der Löhne im Weinbau der Herrschaft Birseck am Oberrhein im 15. und 16. Jahrhundert. Die Untertanen des Bischofs von Basel hatten hier gewohnheitsrechtlich Dienste in den Weinbergen zu erbringen, die jedoch entlohnt wurden. Männer und Frauen arbeiteten im Rahmen einer weitgehend festgelegten geschlechtlichen Arbeitsteilung, wobei sich die Frauen vor allem durch Geschicklichkeit und flinke Hände beim Binden der Reben, beim Ausbrechen der alten oder überschüssigen Triebe und beim Heften auszeichneten, während die Männer sich für das Schneiden der Reben, das Spitzen der »Stecken« für das Einrammen der Rebpfähle, das Hacken, das Laden des Düngers und andere physische Kraftarbeiten spezieller Werkzeuge bedienten. Eine Reihe von Arbeiten wurden allerdings auch gemeinsam von Frauen und Männern verrichtet, etwa das Verteilen des Düngers und das Wegtragen abgerutschten Erdreichs. Insgesamt besaßen diese außerhäuslichen Dienste einen bemerkenswerten Anteil am Arbeitsalltag der Frauen insgesamt.

Während sich Umfang und Art der Fronarbeiten im Laufe des Untersuchungszeitraumes grundsätzlich nicht veränderten, wandelte sich die Art der Entlohnung von der kombinierten Natural- und Geldleistung zu reinen Vergütungen in Geld. Die traditionelle Form der Arbeitsentschädigung durch Beköstigung unterschied bemerkenswerterweise nicht zwischen den Geschlechtern. Dagegen wurden die reinen Geldlöhne in Tarifen festgelegt, die die physische Kraftanstrengung und den

Schwierigkeitsgrad der mit Werkzeugen ausgeführten (Män-
ner-)Tätigkeit deutlich höher veranschlagten – nämlich um das
Doppelte – als die Ausdauer und Geschick verlangenden Bin-
de- und Ausbrecharbeiten der Frauen. Infolge dieser Veränderungen wurde in der Folgezeit die Frauenarbeit nicht nur
schlechter bewertet, die Arbeiterinnen mußten im 16. Jahrhundert auch einen Reallohnverlust hinnehmen. Der Grundherr
seinerseits nutzte die günstigeren Konditionen durch einen
vermehrten Arbeitseinsatz von Frauen – ausgenommen den
Bereich des Hackens und Grabens, der in den Händen der
Männer blieb.

Arno Fitz stellt in seiner Studie über Vorarlberg im 18. Jahrhundert eine Form der Frauenlohnarbeit vor, die sich auf dem
Hintergrund der spezifischen Wirtschaftsstruktur dieser Region weit verbreiten konnte. Die protoindustrielle Baumwollspinnerei der Frauen führte dabei nicht allein zu einer allgemeinen Hebung des Lebensniveaus; die selbständigen Einkünfte
der Frauen änderten auch die Geschlechterbeziehungen: Frau-
en heirateten auffallend häufig jüngere Männer, sie nutzten einen größeren Bewegungsspielraum, verkonsumierten einen
Teil ihres Verdienstes zum Beispiel im Wirtshaus und trugen ein
deutlich höheres Selbstbewußtsein zur Schau als traditionell
bei Frauen üblich.

Um die Handlungsmöglichkeiten arbeitender Frauen geht
es auch in dem Beitrag von *Christina Vanja* über die Amtsfrauen
in den Hospitälern der Landgrafschaft Hessen während der
Frühen Neuzeit. Die Hospitäler waren im Zuge der Reformation in säkularisierten Klöstern und in einer Pfarrei abseits der
Städte eingerichtet worden. Von den Wärterinnen, die für die
tägliche Versorgung der Armen und Kranken zuständig waren,
bis zu den Vorsteherinnen der Einrichtungen bekleideten alle
auf Dauer im Hospital tätigen Frauen Ämter, durch die sie einen öffentlichen Status und Befehlsgewalt sowie eine lebenslange Versorgung erlangten. Die meisten Ämter waren Ehepaaren übergeben, deren Aufgaben in den Hospitalsordnungen
festgelegt waren. Um sich ganz der Arbeit im Hospital widmen
zu können und dessen Ressourcen nicht zu belasten, waren
Kinder bei diesen Ehepaaren nicht erwünscht. Besonders die
Entwicklung des 18. Jahrhunderts zeigt bei den Männern wie
bei den Frauen eine veränderte Einstellung zur Frauenarbeit.
Die Arbeit für das Hospital trat zunehmend in Konkurrenz zu

dem Wunsch, ein eigenes Familienleben zu pflegen. Schon am Ende des 18. Jahrhunderts wurde Kritik am Rückzug der Frauen aus dem Arbeitsleben durch die Hospitaladministration laut.

Gleichfalls um auf dem Lande tätige Amtsinhaberinnen geht es in dem Beitrag von *Ulrike Gleixner*. Am Beispiel der Altmark im 18. Jahrhundert zeigt sie die Doppelfunktion der Hebammentätigkeit auf, die sowohl die solidarische Geburtshilfe als auch die kontrollierende Gutachtenerstellung umschloß. »Wehemütter«, die in den dörflichen Gemeinden von den verheirateten Frauen gewählt wurden, waren in der »Stunde der Not« zur Stelle, geschworene wie ungeschworene Hebammen wurden jedoch zugleich von der Gerichtsobrigkeit herangezogen, um Aussagen über den körperlichen Zustand der Frauen zu machen, die, obwohl unverheiratet, im Verdacht standen, schwanger gewesen zu sein. Das heißt, die Hebammen waren Teil des staatlichen Überwachungs- und Kontrollkonzeptes, das die Durchsetzung herrschaftlicher Moralvorstellungen zum Ziel hatte. In einzelnen Fällen konnte die Hebamme durch ihre ambivalente Position in Bedrängnis geraten; die überwiegende Zahl der Fallbeispiele macht jedoch deutlich, daß die Hebammen sich zu den jeweiligen Gruppen von Frauen von vornherein grundsätzlich verschieden verhielten: gegenüber den verheirateten schwangeren Frauen hilfreich, gegenüber den unehelich Schwangeren dagegen ausgrenzend.

Die amtliche Stellung der Hebammen schwächte sich im späten 18. Jahrhundert mit der Abschaffung der »Unzuchtstrafen« und der damit wegfallenden Kontrollfunktion deutlich ab. Gleichzeitig verstärkten sich die Angriffe der Amtsärzte auf die Hebammen, denen sie geburtshelferische Fähigkeiten absprachen – Vorwürfe, die offensichtlich weniger auf tatsächlichen Mängeln bei der Arbeit der »Wehemütter« als auf Profilierungswünschen der Attackierenden beruhten. In jedem Falle minderten beide Entwicklungen das Ansehen, das auch die Landhebammen bis zum Ende der Frühen Neuzeit besaßen.

Der zweite Teil des Bandes befaßt sich mit unterschiedlichen Formen der Präsenz ländlicher Frauen in der Öffentlichkeit. Es sind positive wie negative Rollenzuweisungen zu erkennen.

Lieselott Enders geht mit Blick auf eine ganze Region, die Mark Brandenburg, den Quellen nach, die die Stellung, das Handeln und nicht zuletzt das Selbstbewußtsein von Frauen

unterschiedlichen Standes zwischen »Bürde und Würde« erkennen lassen. Das Erbrecht zeigt ebenso wie die konkreten
Erbvergleiche und die gemeinsamen Testamente der Eheleute
zumindest im Bereich der ehelichen Gütergemeinschaft eine
Gleichstellung von Mann und Frau.

Die Basis bildet die gesellschaftliche Anerkennung der Arbeitsleistung beider Ehepartner in der Ständegesellschaft und
das gemeinsam erworbene Vermögen. Tatsächlich waren Männer und Frauen wirtschaftlich und sozial aufeinander angewiesen, um ihre Höfe zu bewirtschaften. Arbeitsamkeit, Fleiß und
Erfolg verhalfen infolgedessen den Frauen zu Selbstbewußtsein und Selbstwertgefühl, die auch die einseitige positive Orientierung der Obrigkeit am Manne nicht zu negieren ver-
mochte. Frauen forderten, durchaus auch gegen den eigenen
Ehemann, ihre Rechte vor Gericht ein, nutzten ihre Zungenfertigkeit, um eigene Interessen durchzusetzen, oder wurden in
der Öffentlichkeit handgreiflich. Sie wurden allerdings auch oft
wegen sogenannten Schadenszaubers angeklagt. Besonders
aktiv waren Frauen schließlich am Ende des 18. Jahrhunderts
in den pietistischen Bewegungen, für die sie häufig mehr als
die Männer zu riskieren bereit waren.

Um die »rebellischen Weiber« in bäuerlichen Protesten des
18. Jahrhunderts geht es in dem Beitrag von *Werner Troßbach.*
Anlässe zum gemeindlichen Handeln gaben insbesondere
Pfändungen und Gefangennahmen, die die Obrigkeit vielfach
in Nacht- und Nebel-Aktionen zu realisieren suchte. Um ihre
Männer wieder zu befreien, konnten »drei- bis vierhundert
Weiber und Mägde« ein Stadtgefängnis angreifen, mit stechen-
dem und hauendem Werkzeug aller Art bewaffnet. Allerdings
agierten die Frauen, so die These des Autors, nur scheinbar
selbständig – eine vorgegebene Eigenständigkeit weiblichen
Handelns, die nicht zuletzt eine milde Reaktion der Obrigkeit
bewirken, zumindest aber zur allgemeinen Verwirrung beitragen sollte. In Wirklichkeit handelten jedoch beide Geschlechter
zusammen, wenn nicht sogar die Frauen von den Männern geradezu zu bestimmten rebellischen Aktionen veranlaßt wurden. Insofern stehen die Untersuchungsergebnisse über diese
kleineren dörflichen Tumulte zum Teil im Gegensatz zu den
Darstellungen über die großen Hungerrevolten zum Beispiel in
der Französischen Revolution.

Von der Frage der Geschlechtsspezifik der Zaubereianklagen ausgehend, setzt sich *Rainer Walz* allgemeiner mit dem besonderen Frauenbezug lippischer Beleidigungsprozesse des 17. Jahrhunderts auseinander. Auch in diesen Zusammenhängen ergeben die detaillierten Aktenstudien Anlaß zu einer eher differenzierten Sicht geschlechtsspezifischen Verhaltens. Neben die Frauen, die mit ihrem »Gerede« die dörflichen Diskussionen beeinflußten, treten die Männer als Drahtzieher, die in der Gerüchteküche mitmischten und Hexereibeschuldigungen in Umlauf brachten.

In den Schimpfritualen gab es allgemein geschlechtsspezifische Unterschiede in den Bereichen Ehre/Sexualität/Eigentum, wobei Männer insbesondere als »Schelme« und Frauen als »Huren« diffamiert wurden. Die Geschlechtsspezifik der Zaubereibeschimpfungen war jedoch nach diesen Unterlagen geringer, als bisher angenommen. Es waren jedoch überwiegend Frauen, die eines realen Zauberdelikts angeklagt wurden. Angesichts dieser Beschuldigungen reagierten die Frauen dennoch nicht mit weiblicher Solidarität, sondern blieben eher mit dem Mann verbunden. Frauen fühlten sich aber durch die häufigen Hinrichtungen von Frauen als Hexen in ihrer Geschlechtsehre belastet. Zudem trugen sie auffallend selten im Vergleich zu den Männern ihre Angelegenheiten vor dem von Männern besetzten Dorfgericht aus. Diese Momente verweisen auf eine geschlechtsspezifische Wahrnehmungsweise, die Frauen von den Gerichten kein gerechtes Urteil erwarten ließ. Suchten sich Frauen Mittelleute zur Schlichtung von Konflikten, so wählten sie »Beschick*männer*«.

Um das »Brauchtümliche« auf dem Lande und seine Bedeutung für die Frauen im 17. und 18. Jahrhundert geht es in zwei Hinsichten in der Studie von *Silke Göttsch* mit dem Titel »... sie trüge ihre Kleidung mit Ehren ...«. In beiden Fällen ist die »Ehre« der Frau durch ihre sexuelle Verhaltensweise bestimmt. Beim »Nachtfreien«, den nächtlichen Besuchen junger lediger Männer bei unverheirateten Frauen, war das »Werben«, entgegen romantisierenden Darstellungen späterer Zeit, in der Realität häufig von Gewalttätigkeiten, ja von Vergewaltigungen begleitet. Im Nachhinein war es den Frauen meist unmöglich, ihre »Ehre« wiederherzustellen, da die Männer ihre Aggressivität im Rahmen einer gegebenen allgemeinen Akzeptanz rechtfertigen konnten. Doch selbst wenn die Frau sich, von einem ehrlichen Eheversprechen ausgehend, freiwillig mit dem

Werber sexuell einließ, war sie strukturell im Nachteil. Der Mann konnte das Eheversprechen später bestreiten oder ihre »Ehre« in Verruf bringen.

Auch ein zweiter ländlicher Brauch erweist sich bei näherem Hinsehen dem Bild ländlicher Idylle wenig gemäß. Der Strohkranz als Gegenstück zur Brautkrone, der die nicht mehr jungfräuliche Braut beim Hochzeitsgang schmähte, wurde lange Zeit als »Volksrüge« interpretiert. Beide Symbole – Strohkranz wie Brautkrone – gehörten jedoch keineswegs in das Repertoire volkstümlicher Sittlichkeitsvorstellungen, die voreheliche Beziehungen als Teil der Werbung der Brautleute füreinander akzeptierte. Vielmehr war die Einführung dieses Brauches, die Jungfräulichkeit der Braut zu kennzeichnen, ein historisch relativ junger Versuch der Kirche, neue Moralvorstellungen in der ländlichen Bevölkerung zu etablieren. Konsequenterweise befand sich die Brautkrone im Besitz der Obrigkeit und wurde nur in deren Auftrag ausgeliehen. Spätestens im 18. Jahrhundert wurde die Brautkrone in die Hochzeitstracht integriert, ihr folgte zur Kennzeichnung des Status der verheirateten Frau die Haube. Die Hauben sollten jedoch auf Anordnung der Obrigkeit nun auch die Jungfern tragen, die schon vor der Heirat sexuelle Beziehungen unterhielten. Die voreheliche Schwängerung wurde so als »Defekt« sichtbar gemacht.

Eine Konfrontation zwischen ländlichem Brauchtum und obrigkeitlichen Ordnungsvorstellungen anderer Art zeigt das Geschehen um das »Breitenbacher Weibergericht« von 1656, das *Christina Vanja* analysiert. Das Fehlverhalten eines Ehepaares – die Ehefrau hatte ihren spät heimkehrenden, angetrunkenen Ehemann offensichtlich geschlagen – veranlaßte die Gruppe der verheirateten Frauen des Dorfes zu Gericht zu sitzen und anschließend dem Ehepaar das Dach abzudecken, um die Unordnung in diesem Hause offenkundig zu machen. Die Aktion endete in gemeinsamem Zusammensitzen der richtenden »Weiber« und des betroffenen Ehepaares im Wirtshaus. Der dörfliche Brauch, von Frauen getragen, hatte den Frieden wiederhergestellt. Der örtliche Adel, der Dorfgemeinde im alltäglichen Umgang verbunden, tolerierte das »Weibergericht«. Die Regierung in der fernen Residenzstadt jedoch sah diese Aktion, bei der die üblichen Gerichtsverfahren parodiert worden waren, als Verstoß gegen die eigenen Kompetenzen und als Anmaßung an und brachte ihrerseits durch ein Gerichtsverfahren zumindest die Ehemänner dazu, für die Zukunft die Unterlassung dieses »Unfugs« zu versprechen.

Der dritte Teil des Buches befaßt sich mit Frauen, die als »Fremde« auf dem Lande lebten, aber gerade dadurch die zunehmende Vielfalt des ländlichen Lebens in der Frühen Neuzeit mitprägten.

Am Beispiel der Steiermark um 1700 geht *Helfried Valentinitsch* dem Lebenslauf einer nichtseßhaften Frau nach, die sich mit ihrer Mutter, ihren nichtehelich geborenen Kindern und zeitweise ihrem Lebensgefährten mit Gelegenheitsarbeiten und Betteln durchschlug. Die Mobilität bildete für sie wie für zahlreiche andere Arme die Basis zum Überleben. Größere Siedlungen wurden auf den zirkulär verlaufenden Wanderrouten bewußt vermieden – hier drohten Kontrolle und Inhaftierung –, während Bauernhöfe zum Beispiel in Zeiten der Krankheit durchaus zur Zuflucht werden konnten. Von Kindheit auf an das Wanderleben gewöhnt und durch persönliche Beziehungen mit anderen Nichtseßhaften verbunden, bestand für diese Frauen kaum eine Chance, sich in das städtische oder dörfliche Leben zu integrieren.

Dem steht der ländliche Aufenthalt hessischer Radikalpietistinnen gegenüber, die, um ihr Leben in eigener Verantwortlichkeit nach Gottes Willen gestalten zu können, ihre Heimatstädte verließen. An zwei Beispielen geht *Barbara Hoffmann* insbesondere den Motiven dieser Frauen nach, die zu Beginn des 18. Jahrhunderts das bürgerliche Leben zugunsten ländlicher Kommunen aufgaben. Wie der Lebensweg der Pfarrfrau Catharina Elisabeth Uckermann zeigt, wurde das Land für viele Pietistinnen erst zum Zufluchtsort, als alle Integrationsversuche in das städtisch-bürgerlichen Leben gescheitert waren. Nicht zuletzt auf dem Hintergrund territorialer Auseinandersetzungen wurde für diese Frau, die sich der Gruppe um Eva von Buttlar anschloß, ein gräfliches Pachtgut außerhalb Hessens zum Exil auf dem Lande. Eine zweite Pietistin, aus dem niederen Adel stammend, suchte dagegen bewußt nach einer »erbaulichen« Umgebung, da ihr der »äußerliche Gottesdienst« unerträglich geworden war. Der Rückzug in die »Innerlichkeit« genügte ihr nicht. Erst außerhalb der Siedlungen, auf einem Hof, war ihr die Ausgestaltung eines frommen Lebens möglich. Beiden Frauen, die den Rahmen der alten Ordnungen verlassen hatten, wurde die ländliche »Wildnis« zum Raum, in dem sie neue Ordnungen gestalten konnten.

Als Berufstätige kamen die Gouvernanten auf das Land, um dort die Kinder auf adeligen Gütern, aber auch in einzelnen wohlhabenden Pfarr- und Amtshäusern, ihrem Stande entsprechend zu erziehen. Wie *Irene Hardach-Pinke* deutlich macht, verbanden diese Frauen keine Geschäfte, Rechte und Pflichten mit den Dorfbewohnern. Ihre Lebensweise blieb bürgerlich und hatte eine standesgemäße Eheschließung zum Ziel. Für die Gouvernanten war – in größerem Maße als für die Hofmeister, die sich den Pfarrern und Beamten zugesellen konnten – der persönliche Bewegungsraum auf dem Land begrenzt. Während die Naturerlebnisse den schöngeistig gebildeten Frauen durchaus Anlaß zu schwärmerischer Betrachtung gaben, blieb das Land als Ort bäuerlichen Lebens den Gouvernanten fremd. Umgekehrt veränderte die Anwesenheit dieser erwerbstätigen Frauen aus den höheren Ständen das Gesamtbild der ländlichen Verhältnisse, indem sie deren soziales Spektrum erweiterten.

Anmerkungen

1 Vgl. hierzu die entsprechenden Stichworte in: Johann Heinrich Zedler (Hg.), Grosses vollständiges Universallexikon aller Wissenschaften und Künste, 64 Bde., 4 Erg. Bde., Leipzig 1732–1754; Johann Georg Krünitz, Oeconomisch-technologische Encyklopädie [...], 242 Bde., Berlin 1773–1858, und Jacob und Wilhelm Grimm, Deutsches Wörterbuch, 33 Bde., Leipzig 1854–1971.

2 Zur Diskussion um die »Peasant studies« vgl. Rudolf Schlögl, Bauern, Krieg und Staat. Oberbayerische Bauernwirtschaft und frühmoderner Staat im 17. Jahrhundert, Göttingen 1988, S. 29 und 292–294.

3 Vgl. z.B. Josef Mooser, Ländliche Klassengesellschaft 1770–1848. Bauern und Unterschichten, Landwirtschaft und Gewerbe im östlichen Westfalen, Göttingen 1984; Schlögl (wie Anm. 2); Rainer Beck, Unterfinning. Ländliche Welt vor Anbruch der Moderne, München 1993; Jürgen Schlumbohm, Lebensläufe, Familien, Höfe. Die Bauern und Heuerleute des Osnabrückischen Kirchspiels Belm in proto-industrieller Zeit, 1650–1860, Göttingen 1994.

4 Arthur E. Imhof, Historische Demographie als Sozialgeschichte. Gießen und Umgebung vom 17. zum 19. Jahrhundert, 2 Tle., Darmstadt 1975.

20   *Heide Wunder / Christina Vanja*

5 Vgl. Werner Troßbach, Soziale Bewegung und politische Erfahrung. Bäuerlicher Widerstand in hessischen Territorien, 1648–1806, Weingarten 1987.

6 Für die ländliche Gesellschaft exemplarisch Jan Peters, Der Platz in der Kirche. Über soziales Rangdenken im Spätfeudalismus, in: Jahrbuch für Volkskunde und Kulturgeschichte 28 (1985), S. 77–106; Ders., Eigensinn und Widerstand im Alltag. Abwehrverhalten ostelbischer Bauern unter Refeudalisierungsdruck, in: Jahrbuch für Wirtschaftsgeschichte 1991/2, S. 85–103; Ders., Das laute Kirchenleben und die leisen Seelensorgen. Beobachtungen an zwei Dörfern und einer Stadt (Prignitz, 17. Jahrhundert), in: Richard van Dülmen (Hg.), Arbeit, Frömmigkeit und Eigensinn. Studien zur historischen Kulturforschung, Bd. 2, Frankfurt a.M. 1990, S. 75–105.

7 Vgl. Norbert Schindler, Spuren in der Geschichte der › anderen‹ Zivilisation. Probleme und Perspektiven einer historischen Volkskulturforschung, in: Richard van Dülmen/Norbert Schindler (Hg.), Volkskultur. Zur Wiederentdeckung des vergessenen Alltags (16.–20. Jahrhundert), Frankfurt a.M. 1984, S. 13–77; Ders., Widerspenstige Leute. Studien zur Volkskultur in der frühen Neuzeit, Frankfurt a.M. 1992.

8 Heide Wunder, Agriculture and Agrarian Society, in: Sheilagh Ogilvie (Hg.), Germany. A New Social and Economic History, Bd. 2 1630–1800, London 1996, S. 63–99.

9 Alf Lüdtke (Hg.), Alltagsgeschichte, Frankfurt a.M. 1989.

10 Vgl. Hans Medick, Spinnstuben auf dem Dorf. Jugendliche Sexualkultur und Feierabendbrauch in der ländlichen Gesellschaft der frühen Neuzeit, in: Gerhard Huck (Hg.), Sozialgeschichte der Freizeit. Untersuchungen zum Wandel der Alltagskultur in Deutschland, Wuppertal 1980, S. 19–50; Andreas Suter, Die Träger bäuerlicher Widerstandsaktionen im Bauernaufstand im Fürstbistum Basel 1726-1740: Dorfgemeinde – Dorffrauen – Knabenschaften, in: Winfried Schulze (Hg.), Aufstände, Revolten, Prozesse. Beiträge zu bäuerlichen Widerstandsbewegungen im frühneuzeitlichen Europa, Stuttgart 1983, S. 89–111; Karl-Sigismund Kramer, Grundriß einer rechtlichen Volkskunde, Göttingen 1974.

11 Michael Mitterauer, Familie und Arbeitsteilung. Historisch-vergleichende Studien, Wien 1992, S. 58–148; Peter Kriedte/Hans Medick/Jürgen Schlumbohm, Industrialisierung vor der Industrialisierung. Gewerbliche Warenproduktion auf dem Land in der Formationsperiode des Kapitalismus, Göttingen 1977; Sheilagh C. Ogilvie/Markus Cerman (Hg.), European Proto-Industrialization, Cambridge 1996 (gekürzte deutsche Fassung: Markus Cerman/Sheilagh Ogilvie (Hg.), Protoindustrialisierung in Europa. Gewerbliche Warenproduktion vor dem Fabrikzeitalter, Wien 1994).

12 Gisela Bock, Historische Frauenforschung: Fragestellungen und Perspektiven, in: Karin Hausen (Hg.), Frauen suchen ihre Geschichte. Historische Studien zum 19. und 20. Jahrhundert, München 1983, S. 22–60; Literaturberichte: Claudia Ulbrich, Aufbruch ins Ungewisse, in: Beate Fieseler/Birgit Schulze (Hg.), Frauengeschichte gesucht – gefunden? Auskünfte zum Stand der Historischen Frauenforschung, Köln 1991, S. 4–21; Dies., Frauen- und Geschlechtergeschichte, T. 1, in: Geschichte in Wissen-

schaft und Unterricht 45 (1994), S. 108–120; Brigitte Mazohl-Wallnig, The State of Women's History in Austria, in: Karen Offen u.a. (Hg.), Writing Women's History. International Perspectives, Bloomington 1991, S. 279–290; Ute Frevert/Heide Wunder/Christina Vanja, Historical Research on Women in the Federal Republic of Germany, in: ebd., S. 291–331; Petra Rantzsch/Erika Uitz, Historical Research on Women in the German Democratic Republic, in: ebd., S. 333–353; Regina Wecker, Women's History in Switzerland, in: ebd., S. 355–367; Rebekka Habermas/Heide Wunder, »Nachwort« zu Georges Duby/Michelle Perrot (Hg.), Geschichte der Frauen, Bd. 3, Frankfurt a.M. 1994, S. 539–571; Rebekka Habermas, Geschlechtergeschichte und »anthropology of gender«, in: Historische Anthropologie 1 (1993), S. 485–509.

13 Gerhard Schormann, Hexenprozesse in Deutschland, Göttingen ³1996; Eva Labouvie, Zauberei und Hexenwerk. Ländlicher Hexenglauben in der frühen Neuzeit, Frankfurt a.M. 1991; Ingrid Ahrendt-Schulte, Zauberei. Die Kunst der Frauen, Diss. Kassel 1996; Literaturberichte: Wolfgang Behringer, Erträge und Perspektiven der Hexenforschung, in: Historische Zeitschrift 249 (1989), S. 619–640; Peter Kriedte, Die Hexen und ihre Ankläger. Zu den lokalen Voraussetzungen der Hexenverfolgungen in der frühen Neuzeit – Ein Forschungsbericht, in: Zeitschrift für historische Forschung 14 (1987), S. 47–71; Andreas Blauert, Die Epoche der europäischen Hexenverfolgungen, in: Gisela Wilbertz (Hg.), Hexenverfolgungen und Regionalgeschichte. Die Grafschaft Lippe im Vergleich, Bielefeld 1994, S. 27–43; Gerd Schwerhoff, Vom Alltagsverdacht zur Massenverfolgung. Neuere deutsche Forschungen zum frühneuzeitlichen Hexenwesen, in: Geschichte in Wissenschaft und Unterricht 46 (1995), S. 359–380.

14 Gerhard Oestreich, Strukturprobleme des europäischen Absolutismus, in: Vierteljahrschrift für Sozial- und Wirtschaftsgeschichte 55 (1968), S. 329–347; zur Kritik: Martin Dinges, Frühneuzeitliche Armenfürsorge als Sozialdisziplinierung? Probleme mit einem Konzept, in: Geschichte und Gesellschaft 17 (1991), S. 5–29.

15 Vgl. z.B. Stefan Breit, »Leichtfertigkeit« und ländliche Gesellschaft. Voreheliche Sexualität in der Frühen Neuzeit, München 1991; Regina Schulte, Kindsmörderinnen auf dem Lande, in: Hans Medick/David Sabean (Hg.), Emotionen und materielle Interessen, Göttingen 1984, S. 113–142; Otto Ulbricht, Kindsmord und Aufklärung in Deutschland, München 1990; Richard van Dülmen, Frauen vor Gericht. Kindsmord in der Frühen Neuzeit, Frankfurt a.M. 1991; Clemens Zimmermann, »Behörigs Orthen angezeigt«: Kindsmörderinnen in der ländlichen Gesellschaft Württembergs 1581–1792, in: Medizin, Gesellschaft und Geschichte 10 (1991), S. 67–102; Karin Stukenbrock, Das Zeitalter der Aufklärung. Kindsmord, Fruchtabtreibung und medizinische Policey, in: Robert Jütte (Hg.), Geschichte der Abtreibung. Von der Antike bis zur Gegenwart, München 1993, S. 91–119.

16 Ulrike Gleixner, Das Gesamtgericht der Herrschaft Schulenburg im 18. Jahrhundert. Funktionsweise und Zugang von Frauen und Männern, in: Jan Peters (Hg.), Gutsherrschaft als soziales Modell. Vergleichende Betrach-

tungen zur Funktionsweise frühneuzeitlicher Agrargesellschaften, München 1995, S. 301–326; Michaela Hohkamp, Wer will erben? Überlegungen zur Erbpraxis in geschlechtergeschichtlicher Perspektive in der Herrschaft Triberg von 1654–1806, in: ebd., S. 327–341; Monika Mommertz, »Hat ermeldetes Waib mich angefallen«. Gerichtsherrschaft und dörfliche Sozialkontrolle in Rechtshilfeanfragen an den Brandenburger Schöppenstuhl um 1600. Ein Werkstattbericht, in: ebd., S. 343–358; Otto Ulbricht (Hg.), Von Huren und Rabenmüttern. Weibliche Kriminalität in der Frühen Neuzeit, Köln 1995; Heide Wunder, »Weibliche Kriminalität« in der Frühen Neuzeit. Überlegungen aus der Sicht der Geschlechtergeschichte, in: ebd., S. 39–62; Claudia Ulbrich, Weibliche Delinquenz im 18. Jahrhundert, in: ebd., S. 281–312; Dies., »Kriminalität« und »Weiblichkeit« in der Frühen Neuzeit. Kritische Bemerkungen zum Forschungsstand, in: Kriminologisches Journal, 5. Beiheft 1995, S. 208–220.

17 Joan W. Scott, Gender: A Useful Category of Historical Analysis, in: Dies., Gender and the politics of history, New York 1988, S. 28–50.

18 Ulrike Gleixner, Das »Mensch« und der »Kerl«. Die Konstruktion von Geschlecht in Unzuchtverfahren der Frühen Neuzeit (1700–1760), Frankfurt a.M. 1994.

19 Rainer Beck, Illegitimität und voreheliche Sexualität auf dem Land. Unterfinning 1671–1770, in: Richard van Dülmen (Hg.), Kultur der einfachen Leute. Bayerisches Volksleben vom 16. bis zum 19. Jahrhundert, München 1983, S. 112–150; Ders., Frauen in Krise. Eheleben und Ehescheidung in der ländlichen Gesellschaft Bayerns während des Ancien Régime, in: Richard van Dülmen (Hg.), Dynamik der Tradition. Studien zur historischen Kulturforschung, Bd. 4, Frankfurt a.M. 1992, S. 137–213 und 288–300.

20 David Warren Sabean, Kommunion und Gemeinschaft: Abendmahlsverweigerung im 16. Jahrhundert, in: Ders., Das zweischneidige Schwert. Herrschaft und Widerspruch im Württemberg der frühen Neuzeit, Berlin 1986, S. 51–76.

21 S. Markus Schär, Seelennöte der Untertanen. Selbstmord, Melancholie und Religion im Alten Zürich, 1500–1800, Zürich 1985; Christina Vanja, Gender and Mental Diseases in the Early Modern Society: The Hessian Hospitals, in: Leonie de Goei/Joost Vijselaar (Hg.), Proceedings. 1st European Congress on the History of Psychiatry and Mental Health Care, Utrecht 1993, S. 71–75; Dies., »Und könnte sich groß Leid antun.« Zum Umgang mit selbstmordgefährdeten psychisch kranken Männern und Frauen am Beispiel der frühneuzeitlichen »Hohen Hospitäler« Hessens, in: Gabriela Signori (Hg.), Trauer, Verzweiflung und Anfechtung. Selbstmord und Selbstmordversuche in mittelalterlichen und frühneuzeitlichen Gesellschaften, Tübingen 1994, S. 210–232.

22 Sabine Kienitz, Unterwegs – Frauen zwischen Not und Norm. Lebensweise und Mentalität vagierender Frauen um 1800 in Württemberg, Tübingen 1989; Helfried Valentinitsch, Auf der Suche nach Arbeit und Brot. Eine Gruppe von Gelegenheitsarbeitern und Bettlern in der Obersteiermark um 1770, in: Blätter für Heimatkunde 63 (1989), S. 90–99, hier S. 90.

23 Zur Bilanzierung von Interdisziplinarität vgl. Gudrun-Axeli

Knapp/Hilge Landweer, »Interdisziplinarität« in der Frauenforschung: Ein Dialog, in: L'Homme, Zeitschrift für Feministische Geschichtswissenschaft 6 (1995), S. 3–38; Judith Stacey, Den Fächern untreu: Eine feministische Grenzüberschreitung, in: ebd., S. 39–58.

24 Kramer (wie Anm. 10); Silke Göttsch, Weibliche Erfahrungen um Körperlichkeit und Sexualität nach archivalischen Quellen aus Schleswig-Holstein 1700–1850, in: Kieler Blätter zur Volkskunde 18 (1986), S. 29–59; Ruth-Elisabeth Mohrmann, Volksleben in Wilster im 16. und 17. Jahrhundert, Neumünster 1977; Anne Blohm / Sabine Gieske, Überlegungen zur volkskundlichen Frauenforschung – Etappen und Entwicklungen, in: Zeitschrift für Volkskunde 90 (1994), S. 169–182.

25 Dafür stehen insbesondere die Arbeiten von David Warren Sabean.

26 Vgl. neuerdings zum Aspekt »Arbeit«: Sabine Lorenz-Schmidt, ›All Arbeit hat ihr Zeit‹. Zur geschlechtsspezifischen Arbeitsteilung in der Landwirtschaft in Bildern des 15. und 16. Jahrhunderts, Diss. Hamburg 1995 (Druck in Vorbereitung).

27 Vgl. z.B. Herman Rebel, Peasant Classes. The Bureaucratization of Property and Family Relations under Early Habsburg Absolutism 1511–1630, Princeton, NJ 1983; Thomas Robisheaux, Rural society and the search for order in Early Modern Germany, Cambridge 1989; David Warren Sabean, Property, production, and family in Neckarhausen, 1700–1870, Cambridge 1990; Schlögl (wie Anm. 2); Albert Schnyder-Burghartz, Alltag und Lebensformen auf der Basler Landschaft um 1700. Vorindustrielle, ländliche Kultur und Gesellschaft aus mikrohistorischer Perspektive – Bretzwil und das obere Waldenburger Amt von 1690 bis 1750, Liestal 1992; Beck, Unterfinning (wie Anm. 3), Schlumbohm (wie Anm. 3).

28 Vgl. die Beiträge von Sheilagh Ogilvie und Heide Wunder in: Ogilvie (wie Anm. 8).

29 Dies hat bereits Rudolf Braun, Industrialisierung und Volksleben. Veränderungen der Lebensformen unter Einwirkung der verlagsinternen Heimarbeit in einem ländlichen Industriegebiet (Zürcher Oberland) vor 1800, Bd. 1, Winterthur 1960, herausgestellt.

30 Karl-Ludwig Ay, Außerständische Menschen in Süddeutschland bis zur Epoche der Französischen Revolution, in: Otto Büsch/Walter Grab (Hg.), Die demokratische Bewegung in Mitteleuropa im ausgehenden 18. und frühen 19. Jahrhundert, Berlin 1980, S. 43–55; Ernst Schubert, Arme Leute, Bettler und Gauner im Franken des 18. Jahrhunderts, Neustadt a.d. Aisch 1983; Bernd Roeck, Außenseiter, Randgruppen, Minderheiten. Fremde im Deutschland der frühen Neuzeit, Göttingen 1993; Fremdsein. Minderheiten und Gruppen in Hessen, hg. v. Andreas C. Bimmer und Heinrich J. Dingeldein, Marburg 1988.

31 Silke Göttsch, Beiträge zum Gesindewesen in Schleswig-Holstein zwischen 1740 und 1840, Neumünster 1978.

32 Uwe Danker, Räuberbanden im Alten Reich um 1700. Ein Beitrag zur Geschichte von Herrschaft und Kriminalität in der Frühen Neuzeit, 2 Bde., Frankfurt a.M. 1988.

33 Eva Labouvie, Selbstverwaltete Geburt. Landhebammen zwischen

Macht und Reglementierung (17.-19. Jahrhundert), in: Geschichte und Gesellschaft 18 (1992), S. 477–506.

34 Wolfgang Prange, Der schleswigsche Bauer als Urteiler im Gericht, in: Ulrich Lange (Hg.), Landgemeinde und frühmoderner Staat. Beiträge zum Problem der gemeindlichen Selbstverwaltung in Dänemark, Schleswig-Holstein und Niedersachsen in der frühen Neuzeit, Sigmaringen 1988, S. 165–186.

35 Werner Troßbach, Bauern 1648-1806, München 1993, S. 105–107.

36 Marion Kobelt-Groch, Von »armen frowen« und »bösen wibern« – Frauen im Bauernkrieg zwischen Anpassung und Auflehnung, in: Archiv für Reformationsgeschichte 79 (1988), S. 103–137; Heide Wunder, Bauern und bäuerlicher Widerstand in der ostelbischen Gutsherrschaft (1650–1790), in: Sozialwissenschaftliche Informationen für Unterricht und Studium 12 (1983), S. 231–237.

37 Rebekka Habermas, Wallfahrt und Aufruhr. Zur Geschichte des Wunderglaubens in der frühen Neuzeit, Frankfurt a.M. 1991; Heide Wunder, Konfession und Frauenfrömmigkeit im 16. und 17. Jahrhundert. in: Theodor Schneider/Helen Schüngel-Straumann (Hg.), Theologie zwischen Zeiten und Kontinenten. Für Elisabeth Gössmann, Freiburg 1993, S. 185–197.

38 Irmintraut Richarz, Herrschaftliche Haushalte in vorindustrieller Zeit im Weserraum, Berlin 1971; Stephan Kellner, Die Hofmarken Jettenbach und Aschau in der Frühen Neuzeit. Studien zur Beziehung zwischen Herrschaft und Untertanen in Altbayern am Beispiel eines adeligen Herrschaftsbereiches, München 1986; Uta Loewenstein, »Daß sie sich uf iren Withumbssitz begeben und sich sonsten anderer der Herrschafften Sachen und Handlungen nicht undernehmen ...«. Hofhaltungen fürstlicher Frauen und Witwen in der frühen Neuzeit, in: Jörg J. Berns/Detlef Ignasiak (Hg.), Frühneuzeitliche Hofkultur in Hessen und Thüringen, Erlangen 1993, S. 115–141; Eva Labouvie, In weiblicher Hand. Frauen als Firmengründerinnen und Unternehmerinnen (1600–1870), in: Dies. (Hg.), Frauenleben – Frauen leben. Zur Geschichte und Gegenwart weiblicher Lebenswelten im Saarraum (17.–20. Jahrhundert), St. Ingbert 1993, S. 88–131; zur Unternehmersfrau Maria Elisabeth Stampferin vgl. Heide Wunder, »Er ist die Sonn', sie ist der Mond.« Frauen in der Frühen Neuzeit, München 1992, S. 21–23.

39 Heide Wunder, Das Dorf um 1600 – der primäre Lebenszusammenhang der ländlichen Gesellschaft, in: Wolfgang Brückner/Peter Blickle/Dieter Breuer (Hg.), Literatur und Volk im 17. Jahrhundert, Wiesbaden 1985, S. 69–87.

40 Günter Wiegelmann, Zum Problem der bäuerlichen Arbeitsteilung in Mitteleuropa, in: Aus Geschichte und Landeskunde. Forschungen und Darstellungen. Franz Steinbach zum 65. Geburtstag, Bonn 1960, S. 637–671; Mitterauer (wie Anm. 11); Harald Winkel, Die Frau in der Landwirtschaft, in: Hans Pohl (Hg.), Die Frau in der deutschen Wirtschaft, Stuttgart 1985, S. 89–104; Diedrich Saalfeld, Die Rolle der Frau in der nordwestdeutschen Landwirtschaft vom Beginn der Neuzeit bis zu den Agrarreformen des 19. Jahrhunderts, in: Braunschweigisches Jahrbuch 70 (1989), S. 115–137; zum

Forschungsstand s. Christina Vanja, Zwischen Verdrängung und Expansion, Kontrolle und Befreiung – Frauenarbeit im 18. Jahrhundert im deutschsprachigen Raum, in: Vierteljahrschrift für Sozial- und Wirtschaftsgeschichte 79 (1992), S. 457–482; dies., Frauenarbeit in der vorindustriellen Gesellschaft. Fragestellungen – Quellen – Forschungsmöglichkeiten, in: Frauenalltag – Frauenforschung. Beiträge zur 2. Tagung der Kommission Frauenforschung in der Deutschen Gesellschaft für Volkskunde, Freiburg 22.–25. Mai 1986, Frankfurt a.M. 1988, S. 261–273; Dorothee Rippmann/Katharina Simon-Muscheid, Weibliche Lebensformen und Arbeitszusammenhänge im Spätmittelalter und in der frühen Neuzeit: Methoden, Ansätze und Postulate, in: Mireille Othenin-Girard u.a. (Hg.), Frauen und Öffentlichkeit. Beiträge der 6. Schweizerischen Historikerinnentagung, Zürich 1991, S. 63–98; Jon Mathieu, Eine Agrargeschichte der inneren Alpen. Graubünden, Tessin, Wallis 1500–1800, Zürich 1992; Heide Wunder, »Jede Arbeit ist ihres Lohnes wert«. Zur geschlechtsspezifischen Teilung und Bewertung von Arbeit in der Frühen Neuzeit: in: Karin Hausen (Hg.), Geschlechterhierarchie und Arbeitsteilung. Zur Geschichte ungleicher Erwerbschancen von Männern und Frauen, Göttingen 1993, S. 19–39.

41 Vgl. hierzu z.B. Susanne Rappe, Frauen in der agrarischen Gesellschaft des 17. und 18. Jahrhunderts – dargestellt anhand ausgewählter Gerichtsakten des Amtes Dannenberg, Magisterarbeit an der Fakultät für Geistes- und Sozialwissenschaften an der Universität Hannover 1992; Claudia Ulbrich, Überlegungen zur Erforschung von Geschlechterrollen in der ländlichen Gesellschaft, in: Jan Peters (Hg.), Gutsherrschaft als soziales Modell. Vergleichende Betrachtungen zur Funktionsweise frühneuzeitlicher Agrargesellschaften, München 1995, S. 358–364.

Dorothee Rippmann

Frauenarbeit im Wandel

Arbeitsteilung, Arbeitsorganisation und Entlöhnung
im Weinbau am Oberrhein (15./16. Jahrhundert)

Einleitung

Zum Jahr 1537 berichtete ein Basler Chronist von der Entdekkung einer ungewöhnlichen Frau, die in der Basler Gegend jahrelang als Knecht verkleidet gelebt hatte:

»1537 jor uff mentag den 24. tag herbstmonatz wart ein frow in manszkleydung ertrenckt by Krentzach am Horn by der salmenwog usz ursach, dasz sy etlich jor also in manszkleydung insz margroffen landt gewandert und endthalten hat, dasz sy niemansz andersz erkant hat, dan alsz ein man und ein burenknecht, hat sich in allen dörffren erkant gemacht, gedient und gewercht mit dröschen und andren burenarbeit, dordurch iren also in manlichem schin ein hübsche dochter vermechlet und zu der e geben wart, dasz nieman andersz meint, dan sy ein manszparson sin, bisz sy sich so ungebürlich hielt mit der gutten dochter, also dasz sy sy übel schlug, so sy vermeint manliche werck by ir zu finden, deszhalb sy ein jungfrow by ir belip und doch nit innen wart oder andersz vermeint, dan sy ein man wer und sy sunst nit lieben wolt. Dasz wert etlich zit, bisz sy anfieng zu spillen, prasen und in allem luder ligen wie ein ander liderlicher gsel, ie zum letsten an eim diebstal ergriffen wart und zu Röttallen in gefengnusz gleydt, dorin sy ein gutte zit lag, und man mit dem, so man sy martert oder strackt, innen wart, dasz esz ein wib wasz, und um ir beschuldig uff gemelten tag gericht und ertrenckt wart.«[1]

In dieser Geschichte von einer »frow in manszkleydung« beeindruckt, wie konsequent die Frau ihr Verhalten ihrer angenommenen männlichen Identität anpaßte und wie überzeugend sie ihre Umgebung über ihr wahres Geschlecht täuschen konnte. Sie schlüpfte in die Rolle eines Mannes, heiratete eine

Bauerntochter und verrichtete schwere Männerarbeit, womit sie gesellschaftlich festgelegte Normen über die Geschlechterrollen verletzte.[2] Was die Männerarbeit betrifft, so wäre der Schluß falsch, die Arbeitsteilung zwischen Frauen und Männern als so starr festgelegt zu sehen,[3] daß Grenzüberschreitungen unter Sanktionen gestellt wurden.[4] Frauen übten unter gewissen Umständen durchaus Tätigkeiten wie das Pflügen oder Schmieden aus und unterstützten oder ersetzten bei Bedarf die männliche Arbeitskraft.[5] Vermehrt betonen neuere Forschungen, daß Frauenarbeit im Mittelalter und in der Frühen Neuzeit in hohem Maße flexibel und anpassungsfähig war. Veränderungen ihrer familiären Situation wie die Geburt von Kindern oder der Verlust des Ehemannes erforderten von Frauen, sich auf eine neue Erwerbssituation einzustellen, andere Tätigkeiten aufzunehmen und sich neue Fertigkeiten anzueignen. Zudem mußten sie als Bäuerinnen oder Lohnarbeiterinnen auf die saisonal wechselnden Bedürfnisse der Landwirtschaft und auf das schwankende Arbeitsangebot Rücksicht nehmen.[6]

Die Arbeitsrollen von Mann und Frau waren nicht unveränderlich, sondern sie unterlagen einem Wandel der Arbeitsbedingungen und Arbeitszusammenhänge, den veränderte gesellschaftliche und wirtschaftliche Bedürfnisse hervorriefen. Im folgenden geht es um Frauenarbeit in der Landwirtschaft; sie wird vor allem unter dem Aspekt des Wandels einerseits, unter dem Aspekt der Stadt-Land-Beziehungen andererseits behandelt.[7] Dabei scheint es möglich, sich unter dem Thema Arbeit schrittweise an die Lebensrealität mittelalterlicher Frauen auf dem Lande anzunähern. Für die Spezialkultur des Weinbaus wird zunächst eine Bestandsaufnahme der Arbeitsprozesse und der geschlechtsspezifischen Zuweisung der einzelnen Aufgaben im Weinberg vorgenommen. Diese Betrachtung des Arbeitsbeitrags der Frauen versteht sich als Baustein für die noch in den Anfängen steckende Erforschung konkreter Tätigkeitsfelder und Arbeitsbedingungen ländlicher Frauen.[8] In dem 1989 erschienenen Sammelband »Der Mensch des Mittelalters« schrieb Giovanni Cherubini den Beitrag »Der Bauer«. Darin äußerte er sich auch zur Bedeutung des Weinbaus und des Weinexports in Europa und beschrieb die Tätigkeiten im Weinanbau: »Hierfür waren nicht nur die erwachsenen Männer, sondern, während der frohen Zeit der Weinlese, auch Frau-

en und Kinder im Einsatz.«[9] Das trifft, wie Le Roy Ladurie
nachweisen konnte, zwar für Südfrankreich, den Languedoc,
zu.[10] Andernorts waren die Frauen aber während annähernd
der ganzen Arbeitssaison, die von März bis November dauerte,
im Einsatz.

Meine Überlegungen zu Frauenarbeit sind methodisch auf
mehreren Ebenen angesiedelt:

– Die Strukturebene, auf der die Untersuchung mittel- und län-
gerfristiger Konjunkturtrends stattfindet, erforscht die Entwicklung von Löhnen und Preisen, des Arbeitsmarkts, der
Konsumgewohnheiten und der Produktionsverhältnisse.

– Die konkretere Ebene der materiellen Geschichte berührt den
Erfahrungshorizont und die Beobachtung der Menschen des
15. und beginnenden 16. Jahrhunderts. Auf diese »Ereignisebe-
ne« führen z.b. auf die Landwirtschaft bezogene Eintragungen
in Rechnungsbüchern, welche genau umschriebene Arbeitsvorgänge mit Datum, Anzahl und Geschlecht der beschäftigten
Personen sowie die Lohnkosten festhalten.

– Die dritte Ebene ist jene der Mentalitäten; so sind Lohn-
abstufungen zum Teil materieller Ausdruck hintergründiger
Denkstrukturen und Wertungen, und solche werden auch
wirksam, wenn Änderungen im Lohngefüge zwischen Tagelöhnern und Tagelöhnerinnen verfügt werden oder wenn Verschiebungen in den Regeln der Arbeitsteilung stattfinden.

Das Beispiel des Weinbaus

Für das Oberrheingebiet liegen mit den Wirtschaftsakten des
Basler Spitals einerseits und der bischöflichen Herrschaft Birseck andererseits aussagekräftige serielle Quellen zur ländlichen Arbeit vor. Als besonders informativ erweisen sich die
Aufstellungen der Birsecker Vögte zum Weinbau, der hinsichtlich der geschlechtsspezifischen Arbeitsteilung bisher noch wenig untersucht worden ist. Es handelt sich hierbei zunächst um
Fronarbeiten, die die Untertanen im bischöflichen Eigenbetrieb
auf Schloß Birseck (Gde. Arlesheim, BL, Schweiz) leisten mußten. Damit dokumentieren die Rechnungen einen eigenständi-
gen Arbeitstyp, und sie zeichnen den Übergang von unbezahl-
ten zu entlöhnten Diensten nach.[11] Mit den im Birseck akten-
kundigen ländlichen Arbeitskräften fassen wir nicht die Schicht

landloser Tagelöhner und Tagelöhnerinnen, deren Lebensunterhalt vollumfänglich auf Lohneinkommen beruhte, sondern bäuerliche Untertanen des Bischofs, deren Dienste sich ursprünglich mit grundherrschaftlicher Abhängigkeit begründeten, seit dem Spätmittelalter jedoch im allgemeinen von der Gerichtsherrschaft gefordert wurden.[12] Die Rechnungen des herrschaftlichen Verwaltungsbeamten, des Vogts, geben einen Blick frei auf eine Arbeitsform, welche – abgesehen von Bestimmungen in normativen Quellen wie Hofrechten und Dorfweistümern – im allgemeinen nur spärlich dokumentiert ist.[13]

Da über die Arbeitsorganisation in privaten bäuerlichen Betrieben keine ausreichenden Quelleninformationen vorliegen, muß die Forschung bei den Wirtschaftsbetrieben kirchlicher Grundherrschaften, städtischer Institutionen oder auch von Landesherren ansetzen. Sie ist auf die Untersuchung der Verhältnisse bei den großen öffentlichen Arbeitgebern verwiesen, was die Arbeitsteilung zwischen den Geschlechtern und das Einkommen von Tagelöhnern und Tagelöhnerinnen betrifft. Die städtischen Spitäler beispielsweise verfügten über umfangreichen Landbesitz und besonders in den landwirtschaftlichen Spitzenzeiten beschäftigten sie zusätzlich zum festangestellten Personal eine beträchtliche Anzahl von Tagelöhnern und Tagelöhnerinnen, welche oftmals recht mobil waren und aus ihrer Heimat im städtischen Hinterland oder in benachbarten Regionen zugewandert waren.[14] Lohnarbeiter fanden aber auch in jenen Grundherrschaften Beschäftigung, in denen zur Bewirtschaftung des Eigenbaulandes noch Frondienste gefordert wurden. Mit dem Übergang der hochmittelalterlichen Grundherrschaft zum Zins- und Rentensystem hatte sich die Arbeitsverpflichtung der Bauern in Süddeutschland und im Elsaß im allgemeinen auf wenige Tage im Jahr beschränkt, sodaß in Arbeitsspitzenzeiten zusätzlich zum ganzjährigen Gesinde noch kurzfristig verfügbare Tagelöhner benötigt wurden und somit beide Arbeitsformen nebeneinander bestanden.[15] Es ist angesichts solcher Berührungspunkte nicht erstaunlich, daß auf den bischöflich-baslerischen Weinbergen dasselbe Muster geschlechtsspezifischer Arbeitsteilung herrschte wie im Wirtschaftsbetrieb des städtischen Spitals. Fronarbeit und freie Lohnarbeit standen durchaus in einem Spannungsverhältnis, und so wird im folgenden zu zeigen sein, daß der Basler Bischof schließlich einen gewissen Ausgleich schaffte, indem er den unbeliebten Frondienst durch eine monetäre Lohnzahlung dem Typus freier Tagelohnarbeit anpaßte.

In diesem Zusammenhang erhebt sich die Frage nach der Bedeutung von Lohnarbeit für die mit Frondienst belasteten bäuerlichen Haushalte. Schon Elsas stellte fest, daß im 16. Jahrhundert eine Senkung des Reallohns eingetreten ist und fragte, was denn eigentlich die Verschlechterung des Reallohns für den Arbeitnehmer bedeutet habe? Denn gerade bei den ländlichen Arbeitnehmern nahm er an, daß ihre Lohnarbeit in der Regel nur einen saisonal beschränkten Nebenerwerb darstellte, während sie »Grund und Boden auch noch für eigene Zwecke bewirtschafteten und daher Selbstversorger waren«;[16] er bezweifelte, daß sich der ländliche Lohn bestimmend auf die ökonomische Gesamtlage der Bauernschaft ausgewirkt haben könnte.

Nach dem neueren Forschungsstand darf man – entschiedener als das Elsas getan hatte – den Lohn durchaus als Gradmesser für die ökonomische Stellung ländlicher Lohnarbeiter betrachten, wenn er auch nur als einer unter verschiedenen anderen Indikatoren gelten kann. In der bäuerlichen Familienwirtschaft besaß der Lohn, definiert als monetäres Einkommen aus Tagelohnarbeit, gewiß einen anderen Stellenwert als bei städtischen Lohnarbeitern; denn während die Lebenshaltung des Gesindes und der Handwerksgesellen in der Stadt ganz und gar von der vom Dienstherrn gewährten Beköstigung und dem Lohn abhing,[17] so waren zumindest die größeren bäuerlichen Betriebe in der Regel imstande, das zur Subsistenz Notwendige zu erwirtschaften. Jedenfalls ist der Anteil des Lohnes am Gesamteinkommen nach verschiedenen bäuerlichen Einkommenstypen differenziert zu veranschlagen, hing er doch unter anderem davon ab, wie groß die landwirtschaftliche Nutzfläche des Betriebes war, wie hoch der Grad der Selbstversorgung war, ob Erträge aus Marktüberschüssen erzielt werden konnten und in welchem Rahmen sich die Betriebskosten für Sach- und Lohnaufwendungen bewegten.[18]

Es ist unmöglich, auch nur annähernd zu ermitteln, welcher quantitative Stellenwert der Tagelohnarbeit in der Einkommenssituation bäuerlicher Haushaltungen zukam. Man darf aber folgende Grundregel voraussetzen: Je kleiner ein Betrieb war, desto eher hing seine Existenz von außerhäuslichen Verdienstmöglichkeiten ab.[19] Bäuerliche Betriebe waren im Spätmittelalter keineswegs wirtschaftlich autarke Einheiten; hier ist nicht nur an ihre ökonomische Abhängigkeit von Grundherren, Gerichts- oder Leibherren zu denken, sondern gerade auch an die Abhängigkeit vom städtischen Markt.[20] In der »Krise des 14. und 15. Jahrhunderts« machte sich bei den Bauern ein zunehmender Geldbedarf bemerkbar. Um sich in der Stadt mit gewerblichen Gütern wie Textilien oder Arbeitsgerät einzudecken, benötigten sie Bargeld, ebenso für den Ankauf von Vieh, Saatgut oder Getreide, dann aber auch bei Erbgängen, wenn der Hoferbe beispielsweise die Geschwister auszuzahlen hatte. Ihr permanenter Bargeldbedarf trieb Bauern aller Besitzklassen in die Arme städtischer Kreditgeber.[21]

Die ländlichen Arbeitsverhältnisse an der Wende zum 16. Jahrhundert müssen also vor dem Hintergrund bäuerlicher Verschuldung gesehen werden; sie äußerte sich am Vorabend des Bauernkriegs in den notorischen Klagen über das geistliche Gericht, vor welches städtische Gläubiger ihre säumigen Schuldner zu ziehen pflegten.[22] Diese Situation ist ein Indikator dafür, wie bedeutsam jede Form des Bargelderwerbs, also auch des Lohneinkommens, für die bäuerliche Wirtschaft sein mochte.

Der Weinbau in der Herrschaft Birseck (1440–1569)

Über den Weinbau im bischöflichen Eigenbetrieb bei Schloß Birseck gibt eine serielle Quelle aus dem bischöflichen Archiv in Pruntrut Auskunft, nämlich die Rechnungen des Vogts in der Herrschaft Birseck.[23] Sie decken den Zeitraum von 1440 bis 1520 und von 1554 bis in die Mitte des 18. Jahrhunderts hinein ab, was erlaubt, den Aspekt von Wandel und Entwicklung einzubeziehen. Einige Lücken behindern die Untersuchung der ersten Hälfte des 16. Jahrhunderts. In der folgenden Zeit sind für den Weinbau lediglich die Detailaufstellungen der Jahre 1554–57 und für den April 1569 vorhanden, und fortan wurden sie einer separaten nicht erhaltenen Buchführung überlassen.[24] Unter den Ausgaben der Vogtei Birseck rangierten die Weinbaukosten bis zur Reformation an dritter Stelle, hinter den Zehrungskosten und dem Jahrlohn des Vogts; sie beliefen sich auf 21–25 Pfund jährlich.[25] Da es in den herrschaftlichen Gütern bei Arlesheim keinen Getreideanbau gab (die Getreideversorgung des bischöflichen Hofes wurde hauptsächlich durch die Zehnteinnahmen gesichert), unterrichten die Rechnungen lediglich über die Weinproduktion; sie war im wesentlichen für den Eigenbedarf in der bischöflichen Hofhaltung in den Schlössern Birseck, Zwingen und Pruntrut bestimmt.[26]

Um den Stellenwert der Anbaukosten des Weins im Rahmen der gesamten Lohnkosten für die Landwirtschaft abzuklären, lassen sich die Verhältnisse des städtischen Spitals zu Basel zum Vergleich heranziehen.[27] Der Kostenaufwand des Spitals für den Rebbau war in den 1470er Jahren vier- bis fünfmal höher als jener der bischöflichen Eigenwirtschaft.[28] Die Aufwendungen für den Weinbau und die Kosten für die übrigen Landwirtschaftszweige wie Ackerbau und Wiesenpflege standen im Verhältnis von 1:5 bis 1:3. Zwischen 1470 und 1500 entfielen 22,3% bis 31% der Kosten auf den Weinbau.[29]

Gegenüber den Spitalrechnungen haben die bischöflichen Rechnungen den Vorteil, daß der die Frondienste überwachende Vogt nicht nur den Arbeitsvorgang selbst und die Lohn- und Beköstigungskosten notierte, sondern auch die Anzahl und das Geschlecht der Personen, die am Werk waren, genauestens nach Tagen geordnet vermerkte.[30] Ein Standardeintrag umfaßte folgende Einzelangaben: das Datum eines Einsatzes, den Arbeitsgang, die Anzahl der Männer oder Frauen, die beschäftigt wurden, die Kosten für die Verpflegung bzw. Entlöhnung.

Die im Rebberg eingesetzten Männer und Frauen waren nicht freie Lohnarbeiter, obwohl der für die Männer benutzte Begriff »Knechte« in der Stadt auch die freien, spezialisierten Tagelöhner im Reb- und Gartenbau bezeichnete.[31] Es herrschte kein »freies« Spiel von Arbeitsangebot und Nachfrage wie auf dem städtischen Kornmarkt, wo die Tagelöhner morgens erschienen, um sich von den Grundbesitzern anheuern zu lassen. Vielmehr waren die birseckischen Leute gewohnheitsrechtlich zu Dienstleistungen für den Bischof, welcher zugleich Landes-, Gerichts- und Grundherr war, verpflichtet.[32] Auf welches Herrschaftsrecht sich die Arbeitsverpflichtung der birseckischen Leute ursprünglich gründete, geht aus den überlieferten Quellen nicht hervor. In den Rechnungsbüchern wird nichts über das Verfahren ausgesagt, mittels dessen der Vogt seine Leute für die Arbeiten in den Reben auszulesen pflegte. Die Methoden des Arbeitskräfteaufgebots scheinen älteren Ursprungs zu sein; sie haben ihre Wurzeln in einer im 15. Jahrhundert schon »altertümlich« wirkenden herrschaftlichen Eigenwirtschaft, die auf Fronleistungen der Untertanen beruhte. Dieses Charakteristikum unterscheidet die bischöfliche Wirtschaft von dem auf die Marktproduktion ausgerichteten »Landwirtschaftsbetrieb« des städtischen Spitals.

Die Arbeitskräfte

An mindestens 15 bis 20 Tagen pro Jahr, zwischen Ende Februar und November, wurden Gruppen von Männern und Frauen in wechselnder Zusammensetzung auf dem Weinberg beschäftigt. An den entsprechenden Terminen waren die eingesetzten Untertanen daran gehindert, ihr Land zu bewirtschaften;[33] so blieb die Arbeit im eigenen Rebgarten, den fast alle Bauern besaßen, liegen. Die Herrschaftsdienste konnten unter anderm darum zu Konflikten Anlaß geben, weil sie gerade dann zu leisten waren, wenn auch auf den Bauernhöfen Hochbetrieb herrschte.

Wie das Dilemma zwischen herrschaftlichem Leistungsanspruch und bäuerlicher Verweigerungstaktik »gelöst« wurde, ist im konkreten Fall nicht bekannt.[34] Die Quellen liefern uns keine Angaben darüber, ob die dienstverpflichteten Familien eigens angemietete Tagelöhner ersatzweise in den Rebgarten schickten, ob erwachsene Söhne und Töchter hingingen oder ob die Ehepaare widerwillig selbst antraten. Die wenigsten Bauern dürften in der Lage gewesen sein, den Frondienst durch eine Magd oder einen Knecht verrichten zu lassen; denn nur die größeren Bauernbetriebe konnten sich Gesinde überhaupt leisten.[35] Da die Herrschaft Anspruch auf die volle, physisch leistungsfähige Arbeitskraft erhob,[36] konnten auch keine Kinder geschickt werden, die für die anspruchsvollen Verrichtungen ohnehin noch zu wenig geübt waren.[37]

Die Hauptarbeitsgänge im Rebberg erforderten demnach erwachsene Frauen und Männer, darunter sicherlich eine große Zahl Verheirateter. Diese Arbeitsverpflichtung stellte Anforderungen einerseits an die Organisation des einzelnen Haushalts, dessen Autonomie tangiert wurde, wie auch an die birseckischen Dörfer. Das ist aus dem arbeitsteiligen Turnus zu schliessen, nach welchem der Vogt die Leute nach Dörfern gestaffelt einsetzte. Arbeitsgruppen, bestehend aus rund 15 bis 40 Personen aus den birseckischen Dörfern, leisteten abwechslungsweise die Frondienste. Sie kamen entweder aus Arlesheim selbst und aus den benachbarten Orten Reinach, Dornach und Münchenstein oder von den ein bis gut zwei Wegstunden entfernten Dörfern Allschwil, Oberwil und Therwil.[38] Für große Arbeitsaufgebote wurde eine Gruppe mitunter aus Personen zweier Dörfer zusammengestellt. Beispielsweise verteilte sich die Arbeitslast im Jahr 1459 in folgender Weise auf einige der genannten Dörfer: Am 14. März waren 29 Männer aus Reinach, Aesch und Therwil am Werk, in der letzten Märzwoche dann während ein paar Tagen 27 Männer aus Oberwil. Am 21. April kam wiederum Reinach an die Reihe, diesmal aber nur mit sechs Männern, deren Aufgabe nicht notiert wird; gleichzeitig waren auch 16 Männer aus Arlesheim damit beschäftigt, die Reben zu sticken, d.h. die Pfähle einzuschlagen, sowie die Stecken zu säubern. Das Binden besorgten vom 23. bis 28. April 24 Frauen aus Reinach und Arlesheim, und am 3. Juli waren wiederum 22 Frauen aus den gleichen Dörfern zum Heften der Triebe anwesend. Am 12. Mai wurde der Rebacker von 26 Oberwiler Männern zum erstenmal gerührt, und nach drei Monaten, am 11. August, wiederholten 24 Oberwiler Männer diese Tätigkeit (zweites Rühren).[39] Stellt man die Größe der tageweise beschäftigten Arbeitsgruppen eines Dorfes – jeweils rund ein bis drei Dutzend Personen – und die Daten ihrer Einsätze in Rechnung, so ist aufgrund der geschätzten Haushaltszahl dieser Dörfer zu vermuten, daß jeder Haushalt zwei bis drei Mal jährlich mindestens eine Arbeitskraft in den Weinberg zu schicken hatte.

Zwar lassen sich die Bevölkerungszahlen der birseckischen Dörfer nur ungenau ermitteln, doch bietet eine Liste der steuerpflichtigen Haushalte im Jahr 1462 gewisse Anhaltspunkte: Sie enthält für Arlesheim 28 Personen (davon 5 Frauen), für Reinach 44 (davon 9 Frauen) und für Oberwil 41 Personen (davon 3 Frauen); es dürfte sich dabei um Haushaltvorstände handeln.[40] In der benachbarten Landschaft Basel konnte Ammann anhand des Reichssteuerverzeichnisses von 1497 die Anzahl der über 15-jährigen Einwohner ermitteln; danach zählten die größeren Dörfer 26 bis 38 Haushalte oder 100–200 Einwohner. Höhere Bevölkerungszahlen sind einzig für Muttenz und Pratteln nachweisbar. Muttenz wies 1497 81 Haushaltungen auf.[41] Die

Pratteler Reichssteuerliste von 1497 ist nicht überliefert, doch liegt ein älteres Personenverzeichnis der Jahre 1464 und 1465 vor; es enthält die Namen von insgesamt 116 erwachsenen Frauen und Männern, die ihrem Herrn, dem Ritter Hans Bernhard von Eptingen, den Huldigungseid schwörten.[42] Von den birseckischen Dörfern könnte allenfalls das vor den Toren Basels gelegene Allschwil die Größe von Muttenz oder Pratteln erreicht haben.

Neben der geschlechtsspezifischen Arbeitsteilung kam, wie oben erklärt wurde, zusätzlich eine Arbeitsteilung der einzelnen Dörfer ins Spiel, die abwechslungsweise die Arbeitsgruppen für je einen oder mehrere aufeinanderfolgende Tage nach Arlesheim schickten. Sie läßt eine Reihe von Gemeinden als eine Art Fronverband erscheinen. Vermutlich überließ es der Vogt den Dorfmeiern, um den Auszug der nötigen Arbeitskräfte besorgt zu sein. Die Gemeindeglieder werden jeweils vor jedem Einsatz darüber entschieden haben, welche Frauen oder Männer die Tagewerke (»Tagwan«) zu leisten hatten. Die gemeindliche Regelung der Herrschaftsdienste berührte die Sphäre des Einzelhaushalts und der Frauen, welche aber von den Gemeindeinstitutionen ausgeschlossen waren. Hier spielte ein über das direkte Nachbarschaftsverhältnis hinausgreifendes Kommunikationsnetz der Frauen hinein; denn sie werden sich – im Einvernehmen mit ihren Ehemännern – untereinander besonders über die Zusammensetzung der Frauengruppen abgesprochen haben, welche der Vogt anforderte; ob dies im Rahmen ritueller Zusammenkünfte der Frauen geschah, läßt sich nicht ermitteln. Auch bei der Auswahl der Männer werden gemeinsame Erwägungen der Ehepaare den Absprachen in der Gemeinde vorausgegangen sein.

Zur wirtschaftlichen Lage der birseckischen Bauern, die Frondienste zu leisten hatten, sind aufgrund agrargeschichtlicher Untersuchungen zum Basler Raum folgende allgemeine Aussagen möglich.[43] Die Sozialstruktur der Dörfer war durch eine scharfe Dichotomie der Besitzverhältnisse geprägt. Neben einzelnen äußerst wohlhabenden Bauern, welche über ausgedehnte Güter verfügten, bewirtschafteten die meisten Familien mittlere und sehr kleine Betriebe. Die kleinstbäuerliche Schicht hatte lediglich Lehen von unter drei Hektaren Umfang inne, welche oftmals weder Ackerland noch Hofstatt, sondern nur Wiesen- und Rebparzellen enthielten. Solche Güter waren als

selbständige Betriebe nicht überlebensfähig, und ihre Bestän-
der mußten sich bei reicheren Bauern oder bei städtisch-bürgerlichen Besitzern von Landgütern als Tagelöhner verdingen;
unter Umständen empfingen sie von begüterten Bauern ein
Stückchen Land und eine Hofstatt in Unterleihe, womit sie in
stärkerem Maße in deren Abhängigkeit gerieten. Die Bauernbetriebe der mittleren Besitzklasse enthielten fünf bis sieben
Hektar Nutzfläche, während zu den größeren Bauerngütern
neun bis 13 Hektar Ackerland sowie Wiesen und Rebland gehörten. In unmittelbarer Stadtnähe sind sogar Bauern mit Lehen von 80–110 Juchert (oder 22–31 ha) Umfang nachweisbar.
Die ungleichen Besitzverhältnisse geben zur Vermutung Anlaß, es habe in den Dörfern des Basler Umlands eine breite
Schicht von Kleinbauern gegeben, die zum Unterhalt ihrer Familie auf Lohnarbeit angewiesen waren und für die ein unbe-
zahlter Frondienst den Ausfall einer Verdienstmöglichkeit bedeutete.[44]

Arbeitszyklus im Jahr und Arbeitsteilung[45]

Die Pflege der Rebenkultur erforderte von Februar bis November den Einsatz von Arbeitern, wobei an etlichen Terminen entweder nur Männer oder nur Frauen benötigt wurden.

Männer:	Februar: Dünger transportieren
Männer:	Februar/März: Reben schneiden, Stecken spitzen; auch Stecken vom Vorjahr säubern
Frauen:	Holz auflesen (Binden von Rebwellen)
Männer/ Frauen:	Mitte bis Ende März: »Buw« laden und tragen, d.h. düngen
Männer/ Frauen:	März/April: Grund tragen
Männer:	Ende März/Anfang April: Rebacker hacken
Männer:	März/April: Weingarten umzäunen
Männer:	April: Reben sticken: Die Rebpfähle einstecken; auch Stecken säubern

Männer:	Mitte/Ende April: Reben einlegen und Grefzen graben: Neupflanzen von Setzlingen und Abtiefen der Erde in den zum Durchschreiten bestimmten Zwischenräumen zwischen den Rebenreihen.
Frauen:	April/Mai: Reben binden: Die jungen Schosse (oder die noch tote Rebe) werden mit Weidengerten am Pfahl befestigt.
Männer:	Mai: Reben grüben (oder gruben): Das Verjüngen und teilweise Vergrössern des Weingartens; 2–3 Triebe werden vom alten Rebstock waagerecht in die Erde abgebogen und so eingegraben, dass die Enden hervorragen und daraus neue Stöcke wachsen
Frauen:	Mai/Juni/Juli: Ausbrechen der Triebe des alten Holzes
Frauen:	Juni/Juli: Reben heften: Befestigung der Rebenschosse am Pfahl (Vorgang muss u.U. mehrmals wiederholt werden).
Männer:	Juni: Reben zum 1. mal »rühren« (hacken)
Männer:	August/September: Reben zum 2. mal rühren
Männer:	August/September: »schoben und räumen« oder »abschlagen«: Auslauben zur Beförderung der Traubenreife
Männer/ Frauen:	September/Oktober: Weinlese
Männer:	November: Reben decken, Aufräumarbeiten

Die Frauenarbeiten setzten Geschicklichkeit und flinke Hände voraus, v.a. das Reben binden, das Ausbrechen der überschüssigen Triebe und das Heften, die weiblichen Hauptarbeiten im Rebwerk.[46] Die Männerarbeiten verlangten meistens den Einsatz eines Werkzeugs: des Messers für das Schneiden der Reben, des Beils oder Gertels zum Spitzen der »Stecken«, des Stickeisens für das Einrammen der Rebpfähle, des Karstes für das Hacken und zweimalige Rühren, der Gabel für das Laden des Düngers, der Schaufel für das Ausheben der Grefzen und das »Grüben«, die physischen Kraftarbeiten. Aber auch Frauen

wurde beispielsweise mit dem Düngen[47] Schwerarbeit zuge-
mutet, wobei es sich – mit Ausnahme des Düngens – in der Regel um Tragarbeiten handelte. So schleppten Frauen das weg-
geschwemmte und beim Hacken abgerutschte Erdreich auf die
Terrassen hinauf. Die Berücksichtigung der unterschiedlichen,
»natürlichen« physischen Disposition von Männern und Frau-
en war für die Arbeitsteilung in keiner Weise ausschlaggeben-
des Motiv.[48]

Häufig arbeiteten die Frauen- und die Männergruppen ge-
sondert, an aufeinanderfolgenden Tagen auf dem Rebberg. Im
April beispielsweise steckten die Männer die Pfähle ein, und
anderentags besorgten die Frauen das Binden. Die Geschlech-
tertrennung konnte durchbrochen werden.[49] So half z.B. 1507
ein Knecht beim Heften und Ausbrechen der Triebe. Auch im
Basler Spital und in Colmar wurden Knechte an diesen Tätigkeiten beteiligt.[50] Nicht nur bei der Weinlese waren die Geschlechter gemeinsam am Werk, sondern auch beim Verteilen
des Düngers, den Männer mit Karren heranführten und ablu-
den.[51] Hingegen wirkten die Frauen in der Regel nicht mit,
wenn es bei der Weinlese darum ging, die vollen Körbe wegzu-
schaffen und zur Trotte in den Schloßkeller zu transportieren.
Bei der Weinlese finden wir zwar nicht das Arbeitspaar im Sinne des Zweierpaares, aber ein Team, bestehend aus einer Anzahl Frauen und oft auch Kinder, die die Trauben ernteten, und
einem Bottichträger. Ebenso war das Keltern eine Aufgabe der
Trottknechte.[52] Fuhrarbeit, für welche ein Karren und ein Zug-
tier benötigt wurde, war eine männliche Domäne.[53]

Im allgemeinen gestatten es die Quellen kaum, Aussagen
über den quantitativen Aspekt der Verteilung der Arbeit zwischen den Geschlechtern zu treffen; doch die birseckischen
Vogtrechnungen sind hinsichtlich des quantitativen Umfangs
von Männer- und Frauenarbeit in der Weinproduktion aus-
wertbar (Tab. 1).[54] Die Auszählung der Posten in den Rechnungen ergibt folgendes Resultat: Frauen leisteten im Arlesheimer
Rebberg jährlich zwischen 26,6% und 40,5% aller Tagewerke.
Im unruhigen Kriegsjahr 1499, nach der Schlacht bei Dornach
(Juli) schnellte ihre Beteiligung sogar auf 62% hoch! Denn sie
bewältigten diesmal die Weinlese alleine (75 Frauen). Im
Rebbau des städtischen Spitals entfielen im Jahr 1500 763
(38,9%) Tagewerke auf Frauen, 1200 (61,1%) Tagewerke auf
Männer.[55]

Tabelle 1

Anteil von Männern und Frauen an den Rebarbeiten im Amt Birseck[1]

Jahr	Frauen abs.	Frauen %	Männer abs.	Männer %	Personen[2] abs.	Personen[2] %	Gesamt abs.
1459 (25.2.–11.8.)	84	40,6	113	54,6	10[3]	4,8	207
1460 (26.3.–9.10.)	83	30,6	152	56,1	36[4]	13,3	271
1461 (16.3.–23.9.)	87	28,5	147	48,2	71[5]	23,3	305
1465	86	30,0	151	52,6	50	17,4	287
1469							326
1470[6]	94	30,4	164	53,0	51	16,5	309
1474[7]	123	27,2	209	46,2	120	26,6	452
1485 (19.3.–19.10.)	125	37,4	143	42,8	66	19,8	334
1486	113	36,3	157	50,5	41	13,2	311
1490	121	32,4	198	53,1	54	14,5	373
1499[8]	170	62,0	104	38,0	–		274
1500[9]	119	39,1	139	45,7	46	15,1	304
1508 (Apr.–Sept.)	49	22,4	138	63,0	32	14,6	219
1509 (ab Mai)	65	30,8	101	47,9	45	21,3	211
1517/18	121	31,3	266[10]	68,7	–	–	387
1554	114	27,2	305	72,8	–	–	419
1555 (18.3.–Okt.)	101	36,6	175	63,4	–	–	276
1556 (10.3. inkl. Lese)	104	31,6	183	55,6	42	12,8	329
1557	290	52,5	262	47,5	–	–	552

---

1 Bei den Jahren 1459 und 1508 sind die Arbeiten der Weinlese nicht eingeschlossen. Vom Jahr 1508 erfaßt die Aufstellung nur die Arbeiten nach Mittfasten bis zum zweiten Reben-Rühren. Für die Jahre 1499 und 1500 wird die Anzahl der Männer, die Rebstecken ausziehen und spitzen, in der Quelle nicht angegeben.

2 Männlich und/oder weiblich.

3 Vermutlich Männer.

4 »Menschen«.

5 21 Frauen und Knaben; 15 »Frauen und Knechte«; 35 »Menschen« für die Weinlese.

6 Ohne Angabe des Geschlechts; ohne Tagesdaten für die einzelnen Arbeitsgänge.

7 Ohne Angabe des Geschlechts.

8 Ohne Angabe von Tagesdaten für die einzelnen Arbeitsgänge.

9 Ohne Angabe von Tagesdaten für die einzelnen Arbeitsgänge.

10 Davon 40 Söhne.

Ein derartig umfangreicher Arbeitsbeitrag der Frauen im aus-
serhäuslichen Bereich ist zunächst überraschend; er unter-
streicht, daß die herrschaftliche und bäuerliche Wirtschaft in
kaum einem Sektor auf die weiblichen Arbeitskräfte verzichten
konnte. Frauen wurden häufig zu Herrschaftsdiensten herangezogen, wobei auf ihre häusliche und familiäre Arbeitsbela-
stung von seiten der Herrschaft wohl kaum Rücksicht genommen wurde. Die vorgestellten Beispiele des Rebbaus in der
bischöflichen Eigenwirtschaft im Birseck und im Landwirtschaftsbetrieb des städtischen Spitals stellen zwar lediglich Ar-
beitssituationen an einigen Tagen des Jahres dar. Dennoch sind
die Aussagen über die Arbeitsorganisation von prinzipieller
Relevanz, da davon auszugehen ist, daß die hier belegte Arbeitsteilung der in den bäuerlichen Betrieben entsprach.

Beköstigung und Entlöhnung. Zum Wandel der Arbeitssituation am Beginn der Neuzeit

Es war üblich, den Dienst, auf den der Bischof qua seiner Herr-
schaftsrechte Anspruch hatte, zu entgelten. Das Entgelt bestand im ganzen Untersuchungszeitraum zwischen 1440 und
1569 aus der Beköstigung während der Arbeitszeit.[56] In den Kostenaufstellungen ab 1440 wurden jeweils für eine Arbeitskraft
pro Tag 4 Pfennige »für kuchispis on win und brot« eingesetzt.
Die Texte geben nur sporadisch Auskunft über die Zusammensetzung der verabreichten Mahlzeiten: Bezahlte Mägde in der
Schloßküche bereiteten die warmen Speisen unter Verwendung von Eiern, Käse, Butter und sogar Fleisch zu. In der Regel
bestand das warme Essen aus Mus oder Suppe, und Fleisch
wird nur selten gereicht worden sein.[57] Hauptbestandteile der
Beköstigung waren Brot und Wein, deren Gesamtverbrauch
pro Arbeitssaison der Vogt am Schluß der Kostenaufstellungen
jeweils vermerkte. Aus diesen summarischen Mengenangaben
läßt sich ermitteln, daß sich die Situation der Arbeitskräfte bis
1500 in zwei Schritten verbesserte.

Zu Beginn der 1470er Jahre (vor 1474) erhöhte die Herrschaft
die Brotzuteilung; die Getreidemenge wurde von 2,2 Litern pro
Person auf ca. 5,5 Liter mehr als verdoppelt. Vermutlich wurde
die Verdoppelung der Brotration mit der Einführung einer drit-

ten Mahlzeit pro Tag verbunden. (Nur eine Mahlzeit war warm). Im Unterschied zur Brotration veränderte sich die Weinration bis ins 16. Jahrhundert hinein nicht. Jede Person erhielt ca. 1,3 Liter pro Tag, das ist knapp ein Maß, soviel, wie auch die städtischen Reb- und Gartenleute von 1422/27 an erhielten.[58] Frauen stand nach allgemeinem Usus eine kleinere Weinration zu als den Männern.

Den zweiten »Lohnanstieg« erreichten die Untertanen 1487. Diesmal blieb die Brotration gleich, doch die Ausgaben für die gekochten Speisen wurden verdoppelt: sie betrugen nun nicht mehr 4 Pfennig pro Person und Tag, sondern 4 Pfennig pro einzelner (warmer) Mahlzeit.

Aus den Angaben der Vögte läßt sich rechnerisch ermitteln, daß nun den Tagelöhnern täglich zwei warme Mahlzeiten zum Gesamtbetrag von 8d (Pfennige) pro Person ausgegeben wurden, zuzüglich Brot und Wein. Männer und Frauen erhielten – wenigstens buchhalterisch, auf dem Papier – gleiches Essen. Ausnahme: für die 75 Frauen, die 1499 die Trauben lasen, wurden pro Person und Tag lediglich 4,8d eingesetzt, während im folgenden Jahr für dieselbe Arbeit wiederum 7,8d ausgegeben wurden.[59]

Eine dritte Anhebung der Beköstigungskosten zeigt sich zu Beginn des 16. Jahrhunderts, um 1507, unter Vogt Heinrich Meltinger:[60] Einige Gruppen von Arbeitern erhielten nach wie vor zwei warme Mahlzeiten für total 8d, während einigen anderen (die z.T. dieselben Arbeiten verrichteten) nun Mahlzeiten im Wert von 12d geboten wurden; ob sie vielleicht einen längeren Arbeitstag hatten, läßt sich nicht ermitteln. Diese teureren Essenszuteilungen bestanden aus »Morgen, Ymbiss und Znacht«.[61] Je nach Anzahl warmer Mahlzeiten betrugen die Kosten 8 oder 12d. In den folgenden Jahren bis zur Reformation pendelte sich ein Beköstigungswert von 12d pro Tag und Person ein. Die Regel waren nun eine kalte und zwei bis drei warme Mahlzeiten.

Die hier ausgewerteten nüchternen Zahlenangaben über den Kostenaufwand für das Weinbaupersonal sind zwar unspektakulär, da sich die Vögte in keiner Weise über die Umstände des beobachteten Wandels äußerten. Doch wird sich die Verbesserung der Beköstigungssituation nicht so leise vollzogen haben, wie es die Rechnungen vielleicht glauben lassen. Sie ist nur vor dem Hintergrund eines gestärkten Selbstbewußt-

seins und Durchsetzungsvermögens der birseckischen Bauern
erklärbar, wie es sich später in ihrem Verhalten gegenüber Bi-
schof und Amtleuten und der Stadt Basel seit der Erhebung im
Bauernkrieg 1525 manifestierte. Die Autorität des Landesherrn
gegenüber seinen Untertanen, die sich dem evangelischen
Glauben zugewandt hatten, konnte auch in den folgenden
Jahrzehnten nicht wiederhergestellt werden, so daß gewisse
Abgaben und Dienste nicht geleistet wurden.[62]
    In der zweiten Hälfte des 15. Jahrhunderts zeigte sich in klei-
neren benachbarten Adelsherrschaften der nachmaligen alten
Landschaft Basel, wie es die Landgemeinden verstanden, ihren
Handlungsspielraum im Spannungsfeld zwischen der adeligen Herrschaft und den Städten Solothurn und Basel auszu-
weiten. Ein Beispiel ist ein gut dokumentierter Herrschaftskon-
flikt in Pratteln, welcher 1464 durch die Erhebung der Gemeinde gegen ihren Herrn, Ritter Hans Bernhard von Eptingen,
ausgelöst wurde und sich über Jahre hinzog. Die Kenntnis
städtischer Verhältnisse und die Kontakte mit der einflußrei-
chen Führungsschicht gingen im Pratteler Fall so weit, daß sich
die Aufständischen ins Solothurner Burgrecht aufnehmen liessen. Ebenso ist in einer langwierigen Auseinandersetzung im
eptingischen Dorf Sissach seit 1460 die Wirksamkeit gemeindlichen Handelns belegt; es schloß durchaus taktische Verbindungen und gewisse Absprachen mit Bürgern und Ratsherren
der Stadt Basel ein, die den Erwerb der eptingischen Herrschaft
anstrebte.[63]

Die Einführung der Geldentlöhnung
zu Beginn des 16. Jahrhunderts

Im Verhältnis zwischen Herrschaft und dienstverpflichteten
Untertanen muß auch im Birseck zwischen 1470 und 1500/1507
einiges in Bewegung geraten sein; denn die Arbeitskräfte erreichten eine Besserstellung. Die oben geschilderte Vergröße-
rung der Beköstigungsrationen schreibe ich aufgrund des nach-
weislichen Bevölkerungswachtums[64] weniger dem Versuch zu,
einem Arbeitskräftemangel zu begegnen, als vielmehr der Reaktion des Bischofs auf Widerstände der Bauern; sie begannen
die Legitimation für die geforderten Pflichten generell in Frage

zu stellen, und aufgrund eines Konfliktes in der Gemeinde Oberwil vom Jahr 1506 ist anzunehmen, daß sie auf die Anerkennung ihrer Frondienste als freie Tagelohnarbeit pochten; d.h. sie verlangten einen Lohn.[65] Indem sich das alte, aus der Fronverfassung herausgewachsene Arbeitsverhältnis wandelte und die Arbeit nun plötzlich entlöhnt wurde, glich man die Situation der Untertanen jener der Lohnarbeiter in der Stadt und auf den Landgütern städtisch-bürgerlicher Institutionen an. Das bringt der in den birseckischen Vogtsrechnungen[66] oft wiederholte Begriff des »Lidlohns« selbst zum Ausdruck: Lidlohn ist der laut Basler Gerichtsordnungen bevorrechtete Lohn, der binnen Jahresfrist einklagbar ist und gefrönt werden kann.[67]

Die bisherige Form der Arbeitsentschädigung durch Beköstigung beinhaltete noch keine prinzipielle Diskriminierung der Tagelöhnerinnen. Von dem Moment an, wo zur Naturalentlöhnung zusätzlich der Geldlohn trat, kam die nach Geschlechtern sowie Funktion abgestufte Lohnskala zur Anwendung. Hingegen war die Schlechterstellung der Frauenlohnarbeit in der städtischen und ländlichen Arbeitswelt schon längst vorgegeben. Sie war in den Lohntarifen für die Rebleute und Gärtner der Stadt formal fixiert. So wurde die »geheiligte Dauereinrichtung« des halben Frauenlohns[68] etwa in einer Basler Ratserkanntnis von 1488 über den Rebleutenlohn bestätigt.[69]

Dem bischöflichen Vogt Meltinger, der selbst einer Basler Patrizierfamilie entstammte, stand also bei der Einführung des sogen. »Lidlohns« im Birseck ein fertiges Lohnmodell zur Verfügung. Er bezahlte für gewisse klassische Frauenarbeiten wie das Binden oder Ausbrechen einen Schilling, während er Männern fürs Schneiden, Hacken, Graben, Reben abschlagen zwei Schillinge gab.[70] Doch wäre es verfehlt, die generell niederen Frauenlohntarife ausschließlich mit einer geschlechtsabhängigen Minderbewertung der Frauenarbeiten zu erklären; vielmehr verraten die Tarife funktionsabhängige Wertungen; sie bemaßen sich nach der physischen Kraftanstrengung wie auch dem Schwierigkeitsgrad der Tätigkeit. Oft wurden junge Knechte gleich oder sogar schlechter bezahlt als Frauen und es gab Abstufungen der Frauenlöhne selbst.[71]

Die Lohnentwicklung bis zum letzten Drittel
des 16. Jahrhunderts

Bis 1510 hatten sich die Arbeitsbedingungen der Birsecker
Froner schrittweise verbessert, indem die Essenszuteilung etwas reichlicher bemessen worden war und die Leute den Ta-
gelöhnerstatus erreicht hatten. Diese Entwicklung unterschied
sich von derjenigen in Basel, wo ein vergleichbarer Lohnanstieg ausgeblieben war, ja die Arbeitgeber sogar den Ausgleich
für das entfallene Weindeputat gemindert hatten.[72] Was nun im
Birseck seit der Neufestsetzung des gemischten Lohnes unter
den Vögten Heinrich Meltinger (1506–8) und Daniel Zeigler
(ab 1509) einsetzte, ist als Phase der Stagnation zu bezeichnen.
Der Geldlohn blieb nämlich bis 1570 unverändert. Immerhin
wurde der für die Beköstigung eingesetzte Betrag um 1540/50
auf das Vierfache erhöht (von 1 auf 4 Schillinge). Schon das war
nicht selbstverständlich; denn andernorts trug der Arbeitgeber
der Lebensmittelteuerung überhaupt nicht Rechnung. So gab
beispielsweise die Stadt Basel in ihrer Herrschaft Ramstein
während des ganzen 16. Jahrhunderts bis um 1570 ihren zu
Baufronen verpflichteten Werkleuten eine Tagesverpflegung
im Wert von höchstens 1s 5d; sie erhöhte die Mahlzeitenkosten
später geringfügig auf 1s 8d.[73] In Basel selbst begehrten 1556
die Bauhandwerker und Rebleute nebst einer Lohnerhöhung
eine vierte Mahlzeit, die ja auf dem Lande im Birseck schon seit
langem gewährt wurde.[74]

Die festgestellte »Verbesserung« darf nicht täuschen. In
Wirklichkeit mußten die Arbeiterinnen und Arbeiter im 16.
Jahrhundert einen Reallohnverlust hinnehmen. Denn die Teue-
rungen der Jahre von 1529 bis 1531 hatten eine Phase der Preissteigerungen eingeleitet. Der Preis für Getreide hatte sich in
der zweiten Hälfte des 16. Jahrhunderts gegenüber der zweiten
Hälfte des 15. Jahrhunderts in Basel mehr als vervierfacht.
Schulz errechnete anhand der Durchschnittszahlen für Basel
eine Steigerung von 410%; besonders markant war der Preisanstieg für Getreide, Fett und Eiweißprodukte zwischen 1550 und
1574.[75]

Gemessen an der allgemeinen Steigerung der Lebensmittelpreise hatten die Arbeiter in der 2. Hälfte des Jahrhunderts einen massiven Reallohnverlust erlitten; denn der Gegenwert in

Getreide für die 12 bis 24 Pfennige, die ihnen ausbezahlt wurden, hatte sich gegenüber dem Beginn des 15. Jahrhunderts merklich verringert. Schulz rechnet von 1500 bis um 1570 mit einer Kaufkraftverringerung von gut 50%.[76] Eine Frau, die für den »Normaltarif« von einem Schilling arbeitete, konnte für diesen Tagesverdienst am Anfang des Jahrhunderts noch 13 Liter Dinkel kaufen; ihre Enkelin oder Urenkelin erhielt für diesen Betrag bloß noch 3,45 Liter. Hierzu ist zu bemerken, daß der Getreidepreis selbstverständlich ein ungenügender Gradmesser für die Kaufkraftentwicklung insbesondere der bäuerlichen Selbstversorger ist; doch stößt die Zusammenstellung eines Warenkorbs auf bisher unüberbrückte Schwierigkeiten, so daß in Regionalstudien immer wieder mit den Getreidepreisen operiert werden muß – auch aus dem Grunde, weil im allgemeinen für andere Lebensmittel und für gewerbliche Produkte keine Zahlenreihen vorliegen.[77] Für Basel konnte Schulz aber auch die Preisentwicklung wichtiger Eiweißprodukte und des Weines darstellen. Daß der Preis-Lohnvergleich anhand des Getreides auch für bäuerliche Konsumenten durchaus sinnvoll sein mag, belegt die Tatsache, daß viele Bauern sich bei städtischen Kaufleuten wiederholt Getreide besorgen mußten.[78] Jene oben erwähnten Kleinbauern, die selbst kein Ackerland kultivierten, waren ohnehin auf den Kauf von Getreide angewiesen.

Die Sprünge in den Preiskurven für Lebensmittel wurden, so weit wir sehen können, bis 1569 nicht mit einer Lohnanpassung kompensiert. Eher ist noch damit zu rechnen, daß der Arbeitgeber die Beköstigungsrationen schmälerte und insgesamt weniger Fleisch, Eier, Käse und Butter und kleinere Brötchen reichte, um die Teuerung auf diese Weise aufzufangen. Der für die Beköstigung einer Arbeitskraft geltende Tagessatz wurde nämlich, seit er um die Jahrhundertmitte (vor 1554) angehoben worden war (von 1 auf 4 Schillinge), nicht mehr der Preisentwicklung angepaßt. Dieser Naturalteil des Mischlohnes belastete, wenn die Lebensmittelpreise stiegen, den Haushalt des Arbeitgebers.

Bezüglich des andern Teil des Lohnes, des Lidlohns nämlich, sind folgende Aussagen möglich. Bei oberflächlicher Betrachtung änderte sich bei den Löhnen nichts – außer daß ihr realer Wert ständig abnahm. Die Lohntarife für Frauenarbeit waren abgestuft und bewegten sich im 16. Jahrhundert zwischen 12 und 16 Pfennigen. Im ungünstigsten Fall wurden Frauen nur halb so gut bezahlt wie Männer (Frauen 12 Schillinge, Männer 24s); im günstigeren Fall bezifferte sich ihr Lohn auf 66% des Männerlohnes. Lohn und Essenszuteilung zusammengenommen, stellt sich die Differenz zwischen Männer- und Frauenlöhnen weniger ausgeprägt dar (Tab. 2).

Tabelle 2

Das Verhältnis zwischen Männer- und Frauenlöhnen im Birseck im 16. Jahrhundert (Angabe in Pfennigen)

a) Der Frauenlohn in Prozent des Männerlohnes

Jahr(e)	Grundlohn alleine			Grund- und Naturallohn		
	M	F	a)	M	F	a)
1508/9	24	16	66,6%	36	28	77,7%
	24	14	58,3%	36	26	72,2%
	24	12	50,0%	36	24	66,6%
	18	16	88,8%	30	28	93,3%
	18	12	66,6%	30	24	80,0%
1554–57	24	16	66,6%	72	64	88,8%
	24	14	58,3%	72	62	86,1%
	24	12	50,0%	72	60	83,3%
	20	16	80,0%	68	64	94,1%
	20	12	60,0%	68	60	88,2%

b) Das Verhältnis von Geldlohn und Naturallohn

Jahr(e)	Frauenlöhne		Männerlöhne	
	a)	b)	a)	b)
1508	16d	57,14%	24d	66,66%
	14d	53,84%	18d	60%
	12d	50%		
1517*	8d	40%		
1554–57	16d	25,0%	24d	33,33%
	14d	22,58%	20d	29,41%
	12d	20%		

a) Geldohn, b) Geldlohn in Prozent des Gesamtlohns
* Tarif für die Weinlese

Zum Verhältnis der beiden Teile des Mischlohnes: Seit der Beköstigungssatz vervierfacht wurde, machte der Geldlohn nur den kleineren Teil des Gesamtlohnes aus. Es gilt folgende Regel: Je geringer der Lohn, desto schmaler sein Anteil am Gesamtlohn. Auf die Geschlechter bezogen, heißt das: Frauenlohnarbeit »lohnte sich« grundsätzlich weniger als Männerlohnarbeit – nicht nur aus dem offensichtlichen Grund, daß Frauen ohnehin schlechter bezahlt wurden als Männer, sondern aus einem anderen, verdeckten Grund: Für die Frauen war das Verhältnis von Geld- zu Naturallohn immer ungünstiger als für Männer, weil der Anteil des ausbezahlten Lohnes geringer war (Anfang des 16. Jahrhunderts zwischen 40 und 57% bei Frauen und zwischen 60 und 66% bei Männern). Im Prinzip des Mischlohnes war eine den Zeitgenossen wohl kaum bewußte, strukturelle Schlechterstellung der Frauen angelegt. Der Reallohnverlust wirkte sich schließlich auch dahingehend aus, daß sich der ausbezahlte Geldlohn am Ende auf kaum noch ein Drittel des Gesamtlohns belief. Vorher hatte er noch mindestens die Hälfte bis zwei Drittel ausgemacht. Insgesamt ist die geschilderte Entwicklung in Anlehnung an Le Roy Ladurie als Pauperisierung der Löhne anzusprechen.

Angesichts der demographischen und wirtschaftlichen Entwicklung im 16. Jahrhundert,[79] die von Bevölkerungswachstum und Preisanstiegen der Lebensmittel geprägt war, ist davon auszugehen, daß Lohnarbeit als Faktor der Existenzsicherung für weite ländliche Bevölkerungskreise zunehmend in den Vordergrund trat. Denn die Ressource Land wurde knapper, und entsprechend wuchs die Zahl unterprivilegierter Menschen, die den landarmen und landlosen unterbäuerlichen Schichten angehörten. Es ist deshalb, ebenso wie in der Stadt, besonders in der zweiten Jahrhunderthälfte ein relativer Arbeitskräfteüberschuß anzunehmen, angesichts dessen sich Lohnforderungen als aussichtslos erwiesen haben dürften.[80] Gerade kleinbäuerliche Haushalte waren im 16. Jahrhundert in hohem Maße vom Markt abhängig, um ihre Grundbedürfnisse befriedigen zu können.

Wie wirkten sich die beschriebenen Arbeitsbedingungen und die Arbeitsmarktverhältnisse auf die Erwerbssituation von Männern und Frauen aus? Im Birseck traten im 16. Jahrhundert keine drastischen Veränderungen in der Arbeitsorganisation und den Beschäftigungschancen von Frauen ein. Auch der anspruchsvolle, marktorientierte Weinbausektor blieb im 16. Jahrhundert auf die volle Arbeitskraft der Frauen angewiesen. Neben ihrer Arbeit in Haus, Stall und Garten beschränkten sich die außerhäuslichen Tätigkeiten der Bäuerinnen auch jetzt, unter den ungünstigeren Lohnbedingungen, keineswegs auf die »frohe Zeit« der Ernte. Dennoch sind einige Verschiebungen im Arbeitsgefüge zu erkennen:

1. *Der Umfang der Frauenarbeit (vgl. Tab. 1).* Betrachten wir den Umfang der Frauenarbeit. Er ist in den Testjahren des 15. Jahrhunderts bis 1509 weniger genau zu ermitteln als in den späteren Jahren. Denn für einen Teil der eingesetzten Tagelöhner – meist für jene, die bei der Weinlese halfen – ist das Geschlecht nicht angegeben (13–26,5%). Mit Sicherheit befanden sich Frauen, oft auch Kinder, darunter. Die Frauenquote in der Tabelle ist also eine Minimalzahl. Im Ausnahmejahr 1499 leisteten die Frauen 62% aller Tagewerke, weil sie damals kurz nach dem Schwabenkrieg die Weinlese ohne männliche Hilfe bewältigten.[81] Klammern wir dieses Jahr 1499 aus, so belief sich der Umfang der Frauenarbeit in den anderen Stichjahren des 15. Jahrhunderts auf 27,2 bis 40,6%. Inklusive des Kriegsjahrs 1499 erhalten wir die Durchschnittszahl von 36%.

Im Unterschied zum 15. Jahrhundert lagen die Frauenanteile bei den Arbeitseinsätzen seit 1499 immer entschieden über 30%. Im Durchschnitt der Jahre 1554–1557 betrug die Quote von Frauentagewerken 41% und lag somit höher als im 15. Jahrhundert. Es herrschte die Tendenz, vermehrt die billigere Arbeitskraft der Frauen einzusetzen – außer für das reine Männergeschäft des Schneidens der Reben, Hackens und Grübens. Dennoch entwickelte sich beispielsweise die Weinlese nicht zu einer ausschließlich weiblichen Domäne.

2. *Verschiebungen in der Arbeitsteilung.* Eine Tätigkeit, für welche der Arbeitgeber nun vollständig auf die teurere Knechtearbeit verzichten konnte, war den Angaben zum Jahr 1557 zufolge das Düngen. Gruppen von 9–16 Frauen luden den Mist ab, trugen ihn in die Reben und verzetteten ihn auf dem Rebacker. Bei diesen anstrengenden Arbeitsgängen waren im 15. Jahrhundert neben Frauen auch Knechte eingesetzt worden.

Zusammenfassend: Die Untersuchung behandelte vorwiegend die gut dokumentierten Arbeitsverhältnisse im bischöflich-baslerischen Amt Birseck und analysierte den Wandel der Fronar-

beit im Zeitraum zwischen 1440 und 1569. Den spezifischen
Befunden zum Typus der Fronarbeit wurden zum Vergleich die
Verhältnisse des Basler Spitals gegenübergestellt, um zu prüfen, wieweit Gemeinsamkeiten bestanden, und es zeigte sich,
daß die Zuweisung von Männer- und Frauenarbeit in der Stadt
wie auf dem Lande nach dem gleichen Prinzip erfolgte. Als der
Vogt zu Birseck zu Beginn des 16. Jahrhunderts die Entlöhnung
der Frondienste einführte, gestaltete er sie in Anlehnung an die
städtischen Tarife.

Die anhand der birseckischen Rechnungen vorgenommene
Analyse der Arbeitsorganisation im Weinbau ließ den Umfang
der Frauenarbeit in dieser arbeitsintensiven Spezialkultur und
das Muster der geschlechtsspezifischen Arbeitsteilung erkennen. Bezogen auf die jährliche Gesamtzahl der im bischöflichen
Eigenbetrieb geforderten Tagewerke, erbrachten Frauen rund
ein Drittel, im 16. Jahrhundert dann – gemäß den untersuchten
Stichjahren des fünften Jahrzehnts – um 40% der gesamten Arbeitsleistung. Einen gleich hohen Anteil erreichten die Einsätze von Frauen in der marktorientierten Weinproduktion im
Betrieb des städtischen Spitals; hier handelte es sich im Gegensatz zum Birseck um freie Lohnarbeit. Während das Spital zum
Jäten ausschließlich Frauen beschäftigte, waren sie in der landwirtschaftlichen Hochsaison, beim Heuen und Emden sowie
bei der Getreideernte gegenüber den Männern weitaus in der
Überzahl.[82]

Im Birseck läßt sich anhand der Vogtsrechnungen ermitteln,
wie sich die Situation der Arbeitskräfte im letzten Drittel des
15. Jahrhunderts verbesserte. Die während der Arbeitszeit ge-
reichte Beköstigungsration wurde nämlich schrittweise vergrößert, was als Versuch der Herrschaft zu sehen ist, die Ren-
tabilität der unbeliebten Frondienste einigermaßen zu gewähr-
leisten und dem Widerstand der unbotmäßigen Bauern zu
begegnen. Die um 1470 einsetzende Entwicklung mündete
schließlich spätestens um 1507 in das herrschaftliche Zuge-
ständnis des Zwangstagelohns, wie er nach Hertha Firnberg
beispielsweise im Elsaß schon im 14. Jahrhundert dokumentiert ist.[83]

Für die Frauen stellte die Einführung der monetären Fron-
dienstentschädigung bzw. des Mischlohnes insofern einen
Bruch dar, als sie nun in der Regel schlechter bezahlt wurden
als die Männer. Solange das Arbeitsentgelt nur aus der Bekösti-

gung bestand, ist in den Rechnungen keine ungleiche Behandlung von Männern und Frauen erkennbar. Dieser Befund stimmt mit der andernorts festgestellten Tatsache überein, wonach die Entlöhnung durch Naturalabgaben – wie beispielsweise die Abgabe von Garben nach der Ernte – keine Diskriminierung der Tagelöhnerinnen beinhaltete.[84] Während des ganzen untersuchten Zeitraums bis um 1570 blieb der Geldlohn unverändert, während in Anbetracht der Lebensmittelpreissteigerung der Arbeitgeber um 1540/50 den Aufwand für die Beköstigung – die er nicht beliebig schmälern konnte – erhöhte. Damit verschob sich der proportionale Anteil von Geldlohn und Naturallohn zugunsten des letzten; mit jeder Teuerung verlor der Geldlohn an Kaufkraft. Er betrug am Beginn des Jahrhunderts noch mindestens 50% des Gesamtlohns (=Geldlohn plus nominaler Wert der Fronkost), später in der zweiten Hälfte des 16. Jahrhunderts bei Männern aber noch rund ein Drittel, bei Frauen gar nur noch 20–25% (vgl. Tab. 2). Unter den Gegebenheiten allgemeiner Preissteigerungen beinhaltete der Mischlohn eine grundsätzliche Schlechterstellung der Frauen, weil der Anteil des Geldlohnes am Gesamtlohn für sie prinzipiell geringer war als für die Männer. Wie sich der langsame Reallohnverlust auf die Lebenshaltung der Bauern auswirkte, hing von der Größe und der Einkommenssituation der zu Frondiensten verpflichteten Haushalte ab. Er dürfte die von außerbetrieblicher Lohnarbeit abhängigen kleinbäuerlichen Haushalte besonders hart getroffen haben.

Die Interpretation von Wirtschaftsquellen eröffnet einen zentralen Zugang zu einer Geschichte der Arbeit. Nimmt man Einblick in immer wiederkehrende Arbeitsvorgänge in der Landwirtschaft, so werden unter den Kontinuitäten insbesondere die Formen der Arbeitsteilung zwischen den Geschlechtern sichtbar. Als kulturell fest verankerte Praxis wird sie von den Zeitgenossen als so selbstverständlich erfahren, daß sie sie gewöhnlich nur in jenen Situationen thematisieren, in welchen das »Normale« durch Grenzüberschreitung außer Kraft gesetzt wird wie in der eingangs zitierten Geschichte von der als Mann verkleideten Frau, welche das Leben eines Bauernknechtes führt und die Ehe mit einer Frau eingeht.

Andere Angaben in den Rechnungsbüchern wie jene zur Arbeitsentschädigung erscheinen bei nur oberflächlicher Lektüre zunächst ebenfalls als Kontinuitäten. Die mikroskopische

Analyse der Daten fördert jedoch Variablen langfristigen Wandels zutage. Hinter der Entwicklung der Arbeitsbedingungen (Beköstigung, Entlöhnung) stehen Spannungsverhältnisse zwischen Herrschaft und Untertanen, die die ökonomischen Veränderungen der Frühen Neuzeit unterschiedlich erfahren.

Anmerkungen

1 Die Chronik des Fridolin Ryff, Basler Chroniken, Bd. 1, Leipzig 1872, S. 1150.

2 Zu der drastischen Strafe des Ertränkens wird am wenigsten die Verrichtung von Männerarbeit Anlaß gegeben haben als vielmehr die mit der Verkleidung verbundene Täuschung der Umgebung und das Eheverhältnis wie auch die Delikte, die am Schluß zur Gefangennahme und zur Aufdeckung des wahren Geschlechts der Frau geführt hatten. Siehe Rudolf Dekker/Lotte van de Pol, Daar was laatst een meisje loos. Nederlandse vrouwen als matrozen en soldaten. Een historisch onderzoek, Baarn 1981, S. 93ff. Beispiele für Ehen weiblicher Soldaten, S. 17ff. und S. 49–54. – Die Autoren sind in ihrer systematischen Untersuchung rund 90 historisch belegten Fällen weiblicher Matrosen, Soldaten und Knechte nachgegangen. Vgl. auch Dies., The Tradition of Female Transvestism in Early Modern Europe, o.O. 1989, und Dies., Frauen in Männerkleidern. Weibliche Transvestiten und ihre Geschichte, Berlin 1990. Eine entsprechende Lebensgeschichte für Hamburg bei Mary Lindemann, Die Jungfer Heinrich. Transvestitin, Bigamistin, Lesbierin, Diebin, Mörderin, in: Otto Ulbricht (Hg.), Von Huren und Rabenmüttern. Weibliche Kriminalität in der Frühen Neuzeit, Köln 1995, S. 259–280.

3 Diese Ansicht äußert Edith Ennen, Die Frau in der Landwirtschaft vom Mittelalter bis zur frühen Neuzeit, in: Die Frau in der deutschen Wirtschaft. Zeitschrift für Unternehmensgeschichte, Beiheft 35, hg. von Hans Pohl, Stuttgart 1985, S. 28f.; eingangs (S. 18) bemerkt Ennen jedoch, daß die Fragen der geschlechtsspezifischen Arbeitsteilung »nicht leicht zu beantworten« seien.

4 Christopher Middleton, The Sexual Division of Labour in Feudal England, in: New Left Review 113–114 (1979), S. 147–168; Michael Mitterauer, Geschlechtsspezifische Arbeitsteilung in vorindustrieller Zeit, in: Beiträge zur Historischen Sozialkunde 11 (1981), H. 3, S. 77–87, mit der Feststellung S. 81, daß Grenzüberschreitungen seitens der Frau weniger gesellschaftlich diskriminiert waren, während es für Männer vielfach als Schande galt, Frauenarbeit zu verrichten.

5 Belege bei Middleton (wie Anm. 4), S. 153 u. 159; Mitterauer (wie Anm. 4), S. 80; Judith M. Bennett, Women in Medieval English Countryside: Gender and Household in Brigstock before the Plague, New York 1987, S. 116 u. 119; Christopher Dyer, Standards of Living in the Later Middle Ages. Social Change in England c. 1200–1520, Cambridge 1989, S.

230f.; P.J.P. Goldberg, Women's Work, Women's Role, in the Late-Medieval North, in: Michael Hicks (Hg.), Profit, Piety and the Professions in Later Medieval England, Gloucester 1990, S. 34–50, hier S. 46; Ernst Mummenhoff, Frauenarbeit und Arbeitsvermittlung. Eine Episode aus der Handwerksgeschichte des 16. Jahrhunderts, in: Vierteljahrschrift für Sozial- und Wirtschaftsgeschichte 19 (1926), S. 157–165.

6 Bennett (wie Anm. 5), besonders S. 115–129 u. 142–176; Natalie Zemon Davis, Frauen im Handwerk. Zur weiblichen Arbeitswelt im Lyon des 16. Jahrhunderts, in: Richard van Dülmen (Hg.), Arbeit, Frömmigkeit und Eigensinn, Frankfurt a.M. 1990, S. 43–74.

7 Zum Forschungsstand Heide Wunder, Zur Stellung der Frau im Arbeitsleben und in der Gesellschaft des 15.–18. Jahrhunderts. Eine Skizze, in: Geschichtsdidaktik 7 (1982), S. 239–251; Dies., Frauen in der Gesellschaft Mitteleuropas im späten Mittelalter und in der Frühen Neuzeit (15. bis 18. Jahrhundert), in: Helfried Valentinitsch (Hg.), Hexen und Zauberer. Die grosse Verfolgung – ein europäisches Phänomen in der Steiermark, Graz 1987, S. 123–154; Dies., Überlegungen zum Wandel der Geschlechterbeziehungen im 15. und 16. Jahrhundert aus sozialgeschichtlicher Sicht, in: Heide Wunder/Christina Vanja (Hg.), Wandel der Geschlechterbeziehungen zu Beginn der Neuzeit, Frankfurt a.M. 1991, S. 12–26; Dorothee Rippmann/ Katharina Simon-Muscheid, Weibliche Lebensformen und Arbeitszusammenhänge im Spätmittelalter und in der Frühen Neuzeit, in: Mireille Othenin-Girard u.a. (Hg.), Frauen und Öffentlichkeit. Beiträge der 6. schweizerischen Historikerinnentagung, Zürich 1991, S. 63–98; Dorothee Rippmann, Le travail salarié et les corvées dans la société rurale du nord-ouest de la Suisse: Travail féminin, travail masculin à la fin du moyen-âge au XVIe siècle, in: Bulletin du Département d'Histoire Economique (Université de Genève. Faculté des Sciences Economiques et sociales) Nr. 23 (1992–1993), Genf 1993, S. 25–38. – Es ist m.E. bezeichnend für den heutigen Forschungsstand und die gängigen, die Frauen kaum berücksichtigenden Konzepte von bäuerlicher Ökonomie, wenn Werner Rösener sich über die »Frauenarbeit« nicht im Kapitel »Bäuerliche Arbeit und Wirtschaft« (S. 133–155) äußert, sondern im Kapitel »Bäuerliche Familie, Sippe und Verwandtschaft« (S. 176–198), in: Ders., Bauern im Mittelalter, München 1985.

8 Als Beispiel einer regionalgeschichtlichen Studie zu ländlicher Frauenarbeit vgl. Christina Vanja, Frauen im Dorf. Ihre Stellung unter besonderer Berücksichtigung landgräflich-hessischer Quellen im Mittelalter, in: Zeitschrift für Agrargeschichte und Agrarsoziologie 34 (1986), S. 147– 159.

9 Jacques Le Goff (Hg.), Der Mensch des Mittelalters, Frankfurt/New York 1989, S. 139 (italienische Originalausgabe 1987). Vgl. auch Michel Le Mené, Le Vignoble Angevin à la Fin du Moyen Age, in: Le Vin au Moyen Age: Production et Producteurs. Actes du IIe congrès des médiévistes, Grenoble 1978, S. 81–99, hier S. 95.

10 Emmanuel Le Roy Ladurie, Die Bauern des Languedoc, Darmstadt 1985, S. 125f.

11 Vgl. den Artikel »Frondienst« von G. Theuerkauf im Handwörterbuch zur deutschen Rechtsgeschichte, Bd. 1, Berlin 1971, Sp. 1306–1309.

Zur Schwierigkeit, bei Lohnangaben in den Quellen freie Lohnarbeit und Fronarbeit auseinanderhalten zu können, vgl. Dyer (wie Anm. 5), S. 217f.

12 Werner Rösener, Die spätmittelalterliche Grundherrschaft im süd-westdeutschen Raum als Problem der Sozialgeschichte, in: Zeitschrift für die Geschichte des Oberrheins 127 (1979), S. 17–69, hier S. 52; vgl. auch Ders., Bäuerliches Alltagsleben im Hochmittelalter am Oberrhein, in: Die Ortenau 66 (1986), S. 156–173, mit Hinweisen zu den Frondiensten in einer klösterlichen Grundherrschaft, wo die Frauen zum Spinnen und Weben verpflichtet wurden, S. 160–163.

13 Werner Rösener, Grundherrschaften des Hochadels in Südwest-deutschland im Spätmittelalter, in: Hans Patze (Hg.), Die Grundherrschaft im späten Mittelalter, Tl. II, Sigmaringen 1983, S. 87–176, hier S. 125; Henri Dubled, L'administration de la seigneurie rurale en Alsace du XIIIe au XVe siècle, in: Vierteljahrschrift für Sozial- und Wirtschaftsgeschichte 52 (1965), S. 433–484, hier S. 445, 447, 449.

14 Jean Marie Yante, L'emploi: Concept contemporain et réalités médiévales, in: Jacqueline Hamesse/Colette Muraille-Samaran (Hg.), Le travail au moyen âge. Une approche interdisciplinaire, Louvain-La-Neuve 1990, S. 349–378; E[douard] Perroy, Wage Labour in France in the Later Middle Ages, in: Sylvia L. Thrupp (Hg.), Change in Medieval Society, Europe North of the Alps 1050–1300, Toronto 1988 (Reprint der Ausgabe New York 1964), S. 237–246; Simon A. C. Penn, Female Wage Earners in Late Fourteenth-Century England, in: Agricultural History Review 35 (1987), S. 1–14; Ulf Dirlmeier, Untersuchungen zu Einkommensverhältnis-sen und Lebenskosten in oberdeutschen Städten des Spätmittelalters (Mitte 14. bis Anfang 16. Jahrhundert), Heidelberg 1978, S. 140; Peter Feldbauer, Lohnarbeit im österreichischen Weinbau. Zur sozialen Lage der nieder-österreichischen Weingartenarbeiter des Mittelalters und der frühen Neu-zeit, in: Zeitschrift für bayerische Landesgeschichte 38 (1975), S. 227–243; Mené (wie Anm. 9); Rippmann/Simon-Muscheid (wie Anm. 7).

15 Rösener (wie Anm. 12), S. 42 u. 52; Ders. (wie Anm. 13), S. 101, 125, 135f. u. 174. Zum Rückgang der Frondienste im Zuge der Auflösung des Villikationssystems Friedrich Lütge, Geschichte der deutschen Agrarver-fassung vom frühen Mittelalter bis zum 19. Jahrhundert, Stuttgart 1963, S. 81–83; Werner Rösener, Der Strukturwandel der St. Galler Grundherrschaft vom 12. bis 14. Jahrhundert, in: Zeitschrift für die Geschichte des Ober-rheins 137 (1989), S. 174–197.

16 Moritz J. Elsas, Umriss einer Geschichte der Preise und Löhne in Deutschland vom ausgehenden Mittelalter bis zum Beginn des neunzehn-ten Jahrhunderts, Bd. 1, Leiden 1936, S. 76.

17 Vgl. dazu Dirlmeier (wie Anm. 14), besonders S. 88–98 u. 129–149.

18 Dazu die theoretischen Überlegungen von Hubert Freiburg, Agrar-konjunktur und Agrarstruktur in vorindustrieller Zeit. Die Aussagekraft der säkularen Wellen der Preise und Löhne im Hinblick auf die Entwick-lung der bäuerlichen Einkommen, in: Vierteljahrschrift für Sozial- und Wirtschaftsgeschichte 64 (1977), S. 289–327.

19 Dazu Barbara Hanawalt, Peasant Women's Contribution to the

Home Economy in Late Medieval England, in: Barbara Hanawalt (Hg.), Women and Work in Preindustrial Europe, Bloomington 1986, S. 3–19, hier S. 11; Bennett (wie Anm. 5) und neuerdings Wunder, Überlegungen (wie Anm. 7).

20 Dem Faktor der Marktabhängigkeit trägt Hanawalt in ihrem Konzept der bäuerlichen Familienökonomie Rechnung; Barbara Hanawalt, The Ties That Bound. Peasant Families in Medieval England, New York 1986, Kap. 7, insbes. S. 113f. u. 116. Siehe auch Bennett (wie Anm. 5). Demgegenüber vertritt Howell die Vorstellung von der auf Selbstversorgung basierenden Subsistenzwirtschaft ländlicher Betriebe; Martha Howell, Women, Production, and Patriarchy in Late Medieval Cities, Chicago 1986, S. 28. Zur Bedeutung der Marktverflechtung bäuerlicher Betriebe verschiedener Besitzklassen Rösener (wie Anm. 12), S. 31, 50f. u. 61f.

21 Dorothee Rippmann, Bauern und Städter: Stadt-Land-Beziehungen im 15. Jahrhundert. Das Beispiel Basel, unter besonderer Berücksichtigung der Nahmarktbeziehungen und der sozialen Verhältnisse im Umland, Basel/Frankfurt a.M. 1990, S. 184–216.

22 Peter Bierbrauer, Bäuerliche Revolten im Alten Reich, in: Peter Blickle (Hg.), Aufruhr und Empörung? Studien zum bäuerlichen Widerstand im Alten Reich, München 1980, S. 1–68, hier S. 39; Tom Scott, Freiburg and the Breisgau. Town-Country Relations in the Age of Reformation and Peasants' War, Oxford 1986, S. 167, 168–170, 177, 186f.; Hans Berner, »Die gute correspondenz«: Die Politik der Stadt Basel gegenüber dem Fürstbistum Basel in den Jahren 1525–1585, Basel/Frankfurt a.M. 1989. Zum Schuldeintreibungsverfahren vor dem geistlichen Gericht Hans-Rudolf Hagemann, Basler Rechtsleben im Mittelalter, Bd. 2, Zivilrechtspflege, Basel/Frankfurt a.M. 1987, S. 59f., und Rippmann (wie Anm. 21), S. 157–160 u. 326f.

23 Archives de l'Ancien Évêché de Bâle, Porrentruy (AAEB), Comptes de Birseck. Zur Geschichte der Herrschaft vgl. Berner (wie Anm. 22).

24 In den Jahresrechnungen des letzten Jahrzehnts des 16. Jahrhunderts heisst es jeweils: »Reb- und herbstcosten nihil«.

25 Der Jahresertrag schwankte zwischen 17 und 99 Saum, d.h. zwischen 2448–14256 Litern, den Saum zu 144 l gerechnet.

26 Bei Schloß Zwingen unterhielt der Bischof ebenfalls Eigengüter; zur Bewirtschaftung einiger Juchert Acker, des Wieslands und der Reben wurden auch hier Frondienste in Anspruch genommen. Frauen mußten beim Heuen und als Schnitterinnen helfen, während Männer u.a. Jagd- und Holzfronen zu leisten hatten und die Schloßgärten umzäunen mußten. Vgl. Günther Franz, Der deutsche Bauernkrieg. Aktenband, Darmstadt 1972, S. 262f. Nr. 98 u. S. 264f. Nr. 100.

27 Michaela von Tscharner-Aue, Die Wirtschaftsführung des Basler Spitals bis zum Jahre 1500. Ein Beitrag zur Geschichte der Löhne und Preise, Basel 1983.

28 Ohne die Kosten für die Weinlese. Ebd., S. 89–91.

29 Berechnung der Zehnjahresdurchschnitte aufgrund von Tscharner-Aue (wie Anm. 27), Tab. 3, S. 284f. Wiederum sind die Löhne für die Wein-

lese und das Keltern in dieser Aufstellung nicht inbegriffen. Für die Rechnungsjahre 1506/7 und 1507/8 habe ich stichprobenweise den Anteil der Kosten für die Weinproduktion inklusive der Weinlese berechnet; sie beliefen sich in diesen beiden Jahren auf 38,5% aller Ausgaben für die Landwirtschaft. Staatsarchiv Basel-Stadt, Spital F12.

30 Die Aufstellungsprinzipien weichen bei den einzelnen Vögten geringfügig voneinander ab. Die Informationsbreite der Jahrrechnungen bestimmte meine Auswahl der untersuchten Jahre.

31 Knut Schulz, Handwerksgesellen und Lohnarbeiter. Untersuchungen zur oberrheinischen und oberdeutschen Stadtgeschichte des 14. bis 17. Jahrhunderts, Sigmaringen 1985, S. 47.

32 Nach Ausweis von Dinghofrödeln Baslerischer Klöster waren bis zu neun Tagen Fronleistungen üblich. L.A. Burckhardt, Die Hofrödel von Dinghöfen Baselischer Gotteshäuser und Andrer am Oberrhein, Basel 1860, S. 24.

33 Diese Klage formulieren die Leute aus Karsau um 1525 in den Beschwerden der Grafschaft Rheinfelden explizit; Franz (wie Anm. 26), S. 181 Nr. 44; vgl. auch die entsprechenden elsässischen Beschwerden, S. 219 Nr. 78d, Art. 3.

34 Für das Birseck selbst sind breitere Informationen zu Konflikten um die Fronen erst seit der zweiten Hälfte des 16. Jahrhunderts, nach dem Einsetzen der Vogtsmissiven, überliefert. Die Abschaffung der Frondienste figurierte 1525 im Forderungskatalog der Untertanen im Birseck und im Laufental; Berner (wie Anm. 22), S. 105. Konkrete Beschwerden sind aus Zwingen, Brislach, Blauen und Nenzlingen im bischöflichen Amt Zwingen bekannt; vgl. Franz (wie Anm. 26), S. 262–265 Nr. 98–100. Auch für benachbarte Herrschaften sind Klagen der Bauern gut dokumentiert; vgl. Rösener (wie Anm. 13), S. 135, und Claudia Ulbrich, Leibherrschaft am Oberrhein im Spätmittelalter, Göttingen 1979, S. 123f.

35 Dazu Mireille Othenin-Girard, Ländliche Lebensweise und Lebensformen im Spätmittelalter. Eine wirtschafts- und sozialgeschichtliche Untersuchung der nordwestschweizerischen Herrschaft Farnsburg, Liestal 1994.

36 Hertha Firnberg, Lohnarbeiter und freie Lohnarbeit im Mittelalter und zu Beginn der Neuzeit, (Neudruck der Ausgabe von 1935) Aalen 1977, S. 55–115.

37 Knaben mußten 1475 Steine auflesen, und Jugendliche waren beispielsweise in den Jahren 1460 und 1518 bei der Weinlese beteiligt.

38 Nur wenige Jahrgänge der birseckischen Rechnungen geben jeweils die Herkunftsorte der Arbeiter und Arbeiterinnen an. Vereinzelt (ausnahmsweise?) werden auch Leute aus Aesch, Pfeffingen und Zwingen zu den Fronen herangezogen; vgl. die Rechnungen von 1459/60 und 1460/61.

39 Im Jahr 1474 waren die Arbeitskräfte in folgender Reihenfolge eingesetzt: 26. März 40 Personen aus Reinach und Therwil; 28. März 18 aus Arlesheim; 30. März 36 aus Oberwil; 4. April 25 aus Arlesheim; 14. April 38 aus Reinach und Therwil; 4. Mai 8 ohne Ortsangabe; 16. Mai 38 aus Reinach und Therwil; 2. Juni 29 aus Oberwil und Therwil; 4. Juni 40 aus Oberwil; übrige Arbeitsgänge ohne Herkunftsangabe der Personen.

40 AAEB, Comptes de Birseck (wie Anm. 23).

41 Hektor Ammann, Die Bevölkerung von Stadt und Landschaft Basel am Ausgang des Mittelalters, in: Basler Zeitschrift für Geschichte und Altertumskunde 49 (1950), S. 25–52.

42 Staatsarchiv Baselland, Liestal, Altes Archiv L72.507.

43 Die Aussagen zu den Besitzverhältnissen gründen auf Auswertungen von Güterberainen und Zinsbüchern bedeutender Basler Klostergrundherrschaften wie jener St. Leonhards und St. Albans. Zum folgenden vgl. Rippmann (wie Anm. 21), S. 240–286 u. 319–330.

44 Zu den unterbäuerlichen Schichten vgl. auch Rösener (wie Anm. 12), S. 37f. u. 61f.; Feldbauer (wie Anm. 14).

45 Zur Technik des Weinbaus, mit Begriffserläuterungen siehe Médard Barth, Der Rebbau des Elsass, Strassburg/Paris 1958, S. 97–102; Laurenz Strebl, Mittelalterlicher Weinbau in den Rechnungsbüchern des Stiftes Klosterneuburg, in: Unsere Heimat 30 (Wien 1959), S. 11–21; Schweizerisches Idiotikon, Bd. 2, Sp. 1060, »Heften«; ebd., Bd. 4, Sp. 1948, »Buw«; ebd., Bd. 10, Sp. 1669, »Sticke«; ebd., Bd. 6, Sp. 1243, »Ruer«. – Die Arbeitsvorgänge im Weinbau sind bei von Tscharner-Aue (wie Anm. 27), S. 164f., unkorrekt und in falscher zeitlicher Reihenfolge geschildert.

46 Zu den Frauenarbeiten siehe auch von Tscharner-Aue (wie Anm. 27), Tab. 13, 14 u. 16, S. 315–318 u. 321f.

47 Belege für das Düngen und das Auslauben der Reben als Frauenarbeiten liefern auch die Akten des Genfer Hôpital général; dort besorgten im Gegensatz zu Basel Frauen auch das Schneiden der Reben; vgl. Liliane Mottu-Weber, Les femmes dans la vie économique de Genève, XVIe-XVIIe siècles, in: Bulletin de la Société d'histoire et d'archéologie de Genève 16 (1979), S. 381–401, hier S. 388.

48 Wunder, Stellung der Frau (wie Anm. 7), S. 244; Howell (wie Anm. 20), S. 176f.; Mitterauer (wie Anm. 4), S. 80. Siehe auch die Ausführungen von Maria Biedlingmaier, Die Bäuerin in zwei Gemeinden Württembergs, Stuttgart 1918, S. 18–20, zur geschlechtsspezifischen Arbeitsteilung auch anhand des Weinbaus.

49 Nach Mitterauer (wie Anm. 4), S. 83, ist gerade die Weinarbeit »nicht sehr stark geschlechtsspezifisch differenziert«, sie gilt aber als Domäne des Mannes.

50 Von Tscharner-Aue (wie Anm. 27), Tab. 16; Schulz (wie Anm. 31), S. 354f.

51 AAEB, Comptes de Birseck, 1459 und 1461; Staatsarchiv Basel-Stadt, Spital F 12, Jahr 1461/62. Diese Arbeitsteilung ist beispielsweise in Württemberg bis ins 20. Jahrhundert hinein belegt; Biedlingmaier (wie Anm. 48), S. 34. Vgl. auch David Herlihy, Opera Muliebria. Women and Work in Medieval Europe, Philadelphia 1990, S. 52.

52 Diese geschlechtsspezifische Zuweisung der Arbeiten bei der Weinlese scheint weit verbreitet gewesen zu sein; vgl. Guy Fourquin, Les campagnes de la région parisienne à la fin du moyen âge, Paris 1964, S. 195–202, 277–279 u. 508f., bes. S. 278, mit Anm. 78. Über die Arbeitsteilung in den übrigen Arbeitsgängen scheinen die von Fourquin ausgewerteten

Quellen von St.-Denis und St.-Germain-des Prés keine Auskunft zu geben; Tab. VI, S. 277 enthält keine Angaben über die Tätigkeit der entlöhnten Frauen. – Bottichträger und Kelterer sind auch ikonographisch gut belegt; vgl. Wilhelm Hansen, Kalenderminiaturen der Stundenbücher: Mittelalterliches Leben im Jahreslauf, München 1984; Perrine Mane, Calendriers et techniques agricoles (France-Italie), XIIe – XIIIe siècles, Paris 1983.

53 Z.B. Wagenladungen voll Mist zum Rebberg Führen; Comptes de Birseck, 1459, 1460, 1470. Vgl. Mitterauer (wie Anm. 4), S. 80.

54 Ebenso auch gewisse Jahrgänge der Rechnungen des Basler Spitals. Vgl. dazu Feldbauer (wie Anm. 14), S. 241 und zum quantitativen Aspekt bei den Erntearbeiten bes. Penn (wie Anm. 14).

55 Staatsarchiv Basel-Stadt, Spital F 12. Vgl. Dorothee Rippmann, »Frauenwerk« und Männerarbeit. Gesinde, Tagelöhner und Tagelöhnerinnen in der spätmittelalterlichen Stadt, in: Basler Zeitschrift für Geschichte und Altertumskunde 95 (1995), S. 5–42.

56 Die Verpflegung der Hörigen während der Frondienste war ursprünglich keine Selbstverständlichkeit. Über die Einführung der Fronkost in der Grundherrschaft des Bistums Paderborn unter Bischof Meinwerk berichtet dessen Biograph; vgl. Werner Rösener, Bauern in der Salierzeit, in: Stefan Weinfurter (Hg.), Die Salier und das Reich, Sigmaringen 1991, Bd. 3: Gesellschaftlicher und ideengeschichtlicher Wandel im Reich der Salier, S. 51–74, hier S. 56.

57 Als Hinweis auf die Dürftigkeit der gereichten Mahlzeiten kann auch die Beschwerde der Karsauer Leute der Deutschordenskommende Beuggen gelesen werden, wo es heißt, der Komtur »tringt und zwingt uns mit gewalt darzu, das wir zu großem nachteyl und verderplichen schaden unser und unserer armen kindlinen das unser zu vil zytten ligen und verdärben laßen und im alle wärk, wies im in synn kompt, [...] leysten, spatt und früg zu knechtlicher arbeyt und dienstbarkeyt wie das vych gespannen und gebunden stan und das unser versumen müßent, nit anders als hette er uns vom tod ab dem meer erkauft, gibt uns daby ze fressen und haltet uns nit anders dann die unvernunftige tier«; Franz (wie Anm. 26), S. 181 Nr. 44.

58 Schulz (wie Anm. 31), S. 344f. und von Tscharner-Aue (wie Anm. 27), S. 166f. Danach kamen Männern 1,5 Maß und Frauen 1 Maß zu; 1482 wurde die Weinration in der Stadt fallengelassen.

59 Die Gründe für die magere Beköstigung 1499 sind wohl in der kriegsbedingten Finanzknappheit der bischöflichen Kasse zu suchen.

60 Sie kompensierte wenigstens z. T. die von nun an im Steigen begriffenen Lebensmittelpreise.

61 Immer noch wurden 4d pro Mahlzeit gerechnet.

62 Berner (wie Anm. 22), S. 27–29, 97–128 und 143–147.

63 Staatsarchiv Baselland, Altes Archiv, Urk. 466, Urk. 537; L 11.214 Nr. 7, 137 und 138; L 72.507. Vgl. Rudolf Wackernagel, Geschichte der Stadt Basel, Bd. II, 1, Basel 1911, S. 34f.; Dorothee Rippmann, Unbotmäßige Dörfler im Spannungsverhältnis zwischen Land und Stadt: Pratteln im 15. und zu Beginn des 16. Jahrhunderts, erscheint 1996 in: Itinera, Bd. 18, Stadt und

Land, hg. von der Allgemeinen Geschichtsforschenden Gesellschaft der Schweiz (AGGS).

64 Ein Anstieg der Bevölkerungszahl setzte in der 2. Hälfte des 15. Jahrhunderts ein; Franz Gschwind, Bevölkerungsentwicklung und Wirtschaftsstruktur der Landschaft Basel im 18. Jahrhundert, Liestal 1977, S. 297–303. Vgl. auch Rippmann (wie Anm. 21), S. 319 u. 322f.

65 Vgl. Rippmann (wie Anm. 21), S. 328f.; Dorothee Rippmann, Der Weiher zu Oberwil (BL) im 16. Jahrhundert: Lohnarbeit und Interessenkonflikte im fürstbischöflichen Amt Birseck (Bulletin Geschichte 2001, Nr. 9, Beilage der Baselbieter Heimatblätter, Juni 1992), Liestal 1992.

66 Comptes de Birseck (wie Anm. 23).

67 Rechtsquellen von Basel Stadt und Land, hg. von Joh. Schnell, Bd. 1, Basel 1856, S. 168, 251, 568f., 612; Firnberg (wie Anm. 36), S. 55–65 u. 106–112; Hagemann (wie Anm. 22), S. 131, Anm. 136, S. 331f. und 334. Zur Frönung Ders., S. 117–124 u. 139; der Gläubiger kann sich durch die Gerichtsbehörden in Güter des Schuldners einweisen lassen.

68 Le Roy Ladurie (wie Anm. 10), S. 127.

69 Von Tscharner-Aue (wie Anm. 27), S. 166f.; Schulz (wie Anm. 31), S. 344–361.

70 Die gleichen Tarifabstufungen für diese Arbeiten sind auch in den Kremser Hospitalrechnungen nachweisbar, doch ohne Angabe des Geschlechts der Arbeiter; Gerhard Jaritz, Die »Armen Leute« im Spital. Zur Aussage der Kremser Spitalmeisterrechnungen aus den Jahren 1459 bis 1461, in: Mitteilungen des Kremser Stadtarchivs 21/22 (1981/82), S. 21–64; vgl. den Kommentar dazu bei Rippmann/Simon-Muscheid (wie Anm. 7). Strebl (wie Anm. 45) behandelt weder die Arbeitsteilung noch die Lohnfrage.

71 Belege finden sich im Archiv des Basler Spitals; vgl. auch Fourquin (wie Anm. 52) und Feldbauer (wie Anm. 14), S. 237f. u. 241. Mitterauer (wie Anm. 4), S. 79, bemerkt:»Vor der Erreichung ihrer vollen Körperkraft bzw. im Alter wurden Männer vielfach bei Arbeiten eingesetzt, die man auch Frauen zumutete.« Vgl. auch Penn (wie Anm. 14), S. 8f.

72 Schulz (wie Anm. 31), S. 345.

73 Staatsarchiv Baselland, L 76.529: Ramsteiner Rechnungen.

74 Schulz (wie Anm. 31), S. 348 u. 434.

75 Der Preisanstieg für Fleisch betrug nur etwa 270%; ebd., S. 409, 419 u. 436f.

76 Ebd. Der Frauentaglohn von 1s im Verhältnis zum Getreidepreis: (V = Viernzel = 273,3 Liter)

Jahre	Preis von 1 V Dinkel	Gegenwert für 1s
1500–24	20,96s	13,0 Liter
1525–49	32,64s	8,37 Liter
1550–74	56,04s	4,87 Liter
1575–99	79,12s	3,45 Liter

77 Zum Problem des Warenkorbs vgl. Schulz (wie Anm. 31), S. 436; Perroy (wie Anm. 14), S. 244f.; Dyer (wie Anm. 5), S. 219f.; Ulf Dirlmeier, Zu Arbeitsbedingungen und Löhnen von Bauhandwerkern im Spätmittelalter, in: Rainer S. Elkar (Hg.), Deutsches Handwerk in Spätmittelalter und Früher Neuzeit, Göttingen 1983, S. 51–53.

78 Rippmann (wie Anm. 21), S. 187–192 u. 238.

79 Gschwind (wie Anm. 64); Schulz (wie Anm. 31), S. 429–442.

80 Schulz (wie Anm. 31), S. 435.

81 Ein Grund dürfte darin zu suchen sein, daß die Männer für Wiederaufbauarbeiten nach den Kriegszerstörungen benötigt wurden.

82 Rippmann/Simon-Muscheid (wie Anm. 7); Rippmann (wie Anm. 55).

83 Firnberg (wie Anm. 36), S. 55–63.

84 Dazu Penn (wie Anm. 14).

Arno Fitz

Heimarbeit und Selbstbewußtsein von Vorarlberger Frauen im 18. Jahrhundert

Vorbemerkung

Daß Frauenarbeit im Rahmen der sogenannten »Protoindustrialisierung« eine herausragende Rolle spielte, hat sich in zahlreichen neueren Studien zum ländlichen Gewerbe des 18. und beginnenden 19. Jahrhunderts gezeigt.[1] Das Für und Wider des Konzepts der »Protoindustrialisierung«, verstanden als »Industrialisierung vor dem Fabriksystem«[2] und als »gewerbliche Durchdringung des Landes«,[3] ist kontrovers diskutiert worden.[4] In jedem Fall führte der durch dieses Modell gewonnene neue Blick auf die ländliche Gesellschaft insbesondere des 17./18. Jahrhunderts zur intensiven Erforschung einzelner Regionen, die zunehmend mehr durch das Gewerbe und weniger durch die Landwirtschaft geprägt wurden.

Den Bezug zwischen der neuartigen, protoindustriellen gewerblichen »Nahrung« und den Veränderungen des »Volkslebens« stellte zuerst der Volkskundler Rudolf Braun in seiner klassischen Studie zum Zürcher Oberland heraus.[5] Braun verwies bereits deutlich auf den Wandel der Geschlechterbeziehungen im Rahmen proto-industrieller Lebensformen. Dennoch wurde das Thema in den Folgejahren vor allem als Teil der historischen Frauenforschung aufgegriffen.[6] Im Folgenden soll daher für Vorarlberg pointiert die Frage gestellt werden, welche Bedeutung die neuen Produktionsweisen für die Stellung und für die Lebensformen der Frauen in der ländlichen Gesellschaft besaßen.

Protoindustrialisierung
in Vorarlberg

Vorarlberg war seit der Frühen Neuzeit übervölkert. Dies wird einesteils auf eine inkonsequente Rechtspolitik zurückgeführt, die eine wirksame Bevölkerungskontrolle nicht zuließ, andererseits vor allem auf eine Klimaveränderung zu Beginn der Neuzeit, die die Nahrungsmittelbasis in den alpinen Gebirgstälern drastisch einschränkte, da so wichtige Feldfrüchte wie Weizen z.b. im Gebiet des Bregenzer Waldes nicht mehr gediehen. Mais und Kartoffel waren noch unbekannt. Hunger war die Folge. Die Landwirtschaft konnte nicht einmal die eigene Existenz sichern, geschweige denn Überschüsse produzieren. Folgerichtig gab es in Vorarlberg wenige Adelsfamilien, denn diese hätten sich ja nur von Überschüssen ernähren können.[7]

Die einzigen Adeligen, die Grafen von Hohenems, die übrigens kein großes Gebiet in Vorarlberg besaßen, bereicherten sich bezeichnenderweise an der ersten entstehenden Überlebensstrategie des übervölkerten Landes, am Landsknechtwesen. Das hieß: Man ging gegen Bezahlung in den Krieg für und gegen fremde Herrn. A la longue war das nur eine Ausweichlösung, denn außer für ein paar Abenteurer dürfte dieser Broterwerb nicht gerade angenehm gewesen sein.[8]

Im 17. Jahrhundert versuchte man allmählich umzusatteln. Man betrieb saisonale Wanderungsarbeit, d.h. viele Männer gingen vom Frühjahr bis in den Spätherbst (Martini) in die Fremde als Arbeiter auf Bauernhöfe, ins Gewerbe und vor allem ins Bauhandwerk. Die Vorarlberger waren so arm, daß gleichzeitig tausende Kinder als sogenannte »Schwabenkinder« von Frühjahr bis Herbst auf die großen schwäbischen Bauernhöfe verdingt wurden. Wie sah nun das Leben der Frauen in dieser Nicht-einmal-Subsistenz-Agrargesellschaft aus? Ein großer Teil der Männer war die überwiegende Zeit des Jahres nicht zuhause. Man kann sich vorstellen, daß die Frauen dadurch ein großes Maß an Selbständigkeit entwickelten. Da zudem mancher unverheiratete junge Mann den besseren Verdienstmöglichkeiten in der Ferne erlag und nicht mehr zurückkam, entstand ein großer Frauenüberschuß. 1755 gab es im Bre-

genzer Wald bei den 40–50jährigen einen Frauenüberschuß
von 32,7%.[9] Das weibliche Heiratsalter lag mit 30–32 Jahren
sehr hoch. Eine weitere Folge war, daß es im Bregenzer Wald
einen sehr hohen Anteil an Geschwister- und Ledigen-Haus-
haltungen von ca. 21–22% gab. Rein vom Quantitativen her gesehen haben wir es mit einer ausgeprägten Frauengesellschaft
zu tun, vom Frühjahr bis in den Spätherbst dürfte die Anzahl
der Frauen mindestens doppelt so hoch gewesen sein wie die
Anzahl der anwesenden Männer.

Der Verdienst der Männer während des Sommers reichte offensichtlich nicht aus, die Familie das ganze Jahr über zu ernähren. Grundbedingung für eine eigene Hausstandsgrün-
dung war nach wie vor die Möglichkeit, einen Bauernhof zu
übernehmen. Es ist anzunehmen, daß die einmal verheirateten
Männer den Bauernhof möglichst nicht mehr verließen. Die allgemein hohe Schuldenlast in diesem Realteilungsgebiet zwang
aber noch viele Familienväter, sich von der Familie einen Großteil des Jahres zu trennen und in das Ausland Bargeld verdienen zu gehen. Trotz der im sozio-ökonomischen Gefüge nach
wie vor dominierenden Landwirtschaft gab es kaum einen Arbeitsmarkt, da die Höfe zu klein waren. Gesinde wurde nur
äußerst selten beschäftigt, wenn überhaupt dann nur in den
größeren Gastwirtschaften des Dorfes. Die Folge war die saisonale Arbeitsauswanderung, solange bis man einmal die Chance hatte, einen Hof zu übernehmen. Dies betraf vor allem die
jungen Männer, so daß der Mädchenüberschuß während eines
Großteils des Jahres enorm gewesen sein muß.

Diese Mädchen widmeten sich neben den üblichen hauswirtschaftlichen Tätigkeiten vor allem einer Arbeit, die für die
Disposition Vorarlbergs, ein Heimarbeitsgebiet zu werden,
sehr wichtig war: dem Flachsspinnen, also der Herstellung von
Leinengarn. Der Bregenzer Wald wie das Rheintal waren her-
vorragende Leinanbaugebiete. Eine selbständige Leinwand-
produktion über den Eigenbedarf hinaus gelang allerdings
nicht, trotz vieler obrigkeitlicher Anstöße; man war zu abhängig vom nahen Schweizer Leinwandzentrum St. Gallen. Lediglich die erste Veredelungsstufe, das Spinnen, wurde in den bäuerlichen Hauswirtschaften noch selbst erledigt. Das war vor
allem Frauenarbeit, wobei die ledigen Mädchen den Großteil
dieser Arbeit leisteten. Das Geld aus dem Garnverkauf kam sicherlich vorerst allgemein der Hauswirtschaft zugute, in zwei-

ter Linie trug es zur Schaffung der Aussteuer bei, ohne die ein Mädchen kaum Heiratschancen hatte.

Welche Regeln bestimmten die Vorarlberger Gesellschaft in der Zeit vor 1750?

Politisch haben wir es mit einem demokratischen System zu tun, das natürlich im Vergleich zu heute in mancher Weise beschränkt war. Es gab weder ein Männer- noch ein Frauenstimmrecht, sondern ein Haushaltswahlrecht. Gemeindebürger mit Stimmrecht wurde man erst durch Haushaltsgründung. War der Vater tot, übte der älteste Sohn das Stimmrecht aus. Die politische Macht war also mit dem Produktionsmittelbesitz verknüpft. Eine Haushaltsgründung war praktisch immer mit Heirat verbunden, nur so konnte man Gemeindebürger werden.

In dieser Regelung spiegelt sich der de facto bestehende Wiederverehelichungszwang in der bäuerlichen Hauswirtschaft. Diese war ja nicht nur Kernfamilie, was wir heute allgemein unter Familie verstehen, sondern sie war zugleich eine ökonomische Produktionseinheit, wo die einzelnen Arbeitsrollen ständig besetzt sein mußten. Im Todesfall heirateten die Männer ausnahmslos wieder,[10] während es bei den Frauen selten, aber doch gelegentlich zu Witwenhaushalten kam.

Rechtlich lag die Verfügung über die durch die Hauswirtschaft geschaffenen Erträge letztlich sicher beim Hausvater. Wie die Entscheidungen allerdings wirklich zustandekamen, wissen wir nicht. Man darf wohl vermuten, daß die Quantität manchmal umschlug und qualitative Folgen zeitigte, das heißt, daß die Anwesenheit mehrerer Frauen den Entscheidungsprozeß in ihrem Sinne beeinflussen konnte.[11] Allgemein wird es aber nicht allzuviel über Mittelverwendung zu entscheiden gegeben haben, da nicht viel da war. Eine Emanzipation aus verordneten gesellschaftlichen Rollen setzt eine wirtschaftliche Unabhängigkeit voraus, und die gab es nicht, schon gar nicht außerhalb der Hauswirtschaft, wo es weder für Mann und Frau, geschweige denn für die Kinder, Emanzipationsmöglichkeiten gab. Angesichts der knappen Mittel könnte man in Abwandlung der Formulierung Berthold Brechts komprimieren: Zuerst kommt das Fressen, dann die Freiheit.

Gearbeitet haben alle Familienmitglieder. Schon ab dem fünften bis sechsten Lebensjahr wurden die Kinder eingesetzt, Buben meist als Hirten, während die Mädchen mit ihren feinen

Händchen schon früh zum Spinnen des feineren Garnes ange-
lernt wurden.

Einige Beispiele zur Situation und zum Selbstverständnis
der Frauen seien noch angeführt, um zu verdeutlichen, daß es
sehr wohl einen qualitativen Sprung gab. In einer Gesellschaft,
in der die Männer oft abwesend waren, war die klassische
Hausfrauenrolle nicht mehr so klar abgegrenzt, da Frauen häufig auch Männerarbeiten verrichten mußten. Das hatte für die
Unabhängigkeit und auch das politisch relevante Selbstverständnis der Frau unweigerlich Folgen, wofür ich drei Beispiele anführen möchte:[12]

– Als im Dreißigjährigen Krieg die Schweden nach Bregenz kamen und sich anschickten, auch im Bregenzer Wald ihr Unwe-
sen zu treiben, organisierten sich die Bregenzer Wälderinnen
und zogen mit Sensen und Gabeln bewaffnet gegen die Schweden und vertrieben diese aus dem Bregenzer Wald.

– Als 1708 Kaiser Josef I. die Abgabe von Landeserzeugnissen
anordnete, die er für das Heer im Spanischen Erbfolgekrieg benötigte, forderte er bezeichnenderweise von Vorarlberg Leinengarn. Etwa 200 Dornbirnerinnen sahen sich um den Lohn
ihrer Arbeit geprellt und fielen über die Beamten her. Als diese
später erneut Zwang anwenden wollten, konnten die Frauen
ihre Männer dazu bringen, bewaffnet nach Bregenz zu ziehen,
von wo Oberamtsverwalter Freiherr von Pappus nach Kon-
stanz fliehen mußte.

– Als man während der bairischen Zeit (1806–14) die allgemeine Wehrpflicht für Männer einführen wollte, kämpften die Bregenzer Wälderinnen ganz »männlich« um ihre wenigen Männer: Sie zogen bewaffnet nach Bregenz.

Heimarbeit / »Hausindustrie«

Der oben geschilderte gesellschaftliche Regelmechanismus
wurde ab ca. 1750 durch ein systemfremdes Element aufgebro-
chen: die eigentliche Lohnarbeit. Dort, wo sie als relativ kon-
stantes Arbeitsangebot auftrat, sprengte sie allmählich die
Hauswirtschaft und deren Machtgefüge, da die Lohnarbeit
nicht im Rahmen der Hauswirtschaft auftrat, sondern außerhalb dieser Verdienstmöglichkeiten schuf.

Was ist Heimarbeit?

Der Terminus ist nicht ganz glücklich gewählt, da der historisch wichtigste Punkt nicht der Gegensatz Heim – Fabrik, sondern das Auftreten von Massenlohnarbeit war.

Die Organisation der Heimarbeit geschah im wesentlichen über drei Stufen: den Exporteur (Verleger), den Fergger (Geschäftsvermittler) und schließlich den Einzelarbeiter.

Die Voraussetzungen zur Bildung von Heimarbeit auf dem Lande waren:

– Unbegrenzte Vermehrbarkeit der Rohstoffe. Baumwolle konnte nahezu beliebig importiert werden, während die Menge des Flachses durch den lokalen Anbau begrenzt war.

– Überregionale Märkte: Diese mußten die größeren Mengen aufnehmen können. Dies geschah vor allem durch die großen Textilzentren wie z.B. St. Gallen.

– Unreglementiertes Arbeitskräftereservoir: Dieses war einerseits nicht durch Zunftvorschriften bestimmt, wie in den Städten, vor allem aber mußten die Arbeitskräfte in der Lage sein, selbst wirtschaftliche Risiken zu tragen. Neben den städtischen Zunftvorschriften war besonders dies der Grund dafür, daß sich die Arbeit immer mehr auf das Land verlagerte, da dort parallel zur Heimarbeit eine bäuerliche Versorgungsgrundlage gegeben war.

Heimarbeit in Vorarlberg

Die Heimarbeit kam zuerst aus der Schweiz (vornehmlich St. Gallen), und zwar besonders als Spinnerei. Der arbeitsqualifikatorische Anknüpfungspunkt war die Flachsspinnerei. Unabhängig davon begann auch sehr früh die Stickerei, für welche die Schweizer zuerst einige Frauen anlernten. Sowohl die Baumwollspinnerei als auch die Stickerei gab es ab ca. 1750, und beide Heimarbeitsarten betrafen anfangs fast nur Frauen.

Das bäuerliche Milieu lehnte die Heimarbeit zuerst stark ab. Diese hatte ein sehr niedriges Sozialprestige, da zunächst hauptsächlich der ärmere Teil der Bevölkerung diese Arbeit ausübte. Darüber hinaus wurde argumentiert, daß die Mädchen ganz verzärtelt würden und für die bäuerliche Arbeit nicht mehr zu gebrauchen seien.

Doch war Geld langfristig wichtiger als Ideologie, besonders für die ärmeren Schichten. Binnen fünf bis zehn Jahren war die

Heimarbeit für Schweizer Verleger in weiten Teilen der Bevölkerung üblich. Zwei Drittel bis drei Viertel der Hauhaltungen haben sich in der einen oder anderen Form daran beteiligt.[13]

Welche Folgen hatte dies auf sozialer Ebene? Das Sozialsystem der bäuerlichen Hauswirtschaft blieb zunächst erstaunlich stabil. Doch überrascht dies insofern nicht so sehr, als für einen wirklichen Wechsel der Sozial- und Produktionsstrukturen wohl beide Geschlechter hätten betroffen sein müssen. Für die Männer blieb die Erwerbssituation vorerst dieselbe. Da die Löhne vor allem zu Beginn der Heimarbeitszeit gut bis sehr gut waren, zeitigte das viele Geld im hauswirtschaftlichen System aber doch Folgen, vorerst jedoch noch systemkonforme. Aufgrund der stark verbesserten sozialen Lage kam es zu einer gewichtigen Bevölkerungszunahme von über 20% innerhalb einer Generation. Das weibliche Heiratsalter sank und die Zahl der Hausbewohner wuchs.[14]

Etwa eine Generation später traten die ersten strukturverändernden Symptome auf: Einmietungen, Bettelhochzeiten, Hausstandsgründungen mit nur einem Minimum an Grund- und Boden, Häuselleute. Bis dahin hatte es immer wieder Warnungen gegeben, daß man allein auf den Heimarbeitsverdienst gestützt keine Existenz aufbauen könne, vor allem wegen der immer wiederkehrenden Krisen. Mittlerweile aber hatte sich die Heimarbeit über 30 Jahre gut gehalten, sich nach jeder Krise wieder erholt, sich sogar noch beständig ausgeweitet. Sehr wichtig für die Lebensweise war, daß in der Zwischenzeit auch die Männer in den Heimarbeitsprozeß einbezogen worden waren, und zwar als Weber. Jetzt entstanden nach und nach richtige Heimarbeiterfamilien, die früh gegründet wurden, weil man nicht mehr auf einen Hof warten mußte und viele Kinder als billige Arbeitskräfte brauchte. In den guten Zeiten praßten sie zum Ärgernis der bäuerlichen Schichten, in den schlechten Zeiten hungerten sie.

Vor allem die Heimarbeiterinnen prägten neue Lebensformen: »Luxussucht« (= Konsum), geselliges abendliches Zusammensein mit anderen stickenden Kolleginnen in den eigenen Häusern, aber auch in Gasthäusern. Diese »Stickstubaten« waren der Obrigkeit ein besonderer Dorn im Auge, offenbar wurde dort das neue gesellschaftliche Selbstverständnis der Heimarbeiterinnen gefunden, genährt und gepflegt. Dort wurde auch Politik gemacht,[15] hauptsächlich von Frauen, denn die

Männer saßen noch in ihren feuchten Webkellern beim Weben. Dieses neue Denken hat Pfarrer Brändle in einem Bericht aus dem Jahre 1829 rückblickend beschrieben:[16]

»Durch das Sticken kamen ungeheure Summen Geldes in den Bregenzer Wald, wie in kein anderes Land Vorarlbergs [...] Allein was helfen die Schätze aller Könige, wenn man sie nicht mit Weisheit verwendet, und dies geschah mit nur wenigen Ausnahmen [...]

Was daher die aus dem Sticken erfolgten Nachtheile betrifft, so können selbe dahier aus einem dreifachen Gesichtspunkte, dem ökonomischen, moralischen und physischen betrachtet werden:

1. In Hinsicht des ersten gerieth durch das Sticken die Kultur des Bodens überhaupt und des Ackerbaues insbesondere in merklichen Abgang, weil man durch die Stickerei weit mehr verdiente als durch die Pflege der Güter, und man folglich leichter kaufte, als pflanzte [...].

2. Die Kleiderpracht nahm Überhand, indem man sich mit der einfachen Leib- und Kopfbedeckung, den zierlosen Gürteln und unverbrämten Brustlätzen der Alten nicht mehr begnügte, sondern so viel möglich alles mit Seide, Silber und Gold behangen sein mußte [...].

3. Vermehrten sich Söldner und Söldnerhütten, indem in jener Zeit viele ohne Haus- und Grundeigenthum, einzig auf das Sticken gestützt, ohne an die Möglichkeit anderer Umstände zu denken so in den Ehestand eilten, als wenn sie reiche Kapitalisten wären. Daher gegenwärtig eine so große Anzahl armer Familien.

4. Die Üppigkeit im Essen und Trinken besonders in Besuchung der Wirthshäuser war sozusagen ohne Schranken; denn Jung und Alt beiderlei Geschlechts, ledig und verheirathet eilte nicht nur an Sonn- und Feiertagen zum köstlichsten Wein und Tanze, sondern selbst an Werktagen war es gar nichts Ungewöhnliches zu sehen, wie Ältere vorzüglich Väter das Stickgeld ihrer Kinder verzechten und verspielten. Und wenn zwar das weibliche Geschlecht an diesen Tagen nicht so häufig auf der Trinkbank gesehen wurde, so wußte es sich desto mehr zu Hause schadlos zu halten, indem unsere Weibspersonen, die in einem Hause zusammen stickten, Geld zusammenschossen, und aus dem Wirtshause Wein und vom Krämer Kaffee holen ließen, um sich einen Abendschmaus zu bereiten. Und es war unter manchen Weibsbildern sogar der Brauch eingeführt, daß eine z.B. mit einem Thaler der ganzen Gesellschaft [...] solange zahlte, bis er verzehrt war, und die Reihe wieder an eine andere kam. Daher war ich im ersten Jahr meines Seelsorgeamts dahier nicht wenig befremdet, als ich in einem Wirthshause dahier an einem Sonntage einen ganzen Haufen lediger Weibspersonen

sah; doch man half mir gar bald aus meiner Befremdung indem man
mir antwortete, diese Gewohnheit sei noch ein unkanonisiertes Re-
liquie aus den guten Zeiten der Stickerei. In moralischer Rücksicht
entstand aus dem guten Lohn des Stickens ein fast unwiderstehli-
cher Hang zur Verschwendung und Hoffart in der Kleidung [...].
[...]
2. Erzeugte das Sticken den Müßiggang, vorzüglich das Spiel;
denn gerade jetzt, vom männlichen Geschlecht ganz zu schweigen,
sind, um nicht viel zu sagen, im Durchschnitte unter zehn älteren
Weibsbilder kaum drei, die das Kartenspiel nicht trefflich verstün-
den.
3. Kam das für eine Haushaltung so nötige Spinnen und Nähen
unter dem weiblichen Geschlechte so außer Übung, daß selten einer
einen guten Faden spinnen, ein Hemd machen, oder einen Sacke
gehörig flicken kann, sodaß, wenn eine Mannsperson eine solche
Stickerin heiratet, er oft der armseligste Mann ist, und mit seiner ge-
troffenen Wahl mißvergnügt zu werden Ursache hat.
4. Machte man nach den Versicherungen vieler, die ich über die
Ursachen des hiesigen Schuldenstandes zu befragen Gelegenheit
hatte, gerade zur Zeit des besten Stücklohnes am meisten Schulden
[...].
5. Bacchus progeneravit Venerem! In physischer Rücksicht hat
die beim Sticken stets sitzende Lebensart den nachteiligen Einfluß
auf die Gesundheit; denn besonders das weibliche Geschlecht ist
ganz verzärtelt, sieht im Durchschnitte ganz aufgedunsen aus, oder
blaß, und leidet gerne an den Augen, und anderen Eingeweide-
krankheiten, Auszehrung [...].«

Die Situation der Frau in der Heimarbeitszeit

Abgesehen von der gerade angeführten Schrift Pfarrer Bränd-
les gibt es so gut wie keine spezifischen Quellen über Frauen
bzw. Dokumente, in denen Frauen besonders erwähnt wurden.
Selbst in Gerichts- und Verwaltungsakten[17] finden sich kaum
Hinweise auf typische Konfliktsituationen, an denen üblicher-
weise Frauen beteiligt gewesen wären. Natürlich werden Frau-
en erwähnt, doch lassen sich aus bloßen Erwähnungen kaum
Schlüsse ziehen.
    Wir haben weiter oben gesehen, daß die Frauen durchaus
von Zeit zu Zeit politisch aktiv wurden. Diese Tatsache eines
politischen Bewußtseins bei Frauen führten wir unter anderem

auf die spezifische Situation der Frauen in Vorarlberg zurück, die sie wegen der Abwesenheit der Männer sogar zu kämpferisch-militärischen Handlungen zwang. Dies war auch für die Zeitgenossen etwas Unglaubliches, weshalb uns wohl diese Aktionen der Frauen überliefert wurden.

In der Heimarbeit ging tendenziell die Überzahl der Frauen zurück, da auch Männer jetzt im eigenen Lande Geld verdienen konnten. Im Rheintal verlor die saisonale Arbeitsauswanderung der Männer völlig ihre Bedeutung, aus dem Bregenzer Wald wurde weiterhin saisonal ausgewandert, aber in verringertem Umfang. Der Umkehrschluß, daß sich dadurch die Situation der Frau verschlechtert hätte, ist aber keineswegs zutreffend. Im Gegenteil hat der Lohnverdienst die Unabhängigkeit der Heimarbeiterinnen gestärkt, das heißt, man kann von einem beginnenden Emanzipationsprozeß der Frauen und Kinder aus der Abhängigkeit von der Hauswirtschaft sprechen. Je kleiner dabei diese Hauswirtschaften waren, je stärker wurde diese Tendenz, da über die Verteilung bzw. Verwaltung von Grund und Boden weniger Druck ausgeübt werden konnte.

Ein Befund, der in diese Richtung deutet, ist der Altersabstand zwischen den Ehepartnern. In Lustenau waren die Frauen der unteren Schichten in über 52% der Fälle älter bzw. gleich alt wie ihre Ehemänner. Ohne diesen Befund interpretatorisch allzu sehr strapazieren zu wollen, kann man aus diesem Faktum doch auf eine Art gesellschaftliche Ebenbürtigkeit schließen, die auf partnerschaftliche Verhältnisse hinweist. Diese gesellschaftliche Gleichstellung war in den unteren Schichten auch wirtschaftlich gegeben. Bei gängigem politischem Ehekonsens[18] wurde das Vermögen von Mann und Frau inventarisiert und auch das Einkommen beider berücksichtigt. Die Frau war keineswegs immer in der Position des ärmeren Teiles. Vor allem für die Unterschichten, die sich am intensivsten heimindustriellen Tätigkeiten widmeten, kann man von einer relativen Gleichstellung der wirtschaftlichen Möglichkeiten von Mann und Frau ausgehen, die ohne Zweifel das Selbstbewußtsein der Frauen stärkte. Dabei war die wirtschaftliche Gleich- oder sogar Besserstellung der Frauen in den Unterschichten nicht eine ererbte, sondern erarbeitete.

Tabelle 1:

Altersdifferenz der Ehepartner beidseitiger Erstheirat nach Schichten[19]

Diff. in Jahren	Frau älter			gleich alt			Mann älter		
	US	MS	OS	US	MS	OS	US	MS	OS
gleich alt				7	4	3			
1 Jahr älter	8	2	1				3	3	2
2 Jahre älter	3	2	–				7	3	–
3 Jahre älter	2	–	–				3	4	–
4 Jahre älter	2	–	–				2	1	1
5 Jahre älter	1	1	–				4	1	2
6 Jahre älter	2	–	–				–	–	–
7 Jahre älter	–	–	–				–	2	1
8 Jahre älter	–	–	–				1	4	–
9 Jahre älter	–	–	–				1	1	2
10 Jahre älter	–	2	–				–	1	1
11 Jahre älter	–	–	–				1	–	–
12 Jahre älter	2	–	–				1	1	1
13 +	–	–	–				1	2	–
Gesamt	20	7	1	7	4	3	24	23	10

US, MS und OS bedeutet Unter-, Mittel- und Oberschicht mit einem jeweiligen steuerbaren Vermögen von fl bis 499, 500-1000 und ab 1001.

Tabelle 2: Altersdifferenz der Ehepartner in Prozent

fl (= Gulden)	Frau älter		gleich alt		Mann älter		Gesamt	
	abs.	%	abs.	%	abs.	%	abs.	%
0– 499	20	39,22	7	13,73	24	47,05	51	100,0
500–1000	7	20,59	4	11,76	23	67,65	34	100,0
1001 +	1	7,14	3	21,43	10	71,43	14	100,0

In den ländlichen Oberschichten mag die Stellung der Frau rein vom Materiellen her deutlich besser gewesen sein, vom emanzipatorischen Standpunkt her betrachtet aber war sie schlechter. In Lustenau wurde der Hof immer auf den jüngsten Sohn übertragen. Seine Geschwister mußte er zwar ausbezahlen, doch blieb auf diese Weise das Produktionsmittel Grund

und Boden fast ausschließlich in Männerhand. Wo sich auch die oberen Schichten mit der Heimarbeit beschäftigten, nämlich in der Ferggerei oder gar im eigenen Unternehmertum, setzten die Männer den Frauen wieder Grenzen, indem diese solch gehobene Tätigkeiten nicht selbst ausüben durften.[20] Bezeichnenderweise waren in diesen Schichten die Männer bei der Erstheirat älter als die Frauen. Sicherlich waren die Frauen der ländlichen Oberschichten immer noch voll in den Arbeitsprozeß integriert, die Tendenz, für die Männer darüberhinaus auch Repräsentationszwecke zu erfüllen, wird in den vielen Volksstücken sichtbar, in denen der lächerlich gemachte ältere Bauer mit seiner jungen Frau geradezu eine der Standardsituationen darstellt. Nicht zufällig dienten diese Volksstücke gerade den Unterschichten zum Gaudium.

Ein ganz wesentlicher Grund für die Besserstellung der Frauen ist meines Erachtens die Meßbarkeit der weiblichen Arbeitsleistung. Die individuelle Arbeitsleistung der Frau ging nicht mehr in der Gesamtleistung der Hauswirtschaft unter und blieb damit unbewertet, sondern wurde durch die Entlöhnung sichtbar. Ähnlich wie schon in der Frühen Neuzeit die Milchmutter selbst über ihr Geld verfügte, weil diese Leistung aus der Hauswirtschaft relativ leicht ausgliederbar war, mußte eine Geldentlöhnung die Arbeitsleistung der Frau noch klarer abgrenzen. Ein Entzug dieses Geldes wäre in der öffentlichen Meinung nicht akzeptiert worden.

Eine recht selbständige Stellung haben sich die Frauen vor allem im Bregenzer Wald erworben. Das Studium der Haushaltsformen offenbart einen hohen Anteil von Witwen- und Geschwisterhaushalten.[21] Die Untersuchungen ergaben, daß es sich keineswegs nur um Übergangsphänomene, sondern um einen fixen Strukturbestandteil der Haushalte handelte. Frauen führten also allein die Hauswirtschaft, und sicher hat diese Selbstverständlichkeit auch die Stellung der Frauen in den Gattenpaarhaushalten gestärkt. In Verteidigung der Interessen ihrer Hauswirtschaften sind diese Frauen sicherlich politisch aktiv gewesen. Daß historisch nur die Spitzen dieser Aktivitäten überliefert wurden, ist keineswegs ein Beweis gegen diese anzunehmende allgemeine politische Aktivität von Frauen zumindest im regionalen Bereich.

Tabelle 3:

Aufgliederung der Haushalte nach Gattenpaar-, Witwen-, Witwer-, Geschwister- und Einzel(Ledigen-)haushalten in Egg[22]

Konstellationen	Egg 1748 abs.	%	Egg 1752 abs.	%
Gattenpaar-HH	82	63,56	165	61,11
Witwen-HH	11	8,53	28	10,37
Witwer-HH	7	5,43	20	7,41
Geschwister-HH	21	16,28	34	12,59
Einzel(Led.)-HH	8	6,20	23	8,51
Anteil männl./weibl	5/3		9/14	
Gesamt	129	100,0	270	100,0

Konstellationen	Egg 1761 abs.	%	Egg 1782 abs.	%
Gattenpaar-HH	92	52,88	183	62,90
Witwen-HH	32	18,39	46	15,80
Witwer-HH	12	6,90	15	5,15
Geschwister-HH	18	10,34	24	8,59
Einzel(Led.)-HH	20	11,49	22	7,56
Anteil männl./weibl.	11/9		11/11	
Gesamt	174	100,0	290	100,0

Zum Schluß noch ein typisches Beispiel, das einerseits die unabhängigere Position der Frauen durch die Heimindustrie sowie andererseits den engen Konnex dieser Entwicklung mit der wirtschaftlichen Situation beleuchtet.

Krumbach war in den achtziger Jahren des 18. Jahrhunderts das Stickereizentrum des Bregenzer Waldes. In der sogenannten Gold- und Silberfädenperiode (1780–94) konnte sich eine tüchtige Stickerin ein Haus pro Jahr verdienen. Mit diesen wirtschaftlichen Möglichkeiten im Rücken leisteten sich die Stickerinnen ein eigenes gesellschaftliches Leben. Sie gingen allein in Wirtshäuser, spielten Karten, tranken Wein und Kaffee, einige sollen sich sogar unverheirateterweise Männer gehalten haben. Interessant ist, daß noch Jahrzehnte danach, trotz erheblich veränderter wirtschaftlicher Bedingungen, die Frauen sich diese

Rechte nahmen, worauf Pfarrer Brändle besonders aufmerksam gemacht hat.[23] Dies scheint doch ein Hinweis dafür zu sein, daß sich die Frauen mittels einer spezifischen (Frauen-?)Kultur Freiräume geschaffen und erhalten hatten, obwohl die auslösenden wirtschaftlichen Bedingungen schon längst nicht mehr gegeben waren. Wegen der leichteren Meßbarkeit steht meist der wirtschaftliche Aspekt als Movens im Vordergrund, meines Erachtens spielen aber kulturelle Leistungen eine ebenso wichtige, wenn auch schwerer faßbare Rolle, die sicherlich oft auf die spezifische Ausprägung wirtschaftlicher Tatbestände zurückwirkten. Der Begriff der »moral economy«[24] ist wohl für ein eigenes Phänomen geprägt worden, doch verweist er generell auf den obigen Gedanken der engen Verbindung von kulturellen und wirtschaftlichen Gegebenheiten.

Zusammenfassend können wir festhalten, daß die Vorarlberger Frauen in der Phase der Protoindustrialisierung sowohl wirtschaftlich als auch gesellschaftlich eine Verbesserung ihrer Position bewirkt haben. Große spektakuläre Gesetzesveränderungen zugunsten der Frauen gab es zwar keine – dafür war auch das untersuchte Gebiet zu klein –, vielmehr blieben sie juristisch vielfältig benachteiligt. Es muß in diesem Zusammenhang aber berücksichtigt werden, daß diese Regelungen nicht spezifisch gegen Frauen gerichtet waren, sondern vom gesellschaftlichen Verständnis geschlechtsspezifischer Rolleninhalte geprägt wurden. Diese Sichtweise hatte auch mehr Berechtigung in einer gesellschaftlichen Situation, in der die Frau durch ihre Mutterrolle im Verhältnis zu heute extrem in Anspruch genommen und eine Existenz außerhalb der Hauswirtschaft nur für ganz wenige möglich war. Verständlicherweise wurden in einer sich vom Ancien Régime zur bürgerlichen wandelnden Gesellschaft diese Beschränkungen immer weniger als Schutz denn als Bevormundung und Schikanen verstanden. In ihrer überwiegenden Zahl vollziehen Gesetze nur nach, was sich gesellschaftlich schon längst verändert hat. So erklärt sich möglicherweise das Fehlen juristischer Folgen der Heimindustrie, de facto aber hat sich die Gesellschaft und darin besonders die Stellung der Frau durch die Heimindustrialisierung dennoch wesentlich verändert. Zentral für den Umbruch in den ländlichen Gebieten Vorarlbergs war die Heimindustrie, wichtigste Vertreterin dieser neuen Produktionsweise war jedoch die Frau.

Anmerkungen

1 Ein Überblick bei Christina Vanja, Zwischen Verdrängung und Expansion, Kontrolle und Befreiung – Frauenarbeit im 18. Jahrhundert im deutschsprachigen Raum, in: Vierteljahrschrift für Sozial- und Wirtschaftsgeschichte 79 (1992), S. 471–475.

2 Charles Tilly/Richard Tilly, Agenda for European Economic History, in: Journal of Economic History 31 (1971), S. 184–198.

3 Peter Kriedte/Hans Medick/Jürgen Schlumbohm, Industrialisierung vor der Industrialisierung. Gewerbliche Warenproduktion auf dem Land in der Formationsperiode des Kapitals, Göttingen 1977.

4 Vgl. u.a. Wolfgang Mager, Protoindustrialisierung und Protoindustrie. Vom Nutzen und Nachteil zweier Konzepte, in: Geschichte und Gesellschaft 14 (1988), S. 275–303; Peter Kriedte/Hans Medick/Jürgen Schlumbohm, Sozialgeschichte in der Erweiterung – Proto-Industrialisierung in der Verengung? Demographie, Sozialstruktur, moderne Hausindustrie: eine Zwischenbilanz der Proto-Industrialisierungs-Forschung, 2 Teile, in: Geschichte und Gesellschaft 18 (1992), Heft 1, S. 70–87 und Heft 2, S. 231–255.

5 Rudolf Braun, Industrialisierung und Volksleben. Veränderungen der Lebensformen unter Einwirkung der verlagsindustriellen Heimarbeit in einem ländlichen Industriegebiet (Zürcher Oberland) vor 1800, Göttingen ²1979 (Erstauflage Winterthur 1960).

6 Neuerdings: Sheilagh C. Ogilvie, Women and Proto-Industrialization in a Corporate Society. Württemberg Woolen Weaving 1590–1760, in: Pat Hudson/W. R. Lee (Hg.), Women's Work and the Family Economy in Historical Perspective, Manchester 1990, S. 76–104.

7 Vgl. Arno Fitz, Familie und Frühindustrialisierung in Vorarlberg, Dornbirn 1985.

8 Ein interessantes Relikt des Landsknechtwesens stellt noch heute die Schweizer Garde des Papstes in Rom dar. Die Bevölkerung der gebirgigen Innerschweizer Kantone sah sich in derselben Situation wie jene in Vorarlberg. Das Landsknechtwesen war sehr stark verbreitet, wobei man in Diensten der verschiedenen Könige, v.a. der französischen, und des Vatikan stand, wo sich diese Institution mangels eines eigenen Heerwesens erhielt.

9 Vgl. Fitz (wie Anm. 7), S. 46, 92ff., 110.

10 Ebd., S. 115f.

11 Auch in modernen betriebswirtschaftlichen Untersuchungen über das Kaufentscheidungsverhalten wurde festgestellt, daß nicht nur der Familienvorstand, sondern alle Familienmitglieder die Kaufentscheidungen stark beeinflussen.

12 Fitz (wie Anm. 7), S. 35, 194. Auf Seite 35 hat sich leider ein Druckfehler eingeschlichen, und zwar fand die Revolte gegen Freiherr von Pappus nicht 1758 sondern 1708 statt.

13 Ebd., S. 53ff.

14 Ebd., S. 92ff.

15 Darauf wird z.b. direkt Bezug genommen in der amtlichen Untersuchung der Unruhen im Bregenzer Wald anläßlich der Einführung der allgemeinen Wehrpflicht in der bairischen Zeit. S. ebd., S. 244, Anm. 668.

16 Ebd., S. 216ff.

17 Diese Information verdanke ich Dr. Wolfgang Scheffknecht, Vorarlberger Landesbibliothek.

18 Vorarlberger Landesarchiv, Landgericht Dornbirn, Sch 246 und 247. Diese Quellenangabe verdanke ich Dr. Herbert Weitensfelder, Dornbirn-Wien.

19 Vgl. Fitz (wie Anm. 7), S. 151.

20 Vorarlberger Landesarchiv, Landgericht Dornbirn, Sch 126 und 130. Diese Quellenangabe verdanke ich ebenfalls Dr. Herbert Weitensfelder, Dornbirn-Wien.

21 Fitz (wie Anm. 7), S. 111ff.

22 Ebd., S. 110.

23 Siehe Anm. 19.

24 Siehe dazu: David Levine, Family Formation in an Age of Nascent Capitalism, New York 1977, S. 148.

Christina Vanja

Auf Geheiß der Vögtin

Amtsfrauen in hessischen Hospitälern
der Frühen Neuzeit

Öffentliche Ämter gelten gemeinhin gerade als der Bereich, von dem Frauen in Mittelalter und Früher Neuzeit ausgeschlossen waren.[1] Die moderne Gegenwart scheint die Wahrnehmung öffentlicher Aufgaben durch Frauen erstmals in der Geschichte möglich zu machen. Darstellungen über die Geschichte des Beamtentums, auch wenn sie sich sozialgeschichtlich verstehen, widmen der Rolle der Frau ›selbstverständlich‹ keine Aufmerksamkeit.[2] Im Registerband der Deutschen Verwaltungsgeschichte von 1988 kommen Amtsfrauen nicht vor. Nur zweimal sind Hebammenordnungen, nicht aber die betreffenden Frauen erwähnt.[3] Dagegen ist die Amtsfrau sowohl im Frühneuhochdeutschen Wörterbuch[4] wie auch bei Grimm[5] aufgeführt.

Anlaß zu einer kritischen Sicht geben auch Studien über einzelne Regionen, Städte oder Institutionen: Hebammen z.B. waren Amtsinhaberinnen, die in zahlreichen Einzelstudien genannt sind, aber nicht in die allgemeine Verwaltungsgeschichtsschreibung integriert wurden.[6] Ebenso geht es den in den städtischen Fürsorgeeinrichtungen vielfältig tätigen Frauen: in Siechen-, Arbeits-, Findel-, Waisen-, Tollhäusern und Gefängnissen.[7] Auch Hirtinnen, Pförtnerinnen und Torwächterinnen sind selten in übergreifenden Studien erwähnt. Eine erste Studie über das »Amt« der Pfarrfrau als Pendant zum Amt des Pfarrherrn wirft erst neuerdings Licht auf die weibliche Seite kirchlicher Amtsführung im protestantischen Bereich.[8] Amtsfrauen in der Klosterverwaltung sind dagegen schon länger bekannt.[9] Studien über einzelne Künstlerinnen der Frühen Neuzeit und Darstellungen des fürstlichen Hoflebens zeigen insbesondere für das 18. Jahrhundert, daß Frauen selbst Hofämter erlangen konnten.[10]

Die bisherigen Untersuchungen machen dreierlei deutlich:
1. Frauen waren von Ämtern grundsätzlich nicht ausgeschlossen. Gerade in der Frühen Neuzeit, die eine Ausweitung von Verwaltung mit sich brachte, nahm auch die Zahl der Frauenämter zu.[11]
2. Eine neue Sicht der Ämtergeschichte ergibt sich dann, wenn der Blick nicht nur auf Einzelpersonen, auf männliche Individuen, gerichtet ist, sondern auch Ehepaare erfaßt werden.[12] Es ist erstaunlich, daß die Forschungen über das »ganze Haus«, über »Hausväter« und »Hausmütter«, und Darstellungen über Ämterstrukturen in der Frühen Neuzeit nie in einen Zusammenhang gebracht worden sind.
3. Es ist notwendig, neues Quellenmaterial heranzuziehen und insbesondere Rechnungsunterlagen und Prozeßprotokolle sowie sonstige Dokumente der unteren Verwaltungsebenen im Hinblick auf die Ämterverwaltung zu untersuchen. Hier wird die Tätigkeit von Frauen sehr viel deutlicher als in zentralen Verordnungen und Erlassen, die oft nichts über sie aussagen.

Widmete sich die ganz überwiegende Zahl der wenigen bisherigen Studien zur Ämterausübung von Frauen dem städtischen Bereich, so soll es im folgenden um Einrichtungen auf dem Lande gehen: Die Hohen Hospitäler Haina, Merxhausen, Hofheim und Gronau wurden 1533, 1534 und 1542 in den vier hessischen Landesteilen für arme Leute aus den Dörfern der Landgrafschaft abseits der Städte gegründet. Die materielle Basis bildeten drei säkularisierte Klöster und eine Pfarrei.[13]

Das Männerhospital Gronau in der hessischen Niedergrafschaft Katzenelnbogen wurde während des Dreißigjährigen Krieges so verwüstet, daß es nicht weiterbestand. Spätestens ab dieser Zeit wurden im Hospital Hofheim bei Darmstadt neben Frauen auch Männer versorgt. Haina und Merxhausen bei Marburg und Kassel blieben dagegen bis in das 20. Jahrhundert hinein jeweils nur einem Geschlecht vorbehalten.

Die Hospitaliten und Hospitalitinnen, wie die Insassen seit dem 17. Jahrhundert genannt wurden, waren arme Witwen und Witwer, Waisen- und Findelkinder, lädierte Soldaten der landgräflichen Söldnerheere, Lahme, Krüppel, Blinde, Taube und Stumme, Fallsüchtige, Blöd- und Wahnsinnige, melancholische und alte nicht mehr arbeitsfähige Männer und Frauen. Die Zahl der Armen und Kranken ging in Kriegszeiten stark zurück, betrug ansonsten in Haina zwischen 200 und 400 Männer, in Merxhausen zwischen 100 und 300 Frauen und in Hofheim zwischen 100 und 150 Männer und Frauen. Die Aufnahme, um die die Betroffenen zumeist selbst baten, erfolgte durch landgräfliches Reskript. Das Leben in den Hospitälern war bis in das 18. Jahrhundert hinein stark klösterlich geprägt, zu ärztlich geleiteten Krankenhäusern wurden sie erst im 19. Jahrhundert.[14]

Zur Verwaltung der Hospitäler und ihrer zahlreichen Wirtschaftsbetriebe waren je nach Umfang zwischen 50 und 100 Personen notwendig. Es handelte sich um *Beamte* als oberste Administratoren und Rechnungsführer, um *Hausdiener*, die die einzelnen Betriebe oder Abteilungen leiteten, und um sonstige *Dienende*. Sie alle wurden dem Anspruch nach sorgfältig ausgewählt: die Beamten von den landgräflichen Regierungen in Kassel und Darmstadt, die Hausdiener und Dienenden vom Hainaer Obervorsteher, der allen vier Hospitälern vorstand.

Die Pflichten der Bediensteten wurden in zahlreichen Ordnungen immer wieder neu beschrieben: Christlicher Lebenswandel, Sparsamkeit und Gehorsam, aber auch Nächstenliebe gegenüber den Armen im Hospital stellten Hauptforderungen an alle Amtsleute dar. Alle Beamten mußten, da sie mit großen Geldbeträgen umgingen, bei Amtsantritt eine Kaution in nicht unbeträchtlicher Höhe hinterlegen. Die Rechnungsführung wurde durch die Regierung jährlich überprüft, Ungenauigkeiten und Anschuldigungen auf Mißwirtschaft in langwierigen Verfahren untersucht und schwer bestraft.

Ein Blick in den »Hof-, Militair- und Civil-Etat« Landgraf Friedrich II. von 1785 erweckt zunächst den Eindruck, die landgräflichen Hospitäler seien tatsächlich nur von Männern verwaltet worden. So sind für Haina Obervorsteher, Amtsvogt, reformatorischer und lutherischer Prediger, Rentschreiber, Fruchtschreiber, Forstschreiber, Hüttenschreiber, Gegenschreiber, Lektor, Gerichtsschreiber, Küchenschreiber, Küchenverwalter, Fruchtkontrolleur, Hospital-Chirurgus, Gärtner, Bäkkerey-Admodiateur, Braumeister und Hospital-Koch, für Merxhausen Samt-Vogt, reformatorischer Prediger, Küchenschreiber, Förster, Gegenschreiber, Lektor und Gärtner, für Hofheim schließlich Hospitalmeister, Pfarrer, Gegen- und Küchenschreiber, Lektor, Hausschreiber und Chirurgus namentlich aufgeführt.[15]

Doch bereits die Hospitalsordnungen zeigen, daß eine geschlechtsspezifische Arbeitsteilung im modernen Sinne nicht
vorlag: Die erste Hospitalsordnung von 1535 verbot es dem
Hospitalsvorsteher, Kinder zu haben: »[...] ob er schon sein
erbar ehrlich Weib hette, [...] doch das sie keinen anhang hetten
von kinde«.[16] Diese Regelung galt auch für die übrige Diener-
schaft. So begründete Magister David Stumpffius 1614 die Ablehnung, in Haina nochmals Hospitalspfarrer zu werden, u.a.
damit:

»pro secundo, erinner ich mich, das iderzeit im Hospithal, der
officirer Kinder halben, viel beschwerung furgefallen, hat ein Diner
mehr als 1 oder 2 Kinder gehapt, so habens die Obervorsteher nit
gern gesehen, auch kaum wollen zulaßen, das wen der Diner Kinder
an andern orte gewesen, sie ire Eltern im Hospithal besucht, wen sie
über 2 oder 3 tage da gewesen, hat man Inen wider ausgebotten«.[17]

Die »Renovierte Ordnung« von 1728 verlangte nicht mehr die
Kinderlosigkeit, doch sollten die Diener keine »starcken Familien« haben und keine Kinder, die »unerzogen«, d.h. noch klein
waren.[18] Bei der Einstellung von Frauen wie von Männern war
Kinderlosigkeit daher wichtiges Kriterium: das Hospital sollte
durch die Versorgung von Kindern nicht nur nicht unnötig belastet werden, die Ehepaare sollten sich auch ganz dem Dienst
für das Hospital widmen können.

Die Hospitalarchive bieten reichhaltiges Material über die
vielfältige Tätigkeit der Amtsfrauen: über Gänse- und Kuhhirt-
innen, Waschfrauen und Aufwärterinnen, Köchinnen und Mei-
erinnen, Küchen- und Kleiderschreiberinnen, Vögtinnen und
Obervorsteherinnen, um nur einige zu nennen. Ausgewertet
wurden vor allem die jährlich geführten Renterei-, Küchen-
und Kleiderrechnungen sowie die entsprechenden Quittungen.

1. Die Amtsausübung

Die *Waschweiber* standen neben den Hirtinnen auf der untersten Stufe der Hierarchie. Sie hatten in eigens hierfür errichte-
ten Waschhäusern die Hospitalwäscherei zu besorgen.[19] Oft
zusammen mit den Armen genannt, waren sie z.T. selbst Hos-
pitalsschwestern, die jedoch über die Unterkunft und Verpfle-

gung hinaus einen jährlichen Lohn erhielten. Zum Teil handelte es sich um Ehefrauen bzw. Witwen von Hospitalsdienern
oder von Hospitaliten. Einblick in ihre Arbeit gibt ein Verbesse-
rungsvorschlag des Hainaer Küchenmeisters, der kritisierte:
»bishero von den Waschweibern das Leinen anstatt, daß die
Waschweiber es ordentlich beuchen sollen, selbe es in den Töp-
fen kochen und mürbe machen, welches gar sehr davon
hienweg fället«.[20]

Die Aufwärterinnen, die die Armen und Kranken warteten,
nahmen in den Spitälern verständlicherweise eine zentrale,
wenn auch keine privilegierte, Stellung ein. Ihre Aufgaben
wurden im 16. und frühen 17. Jahrhundert noch durch eine
Hospitalsschwester (und die entsprechende männliche Position durch einen Hospitalsbruder) geleistet. Die Merxhäuser
»Zuchtordnung« für Frauen bestimmte:

> »Es soll eine allgemeine Dienerin erwählt werden, die allen im
> Remter (Speisesaal) dienen, sie regieren und alles Erforderliche an-
> ordnen soll. Ihrem Geheiß ist bei Strafe zu gehorchen, ob sie gebie-
> tet, die Stube zu kehren, die Fenster zu putzen oder die Kannen und
> Teller aufzuwaschen. Sie soll auch im Waschhaus regieren; wen sie
> waschen, blauen, auswringen oder aufhängen heißt, hat es bei Stra-
> fe zu tun. Dieser Dienerin sollen auch alle sonst gehorchen. Wer ihr
> ungehorsam ist oder flucht, ist von ihr anzuzeigen, damit die Betref-
> fende vom Vogt bestraft wird.«[21]

In der Folgezeit wurden auswärtige Frauen als Alleinstehende
oder zusammen mit ihrem Ehemann zur Aufwartung in den
Dienst genommen (in Haina wurden nur Ehepaare – insgesamt
sechs Paare, eines für jede Abteilung – beschäftigt, in Hofheim
und Merxhausen handelte es sich überwiegend um Einzelpersonen). Die Grundaussagen der frühen Disziplinordnung blieben jedoch bestehen.

Die Arbeit der Aufwärter und Aufwärterinnen, deren Tätigkeit keine Ausbildung voraussetzte, war nicht einfach. So
schrieb der Merxhäuser Vogt 1701 unter anderem über das
Ehepaar, das er zum Vorstellungsgespräch nach Haina schickte: »[...] die Fraw nicht eckel sein will, sonst auch von gutem
renomee ist«.[22] 1802 vermerkte der Merxhäuser Vogt über die
Schwierigkeit der Stellenbesetzung:

> »Es ist gar blos eine Aufwärterin Stelle; allein es hängt gar vieles von
> deren zweckmäsiger Person ab! Das Schicksal der besonders elen-

den Hospitalitinnen kann durch pünktliche Erfüllung der Pflichten einer Aufwärterin erleichtert, aber auch bey der geringsten Vernachlässigung erschwert werden.«[23]

Über ein Vorstellungsgespräch mit einer *neuen Wartfau* in Hofheim berichtete der dortige Hospitalmeister:

»Ich fragte sie deshalbin [da die Krankenpflege und die «Zucht der Gesunden» verbessert werden sollten, C.V.], ob sie mit Krancken gut umgehen könnte und gegen eine allenfalßige Zulage von 6 fl [...] die Krancken gut verpflegen wolte, wozu sie sich ganz bereit fande.«[24]

Der Merxhäuser Vogt forderte 1793, daß eine seiner Aufwärterinnen durch einen Aufwärter zu unterstützen sei:

»Durch eine Frau allein kann diese Stelle nicht versehen werden, da sie 1. 32 meist des Verstands beraubter elende Personen unter sich hat, die sie täglich zu reinigen, zu verpflegen und für solche die Kost und das Zugebrod zu holen, in Verwahrung zu nehmen und unter sie zu verteilen hat, 2. weil besonders bey Rasenden männliche Aufsicht und Stärcke nöthig ist, um sie zu verwahren und in Gehorsam zu erhalten, an- und loszuschliesen und im Entweichungsfall ein oder der ander auch der minder Rasenden, Einfältigen und Wahnsinnigen ihnen nachzugehen und sie wieder herbeyzuschaffen, welches alles von einer weiblichen Hülfe nicht zu erwarten ist. 3. Muß von den Aufwärtere das benöthigte Holtz zur Feuerung klein gehauen und unter ihrer Aufsicht zu diesem Behuf angewendet werden, 4. haben sie noch nützliche Neben-Functionen zum Bestehen des Hospitals und der Armen zu verrichten; sie müßte beym Hopfenhacken und stangen gegenwärtig seyn, sie müßen das für das Hospital benöthigte Bauholz fällen, auf- und abladen helfen, die HospitalsGartenhecke järlich ausbessern und in Stand halten, das für die Hospitalitten gezogene Gemüse austhun, abnehmen und an Ort und Stelle bringen helfen, das Kraut einhobeln, bei Weg- und Wasserbau und das dergleichen mehr ist gegenwärtig seyn«.[25]

Einen Eindruck der Schwere der Pflege der Rasenden in den Hospitälern vermittelt u.a. ein Reisebericht von 1784:

»Wer übrigens kein Tollhaus gesehen hat, vermag sich von dem tiefen Elende, in das die Menschheit hinabsinken kann, keinen Begriff zu machen. Von den fünf rasenden Weibspersonen, die ich zu Marxhausen [gemeint ist Merxhausen, C.V.] sah, waren einige ganz nackt, litten nicht die geringste Kleidung am Leibe, weder Winter, noch Sommer, und lagen oder huckten auf Stroh wie das Vieh. Die neueste hatte ich schon vor sieben Jahren da gesehen [...]. Also hatten die andern schon an die zehn Jahr und darüber auf diese Art gelebt. Dieß ist um so mehr zu verwundern, da, wenn sie die ganz wütende Periode haben, sie den Topf mit ihrer Nahrung, wenn man ihn bringt, ohne etwas davon zu genießen in Stücke werfen, und also verschiedene Tage, ohne etwas zu genießen, bleiben.«[26]

Der Goethemaler Tischbein beschrieb in seinen Erinnerungen, welchen Schwierigkeiten eine Aufwärterin in Haina begegnen konnte:

»Wir Kinder kamen einst aus der Schule und sahen viele Menschen um einen Wilden versammelt, den man im Sollinger Walde eingefangen und nach Haina in das Hospital gebracht hatte [...]. Als die Aufwärterin kam und ihm von ferne eine Schüssel mit Suppe zeigte, blökte er und nahm seinen Weg gerade über die Schultern der Umstehenden hinweg«.[27]

Daß die Aufwärterinnen neben der unmittelbaren Versorgung der Armen und Kranken viele weitere Arbeiten zu leisten hatten, wird auch durch andere Quellen bestätigt. U.a. begründete der Hainaer Aufwärter Nicolaus Ochße auf dem *Oberen Magazin*, einer Abteilung für Rasende, seinen Antrag auf Lohnerhöhung unter Einbeziehung der Arbeit seiner Frau, die auch bei »gartengeschafften nebst anderen mitgefordert« werde.[28]

Die Schwere der Arbeit und die nicht sehr gute Bezahlung[29] machen es verständlich, daß, wie der Hofheimer Vogt 1797 schrieb, »Wartweiber so rahr zu haben sind«.[30] Auch immer wieder beklagte Diebstähle und Schiebereien dürften ihren Hintergrund in der schlechten Stellung des Aufwärterpersonals gehabt haben.[31] Auf der anderen Seite hatten jedoch gerade die Aufwärterinnen eine spezifische »policeyliche« Funktion, durch die sie sich von anderen abhoben: die Kontrolle über die unerlaubten Schwangerschaften bei den Hospitalitinnen. Hierin waren sie den Hebammen vergleichbar und genossen, wie den Inquisitionsprotokollen deutlich zu entnehmen ist, ihre eigene Autorität.[32]

Eine der Aufwärterin vergleichbare soziale Stellung im Hospital hatte die *Köchin*. Ebenfalls auf Lebenszeit beschäftigt, nahm sie ihre Aufgaben in den umfangreichen Hospitalsküchen zusammen mit einem Koch – in der Regel der Ehemann – oder allein wahr. Zu ihrer Hilfe standen ihr Küchenmägde und arbeitsfähige Arme zur Verfügung. Ob verheiratet oder nicht, erhielt sie wie die Aufwärterinnen einen eigenen Jahreslohn.

Während in Haina in der Hospitalsküche ein Ehepaar arbeitete, bevorzugte Hofheim eine Köchin: »Ein MannsKoch aber ist allhier, wie schon aus der Erfahrung habe, gantz unschicklich«,[33] hieß es im Schreiben des dortigen Vogtes von 1762. In demselben Hospital sollte die Köchin zusammen mit Brauer und Bäcker am gemeinsamen Mittagstisch der Hausdiener »obenansitzend speißen«, um »dadurch alle Disordres, welche sonst in gedachter Kuchenstub beym Essen vorgegangen, also« zu verhindern. Die neue Köchin in Hofheim wurde als eine Frau beschrieben, »welche im Kochen wohl erfahren und schon ehemals hier gewesen, auch ihrer Geschicklichkeit wegen von etwas Einbildung ist«.[34]

Merxhausen wünschte gleichfalls eine Köchin – allerdings mit anderer Begründung. In seinen »Vorschlägen, wie dem Hospital Merxhausen wieder hochzuhelfen sei«, hob der Vogt deren bessere Qualität hervor:

»auch anstadt der verschwenderischen Mansköche eine gute Köchin bestellet würde, welcher alle Woch uf einen tag so viel Speiße könte zugestellt werden, wie in der Ordnung vermeldet, daß sie alle tag solche austheilen sollte, Ihr auch 2 arme Schwestern zugeordnet werden, welche ihr handtreichung theten und zugleich zusehen, daß nach der angeschlagenen Ordnung sie alle tag ihr gebühr bekehmen.«[35]

Neben der Seelsorge war die tägliche gute Ernährung, die für die einzelnen Gruppen von Insassen schon früh spezifiziert war, bei gleichzeitiger Beachtung des Sparsamkeitsprinzips, Grundlage des Hospitallebens. So ist die Verantwortung von Koch und Köchin,

»daß sie die Speißen für die Armen und sonsten reinlich und sauber, auch zu rechter Zeit zurichten, dieselbe wohl gar kochen, nichts davon verpartiren oder veräußern, damit die Armen, sonderlich die Toll und Rasende, kranck, abgelebte Alte, gebrechliche Leuthe derselben wohl geniesen können«,[36]

nicht zu unterschätzen.

Unter den Hausdienerinnen mit eigenem Lohn sei weiterhin die Hoffrau genannt, die insbesondere der Milchwirtschaft (Butter und Käse) vorstand.[37]

Wurden als Hausdienerinnen auch ledige Frauen beschäftigt, so mußten Frauen, die im Bereich der administrativen Beamtenschaft tätig waren, Ehefrauen sein. Sie wurden als solche, wie verschiedenen Klagen zu entnehmen ist, nicht vereidigt,[38] konnten jedoch zur Hinterlegung einer eigenen Kaution verpflichtet werden, wenn der Ehepartner verstorben war. Ein gut dokumentiertes Beispiel ist das der *verwittibten Küchenschreiberin* Johannetta Elisabetta Möller, die 1789 zum zweiten Male zur Sicherheit des Hospitals als »Rechnerin DreiHundert Thaler in edictmäsig Casseler Wehrung [...] zur Caution eingelegt« hatte.[39] Frau Möller, deren verstorbener Ehemann Küchenschreiber und Chirurg in Haina gewesen war, hatte schon zu dessen Lebzeiten die Kleiderrechnung geführt. Diese Tatsache verwandte der dortige Obervorsteher gegenüber der landgräflichen Regierung als Argument für ihre Weiterbeschäftigung, wodurch für sie zugleich das sonst anfallende Gnadengehalt eingespart wurde. 1790 erhielt die Küchenschreiberin ihre Kaution zurück, nachdem sie sich in der Stadt Marburg wiederverheiratet hatte.[40] Schon 1602 bejahte der Obervorsteher gegenüber dem Merxhäuser Vogt: »Daß Ewer Haußfraue In ewrem Nahmen In der Küche zusicht undt einen Küchenschreiber darinnen vertritt, dieweil Sie solches viell Jahr ohne Klage versehen«.[41]

Die Verwaltung der Kleiderei war ein Teil der Küchenschreiberei. Zahlreiche Quittungen belegen die aktive Rolle Johanetta Elisabetha Möllers bei der Anlegung der Kleidervorräte, der Beschaffung von Tuch und Zwirn und der Organisation von Näharbeiten.[42] Einmal im Jahr mußte eine Kleiderrechnung vorgelegt werden, die alle Vorgänge des Jahres belegte. Auf dem Einband vermerkte die Schreiberin die eigenhändige Rechnungsführung. Eine ihrer Vorgängerinnen wurde 1723 speziell dafür entlohnt, daß sie das Leinenzeug des Hospitals verwahrte und den Küchengarten bestellte.[43]

Unter den anderen Beamtenfrauen seien die *Vögtinnen und Obervorsteherinnen* besonders hervorgehoben.

Die Vögte mit ihren Frauen standen den einzelnen Hospitälern vor. Ihnen unterstanden alle Verwaltungsbereiche des Hospitals, das Lehnwesen, die Geschäfte des Rentamtes und die Untertanen, über die sie die »Policey«-Gewalt ausübten. Der Merxhäuser Vogt klagte 1805: »[...] es sind selbige [nämlich die Amtsgeschäfte, C.V.] so aneinander gekettet, daß vom Morgen bis an den Abend eine Branche der anderen die Hand bietet«.[44] »Es werde ›keine Erbse dahier im Hospital verspeist, kein Nagel, kein Besen angeschafft‹, ohne daß er nicht mitwirke.«[45] Daß diese Hospitalsleitung zusammen mit der Vögtin vorgenommen wurde, zeigen insbesondere Gerichtsverfahren und Klagen über Mißwirtschaft. Bei Konflikten im Hospital war sie Ansprechparterin und trug dazu bei, diese zu schlichten. Nach einem Konflikt schrieb daher der Merxhäuser Vogt 1706, ohne seine Frau besonders herauszustellen: »[...] hatte also ich mit meiner frawen zu thun, daß wir sie [nämlich eine Hospitalitin, C.V.] zufrieden stellten«.[46] Diese Vögtin führte auch nach dem Tode ihres Mannes die Hospitalsrechnungen noch einige Zeit weiter.[47]

Eine andere Vögtin wurde 1668 zusammen mit ihrem Ehemann besonderer Unbarmherzigkeit gegenüber Hospitalitinnen bezichtigt: »So habe die Vögtin zwei arme Krüppel, ohne sie anzuhören, die eine in den eisernen Gürtel, die andere an eine Kette schließen lassen wollen, nur das Dazwischentreten des Pfarrers Zinck habe dies verhindert.«[48] Die Vögtin besaß also auch Amtsgewalt über die Insassen des Armenhospitals.

Die Nutzung der Hospitalsressourcen für das eigene Wohlergehen war ein immer wiederkehrender Vorwurf gerade gegenüber der Vorsteherin. Bezugnehmend auf das Fehlen von Bettfedern für die Armen polemisierte ein Hospitalsbediensteter: »[...] die Vögtinnen wollen indeßen bey den Caßler Weibern den ruhm haben, daß sie gute Haußthalterinnen seien, weill sie so viel Betten gezogen«.[49]

Einer anderen Vögtin wurde vorgeworfen, sie nutze die Armenküche für die Verpflegung der eigenen Familie und verbrauche die besten Vorräte für diese, während die Armen darbten.[50]

Die Stellung der *Obervorsteherin in Haina* war von der der Amtsvögtinnen deutlich abgehoben. Im Unterschied zu den bürgerlichen Vögtinnen stammten die Obervorsteherinnen überwiegend aus dem niederen Adel und waren offensichtlich weniger mit den Alltagsproblemen des Hospitallebens belastet. Bis 1720 gar wohnten sie nicht in Haina, sondern residierten am angestammten Adelssitz. Im Unterschied zu den Amtsvögten dienten sich die Obervorsteher nicht in der Verwaltungshierarchie hoch, sondern wurden in der Regel aufgrund besonderer militärischer Verdienste an die Spitze der vier bzw. drei landgräflichen Hospitäler gesetzt, wo sie – meist betagt – bis zu ihrem Tode verblieben, falls es keine besonderen Konflikte gab.

In den Quellen werden die Obervorsteherinnen besonders
bei Repräsentationsaufgaben sichtbar. Insbesondere pflegten
sie häufig mit ihrem Mann und den größeren Kindern auf
Dienstreisen zu gehen. In einer frühen Biographie des Obervor-
stehers Friedrich von Stamford schrieb ein Zeitgenosse, daß
dieser ein bequemes, elegantes und standesgemäßes Leben
liebte.[51]

Gleiches dürfte sicherlich für seine Frau gegolten haben, von
der auch angenommen werden kann, daß sie wie ihr Mann an
Kunst und Literatur der Zeit besonderen Anteil nahm. In Un-
terschlagung der Hausfrau wurde jedenfalls hervorgehoben,
daß »Fremde, die er [Stamford, C.V.] schätzte, [...] von ihm mit
Liberalität und Eleganz bewirthet [wurden] und in seinem
Hause [...] alles von dem guten Geschmacke des Besitzers
[zeugte]«.[52]

Stamford schuf seiner Frau nach deren Tod ein Denkmal, das
er in dem von ihm angelegten Park beim Hospital aufstellen
ließ. Im Göttinger Musenalmanach veröffentlichte er 1795 ein
Gedicht zur Erinnerung an das gemeinsame Leben, in dem er
seiner Hoffnung Ausdruck verlieh, daß sich ihre Seelen im Jenseits wieder vereinten.[53]

Ein enges Verhältnis zu den Ehefrauen ist auch Epitaph-
texten für Vögtinnen deutlich zu entnehmen. Der Vogt Johann
Caspar Katz zu Hofheim ließ seiner ersten Frau, Anna Maria
Elgertin, mit der er sich in elf »vergnügten« Ehejahren mit vier
»Liebespfändern« erfreut hatte, ein »Liebes- und Ehrenmal« er-
richten. Seiner zweiten Frau, mit der er gleichfalls elf Jahre
»vergnügt« gelebt hatte, ließ er 1764 ein »Denkmal der Liebe
und Hochachtung« anfertigen.[54]

Vögtinnen und Obervorsteherinnen wurden in den Schreiben zwischen den einzelnen Hospitälern und Haina häufig genannt, sei es, daß ihnen Grüße bestellt wurden, daß es über ihre
Reisen in die Stadt zu berichten galt, oder daß sie die Begründung für eine vernachläßigte Amtsführung boten. So schilderte
der Merxhäuser Vogt 1787 eingehend seine familiären Bela-
stungen:

»Während dem, dass unser Nachbarschaft uns die Achtung und
Freundschaft erzeigt hat, uns vergangenen Freytag den Tisch zu reichen, hat meine Frau schon längere Tage vorher und gleich nach diesem Vergnügen bis auf diese Stunde an den entsetzlichsten Zahn-

schmerzen ausgestanden, wodurch mir manches Hauskreitz und
schlaflose Nächte zu theil geworden. Was ich also nicht ietz durch
den Rosenthal unterthänig einsenden und an Ew[er] Hochwohl-
gebohren berichten kann, werden Hochdieselbe durch die künftige
SonntagsPost erhalten«.[55]

Noch schwierigere Verhältnisse teilte der Merxhäuser Vogt
1709 seinem Obervorsteher mit:

»Es hat der Algütliche Gott meiner frauen getragene leibesfrucht
vorgestern Sonnabend in Gnaden entbunden und uns zwar mit einem jungen söhnlein abermahlich geseegnet, hingegen aber die
mutter, welche biß in den 3ten tag in kindsnöthen gelegen, dero-
gestalt mit schmerzten und nebenzufällen darnieder gelegt, daß
menschlich ansehen nach, wan die Hülffe des Höchsten nicht
beystandt thuet, ahn ihrer wiedergenesung zue zweiffeln, dem-
nechst auch mein kleinster knabe sich mit kranckheit darnieder begeben, in summa das HausCreutz so starck bey mir mittrungen, daß
fast nicht mehr weiß, wohin mich wenden solle, alß habe Ew[er]
Gn[a]d[en] hierunter gehorsamst bitten wollen, den mir angesehz-
ten lehntag weniger nicht zue prolangiren«.[56]

Diese amtlichen Schreiben machen nochmals besonders deutlich, daß die Amtstätigkeit nicht getrennt vom eigenen Haushalt und nicht ohne Beteiligung insbesondere der Ehefrau ausgeführt wurde.

2. Nebentätigkeiten

Die Amtsausübung füllte bei allen Amtsleuten nur einen Teil
des Arbeitstages aus: Eigenwirtschaft und andere Lohnarbei-
ten standen daneben. Klagen über eine zu geringe Besoldung
waren durchgängig, zu den normalen Jahresgehältern kamen
oft besondere Zulagen. Alle Haushalte bemühten sich, durch
eigene Viehhaltung die Nahrung zu verbessern. Dabei trieben
deren Mitglieder das Vieh häufig illegal in der Hospitalsherde
mit, was Bußen nach sich ziehen konnte. Mägde und Frauen
der niederen Dienstleute wurden außerdem immer wieder wegen Diebstahls bestraft.[57]

Die Frauen aller Beamten und Hausdiener verkauften dem
Hospital regelmäßig Produkte eigener Wirtschaft: Butter und
Handkäse, Federvieh, Dörrobst, Kälber, Zwirn und Leinen-

tuch.[58] Mit diesen Verkäufen setzten sie zugleich Naturalien, die Teil der Entlohnung waren, in Geld um.[59]

Stück- und Tagelohnarbeit leisteten die Beamtenfrauen bzw. deren Mägde und die Frauen in der Hausdienerschaft, besonders die Aufwärterinnen. So verzeichneten die Quittungen: zwei Aufwärterinnen haben 16 flachßen Hemder gemacht,[60] zwei Waschweiber 12 Ellen Wolltuch[61] usw. Solche Lohnarbeit übte auch die Hospitalsbäckerin Tischbein, die Stammutter der zahlreichen Maler und Malerinnen, aus: 1719 verzeichnete der Rentmeister, daß sie zusammen mit der Scheuernschreiberin 2 Tischtücher, 2 Dutzend Servietten, 2 Handtücher, 9 Kissenbezüge und 2 Paar Bettlaken neu machte und Leinentisch- und -bettzeug stopfte und ausbesserte.[62] Daneben unterhielt sie eine Stickschule für Töchter aus vornehmen Adelsfamilien der Umgebung. Ihr Mann, der Hospitalsbäckermeister, besserte sein Gehalt durch Schnitzarbeiten auf – eine Tätigkeit, die auch für viele andere Männer verzeichnet ist. Keineswegs zutreffend ist die idyllisierende Darstellung des Lebens seiner Großeltern durch den Enkel und Goethemaler Johannn Heinrich Wilhelm Tischbein aus dem 19. Jahrhundert. Er bezeichnete solche Nebentätigkeiten als Feierabendvergnügen.[63] Tatsächlich waren sie jedoch fester Bestandteil des harten Arbeitstages aller dieser Angehörigen der Hospitalsdienerschaft.

3. Altersversorgung

Als die Hofheimer Köchin 1789 entlassen wurde, sagte sie: »[...] sie seye eine unglückliche Person, sie hätte gehofft hier ihre lebenslängliche Versorgung zu erhalten«.[64] In der Tat war die Versorgung auf Lebenszeit zwar vertragsmäßig für die Frauen nicht festgeschrieben, aber sie war doch die Regel – für die als Einzelne beschäftigten, wie für die Ehefrauen.

Für die Beamtenfrauen gab es verschiedene Möglichkeiten: Sie führten, wie das Beispiel der Hainaer Küchenschreiberin zeigte, das Geschäft des Ehemannes nach dessen Tod weiter, heirateten erneut, erhielten eine Pension oder wurden von dem neuen Amtsinhaber versorgt, wie es das Beispiel der Merxhäuser Vögtin deutlich macht.

Die Frauen der Hausdiener konnten nach dem Tod der Ehemänner ebenfalls im Hospital tätig bleiben. So hieß es 1697:

»Des see[ligen] Obermüllers hinterlaßene Wittib soll so lang sie wittib und Potasche vor das Hospital siedet vor 3 Personen alß gemeine Brüder die Kosten haben«.[65] Ansonsten war es »hergebrachte Gewohnheit«, »daß die Witwen deren HospitalsHausdiener nach Merxhausen aufgenommen werden, ohne die Zal derer DienstJahre zu sehen«.[66] Die ehemaligen Dienerinnen wurden so, wenn sie nicht mehr zu arbeiten in der Lage waren, selbst Insassinnen des Hospitals – eine Tatsache, die auch ein bezeichnendes Licht auf den Hospitalsbetrieb der Frühen Neuzeit insgesamt wirft, der die Distanz zwischen Personal und Pfleglingen im modernen Krankenhausbetrieb noch nicht kannte.

Zusammenfassung

In seiner Denkschrift über das Hospital Merxhausen schrieb der Vogt Anton Fey 1759:

»Die fünfte Ursache des Verfalls ist, daß man die Kleine dienste verewiget: dann sobald ein lediger Mensch zu einem Dienst gelanget, so nimt er eine Frau, diese genieset alsobald Kost, sie bedencket aber nicht, daß sie vor das Brod schuldig seye zu arbeiten, gleichsam als wann das Hospital dem Mann die Fraw zu seinem gebrauch halten müste, und dafür begehret sie nach des Mannes Tod mit Recht als Hospitalitin aufgenommen zu werden. Weit beßer wäre es, wann man die Dienere und deren Weiber ordentlicherweise, wie das Gesinde zur Gewißen Jahrszeit miethete und wann sie das Jahr über nicht fleißig sich bezeigten, man befugt wäre, sie zu entsetzen. Auf solche Arth würden sie sich bestreben, sich gefällig zu machen.«[67]

Drei Dinge sind an dieser Aussage besonders interessant:
1. Arbeit für das Hospital wurde aus der Sicht des Schreibers auch bei den Ehefrauen als selbstverständlich betrachtet.
2. Dieser Anspruch beschränkte sich aber auf die Gruppe der Hausdiener.
3. Es gab offensichtlich Tendenzen (auch) innerhalb dieser Gruppe der Hospitalsbediensteten in Richung auf eine Arbeitsteilung bei den Ehepaaren, bei der nur noch der Mann Hospitalsdienste leistete.
Welchen Hintergrund hatten diese Auffassungen?

Die Amtsleute der Hospitäler lebten abseits der Städte in einer ländlichen Gesellschaft. Die Menschen, mit denen sie es zu tun hatten, stammten überwiegend aus Dörfern, die Wirtschaft der Hospitäler war wesentlich grundherrschaftlich. Auch kam ein Teil der Hausdiener und Hausdienerinnen aus ländlichen Haushalten. Die Lebensform im Hospital selbst war jedoch tendenziell bürgerlich und dürfte sich kaum vom städtischen Hospitalsbetrieb unterschieden haben. Fleiß, Sparsamkeit, Ordnungsliebe und Reinlichkeit waren neben christlicher Nächstenliebe und Gehorsam hier wie dort Grundpfeiler der Hauswirtschaft.[68]

Von den Beamtenfrauen wurde in den Verbesserungsvorschlägen gar keine Handarbeit verlangt: Für den eigenen Haushalt hatten sie Gesinde. In der Tat waren sie, wenn, dann administrativ tätig und beteiligten sich an der Rechnungsführung. Im Unterschied zu den Hausdienerinnen konnten sie aufgrund ihrer Herkunft offensichtlich alle lesen und schreiben. Soweit es sich nachvollziehen läßt, stammten sie aus Kaufmannsfamilien oder Haushalten städtischer höherer Verwaltungsbeamter. Den Kontakt zur Stadt behielten die Beamtenfrauen trotz des ländlichen Amtssitzes auch bei. Er war ihnen wichtiger als der Bezug zu den sozial unter ihnen stehenden Hausdienerinnen, die Handarbeit leisten mußten. Die Trennung beider Gruppen zeigte sich im Alltag u.a. an der (getrennten) Sitzordnung am Mittagstisch und in der Kirche, am Begräbnisort, desgleichen an der Übernahme von Patenschaften und an den Heiratsverbindungen, die in der Regel nur innerhalb der jeweiligen Gruppe vorkamen.

Für die Beamtenfrauen spielte das Familienleben im 18. Jahrhundert eine deutlich wichtigere Rolle als in der frühen Zeit der Hospitäler: die Zahl der Kinder und damit der Aufwand der eigenen Haushaltsführung wuchs so sehr, daß es beispielsweise der Merxhäuser Vogt 1766 ablehnte, eine adelige Frau im eigenen Haushalt zur Pflege aufzunehmen, indem er schrieb: »Ich habe meine frau zu lieb, als daß sie bey ihrem Häuflein kleiner Kinder einem stärckeren Haußhalt vorstehen und ihre Kräffte in ihren jungen Jahren aufopfern soll.«[69]

Gleichzeitig wurden die nichtstudierten Ehefrauen innerhalb des Hospitals durch wachsende professionelle Ansprüche an die Verwaltung in zunehmendem Maße ausgegrenzt.

Offensichtlich eiferten die Frauen der Hausdiener mit ihrem herkömmlich eher handwerklichen oder bäuerlichen Lebensstil dem neuen – bürgerlichen – Lebensmodell nach, indem sie die Ämter nicht mehr selbstverständlich als solche von Ehepaaren verstanden und auch sonst keine Arbeit im Rahmen des Hospitals ohne spezielle Bezahlung übernahmen. Schon die Revision der alten Hospitalsordnung im Jahre 1728 machte auch in dieser Gruppe den Kinderwunsch deutlich: die alten Beschränkungen ließen sich im Laufe des 18. Jahrhunderts immer weniger aufrecht erhalten. Entsprechend wurde die Vorstellung, der Mann sei der Ernährer der Familie, sein Lohn sei Familienlohn, auch bei allen anderen Bediensteten stärker, was folgerichtig die finanzielle Mehrbelastung der Hospitäler mit sich brachte, die Anton Fey beklagte.

Am längsten hielt sich die ehepartnerliche Diensttätigkeit im Bereich von Aufwartung und Küche, doch wurden in diesen schlechtbezahlten Stellungen beide Eheleute separat entlohnt. Diese »Arbeitsehepaare« verschwanden gleichfalls an der Wende vom 18. zum 19. Jahrhundert, indem in Haina nur noch Männern die Tätigkeiten der »Aufwartung« in z.T. kündbarer Lohnarbeit übertragen wurde, während die Frauen in Merxhausen in der Regel ihren Beruf nur noch bis zur Heirat ausübten.

Im Wörterbuch der Brüder Grimm wird »privat« als »amtlos« definiert.[70] In diesem Sinne waren die Frauen der Frühen Neuzeit auch als Ehefrauen nicht »privat«, sondern »amtlich«.

Mit dem Verschwinden der Amtstätigkeit von Frauen am Ende der Frühen Neuzeit gingen für die Frauen nicht nur zahlreiche Arbeitsbereiche verloren, die Frauen verloren auch Autorität und Befugnis sowie – von den Beamtenfrauen abgesehen – die Sicherheit lebenslanger Versorgung.

Anmerkungen

1 Vgl. Shulamith Shahar, Die Frau im Mittelalter, Königstein i.T. 1981, S. 23.

2 Z.B. Wolfgang Metz, Zur Sozialgeschichte des Beamtentums in der Zentralverwaltung der Landgrafschaft Hessen-Kassel bis zum 18. Jahrhundert, in: Zeitschrift des Vereins für Hessische Geschichte und Altertumskunde 67 (1956), S. 138–148.

3 Kurt G. A. Jeserich/Hans Pohl/Georg-Christoph von Unruh (Hg.), Deutsche Verwaltungsgeschichte, Bd. 6, Stuttgart 1988, S. 194.

4 Robert S. Anderson u.a., Frühneuhochdeutsches Wörterbuch, Bd. 1, New York 1988, Sp. 944f.

5 Jakob und Wilhelm Grimm, Deutsches Wörterbuch, Bd. 1, München 1984, Sp. 281.

6 Eine Ausnahme bildet: Herbert Reyer, Die Dorfgemeinde im nördlichen Hessen: Untersuchungen zur Hessischen Dorfverfassung im Spätmittelalter und in der Frühen Neuzeit, Marburg 1983.

7 Merry E. Wiesner, Working Women in Renaissance Germany, New Brunswick 1986, S. 38–73; Annette Boldt, Das Fürsorgewesen der Stadt Braunschweig in Mittelalter und Früher Neuzeit. Eine exemplarische Untersuchung am Beispiel des St. Thomas-Hospitals, Braunschweig 1988, S. 57; Dagmar Braum, Vom Tollhaus zum Kastenhospital. Ein Beitrag zur Geschichte der Psychiatrie in Frankfurt am Main, Hildesheim 1986, insb. S. 39–54; Marcel Mayer, Hilfsbedürftige und Delinquenten. Die Anstaltsinsassen der Stadt St. Gallen 1750–1798, St. Gallen 1987, insb. S. 53–59; Natalie Zemon Davis, Skandal im ›Hotel-Dieu‹. Die verkehrte Welt eines Hospitals in Lyon, in: Dies., Frauen und Gesellschaft am Beginn der Neuzeit, Berlin 1986, S. 93–107; allgemein: Christina Vanja, Amtsfrauen in Hospitälern des Mittelalters und der Frühen Neuzeit, in: Bea Lundt (Hg.), Vergessene Frauen an der Ruhr. Von Herrscherinnen und Hörigen, Hausfrauen und Hexen 800–1800, Köln und Weimar 1992, S. 195–209.

8 Luise Schorn-Schütte, ›Gefährtin‹ und ›Mitregentin‹. Zur Sozialgeschichte der evangelischen Pfarrfrau in der Frühen Neuzeit, in: Heide Wunder/Christina Vanja (Hg.), Wandel der Geschlechterbeziehungen zu Beginn der Neuzeit, Frankfurt a. M. 1991, S. 109–153.

9 Christina Vanja, Besitz- und Sozialgeschichte der Zisterzienserinnenklöster Caldern und Georgenberg und des Prämonstratenserinnenstiftes Hachborn in Hessen im späten Mittelalter, Darmstadt 1984, S. 156–159.

10 Neue Gesellschaft für Bildende Kunst e.V. Berlin (Hg.), Das Verborgene Museum. Dokumentation der Kunst von Frauen in Berliner Öffentlichen Sammlungen, Berlin 1987, z.B. Anna Rosina Lisiewski-de Gase (1713–1783) oder Anna Dorothea Therbusch (1721–1782); Margit Ksoll, Der Hofstaat der Kurfürstin von Bayern zur Zeit Maximilians I., in: Zeitschrift für bayerische Landesgeschichte 52 (1989), H. 1, S. 59–69.

11 Christina Vanja, Zwischen Verdrängung und Expansion, Kontrolle und Befreiung – Frauenarbeit im 18. Jahrhundert im deutschsprachigen Raum, in: Vierteljahrschrift für Sozial- und Wirtschaftsgeschichte, H. 4 (1992), S. 457–482.

12 Heide Wunder, Der gesellschaftliche Ort von Frauen der gehobenen Stände im 17. Jahrhundert, in: Journal für Geschichte (1985), H. 2, S. 30–35; Dies., »Er ist die Sonn', sie ist der Mond«. Frauen in der Frühen Neuzeit, München 1992.

13 Walter Heinemeyer/Tilman Pünder (Hg.), 450 Jahre Psychiatrie in Hessen, Marburg 1983; Christina Vanja, Das frühe Hospital Haina, in: Landeswohlfahrtsverband Hessen (Hg.), 800 Jahre Haina. Kloster-Hospi-

tal-Forst, Kassel 1988, S. 69–102; Paul Holthausen, Das Landeshospital Haina in Hessen, Frankenberg 1907; Rudolph Mayer, Das Großherzogliche Landeshospital Hofheim 1533–1904, Mainz 1904; Marieluise Erckenbrecht, Merxhausen damals ..., Emstal-Merxhausen 1983.

14 H. C. Erik Midelfort, Protestant Monastery? A Reformation Hospital in Hesse, in: Peter N. Brooks (Hg.), Reformation Principle and Practice, London 1980, S. 73–93; Christina Vanja, Das Tollenkloster Haina – Ein Hospital in Reisebeschreibungen um 1800, in: Ingrid Matschinegg u.a. (Hg.), Von Menschen und ihren Zeichen, Paderborn 1990, S. 123–136; Dies., Disabled and insane people and the early modern Christian hospitals, in: Societas Belgica Historiae Medicinae (Hg.), Actes du XXXIIe Congrés International d'Histoire de la Mèdicine, Anvers, 3–7 septembre 1990, Brüssel 1992, S. 855–858; Dies., Madhouses, Children's Wards and Clinics – the Development of Insane Asylums in Germany 16th to 19th Century, in: Norbert Fintzsch/Robert Jütte (Hg.), The Prerogative of Confinement, Cambridge (im Druck); Dies., Gender and Mental Diseases in the Early Modern Society: The Hessian Hospital, in: Leonie de Goei/Joost Vijselaar (Hg.), Proceedings of the 1st European Congress on the History of Psychiatry and Mental Health Care, Utrecht 1993, S. 71–75.

15 Friedrichs des II. Hof-, Militair- und Civil-Etat, [Kassel 1785].

16 Holthausen (wie Anm. 13), S. 20.

17 Wilhelm Diehl, Zur Geschichte der von Landgraf Moritz removierten Pfarrer. Ein Beitrag zur hessischen Kirchengeschichte, in: Archiv für Hessische Geschichte und Altertumskunde N.F. Bd. 2 (1899), S. 562.

18 Archiv des Landeswohlfahrtsverbandes Hessen (im folgenden: LWV-Archiv), Best. 13: Renovierte Ordnung derer vier Hohen SamtHospitalien in Heßen 1728, XV, S. 18.

19 Johannes Letzener, Historische, Kurtze, Einfältige und Ordentliche Beschreibung des Klosters und Hospitals zu Haina in Hessen, Mühlhausen 1588, J III f.

20 LWV-Archiv, Best. 13: B 36, fol. 6r; vgl. Karin Hausen, Große Wäsche. Technischer Fortschritt und sozialer Wandel vom 18. bis ins 20. Jahrhundert, in: Geschichte und Gesellschaft 13 (1987), S. 273-303.

21 Karl E. Demandt, Die Hohen Hospitäler Hessens. Anfänge und Aufbau der Landesfürsorge für die Geistesgestörten und Körperbehinderten, in: Heinemeyer/Pünder (wie Anm. 13), S. 35–133, hier S. 54.

22 LWV-Archiv, Best. 13: Vogtei Merxhausen, Vermischte Schriften, 1701 August 29.

23 Ebd., Vogtei Merxhausen Nr. 9, 1802 Mai 22.; vgl. hierzu: Christina Vanja, Aufwärterinnen, Narrenmägde und Siechenmütter – Frauen in der Krankenpflege der Frühen Neuzeit, in: Medizin, Gesellschaft und Geschichte 11 (1992), S. 9–24.

24 LWV-Archiv, Best. 13: Vogtei Hofheim 1793–1803, 1797 Oktober 16.

25 Ebd., Vogtei Merxhausen Nr. 9, 1793 November 12.

26 Karl Wickel, Zur Geschichte des Irrenwesens. Aus Berichten über die hessischen Landeshospitäler Haina (Kloster) und Merxhausen aus vergangener Zeit, in: Archiv für Psychiatrie und Nervenkrankheiten 66

(1922) H. 5, S. 809; vgl. hierzu Vanja, Das Tollenkloster Haina (wie Anm. 14).

27 Johann Heinrich Wilhelm Tischbein, Aus meinem Leben, hg. von Carl G. W. Schiller, Bd. 1, Braunschweig 1861, S. 47.

28 LWV-Archiv, Best. 13: Belege zur Geldrechnung 1731.

29 Die Hofheimer Wartfrau erhielt die »gemeine Hospitalitenkost« mit gewissen Zulagen an Brot, Bier, Fleisch, Wein und Kuchen, Kleidung und 6 Gulden 28 Albus im Jahr: ebd., Vogtei Hofheim 1793–1803 (1797); der Hausschreiber zu Hofheim bekam dagegen die viel bessere Honoratiorenkost, Zulagen und 60 Gulden im Jahr: ebd., 1798 September 14.; die verheirateten Aufwärterinnen in Haina erhielten neben Kost und Kleidung nur 2 Gulden »wegen Mitaufwartung« im Jahr: ebd., Geldrechnung 1723, S. 522.

30 Ebd., Vogtei Hofheim 1793–1803, 1797 August 1.

31 Ebd., Belege zur Geldrechnung 1731, Bußen.

32 So war beispielsweise 1798 die starke Verblutung einer Hospitalitin einer Wartfrau aufgefallen, was eine Anklage wegen Kindsmord unterstützte: ebd., Vogtei Hofheim 1793–1803, 1798 April 12.; vgl. den Beitrag von Ulrike Gleixner in diesem Band.

33 Ebd., 1762 September 15.

34 Ebd., Vogtei Hofheim Nr. 1, 1724 Januar 10.; vgl. auch Eva Barlösius, Köchin und Koch: familial-häusliche Essenszubereitung und berufliches Kochen, in: Trude Ehlert (Hg.), Haushalt und Familie im Mittelalter und früher Neuzeit, Sigmaringen 1991, S. 207–218.

35 LWV-Archiv, Bestand 13: Vogtei Merxhausen 1668, fol. 2r.

36 Ebd., Instruktionen für den Küchenschreiber des Hospitals Merxhausen 1767, fol. 5r f.

37 Hessisches Staatsarchiv Marburg (StAM), Best. 5 Nr. 19051, fol. 18r.; LWV-Archiv, Best. 13: Renovierte Ordnung (wie Anm. 18), S. 120f.

38 »Dan ob zwar ein jeglicher Vogt ein Eydt schwehrt, nichts zu veruntreuwen, und sagt, er handle redlich, so könnens aber doch ihre Weiber thun, und giebt es der augenschein, daß sie lehr in den Spittal und hernach mit viel wagen voll haußrath wieder abziehen.« LWV-Archiv, Best. 13: Vogtei Merxhausen 1668, fol. 3r.

39 Ebd., Kleiderrechnung 1789.

40 StAM, Best. 5 Nr. 18101, 1787 Sept. 30.; LWV-Archiv, Best. 13: Geldrechnung 1790, S. 612.

41 Ebd., Nr. 18 Merxhausen, 1602 Dezember 13.

42 Ebd., Belege zur Kleiderrechnung 1789, Nr. 9, Nr. 12, Lit.E.

43 Ebd., Geldrechnung 1723, S. 520.

44 Waldemar Zillinger, Die Vögte von Merxhausen, in: Heinemeyer/Pünder (wie Anm. 13), S. 267–280, hier S. 268.

45 Ebd., S. 269.

46 LWV-Archiv, Best. 13: Vogtei Merxhausen 1700–1710, 1706 Februar 23.

47 Ebd., 1709 Juli 19.

48 Edith Schlieper, Die Ernährung in den Hohen Hospitälern Hessens 1549–1850, in: Heinemeyer/Pünder (wie Anm. 13), S. 211–265, hier S. 241.

49 LWV-Archiv, Best. 13: Vogtei Merxhausen 1668, fol. 3r.

50 Ebd., Vogtei Hofheim 1698, fol. 5r.

51 Karl Wilhelm Justi, Johann Friedrich von Stamford, in: Ders. (Hg.), Hessische Denkwürdigkeiten, Teil 4, Marburg 1805, S. 86.

52 Ebd., S. 85.

53 Johann Ludwig Friedrich von Stamford, Gedanken bei den Wasserfällen in der Einsiedelei zu Haina, in: Göttinger Musen-Almanach 1797, S. 158f.

54 Mayer (wie Anm. 13), S. 38.

55 LWV-Archiv, Best. 13: Vogtei Merxhausen Nr. 9, 1787 Januar 3.

56 Ebd., Vogtei Merxhausen 1700–1710, 1709 März 18.

57 Ebd., Geldrechnung 1721, S. 415; Belege zur Geldrechnung 1731: Bußen.

58 Ebd., Geldrechnung 1722, S. 674ff.

59 Heide Wunder, Frauen in der Gesellschaft Mitteleuropas im späten Mittelalter und in der Frühen Neuzeit (15.–18. Jahrhundert), in: Helfried Valentinitsch (Hg.), Hexen und Zauberer, Bd. 1, Graz 1987, S. 123–154, hier S. 142.

60 LWV-Archiv, Best. 13: Geldrechnung 1745, S. 543.

61 Ebd., Belege zur Rentereirechnung 1745 / Teil 2, Nr. 355.

62 Ebd., Geldrechnung 1719, S. 559.

63 Christina Vanja, Die Tischbeinfamilie in Haina. Skizzen zur Kindheit des Künstlers, in: Staatliche Kunstsammlungen Kassel und Stadtsparkasse Kassel (Hg.), Johann Heinrich Tischbein d.Ä. 1722–1789, Kassel 1989, S. 52–55.

64 LWV-Archiv, Best. 13: Vogtei Hofheim, 1789 Sept. 11.

65 Ebd., Pat. 139, fol. 11r (1697).

66 Ebd., Vogtei Merxhausen Nr. 19 (1771).

67 Ebd., 1759.

68 Paul Münch, Ordnung, Fleiß und Sparsamkeit. Texte und Dokumente zur Entstehung der ›bügerlichen‹ Tugenden, München 1984, insb. S. 24.

69 LWV-Archiv, Best. 13: Vogtei Merxhausen, 1766 März 4.

70 Grimm (wie Anm. 5), Bd. 13, München 1984, Sp. 2137.

Ulrike Gleixner

Die »Gute« und die »Böse«

Hebammen als Amtsfrauen auf dem Land
(Altmark/Brandenburg, 18. Jahrhundert)

Die gängigen Vorstellungen über ländliche Hebammen in der
Frühen Neuzeit sind noch immer von der Kritik »aufgeklärter
Menschenfreunde« geprägt, die sie als ungebildet und unge-
eignet für ihre verantwortungsvolle Arbeit disqualifizieren. Einen Hintergrund für dieses Vorurteil bilden medizinhistori-
sche Traditionslinien vom 17. bis ins 19. Jahrhundert.

Das Interesse der historischen Forschung galt bislang stärker den städtischen Hebammen. Hier hingegen soll die ländliche Hebamme im Mittelpunkt stehen. Ich werde mich im folgenden mit den Hebammen in einer ländlichen brandenburgischen Region, der Altmark, beschäftigen. Meine Überlegungen
gehen von zwei in der Literatur zu findenden Topoi aus: der
»guten« und der »bösen« Hebamme.

Zum 1. Topos – die gute Hebamme: Diese wurde gerufen,
wenn die Entbindung nahte, um der Schwangeren bei der »Ge-
burtsarbeit« beizustehen und anschließend Mutter und Kind
zu versorgen. Bis zum 19. Jahrhundert wurde sie auch als
Wehe- oder als Bademutter bezeichnet, da es zu ihren Aufgaben gehörte, das Kind nach der Geburt zu baden.[1] Ihre Beziehung zur kreißenden Frau wird durch Hilfe und Solidarität
charakterisiert.

Zum 2. Topos – die böse Hebamme: Das ist die Gutachterin
bei Gericht. Sie wurde von der Gerichtsobrigkeit oder den
Dörflern bestellt, um Aussagen über den körperlichen Zustand
von Frauen zu machen, die im Verdacht standen, nichtehelich
schwanger zu sein, dies aber bestritten. Ebenso untersuchten
und begutachteten sie Frauen, denen man vorwarf, sie hätten
ihre Schwangerschaft verheimlicht und nach der Geburt das
Kind ermordet.

Diese beiden Topoi stehen in der Literatur unverbunden nebeneinander. Die frühneuzeitliche Hebamme wird entweder als gute oder als böse Frauenfigur beurteilt, wobei die Darstellung als solidarische, helfende Frau deutlich überwiegt. Was hat es mit diesem »Ammenmärchen« auf sich?

In den dörflichen Gerichtsquellen begegnen mir diese polaren Beurteilungen anhand ein und derselben Bademutter. Muß diese also als janusköpfige Frauenfigur angesehen werden? Oder unterliegt einer solchen Sichtweise nicht vielmehr die Vorstellung vom Individuum als autonomer Einheit mit dem Kern einer einzigen, wahren und geschlossenen Identität?

Ich möchte der Frage nachgehen, ob diese beiden gegensätzlichen Gesichter der Hebamme und die daraus abgeleiteten Bewertungen miteinander verbunden sind. Für die Beantwortung werde ich das Spannungsfeld der Handlungsmöglichkeiten von Hebammen und der gesellschaftlichen Strukturen, in die sie eingebettet sind, in den Blick nehmen. Die Doppelfunktion der Hebammen, solidarische Geburtshelferin und zugleich kontrollierende Gutachterin zu sein, kann dazu verleiten, den Hebammenberuf selbst als widersprüchlich zu deuten.[2] Die Erklärung für diese vermeintliche Zwiespältigkeit in ihren Tätigkeitsfeldern ist meines Erachtens jedoch nicht in der Trennung beider Arbeitsbereiche zu suchen, sondern in der Frage, was beide Bereiche zusammengehörig macht. Diese Klammer besteht im *Amtscharakter* der Hebammentätigkeit.

Im folgenden soll deshalb der *Amtscharakter* im Vordergrund stehen. Wie war das Amt definiert? Von wem wurde es übertragen? Wem gegenüber waren Hebammen verpflichtet und was bedeutete diese Verpflichtung für ihre Beziehungen zu schwangeren Frauen?

Diese Fragen gestalten sich noch komplizierter dadurch, daß in dem Quellenmaterial nicht nur helfende und kontrollierende Hebammen zu finden waren, sondern auch solche, die ihr Amt nicht nur von der dörflichen Gemeinde, sondern auch von der Gerichtsobrigkeit übertragen bekommen hatten.

Die gesellschaftliche Stellung der frühneuzeitlichen Hebamme ist von Ambivalenzen geprägt.[3] Die Hexenforschung stellt heraus, daß ländliche Hebammen im 16. und 17. Jahrhundert häufig in den Verdacht von Magie und Hexerei gerieten, da sie zu den Frauenfiguren gehörten, die durch ihren Arbeitsbereich widersprüchliche Gefühle auslösten. Sie waren angesehen und

geschätzt, gleichzeitig aber auch gefürchtet.[4] Diese Zwiespältigkeit kommt auch in den Sagenerzählungen des frühen
19. Jahrhunderts zum Ausdruck. Wir finden hier das Grund-
motiv, daß eine der Geburtshilfe kundige Frau von unterirdischen Wesen wie Zwergen, Wassergeistern oder Elfen in der
Nacht zur Geburtshilfe geholt wird.[5] Sie folgt diesen ins Reich
der Unterirdischen und hilft der kreißenden Frau, glücklich ein
Kind zur Welt zu bringen. Ihr Rückweg aus der Welt der Unterirdischen ist der Moment der Bedrohung und der Gefahr. Ihr
Lohn, eine minderwertige Gabe, verwandelt sich zu Hause in
Gold. Die Motivforschung interpretiert, daß sie einerseits zu
den privilegierten Personen gehört, welche die andere Welt be-
treten dürfen, andererseits ihre Macht nicht ausreicht, um mit
deren Bewohnern wie mit Gleichgestellten zu verkehren. Sie
selbst bedarf plötzlich des Rates, obwohl sie ursprünglich zu
Hilfe geholt wurde.[6] In Märchen wird die Hebamme gelegentlich auch als Komplizin der gebärenden Ehefrau dargestellt,
die dem gehörnten Ehemann plausibel macht, warum das Kind
schon drei Monate nach der Heirat zur Welt kommt.[7]

Mit Sicherheit ist die Landhebamme im 18. Jahrhundert häufiger als helfende Frau und Nachbarin tätig gewesen denn als
Gutachterin vor Gericht oder im Dorf, aber beide Aufgaben gehörten zur selben Person. Bislang haben Arbeiten über Hebammen beide Aufgabenbereiche kaum zusammen reflektiert.
Häufig wird die Gutachterinnentätigkeit sogar ausgeklam-
mert.[8] Zu ländlichen Hebammen der Frühen Neuzeit gibt es
wenig neuere Fallstudien.[9]

Als Amtsfrauen wurden Hebammen bislang weder für die
Stadt noch für das Land ausreichend wahrgenommen.[10] Christina Vanja hat mit ihren Überlegungen zu frühneuzeitlichen
Amtsfrauen in Hospitälern einen Anfang gemacht, der zu einer
Sensibilisierung der Wahrnehmung bestimmter Frauentätig-
keiten als Amtstätigkeiten geführt hat. Sie erwähnt Vögtinnen,
Aufwärterinnen und Siechenmütter.[11] Entscheidend dafür, ob
eine Tätigkeit als Amt gedeutet werden kann, ist zum einen die
öffentliche Bezahlung, zum anderen die Amtsübertragung.[12]

1. Hebammen als Amtsfrauen

In den dörflichen Gemeinden der Frühen Neuzeit wurden die Hebammen von den verheirateten Frauen gewählt. Hinweise aus der landeskundlichen Literatur deuten immer wieder auf eine gemeindliche Hebammenwahl durch die Hausmütter hin.[13] Für manche Regionen sind Hebammenwahlen sogar noch bis zum Ende des 19. Jahrhunderts nachgewiesen.[14] Das Amt der Hebamme wurde von den weiblichen Haushaltsvorständen übertragen, ihnen gegenüber waren die Bademütter verpflichtet und von ihnen wurde ihre Amtstätigkeit bewertet. Die Wahl und Kontrolle erfolgte offensichtlich auch in den Städten durch die verheirateten Frauen. Die städtischen Hebammen waren den Frauen der städtischen Ehrbarkeit unterstellt.[15] Die Beziehungen sowohl der ländlichen als auch der städtischen Hebamme zu ihrer Klientel blieben im 18. Jahrhundert weitgehend durch den gemeindlichen Amtscharakter der Hebammentätigkeit gekennzeichnet. In der Atzendorfer Dorfchronik, die auch für altmärkisch-brandenburgische Verhältnisse Aussagekraft hat, wird berichtet, daß sie nicht nur ein Entgelt für ihre Hilfe bei der Geburt bekam, sondern auch im Schulhaus wohnte, alle 14 Tage von der Gemeinde ein Brot erhielt und daß sie an Weihnachten und Ostern einen Rundgang durchs Dorf machte, wobei sie aus jedem Gemeindehaushalt Kuchen, Brot und Eier bekam.[16] Sie bezog nicht nur eine Gemeindewohnung wie andere dörfliche Amtsträger, z.B. die Hirten und Hirtinnen, sondern sie hatte auch Anspruch auf gemeindliche Entlohnung. Hierin wird die Qualität des Amtes unmittelbar sichtbar.

In herrschaftlichen Gerichtsprotokollen werden Hebammen sehr häufig als Witwe bezeichnet, gelegentlich mit dem Zusatz »alte Witwe«. Von der Witwe Sophie K. erfahren wir, daß sie die »alte Tischlerin« ist, die Witwe eines Dorfhandwerkers.[17] An anderer Stelle wird eine 54jährige Kuhhirtin als Bademutter angeführt.[18] Hebammen waren häufig ältere Frauen, stammten aus den klein- und unterbäuerlichen Schichten und waren auf Grund ihres Standes als Witwe und ihrer Zugehörigkeit zu den landarmen Gruppen arme Frauen. Für Witwen bildete das Amt eine Möglichkeit des Verdienstes. Aber auch verheiratete Frauen werden als Hebammen aufgeführt, so z.B. eine alte

Hirtenfrau.[19] Die Frauen gingen ihrer Tätigkeit als Hebamme neben anderen Beschäftigungen nach, z.B. Tagelohn- und Erntearbeiten, Spinnen und Nähen in bäuerlichen Haushalten.[20] Wie bei anderen Amtsträgern auch konnten sie durch ihre Amtsausübung nur einen Teil ihres Auskommens bestreiten, daneben standen Eigenwirtschaft und Tagelohn. Von einer 54jährigen Witwe und Hebamme erfahren wir, daß sie ein weiteres Gemeindeamt innehatte. Vor Gericht befragt, sagte sie, sie arbeite als Hebamme und sei auch Kuhhirtin im Dorf,[21] da sie von ihrer »Wissenschaft« [als Hebamme] allein nicht leben könne.[22]

Die Qualifizierung zur ländlichen Hebamme war noch nicht institutionalisiert, sondern konnte auf verschiedenen Wegen erfolgen. Entweder hatte sich die Frau in der Nachbarschaftshilfe bei schweren Geburten als besonders geschickt erwiesen und war so in den Ruf gekommen, etwas davon zu verstehen, oder sie war die Tochter einer Hebamme und so frühzeitig in das Amt eingeführt worden.[23]

Da Hebammen meist ältere, arme Frauen waren, war die gemeindliche Entlohnung Teil der Existenzgrundlage. Das verpflichtete sie, gegenüber den weiblichen Haushaltsvorständen loyal zu sein. Durch die Übertragung des Amtes von den verheirateten weiblichen Gemeindemitgliedern war die Bademutter auch in die Gemeindepolitik eingebunden.

Mit dem Anspruch der Examination von Hebammen durch Ärzte in der ersten preußischen Medizinalordnung von 1685 wurde eine Entwicklung in Gang gesetzt, die Ende des 18. Jahrhunderts die nichtexaminierte Hebamme verdrängte.[24] Waltraud Pulz nimmt an, daß durch die Einführung der Examination die Hebammen in zwei Gruppen gespalten wurden: in die der obrigkeitlich vereidigten und somit zwangsläufig examinierten und in die der nichtexaminierten ungeschworenen Hebammen.[25] Die examinierte Hebamme, jetzt selbst obrigkeitlicher Kontrolle unterworfen, gab den herrschaftlichen Druck weiter und versuchte, ihre nichtexaminierte Kollegin auf Grund der ökonomischen Konkurrenz zu verdrängen. Auch in der ländlichen Altmark zeigte eine geschworene Hebamme des Gerichtsflecken Beetzendorf[26] eine andere Hebamme bei Gericht an, weil diese keine obrigkeitliche Amtsbestätigung für ihre Tätigkeit hatte.[27] Diese Konkurrenzsituation entstand aber nur in Städten und ländlichen Gerichtsflecken, da nur hier von einer Einwohnerzahl ausgegangen werden kann, die mehreren Hebammen erlaubte, an einem Ort zu arbeiten.

In dörflichen Gebieten der Mark Brandenburg hing die Möglichkeit einer obrigkeitlichen Amtsbestätigung von der Entfernung zum Gericht ab. Hebammen, die in den Gerichtsflecken oder in deren Nähe wohnten, wurden von der gutsherrschaftlichen Gerichtsobrigkeit vereidigt, während solche, die in den weiter entfernt liegenden Dörfern wohnten, keine obrigkeitliche Amtsbestätigung erhielten. Obwohl also seit dem Ende des 17. Jahrhunderts die gesetzlich verankerte Zweigleisigkeit – gemeindlich/herrschaftlich – bezüglich der Amtslegitimation bestand, blieb die Praxis einer ausschließlich *gemeindlichen Amtslegitimation* in den Dörfern und Orten ohne Herrschaftszentren bis zum Ende des 18. Jahrhunderts erhalten.

2. Geschworene Amtshebammen als Gutachterinnen am Gerichtsort

Die Anzahl der geschworenen Bademütter war Mitte des 18. Jahrhunderts noch viel geringer als die der ungeschworenen. In der kleinen Ackerbürgerstadt Arendsee, die zugleich Gerichtsort war, gab es drei geschworene Bademütter.[28] Da allein 24 Dörfer ganz oder teilweise zum arendseeischen Gerichtsbezirk gehörten,[29] ist anzunehmen, daß es in diesen Dörfern und der Stadt Arendsee mehr als drei Hebammen gab. Trotz der geringen Anzahl der obrigkeitlich geschworenen Hebammen darf deren Bedeutung wegen ihrer gerichtlichen Gutachterinnenpraxis nicht unterschätzt werden. In ihren Amtsbereich gehörten Aufsichts- und Kontrollfunktionen[30] für das gutsherrschaftliche Patrimonial- und das landesherrliche Amtsgericht. Die geschworenen Hebammen waren mit allen Fällen von Schwangerschaft befaßt, für die das Gericht eine Untersuchung anordnete. Die des Kindsmordes oder der verheimlichten Schwangerschaft verdächtigten und daher angezeigten Frauen wurden von ihnen zwangsuntersucht. Für jede Untersuchung erhielten sie eine Bezahlung von der Gerichtsherrschaft.

Schon die städtischen Hebammenordnungen des 15. Jahrhunderts wiesen eine Anzeigepflicht für außereheliche Geburten mit Nennung der Namen von Mutter und Vater aus. Die reichsweit gültige »Peinliche Halsgerichtsordnung« Kaiser Karls V. von 1532 verfügte, daß Frauen, die im Verdacht standen, heimlich ein Kind geboren und Kindsmord begangen zu haben, von sachkundigen Frauen »besichtigt« werden sollten. Stellten sie Anzeichen einer vorangegangenen Schwangerschaft fest, so sollte die Frau »peinlich befragt« werden.[31]

Mit der obrigkeitlichen Anerkennung war die Aufgabe als gerichtliche Sachverständige verbunden. Bedingung war ein unbescholtener Ruf. Als der Patrimonialrichter der Schulenburgischen Herrschaft das Gutachten der verwitweten 61jährigen Anne Christine M. aufzeichnete, fügte er ihrem Namen »bene admonita«[32] [von gutem Ruf] hinzu. Daß die Bademutter im Dorf Kalbe eine erwachsene nichteheliche Tochter hatte, scheint auf ihren guten Ruf und ihr obrigkeitlich legitimiertes Amt keinen negativen Einfluß gehabt zu haben.[33] Hebammen waren zusammen mit den Chirurgen die frühesten gerichtsmedizinischen Experten.[34] In ihrem Amtseid mußten die Hebammen schwören, nach »bestem Wissen und Gewissen für Mutter und Kind« zu handeln.[35]

Ein Aspekt, der hier nicht übersehen werden darf, ist, daß über die herrschaftliche Amtstätigkeit das spezifische weibliche Fachwissen der Bademutter für obrigkeitliche Ermittlungen und damit für eine herrschaftliche Moralpolitik vereinnahmt wurde. Das Hebammenamt war in das Bezugssystem absolutistischer Kontrolle eingebunden. »Verdächtige« Frauen sollten durch Hebammen untersucht werden. In dem 1720 publizierten preußischen Edikt gegen den Kindsmord wird hervorgehoben, daß Frauen, die im Verdacht stehen, nichtehelich schwanger zu sein, den Gerichten anzuzeigen sind und

»auch nach Befinden durch geschworne Weh=Mütter solche besichtigen zu lassen, und auf alle Weise solchergestalt dem heimlichen Gebähren vorzubeugen, als welches die Gelegenheit zum Kinder= Mord ist [...], massen die Gebährerin schuldig seyn soll, so bald sie die Noth antritt, Hülffe zu rufen«.[36]

Beide Anweisungen, die über die körperliche Untersuchung durch eine Bademutter und die über die Verpflichtung, für die Geburt eine kundige Frau hinzuzuziehen, wurden in der Herrschaftspraxis realisiert. Ländliche Hebammen wurden vom Gericht bei einem Verdacht auf heimliche Schwangerschaft oder Kindsmord zur Untersuchung gerufen, und seit Ende der 1730er Jahre verfügten die Richter in Fällen nichtehelicher Schwangerschaft am Ende der Verhörprotokolle, daß die Verhörte bei ihrer Niederkunft Bademutter und Zeugen hinzuzuziehen habe.[37]

Im herrschaftlichen Umgang mit außerehelicher Schwangerschaft waren geschworene Hebammen Ausführende der staatlichen Überwachungspolitik. Da nichteheliche Schwangerschaft ein Delikt, also kriminalisiert war, ging der preußische Staat davon aus, daß nichtehelich schwangere Frauen ein Interesse hätten, die Schwangerschaft abzubrechen bzw. ihre neugeborenen Kinder umzubringen. Hebammen sollten mit ihrem Wissen über den weiblichen Körper über diese Frauen wachen und bei Bedarf ihr sachverständiges Urteil vor Gericht abgeben.

Der obrigkeitliche Anspruch an die Hebammen zur Kontrolle nichtehelich schwangerer Frauen war aber noch umfassender, insofern sie verdächtige Frauen dem Gericht anzeigen sollten. Aktenkundig wurde die Kontrolle jedoch nur dann, wenn Hebammen vom Gericht gerufen oder zu den Umständen der Geburt befragt wurden. In den untersuchten Archivalien gibt es keine Hinweise darauf, daß Hebammen nichteheliche Schwangerschaften dem Gericht aus eigener Initiative anzeigten.[38] In das dörfliche Gerede über eine vermutete Schwangerschaft waren sie aber sehr wohl involviert.[39]

Als ein Dorfschulze dem Gericht anzeigte, daß das Gerücht ginge, die Magd Ilse S., Tochter des Altsitzers Fabian S., sei nichtehelich schwanger, wurde diese zum Gericht zitiert und nach der Schwangerschaft gefragt.[40] Weil sie diese abstritt, wurde entschieden:

»Es soll dieselbe durch die hiesige beeydigte Bade=Mutter besehen werden.«[41]

Im richterlichen Urteil wird die Begutachtung durch die geschworene Hebamme folgendermaßen geschildert:

»Dieselbe wurde gefordert und ermahnet ihre Pflicht hierunter zu beobachten. Nachdem sie nun in ein Zimmer à parte mit der Denunciata gegangen und dieselbe besehen und verrichtet, was ihr Werck erfordert: So hat sie, nahmentlich Anna Preens ad protocollii gegeben, daß sich keine indicia einer Schwangerschaft bey die

Denunciata fanden, maßen sie am Leibe nichts fühlen noch an denen Brüsten was wahrnehmen können; Es wäre das Mensch darum so aufgetrieben, weil sie seit Ostern, ihrem Vorgeben nach, ihre monatliche Zeit nicht gehabt.«[42]

Darauf wurde die Verdächtige wieder entlassen und der Bademutter wurden für ihre Begutachtung vom Gericht 6 Groschen bezahlt. In der Regel wurde die im Verdacht stehende Frau in einem abgetrennten Raum von der Hebamme untersucht, wozu sie ihre Kleider ablegen mußte. Leib und Brüste wurden befühlt und die Frau auch nach ihrer Selbstwahrnehmung befragt. Aus diesen beiden Komponenten, Untersuchung und Befragung, formte die Hebamme ihr Urteil.

Als die 30jährige Magd Ilsabe G. vor Gericht stand und angab, sie sei nicht schwanger, wurde sie von der Hebamme aus dem Gerichtsort Diesdorf, der Witwe Margarethe K., im Gerichtshaus untersucht:

»Diese referirt darauf: daß sie so wenig vor gewis sagen könne, daß das Mensch schwanger sey, als sie selbige vor nicht schwanger hielte, doch sey dieses Mensch bey ihrem Eintritt in der Amtsstube gantz zitternd und dabey roht im Gesichte geworden, daß sie also wohl glaube es sey nicht richtig um ihr, doch könnte sie nicht gewis sagen, ob sie schwanger sey.«[43]

Daraufhin wurde eine zweite Hebamme, die verheiratete Bademutter Ilsabe L., geholt, die nach ihrer Visitation zu Protokoll gab:

»daß sie nicht anders aus allen Zeichen, und Umständen gerichtlich und vor wahr halten könne, als daß sie würcklich schwanger sey«.[44]

So unter Druck gesetzt, gab die Angezeigte ihre Schwangerschaft zu und benannte einen verheirateten Schäfer als Schwängerer.

In Zweifelsfällen wie diesem zog das Gericht mehrere Bademütter zu Rate. Die Wichtigkeit der Selbstwahrnehmung der Frauen zeigt, daß im 18. Jahrhundert die Feststellung einer Schwangerschaft noch bei den schwangeren Frauen selbst lag. Erst die Kindsregung galt als sicheres Zeichen. Bis dahin war der körperliche Zustand ambivalent.[45] So waren sich die Bademütter gelegentlich nicht ganz sicher, ob nun eine Schwangerschaft vorlag oder nicht. Diese Mehrdeutigkeit ließ den angezeigten Frauen vor Gericht einen gewissen Spielraum. Die Witwe H. gab an, sie wisse nicht, ob sie schwanger sei,

»indem sie bekandtermaßen einen ungesunden Cörper und etwas hohen Leib habe, es auch noch nicht so lange her, sondern erst vor 16 Wochen geschehen«.[46]

Da eine Kindsregung erst ab etwa der 20. Woche erfolgen kann, konnte die mit eigenen Schwangerschaften erfahrene Witwe sich auf den Standpunkt stellen, daß sie nicht wisse, ob sie schwanger sei oder nicht.

Die wegen Verdacht auf Kindsmord verhörte unverheiratete Dorothee Elisabeth H. wurde gleich von drei Bademüttern des Gerichtsortes nacheinander untersucht. Aus den Akten klingt das Gutachten der ersten Hebamme folgendermaßen:

»Catharina Elisabeth Schulzen verehelichte Schernikown ihres Alters 53 Jahre bene admonita deponit, die in der Voigtey sitzende Homeiern hätte sich ausziehen müssen. Deponentin habe solche genau besichtigt, aber keine Merkmale eines gehaltenen Kindes bey ihr wahrgenommen. Der Leib sey glatt, rund und ohne Faltung gewesen. Die Brüste wären gleichfalls gut und rund gewesen woraus sie keine Milch bringen könne. Deponentin sey der Meynung, wann die Homeyern vor 4 Wochen ein Kind gehabt hätte in denen Brüsten nothwenig noch Milch seyn müssen oder das Kind müßte zu frühzeitig gekommen seyn.«[47]

Alle drei Hebammen stellten keine Anzeichen einer Geburt fest. Wenn es um eine gewichtige Anklage wie z.B. Kindsmord ging, wurden, in der Regel unabhängig voneinander, mehrere Hebammen um ihr Gutachten gebeten.

Für die gerichtliche Untersuchungssituation ist kennzeichnend, daß Hebamme und verdächtige Frau in der Regel nicht aus einem gemeinsamen nachbarschaftlichen Zusammenhang kamen, sich daher auch nicht kannten. Die beschuldigten Frauen stammten meist aus den umliegenden Dörfern,[48] während die kontrollierende Hebamme am Gerichtsort ansässig war. Die Hebamme begegnete der schwangeren, in der Regel unverheirateten Frau als Fremde, als eine, die im Auftrag der Obrigkeit ermittelt. Für die unverheirateten Mägde, Töchter oder Witwen handelte die fremde Hebamme als verlängerter Arm der Obrigkeit. Durch die Untersuchung der Hebamme geriet die beschuldigte Frau in eine Art psychische und physische

Zwangslage, die zu einer so starken Bedrohung werden konnte, daß darüber schließlich ein Geständnis erzwungen wurde. Die Hebamme hatte in dieser Konstellation eine ungeheure Macht über die verdächtigte Frau. Zwischen diesen sich fremden Frauen gab es keine Ebene der Solidarität, etwa des Verschweigens gegenüber der Obrigkeit. Zwar folgten Hebammen in ihren Aussagen gelegentlich dem, was die Frauen von sich selbst sagen, aber verpflichtet durch ihren herrschaftlichen Amtseid und um ihrem fachlichen Ansehen nicht zu schaden, mußten sie ihr Wissen der obrigkeitlichen Ermittlung zur Verfügung stellen. Hebammen hatten mit ihrer Kontrolle über unerlaubte Schwangerschaften bis zum Ende des 18. Jahrhunderts eine »policeyliche« Funktion.[49]

3. »Ungeschworene« Amtshebammen im Dorf

Da in städtischen und territorialen Rechtsordnungen meist nur die Rede von geschworenen Hebammen ist, hat die ältere Literatur die vielen nichtgeschworenen Hebammen übersehen. Obwohl seit dem 17. Jahrhundert Rechtstexte wie die erste brandenburgische Medizinalverfassung verstärkt die obrigkeitliche Annahme der Hebamme als Voraussetzung für das Amt herausstellen, war die Praxis doch noch bis Ende des 18. Jahrhunderts vielfältiger. Ein Blick in ländliche Gerichtsbücher zeigt, daß der Großteil der auf den Dörfern lebenden und arbeitenden Bademütter nicht durch die Obrigkeit in ihr Amt gesetzt waren, sondern bis weit in das 18. Jahrhundert ihre Legitimation durch die Gemeinde erhalten hatten.[50]

Obwohl die Gerichtsobrigkeiten primär die obrigkeitlich legitimierten Bademütter in Anspruch nahmen, zogen sie auch ungeschworene Bademütter zu Gutachten heran und akzeptierten damit weiterhin eine Legitimation der Hebammen als gemeindliche Amtsfrauen. Nicht immer war eine vereidigte Hebamme für den herrschaftlichen Bedarf zur Stelle. Nachdem die 26jährige Anne Sophie J. sich hartnäckig geweigert hatte, vor dem Apenburgischen Gericht die Schwangerschaft zuzugeben, schickte der Richter nach der »hiesigen Bademutter«. Diese war aber nicht in ihrem Hause anzutreffen, sondern in das Dorf Klötze gegangen. Darauf

»wurde die Witwe Zopfen geruffen, von welcher er die Muth-
maßung hat, daß sie auch dergleichen verstehe, maßen selbige nicht
allein einen Mann, der ein Quacksalber gewesen, gehabt, sondern
auch ihre Tochter schon 2 Hurkinder erzeuget«.[51]

Die Witwe weigerte sich zunächst, die Angeklagte zu begut-
achten, tat es dann aber nach wiederholter Aufforderung doch.
Die hier aufleuchtende obrigkeitliche Akzeptanz für die ungeschworenen Hebammen ist ambivalent. Sie zeigt, daß auch diese Hebammen neben ihrer dörflich-gemeindlichen Amtsdefinition den Rechtssetzungen der herrschaftlichen Moralpolitik unterworfen waren. Diese Überlagerung von Ansprüchen
konnte die gemeindliche Bademutter in Schwierigkeiten bringen. Gemeindliche Hebammen fühlten sich primär gegenüber
der Gemeinde loyal, obrigkeitlich legitimierte Hebammen waren dagegen auch dem herrschaftlichen Interesse verpflichtet.
Einen typischen Loyalitätskonflikt demonstriert folgender Fall:
Als die verheiratete ungeschworene Bademutter Trine L. wegen der Vaterschaft des von Marie M. geborenen Kindes vom
Gericht vernommen wurde, sagte sie, sie habe auf die Frage
nach dem Kindsvater nichts Rechtes zur Antwort bekommen,

»bei der Geburt hätte die Marie Michels sich übel gebehret, und wie
ein Stück Vieh gebrüllet, daß Deponentin nur Gott gedancket, das
Kind von ihr zu bringen«.[52]

Im späteren Verlauf des Falles wurde aufgedeckt, daß die Bademutter wußte, wer der Schwängerer war, dieses dem Gericht
aber aus Angst vor Unannehmlichkeiten von seiten des Kindsvaters, der der verheiratete Dorfschulze war, nicht anzeigen
wollte. Mehrere Frauen im Dorf hatten ihr geraten, den Dorfschulzen nicht bei Gericht anzugeben. Sie verteidigte ihr
Schweigen vor dem Richter, indem sie sagte:

»Sie hätte sich vor dem bösen Menschen nicht getrauet, daß er ihr
oder den Ihrigen schaden, deshalb wol mehrere im Dorf seine
Boßheit unterdrücket«.[53]

Aus den Worten der Bademutter spricht ihre Angst, für eine
den verheirateten Dorfschulzen belastende Aussage von diesem, seiner Ehefrau oder Familie mit Repressionen belegt zu
werden. Die Hebamme gab dem dörflichen Druck nach und
verschwieg vor dem Richter, was sie wußte. Damit verweigerte
sie implizit eine Unterstützung für die von ihrem Dienstherren

geschwängerte Magd. Hätte sie den Dorfschulzen angegeben, so wäre dieser auf Grund ihrer Aussage des Ehebruchs mit seiner Magd Marie M. beschuldigt worden und dadurch er selbst, seine Ehefrau und der Haushalt in unehrenhaften Ruf geraten. Die innerdörflichen Machtverhältnisse trugen also dazu bei, daß das obrigkeitliche Gericht zunächst nicht informiert wurde. Die Sache wurde schließlich vom Dorfpfarrer dem Gericht angezeigt, der seine Informationen dem dörflichen Gerede entnommen hatte.

Bedeutsam an diesem Fall ist, daß der Richter von der Hebamme in ihrer Funktion als gemeindliche Amtsfrau Rechenschaft für ihr Handeln verlangt. Denn Hebammen hatten bis zur Gesetzesänderung von 1765 die Pflicht, wenn die Schwangere den Namen des Kindsvaters nicht sagen wollte, dieser solange ihre Hilfe bei der Geburt zu verweigern, bis diese den Namen preisgab. Auf diese gerichtsobrigkeitliche Amtspflicht angesprochen, redete sie sich damit heraus, daß dieses wegen der schwierigen Geburt nicht möglich gewesen sei. Auch ohne obrigkeitlichen Amtseid erwartete das gutsherrschaftliche Gericht von der Bademutter herrschaftliche Amtsleistungen. Hier dringt ein herrschaftlicher Anspruch in ein von der Gemeinde übertragenes Amt ein, dem sich die Bademutter in der Konfrontation mit der Herrschaft nicht entziehen konnte. Diese doppelten Amtslegitimationen brachten für die gemeindliche Hebamme Schwierigkeiten im Umgang mit der Gerichtsherrschaft mit sich.

Auf die obrigkeitliche Anweisung, ledigen Frauen, die den Kindsvater nicht nennen wollten, solange in ihrer »Geburtsnot« die Hilfe zu verweigern, bis sie einen Namen preisgaben, wird insofern eingegangen, als in solchen Fällen, beispielsweise wenn der Kindsvater ein verheirateter Mann des Dorfes war, die Hebammen in ihrer Aussage vor Gericht auf diese Verpflichtung Bezug nahmen. Die Idee der Juristen dazu war, daß in der Geburtsstunde die Gebärende quasi durch ein »natürliches« Folterverfahren, durch Schmerzen und Angst, dahin gebracht würde, den Namen des wirklichen Kindsvaters preiszugeben. Mir ist kein brandenburgischer Fall bekannt, in dem die Bademutter aus eigener Initiative dieses Verfahren anwendete. Möglicherweise kam es zur Anwendung, wenn die Gerichtsherrschaft direkten Zugriff auf die Geburtssituation hatte, z.B. wenn die Frau im Gefängnis einsaß.[54]

Das nichteheliche Kind der Dorothee Elisabeth P. starb sieben Wochen nach der Geburt. Bei der gerichtlichen Untersuchung der Todesursache gab diese an, daß das Kind zu früh gekommen sei. Nach der Bademutter befragt, nannte sie

»die alte Bramsche, welche das Kind gehoben, die hiesige Bademutter sey eben an einer Krankheit [...] gelegen.«[55]

Um ein Kind zur Welt zu bringen oder ein Gutachten abzulegen, war *keine* obrigkeitlich angenommene Hebamme notwendig. Es konnten auch andere erfahrene Frauen herangezogen werden. Von der Tochter des Dorfschulzen, also einem Mitglied der dörflichen Elite, erfahren wir, daß ihre Mutter ihr während der Geburt beigestanden hatte, mit der Begründung, daß keine Bademutter im Dorf sei.[56] In den preußischen Edikten des 18. Jahrhunderts wird ausgeführt, daß alternativ zur Hebamme auch die »erfahrene Frau« zur Geburt hinzugezogen werden kann, die weder gemeindlich noch obrigkeitlich legitimiert war. Auch dies zeigt, daß Gerichtsobrigkeiten den Amtscharakter der gemeindlichen Hebammen auch noch im 18. Jahrhundert anerkannten.

In den Dörfern bestimmten hingegen weiterhin allein die verheirateten Hausmütter über das Amt der Hebamme. Angenommen werden kann, daß die Wahl der Hebamme durch die verheirateten dörflichen Frauen eine längere Tradition hatte als der obrigkeitliche Amtseid. Die Wurzeln der gemeindlichen Wahl der Hebamme liegen in der Zeit der gemeinsamen Rechtsfindung von ländlicher Gemeinde und ihrer Herrschaftszugehörigkeit.[57] In allen genannten Fällen handeln die Bademütter im Dorf nicht primär im Einverständnis mit den schwangeren ledigen Frauen, sondern entsprechend den Ordnungsvorstellungen und Machtverhältnissen in der dörflichen Gemeinde: sie wurden vom Dorfschulzen beauftragt, sie schwiegen wegen befürchteter Unannehmlichkeiten oder setzten ein Gerede in Gang, das in eine Anzeige mündete.

Nicht nur das herrschaftliche Patrimonialgericht beauftragte Hebammen mit Gutachten, sondern auch die dörflichen Gemeinden.[58] Aus den Gerichtsakten ist ersichtlich, daß das Hebammenamt auch innerhalb der Gemeinden mit Kontrollfunktionen über unerlaubte Schwangerschaften ausgestattet war. Die Untersuchung eines Schwangerschaftsverdachts und der Vaterschaft wurde in der Regel zuerst im Dorf selbst vorge-

nommen, ohne das Gericht. Wie es zur dorfinternen Klärung
kam und ob die Obrigkeit alles oder nur einen Teil davon erfuhr, bestimmten die dörflichen Machtverhältnisse, in die auch
die Bademutter eingebunden war. Im Fall der wegen Verdacht
auf Kindsmord verhafteten 29jährigen Maria G. sagte der Dorfschulze vor Gericht aus, daß er vor 14 Tagen, als von der
Schwangerschaft im Dorf »die Rede gegangen« sei, die Marie
G. durch seine Frau habe befragen lassen. Später, als das Kind
schon geboren und tot gewesen sei, habe er selbiges durch die
alte S. und die Mutter der Angeklagten besehen lassen, diese
hätten gesagt, daß das Kind wohl nicht gelebt habe.[59] Hier wird
deutlich, daß die altmärkischen Gemeinden die Umstände zuerst einmal unter sich klärten, und dazu konnte auch das Gutachten der »erfahrenen Frauen« und Bademütter notwendig
sein.

Innerhalb des Dorfes gaben Hebammen in ihrer gemeindlichen Amtsfunktion Gutachten ab. Die Magd Ilse B., die wegen des Verdachts, »ihre Frucht« abgetrieben zu haben, vor Gericht stand, schilderte, wie sie im Dorf gegen ihren Willen von
der Hebamme untersucht worden war.[60] Bademütter konnten
auch im Dorf das Geständnis einer Frau erzwingen, sie über-
führen, wenn die dörfliche Gemeinde dies anordnete. Für
nichtverheiratete schwangere Frauen konnten Hebammen zur
Bedrohung werden, da die Beziehung zu dieser Amtsfrau
durch die dörflichen Machtverhältnisse und die obrigkeitliche
Schwangerschaftspolitik strukturiert war.

4. Beziehungen zwischen Hebammen und schwangeren Frauen

Die Beziehung der *obrigkeitlich legitimierten* Bademutter zu
schwangeren Frauen war durch ihre Funktion als Gutachterin
geprägt. Ihre Amtsdefinition war herrschaftlich beeinflußt. Mit
»policeylichen« Kompetenzen ausgestattet, agierte sie im Sinne obrigkeitlicher Interessen. Die Frauen, mit denen sie vor Gericht zu tun hatte, gehörten nicht zu ihrer Klientel, den Ehefrauen, sondern es waren Frauen, die durch ihre unerlaubten
Schwangerschaften kriminalisiert waren. Den vor Gericht ge-
brachten Kindsmörderinnen oder ihre Schwangerschaft ver-

heimlichenden, meist ledigen Frauen begegnete sie nicht verstehend, sondern fremd und ausschließlich im Auftrag der Obrigkeit.

Die *gemeindlich legitimierte* Bademutter wurde von den verheirateten Frauen eines oder mehrerer Dörfer gewählt und unterhalten. In der gemeindlichen Politik mit außerehelicher Schwangerschaft mußte sie sich an den Maßstäben der besitzenden Haushalte orientieren. Wurde von der Gemeinde in Sachen nichtehelicher Schwangerschaft untersucht, gehörte es in ihren Amtsbereich, die verdächtige Frau zu »besichtigen«. Den nichtehelich schwangeren Frauen trat sie als Kontroll- und Ermittlungsorgan der Gemeinde gegenüber.

In den Beziehungen zu »unerlaubt« schwangeren Frauen und in ihrer Gutachterinnentätigkeit scheinen sich beide Amtsvarianten der Hebamme – die gemeindliche und die herrschaftliche – zu gleichen. Ihre Begegnung mit den verheirateten und daher »erlaubt« schwangeren Frauen war durch Vertrauen, Hilfe und Sorge gekennzeichnet. Hier handelte sie als gute Nachbarin. Ihre Beziehungen zu »unerlaubt« schwangeren Frauen waren dagegen nicht von mütterlichen Qualitäten geprägt. Die Bademutter war am Ausgrenzungs- und Kriminalisierungsprozeß dieser Frauen beteiligt. Hilfe und Kontrolle bildeten für das Amt der Hebamme keinen Widerspruch. Die Seite der Hilfe war für die verheirateten schwangeren Frauen bestimmt, die ihr das Amt übertrugen, während die kontrollierende Seite für die außerehelich, d.h. unerlaubt schwangeren Frauen bestimmt war. Das Amt selbst vereinte beide Kompetenzen, nur die Klientel war jeweils eine andere. Das Bild von der »guten« und der »bösen« Hebamme ist also in ein und derselben Frauenfigur aufgehoben. Über ihr Amt war die frühneuzeitliche Hebamme in die nachreformatorische staatliche Kirchenzucht und in die davon beeinflußte dörfliche Praxis eingebunden, die eine Aufspaltung in die »erlaubte« eheliche und die »unerlaubte« nichteheliche Sexualität mit sich brachte.[61]

5. Veränderungen im 18. Jahrhundert

Mußten ländliche Hebammen 1741 nur ein Examen beim »Landphysicus« ablegen, zumindest diejenigen, die eine obrigkeitliche Annahme anstrebten, wurde Ende des 18. Jahrhunderts die Lektüre eines Hebammenlehrbuches obligatorisch.[62] Zudem wurde jetzt immer ausdrücklicher erwähnt, daß sie die Frauen weder innerlich noch äußerlich kurieren durften.[63] Schon seit dem 16. Jahrhundert begann man das Aufgabenfeld der Hebammen auf die Geburt einzuschränken und allein dem Arzt die Kompetenz des Heilens zuzusprechen. Insgesamt ist das 18. Jahrhundert mit dem Aufkommen der Gynäkologie als Teildisziplin der Medizinwissenschaft von zunehmendem Einfluß männlicher Geburtshelfer auf den Amtsbereich der Hebammen gekennzeichnet.[64] Für die Praxis auf den brandenburgischen Dörfern blieben die Verhältnisse allerdings bis in die zweite Hälfte des 18. Jahrhunderts noch weitgehend unverändert.[65]

Die ungeschworenen Gemeindehebammen konnten sich länger als die geschworenen Hebammen der Veränderung des Hebammenwesens durch Unterricht, Examen und Hebammenschule entziehen, sehr zum Leidwesen vieler in der Geburtshilfe kundiger Ärzte. Dörfliche Bademütter wurden durch die räumliche Distanz zum Gerichtsort vor herrschaftlichen Einflüssen geschützt, und durch ihre gemeindliche Legitimation waren sie länger in der Lage, Veränderungen von außen abzuwenden.

Im Edikt von 1765 »Wider den Mord neugeborener unehelicher Kinder [...]«, das die Bestrafung nichtehelich schwangerer Frauen und der dazugehörigen Schwängerer aufhob, wurde die Überwachungsfunktion der geschworenen Bademütter eingeschränkt. Die Bademutter wurde sogar angewiesen, die Schweigepflicht einzuhalten, wenn eine nichtehelich Schwangere sich ihr anvertraute, da die Friderizianische Politik davon ausging, daß nichtehelich Schwangere durch die nun gewährte Verschwiegenheit weniger Furcht vor Ehrverlust hätten und infolgedessen nicht mehr dazu gedrängt würden, ihre Kinder umzubringen.[66] Die Offenbarungspflicht der Schwangeren und die Verpflichtung, eine Hebamme zur Geburt heranzuziehen, wurde im 1794 ergangenen »Publicandum gegen den Kindsmord« allerdings bestätigt.[67]

Die gerichtliche Begutachtung von verdächtigten Frauen blieb zunächst als Amtsaufgabe der Hebamme erhalten. Erst im 19. Jahrhundert wurde die gerichtliche Gutachtertätigkeit der Geburtshilfe kundigen Ärzten übertragen. Den Beginn der Verdrängung von sachverständigen Frauen durch männliche Experten vor Gericht markieren publizierte Fallgeschichten.[68]

Seit der zweiten Hälfte des 18. Jahrhunderts[69] erschienen immer mehr gedruckte Hebammenbücher.[70] Diese Bücher wurden zur Unterweisung von Hebammen von den sogenannten »Amtsphysici« verfaßt, eben jenen Amtsärzten, die für die »Examina« der Bademütter zuständig waren. Diese Anleitungsbücher sind katechismusartig im Frage-und-Antwort-Stil angelegt: Auf die Frage an die Hebamme folgt die belehrende Antwort. Häufig sind die Bücher auch mit Federzeichnungen versehen, um ihre Ausführungen bildlich zu veranschaulichen. Einige betonen in ihren Einleitungen, daß sie insbesondere für Landhebammen gedacht, da diese besonders ungebildet seien.[71] Die in den Einleitungen aufgelisteten Unzulänglichkeiten der praktizierenden Landhebammen ziehen sich als Stereotype durch diese Literaturgattung und werden sämtlichen Lehrbuchpublikationen vorangestellt. Insbesondere das Alter wird immer wieder zum Anlaß genommen, Hebammen ihre Kompetenz abzusprechen.[72] Es beginnt ein regelrechter Feldzug gegen die »alte Hebamme«. Der Amtsphysicus F. Ch. Bruch zählt 1792 zu den Erfordernissen für eine gute Hebamme: »gute körperliche Eigenschaften«, wie saubere Gestalt, kein verunstaltetes Gesicht durch Muttermale, Gesundheit, nicht zu hohes Alter, keine zu dicken und grobknochigen Hände.[73]

Aus diesen Vorurteilen zu schließen, daß die Landhebammen, im Unterschied zu den geschworenen Hebammen, tatsächlich unwissend gewesen seien, scheint mir allerdings eine unreflektierte Tradierung der ärztlichen Voreingenommenheit gegenüber Landhebammen.[74] Die Vorwürfe werden nur in Zusammenhang mit dem Versuch, die Bademütter unter fachärztliche Kontrolle zu bringen, verständlich.[75] Die Fallstudie von Brigitte Menssen und Anne-Margarete Taube für die Grafschaften Oldenburg und Delmenhorst belegt, daß es in der zweiten Hälfte des 18. Jahrhunderts keine Verbindung zwischen Wöchnerinnensterblichkeit, Anzahl der Totgeburten und der Präsenz examinierter Hebammen gab. Eine Überprüfung der Wöchnerinnensterblichkeit und Totgeburten in Kirchspielen mit und ohne examinierte Hebammen ergibt keine Signifikanz für einen Zusammenhang zwischen nichtexaminierten Hebammen und Todesfällen von Wöchnerinnen oder Säuglingen.[76]

Doch die Kampagne gegen »die Unfähigkeit von Hebammen« hinterließ ihre Spuren in der Deutung und Wahrnehmung von Geburtssituationen. Das zeigen die seit dem Ende des 18. Jahrhunderts bei Geburtskomplikationen üblich gewordenen Schuldvorwürfe gegen die Hebamme. Während in Autobiographien des 16. und 17. Jahrhunderts die glücklich verlaufene Geburt ausschließlich mit göttlicher Gnade in Verbindung gebracht wird, wird Ende des 18. Jahrhunderts häufig die Qualifikation der Hebamme thematisiert. Ihnen wurde die Schuld zugeschrieben, wenn es bei der Geburt zu Komplikationen kam.

Die jüdische Kauffrau »Glikel bas Judah Leib« beschreibt 1691 in ihrer Autobiographie ihre Geburt folgendermaßen:

»Meine Geburt, mein ich, ist gewesen im Jahre 1647 in der heiligen Gemeinde Hamburg, wo mich meine reine, fromme Mutter hat zur Welt gebracht mit Hilfe und Barmherzigkeit des großen Gottes.«[77]

Für Glückel ist vor allem Gottes Hilfe für die glückliche Geburt ausschlaggebend.

Johann Wolfgang Goethe stellt hingegen 1811 seine Geburt in seiner Autobiographie in den Kontext von günstigen Sternkonstellationen:

»Diese guten Aspekte, welche mir die Astrologen in der Folgezeit sehr hoch anzurechnen wußten, mögen wohl Ursache an meiner Erhaltung gewesen sein: denn durch Ungeschicklichkeit der Hebamme kam ich für tot auf die Welt, und nur durch vielfache Bemühungen brachte man es dahin, daß ich das Licht der Welt erblickte.«[78]

An die Charakterisierung der Hebamme als unzulänglich schließt Goethe die Bemerkung an, daß sein Großvater als Schultheiß daraufhin einen Geburtshelfer in Frankfurt anstellen ließ, der Hebammenunterricht erteilen sollte. In Goethes Kosmologie konnte die Sternkonstellation die Unfähigkeit der Hebamme aufheben.

Zeitgleich mit der Reduzierung der Kontrollaufgaben der Hebamme beginnt die Umgestaltung ihrer Tätigkeit insgesamt.

Über Ausbildung und Auswahl der Frauen nach den Maßstäben der männlichen Geburtshelfer verändert sich spätestens im
19. Jahrhundert der Beruf der Hebamme.[79] Aus der älteren erfahrenen Amtswehemutter, die den verheirateten Frauen der
Gemeinde verpflichtet war, wird die junge, in einem Geburts-
haus ausgebildete Hebamme, die den Ärzten unterstellt und
ihrer selbständigen Amtsposition enthoben ist. So erhielten
männliche Geburtshelfer nicht nur stärker Kontrolle über den
Bereich von Schwangerschaft und Geburt, sondern die Reform
der Ausbildung, die Professionalisierung, verdrängte auch die
alte Hebamme und ihre Wissenstradition. Der Austausch der
Hebammenfiguren und der damit verbundene Bruch weiblicher Kompetenztradition macht das Ausmaß der Veränderungen und Brechungen bei der Übernahme dieses Bereichs durch
die expandierende medizinische Wissenschaft deutlich.

Resümee

Es ließen sich vier unterschiedliche Ebenen im Hebammenamt
aufzeigen und am Ende des Untersuchungszeitraumes entstand eine fünfte Hebammenrealität, die die anderen abzulösen begann.

Da war *erstens* die Ebene der Geburtshelferin, die ihr Amt
von den verheirateten Frauen in den Dörfern übertragen bekommen hatte und die *zweitens* im Auftrag der Gemeinde die
der nichtehelichen Schwangerschaft verdächtigten Frauen
zwangsuntersuchte und die nicht aus der Perspektive des Dorfes, sondern nur aus der herrschaftlichen »ungeschworen« war.
Da war *drittens* die Geburtshelferin, deren Amt zusätzlich von
der Gerichtsobrigkeit bestätigt worden war und die aus obrigkeitlicher Perspektive eine »geschworene« Hebamme war, und
viertens diejenige, die im richterlichen Auftrag im Gerichtshaus
oder im Gefängnis verdächtige Frauen untersuchte.

Die Einschätzung der älteren rechts- und verfassungsgeschichtlichen Forschung, Frauen hätten in der Frühen Neuzeit
keine Ämter bekleiden können, muß somit modifiziert werden.
Hebamme zu sein, bedeutete in jedem Fall, ob die Amtsübertragung gemeindlich oder auch obrigkeitlich erfolgt war, ein
Amt zu bekleiden.

Die Analyse des Hebammenamtes in den ausgeführten vier
Ebenen hat gezeigt, daß eine bewertende Kategorisierung in
Analogie zu einem Frageansatz, der nach der »wahren« Identität der Hebammenfigur sucht, verfehlt ist. Frageansätze, die
nach weiblichen Identitäten als geschlossenen, eindeutigen
und moralischen Kategorien suchen, können durch ihren Ansatz nur Teilbereiche beleuchten und die zunächst gegensätz-
lich erscheinenden Anhaltspunkte nur als Widersprüche verstehen. Die Hebamme war durch ihr Amt sowohl Helfende als
auch Kontrollierende, allerdings für jeweils eine unterschiedliche Klientel. Für die verheirateten und daher erlaubt schwangeren Frauen war sie *die Helfende.* Für Unverheiratete, deren
Schwangerschaften verboten und kriminalisiert waren, agierte
sie im Auftrag der Gemeinde oder der Herrschaft als *Kontrollierende.*

Anmerkungen

1 Hans Bächtold-Stäubli, Handwörterbuch des Aberglaubens, Berlin
1938, Bd. 3, Artikel Hebamme, S. 1588ff.; Ivonne Verdier, Drei Frauen. Das
Leben auf dem Dorf, (Paris 1979) Stuttgart 1982, S. 93ff.

2 So etwa Otto Ulbrichts Überlegungen zu ländlichen Hebammen; vgl.
Ders., Kindsmord und Aufklärung, München 1990, S. 135ff.

3 Wolfgang Gubalke, Die Hebamme im Wandel der Zeiten. Ein Beitrag
zur Geschichte des Hebammenwesens, Hannover 1964. Bibliographien der
neuesten Literatur zum Thema Hebammen in: Hilary Marland (Hg.), The
Art of Midwifery. Early Modern Midwives in Europe, London 1994; Waltraud Pulz, »Nicht alles nach der Gelahrten Sinn geschrieben« – Das
Hebammenanleitungsbuch von Justina Siegemund. Zur Rekonstruktion
geburtshilflichen Überlieferungswissens frühneuzeitlicher Hebammen
und seiner Bedeutung bei der Herausbildung der modernen Geburtshilfe,
München 1994.

4 Vgl. Eva Labouvie, Zauberei und Hexenwerk. Ländlicher Hexenglaube in der frühen Neuzeit, Frankfurt a.M. 1991, S. 179; Heide Wunder,
Hexenprozesse im Herzogtum Preußen während des 16. Jahrhunderts, in:
Christian Degn/Hartmut Lehmann/Dagmar Unverhau (Hg.), Hexenprozesse. Deutsche und skandinavische Beiträge, Neumünster 1983, S. 188f.
Diese Ambivalenz wird ebenfalls in der Rolle der Hebammen im Zusammenhang mit der Tradierung von empfängnisverhütendem Wissen gesehen; vgl. Robert Jütte, Die Persistenz des Verhütungswissens in der Volkskultur, in: Medizinhistorisches Journal 24 (1989), S. 214–231.

5 Allein in den Deutschen Sagen der Gebrüder Grimm kommt das Motiv vom Hebammendienst bei den Unterirdischen sechsmal vor; vgl. Brü-

der Grimm (Hg.), Deutsche Sagen (Berlin 1816), 4. Aufl. ed. v. Reinhold Steig, Berlin 1905, Nr. 41; 49; 58; 65; 68; 304.

6 Regina Bendix, Artikel Hebamme, in: Enzyklopädie des Märchens, Bd. 6, Berlin/New York 1990, Sp. 631–634, hier Sp. 632.

7 Ebd., Sp. 633.

8 Erwähnt wird die Gutachterinnentätigkeit für den *städtischen Bereich*: Esther Fischer-Homberger, Medizin vor Gericht. Zur Sozialgeschichte der Gerichtsmedizin, (1. Auflage Bern 1983) Darmstadt 1988, S. 44; Merry E. Wiesner, Early Modern Midwifery: A Case Study, in: Barbara A. Hanawalt (Hg.), Women and Work in Preindustrial Europe, Bloomington 1986, S. 94–113; Dies., The midwives of south Germany and the public/private dichotomy, in: Marland (wie Anm. 3), S. 86f.; für den *ländlichen Bereich*: Ulbricht, Kindsmord (wie Anm. 2), S. 135–142.

9 Eva Labouvie, Selbstverwaltete Geburt. Landhebammen zwischen Macht und Reglementierung (17.–19. Jahrhundert), in: Geschichte und Gesellschaft (1992), S. 477–506; Brigitte Menssen/Anna-Margarete Taube, Hebammen und Hebammenwesen in Oldenburg in der zweiten Hälfte des 18. und zu Beginn des 19. Jahrhunderts, in: Ernst Hinrichs/Wilhelm Norden (Hg.), Regionalgeschichte. Probleme und Beispiele, Hildesheim 1980, S. 165–224; Dietrich B. Tutzke, Über statistische Untersuchungen als Beitrag zur Geschichte des Hebammenwesens im ausgehenden 18. Jahrhundert, o.O. [4]1956; Ders., Zur materiellen Lage der Niederlausitzer Hebammen im 17. und 18. Jahrhundert, in: Sudhoffs Archiv 45 (1961), S. 334ff.; Ulbricht, Kindsmord (wie Anm. 2); Marland (wie Anm. 3; in diesem Sammelband gibt es einige Fallstudien, die sich auf ländliche Regionen beziehen).

10 Christian Simon erwähnt zumindest die wichtige Bedeutung des gemeindlichen Amtes für die Hebammen; vgl. Ders., Untertanenverhalten und obrigkeitliche Moralpolitik, Basel 1981, S. 196. Es ist zu hoffen, daß die laufende Forschung von Eva Labouvie auf diese Fragen für den ländlichen Bereich Antwort geben wird; siehe dazu ihren Forschungsbericht: Dies. (wie Anm. 9).

11 Vgl. Christina Vanja, Amtsfrauen in Hospitälern des Mittelalters und der Frühen Neuzeit, in: Bea Lundt (Hg.), Vergessene Frauen an der Ruhr, Köln 1992, S. 195–209; Dies., Zwischen Verdrängung und Expansion, Kontrolle und Befreiung – Frauenarbeit im 18. Jahrhundert im deutschsprachigen Raum, in: Vierteljahrschrift für Sozial- und Wirtschaftsgeschichte 79 (1992), S. 457–482; Dies., Aufwärterinnen, Narrenmägde und Siechenmütter – Frauen in der Krankenpflege der Frühen Neuzeit, in: Medizin, Gesellschaft und Geschichte 11 (1993); Dies., Auf Geheiß der Vögtin. Amtsfrauen in hessischen Hospitälern der Frühen Neuzeit, siehe Artikel in diesem Sammelband.

12 Vgl. Vanja, Auf Geheiß der Vögtin (wie Anm. 11). Vanja hebt den Amtscharakter der Hebammentätigkeit hervor, da im Unterschied zu den meisten anderen Frauenämtern für das Hebammenamt eine Ausbildung notwendig war.

13 Vgl. Bächtold-Stäubli (wie Anm. 1), S. 1603; Samuel Benedikt

Carsted, Atzendorfer Chronik, hg. v. der Historischen Kommission für die Provinz Sachsen und Anhalt, bearb. v. Eduard Stegemann, Magdeburg 1928, S. 67f.; Labouvie (wie Anm. 9), S. 485ff.; Fritz Heeger, Frauenrechtliches im fränkischen Brauchtum, in: Bayerisches Jahrbuch für Volkskunde 20 (1963), S. 133–143; Simon (wie Anm. 10), S. 196; Claudia Ulbrich, Weibliche Delinquenz im 18. Jahrhundert. Eine dörfliche Fallstudie, in: Otto Ulbricht (Hg.), Von Huren und Rabenmüttern. Weibliche Kriminalität in der Frühen Neuzeit, Köln 1995, S. 281–312.

14 Vgl. Claudia Wirthlin, »... sonst mehr gewohnt, die Sache mündlich zu erledigen als schriftlich zu petitionieren ...«. Hebammenwahlen, Petitionen und dörfliche Öffentlichkeit im Baselbiet des 19. Jahrhunderts, in: Mireille Othenin-Girard/Anna Gossenreiter/Sabine Trautweiler (Hg.), Frauen und Öffentlichkeit. Beiträge der 6. Schweizerischen Historikerinnentagung, Zürich 1991, S. 133–142.

15 Vgl. Georg Burkhard, Studien zur Geschichte des Hebammenwesens, 1. Teil, Leipzig 1912, S. 28ff.; Dagmar Birkelbach/Christiane Eifert/Sabine Lueken, Zur Entwicklung des Hebammenwesens vom 14. bis zum 16. Jahrhundert am Beispiel der Regensburger Hebammenordnungen, in: Beiträge zur feministischen Theorie und Praxis 5 (1981), S. 85; Larissa Leibrock-Plehn, Frühe Neuzeit. Hebammen, Kräutermedizin und weltliche Justiz, in: Robert Jütte (Hg.), Geschichte der Abtreibung. Von der Antike bis zur Gegenwart, München 1993, S. 71; Siegrid Westphal, Frau und lutherische Konfessionalisierung. Eine Untersuchung zum Fürstentum Pfalz-Neuburg, 1542–1614, Frankfurt a.M. 1994, S. 283; Wiesner, Midwifery (wie Anm. 8), S. 96f.

16 Vgl. Carsted (wie Anm. 13), S. 67f. Obrigkeitlich angenommene Hebammen erhielten ebenfalls eine kommunale Entlohnung. Anne Horenburg, Hebamme in Eisleben und Mansfeld, erhielt freie Unterkunft und ein Deputat an Feuerholz und Getreide. Ab 1767 erhielten die acht Hebammen in Braunschweig einen jährlichen Geldlohn von je 50 Talern; vgl. Mary Lindemann, Professionals? Sisters? Rivals? Midwives in Braunschweig, 1750–1800, in: Marland (wie Anm. 3), S. 176–191, hier S. 178ff.

17 Vgl. Landeshauptarchiv Sachsen-Anhalt Magdeburg (LHSA), Rep Dc B I, Nr. 15, Bl. 248 (1725).

18 Vgl. LHSA, Rep Dc B I, Nr. 45, Bl. 314 (1741).

19 Vgl. LHSA, Rep Dc B I, Nr. 16, Bl. 90 (1726).

20 Diese Arbeiten werden in den altmärkischen Quellen sehr häufig als Erwerbsmöglichkeiten für arme Frauen genannt. – Labouvie stellt für den Saarraum, die Pfalz und Lothringen Ähnliches fest. In der Mehrzahl der Fälle handelte es sich um ältere Frauen, die auch anderen Arbeiten und Verpflichtungen nachgehen mußten; vgl. Dies. (wie Anm. 9), S. 482. Menssen/Taube kommen für Norddeutschland zum gleichen Ergebnis.; vgl. Dies. (wie Anm. 9), S. 191. Lindemann stellt gleiches für Braunschweig im 18. Jahrhundert fest; vgl. Dies. (wie Anm. 16), S. 182.

21 Das Amt der Hebamme wie das der Hirtin werden von ländlichen Gemeinden an Frauen vergeben; vgl. Vanja, Amtsfrauen (wie Anm. 11), S. 196.

22 Vgl. LHSA, Rep Dc B I, Nr. 45, Bl. 314 (1741).

23 Vgl. Waltraud Pulz, Zur Erforschung geburtshilflichen Überlieferungswissens von Frauen in der frühen Neuzeit, in: Oja Ploil (Hg.), Frauen
brauchen Hebammen, Nürnberg 1991, S. 152–162, hier S. 153.

24 Vgl. Burkhard (wie Anm. 15), S. 21; Tutzke, Untersuchungen (wie
Anm. 9), S. 5; Friedrich Karl Wille, Über Stand und Ausbildung der Hebammen im 17. und 18. Jahrhundert in Chur=Brandenburg, Berlin 1934, S. 5;
Karin Stukenbrock, Das Zeitalter der Aufklärung. Kindsmord, Fruchtabtreibung und medizinische Policey, in: Jütte (wie Anm. 15), S. 91–119;
Ragnhild Münch, Gesundheitswesen im 18. und 19. Jahrhundert. Das Beispiel Berlin, Berlin 1995.

25 Vgl. Pulz (wie Anm. 23), S. 159. Die gleiche Entwicklung stellt
Lindemann für Braunschweig fest; vgl. Dies. (wie Anm. 16), S. 184f.

26 1770 hatte der Flecken Beetzendorf 547 Einwohner; vgl. Friedrich
Wilhelm August Bratring, Statistisch-Topographische Beschreibung der gesamten Mark Brandenburg, (Berlin 1804) überarb. Neudruck 1968, S. 364.

27 Vgl. LHSA, Rep Dc B I, Nr. 45, Bl. 314 (1741).

28 Vgl. Brandenburgisches Landeshauptarchiv Potsdam (BLHA),
Rep 2 D 4266a Arendsee, Bl. 17 (1754/55).

29 Vgl. Berthold Schulze, Statistik der brandenburgischen Ämter und
Städte 1540–1830, Berlin 1935, S. 1. Die Stadt Arendsee war das herrschaftliche Zentrum des Domänenamtes Arendsee, deshalb lag auch hier das Gericht des Amtes.

30 Vgl. Vanja, Zwischen Verdrängung und Expansion (wie Anm. 11),
S. 478.

31 Die Peinliche Gerichtsordnung Kaiser Karls V. von 1532, hg. v. Gustav Radbruch, 6. Aufl. Stuttgart 1991.

32 LHSA, Rep Da Diesdorf XXVIII a, Nr. 53, Bl. 18 (1755).

33 Vgl. LHSA, Rep Dc B I, Nr. 19, Bl. 619 (1732).

34 Vgl. Fischer-Homberger (wie Anm. 8), S. 46.

35 LHSA, Rep Dc B I, Nr. 45, Bl. 314 (1741).

36 Christian Otto Mylius, Corpus Constitutionum Marchicarum, Berlin
o.J., Teil 2, Nr. 42, S. 122 (im folgenden als CCM).

37 »Und hat sie bey ihrer Niederkunft Bademutter und Zeugen zu
adhibieren [anzuwenden], keine verbothenen Mittel zu gebrauchen, und
sich gegen ihre tragende Leibesfrucht und künftiges Kind rechtschaffen
und so zu verhalten, daß sie nicht in schwehre Verantwortung gerathe.«
LHSA, Rep Dc B I, Nr. 26, Bl. 448 (1742).

38 Clemens Zimmermann allerdings hat in seinem württembergischen
Material Fälle gefunden, in denen die Hebammen Kindstötungen anzeigten; vgl. Ders., »Behörigs Orthen angezeigt«. Kindsmörderinnen in der
ländlichen Gesellschaft Württembergs 1581–1792, in: Medizin, Gesellschaft
und Geschichte 10 (1991), S. 67–102, hier S. 86. Karin Stukenbrock berichtet
ebenso von einer Anzeige einer Hebamme; vgl. Dies. (wie Anm. 24), S.
109ff.

39 Die Frau des Amtsschäfers, Anne Dorothee T., aus dem Diesdorfischen Amtsdorf Campen zeigte bei Gericht an, daß die Bademutter aus

Wittingen, das schon im Hannoverschen und damit außerhalb der brandenburgischen Amtsherrschaft Diesdorf lag, ihr und der Ehefrau des Colonisten Hans B. gesagt habe, daß Charlotte R. aus dem Diesdorfischen Amtsdorf Abbendorf nach Wittingen ins Haus der Neschlers gekommen sei und dort gesagt habe, daß sie hier ihr Kind bekommen wolle, weil die Leute hier nichts mit ihr zu tun hätten. Sie wolle auch keine Wehemutter, und wolle sie dem Kinde dann schon einen Schlag versetzen. Sie wollte also das Kind nach der Geburt töten. Die Amtsschäferin fuhr fort, daß die Bademutter sie aufgefordert habe, dies dem Gericht zu melden, was hiermit geschehen sei. Hier hatte die Bademutter mit ihrem Reden etwas in Gang gesetzt, was schließlich zu einer gerichtlichen Anzeige führte; vgl. LHSA, Rep Da Diesdorf XXVIII a, Nr. 53, Bl. 1 (1759).

40 Vgl. LHSA, Rep Dc B I, Nr. 46, Bl. 89 (1735).

41 LHSA, Rep Dc B I, Nr. 46, Bl. 88 (1735).

42 Ebd.

43 LHSA, Rep Da Diesdorf XIX, Nr. 173, Bl. 4 (1726).

44 Ebd., Bl. 5.

45 Vgl. Barbara Duden, Geschichte unter der Haut. Ein Eisenacher Arzt und seine Patientinnen um 1730, Stuttgart 1987, S. 183f.

46 Vgl. LHSA, Rep Da Diesdorf XXVIII ll, Nr. 38, Bl. 6 (1747).

47 BLHA, Rep 2 D 4266a Arendsee, Bl. 17 (1754/55).

48 Deren Anzahl sich z.b. für den Gerichtsbezirk der schulenburgischen Gutsherrschaft auf 59 belief; vgl. LHSA, Rep Dc B I, Nr. 18, Bl. 383 (1731).

49 Vgl. Ulbricht, Kindsmord (wie Anm. 2), S. 135ff.; Vanja, Auf Geheiß der Vögtin (wie Anm. 11).

50 Dies bestätigen auch die Ergebnisse von Menssen/Taube (wie Anm. 9), S. 188f.; Tutzke, Untersuchungen (wie Anm. 9), S. 352; Labouvie (wie Anm. 9), S. 485ff.

51 LHSA, Rep Dc B I, Nr. 20, Bl. 129 (1733).

52 LHSA, Rep Dc B I, Nr. 17, Bl. 202 (1727).

53 LHSA, Rep Dc B I, Nr. 17, Bl. 49 (1727/28).

54 Albert Schnyder-Burghartz erwähnt für die Baseler Landschaft um 1700 die folterartige Praxis der sogenannten »Genüsstverhöre«, d.h. während der Geburt stattfindende Befragungen der Mutter nach dem Namen des Kindsvaters; vgl. Albert Schnyder-Burghartz, Alltag und Lebensformen auf der Baseler Landschaft um 1700, Basel 1992, S. 261, Anm. 16.

55 LHSA, Rep Dc B I, Nr. 17, Bl. 370 (1728).

56 Vgl. LHSA, Rep Dc B I, Nr. 44, Bl. 211 (1727).

57 Zur Entwicklung der »Herrschaft mit Bauern« zur »Herrschaft über Bauern« vgl. Heide Wunder, Die bäuerliche Gemeinde in Deutschland, Göttingen 1986.

58 Claudia Ulbrich berichtet von einem Fall, in dem sich die Ehefrau des Dorfvorstehers und zwei Hebammen gewaltsam Zutritt zum Haus des katholischen Saarwellinger Dorfpfarrers verschafften, um zu untersuchen, ob dessen Magd geboren hatte; vgl. Dies., Frauen und Kleriker, in: Bea Lundt/Helma Reimöller (Hg.), Von Aufbruch und Utopie. Perspektiven ei-

ner neuen Gesellschaftsgeschichte des Mittelalters. (Für und mit Ferdinand Seibt aus Anlaß seines 65. Geburtstags), Köln 1992, S. 160ff.

59 Vgl. LHSA, Rep Da Diesdorf XIX, Nr. 212, Bl. 5 (1748).

60 Vgl. LHSA, Rep Dc B I, Nr. 2, Bl. 31 (1670).

61 Vgl. dazu auch Ulrike Gleixner, »Das Mensch« und »der Kerl«. Die Konstruktion von Geschlecht in Unzuchtsverfahren der Frühen Neuzeit (1700–1760), Frankfurt/New York 1994.

62 Vgl. LHSA, Rep Dc B I, Nr. 45, Bl. 311 (1741).

63 Vgl. CCM (wie Anm. 36) Teil 6, Nr. 23, S. 3553 (1778).

64 Vgl. Jane B. Donegan, Women and Men Midwives: Medicine, Morality and Misogyny in Early America, Westport 1978; Jean Donnison, Midwives and Medical Men. A History of Interprofessional Rivalries and Women's Rights, London 1977; Barbara Ehrenreich/Deirdre English, Hexen, Hebammen und Krankenschwestern, München 1975; Gubalke (wie Anm. 3), S. 9f.; Leibrock-Plehn (wie Anm. 15); Ann Oakley, Wisewoman and Medical Man: Changes in the Management of Childbirth, in: J. Mitchell/A. Oakley (Hg.), The Rights and Wrongs of Woman, Harmondsworth 1976; Jürgen Schlumbohm, Ledige Mütter als »lebendige Phantome« – oder: Wie die Geburtshilfe aus einer Weibersache zur Wissenschaft wurde: Die ehemalige Entbindungsanstalt der Universität Göttingen am Geismartor, in: Kornelia Duwe/Carola Gottschalk/Marianne Koerner (Hg.), Göttingen ohne Gänseliesel. Texte und Bilder zur Stadtgeschichte, Göttingen 1988, S. 150–159; Stukenbrock (wie Anm. 24); Pulz (wie Anm. 3).

65 Den Stadt-Land-Unterschied hebt auch Larissa Leibrock-Plehn hervor; vgl. Dies. (wie Anm. 15), S. 72.

66 »Insbesondere wird den Wehemüttern, oder Hebammen auf ihres Eydes Pflicht aufgegeben, in dem vorhin gedachten Masse eine genaue Verschwiegenheit zu beobachten.« CCM (wie Anm. 36) Teil 3, Nr. 13, S. 583.

67 Vgl. ebd., Teil 9, Nr. 38, S. 2137.

68 Wie die des Amtsphysikus Julius Heinrich Gottlieb Schlegel in einer frühen medizinischen Zeitschrift. Die Fallgeschichte ist der Versuch einer wissenschaftlichen Darstellung der Untersuchung einer ledigen jungen Frau, die im Verdacht stand, ihre Schwangerschaft verheimlicht und Kindsmord begangen zu haben, und des darauf aufbauenden Gutachtens; vgl. Julius Heinrich Gottlieb Schlegel, Geschichte einer verheimlichten Schwangerschaft und Niederkunft. Ein Beitrag zur gerichtlichen Arzneikunde und Semiotik der Geburtshülfe, in: Joh. Christ. Stark's Neues Archiv für die Geburtshülfe [...], Bd. 2, Jena 1799, S. 152–185 und Bd. 2.1, Jena 1801, S. 197–229. Allgemein zu dieser neuen Form empirischer Darstellung: Johanna Geyer-Kordesch, Medizinische Falbeschreibungen und ihre Bedeutung in der Wissensreform des 17. und 18. Jahrhunderts, in: Medizin, Gesellschaft und Geschichte 9 (1990), S. 7–19.

69 Gedruckte Hebammenbücher sind seit dem 16. Jahrhundert bekannt; vgl. Leibrock-Plehn (wie Anm. 15), S. 79; Pulz (wie Anm. 3).

70 Das berühmteste von einer Hebamme verfaßte Lehrbuch war dasjenige der königlichen Hofhebamme Justina Siegemund; vgl. Dies., Siegemundin, Justine, Die königlich-preußisch und chur-brandenburgische Hof-

122   *Ulrike Gleixner*

Wehemutter, Berlin 1741, Reprint Hannover 1980. Waltraud Pulz hat eine
höchst interessante Auswertung dieses Hebammenbuches vorgelegt; vgl.
Dies. (wie Anm. 3).

71 Zeitgenössische medizinische Reformer, die sich der Veränderung
des Hebammenwesens angenommen hatten, polemisierten in ihren Veröffentlichungen explizit gegen die Hebammen auf dem Land; vgl. Johann
Christian Stissern, Kurtzer Unterricht vor Wehemütter, Leipzig [2]1750;
Kurzgefassete Gedanken von dem Vorderbten Zustande der Hebammen an
einigen Orten in Teutschland und von dessen Verbesserung, Lübeck 1752;
Wilhelm Christoph Alberti, Kurzgefasster Hebammen-Catechismus oder
deutlicher und fasslicher Unterricht in der Entbindungs-Kunst für ange-
hende Hebammen, Berlin 1777; Johann Gotthelf Herzog, Unterricht vor
Hebammen auf dem Lande, o.O. 1780; F. Ch. Bruch, Unterricht für Hebammen, ein Lesebuch, Frankfurt a.M. 1792.

72 Vgl. Kurzgefassete Gedanken (wie Anm. 71), S. 13.

73 Vgl. Bruch (wie Anm. 71), S. 2.

74 Am pointiertesten übernimmt Edward Shorter diese zeitgenössische Sicht. Er unterscheidet zwischen qualifizierten städtischen und un-
qualifizierten ländlichen Hebammen; vgl. Ders., Der weibliche Körper als
Schicksal. Zur Sozialgeschichte der Frau, München/Zürich [2]1987, S. 58.

75 Vgl. dazu auch Pulz (wie Anm. 3).

76 Vgl. Menssen/Taube (wie Anm. 9), S. 182ff.

77 Die Memoiren der Glückel von Hameln, aus dem Jüdisch-Deut-
schen von Berta Pappenheim, Reprint Weinheim 1994, S. 21.

78 Goethes Werke, Hamburger Ausgabe in 14 Bänden, hg. v. Erich
Trunz, Bd. 9, Dichtung und Wahrheit, S. 10.

79 Siehe dazu den Bericht einer ländlichen Hebamme Anfang des 20.
Jahrhunderts über ihre Ausbildung und spätere Arbeit: Adeline Favre, Ich,
Adeline, Hebamme aus dem Val d'Anniviers, Darmstadt/Neuwied 1985.

Lieselott Enders

Bürde und Würde

Sozialstatus und Selbstverständnis frühneuzeitlicher Frauen in der Mark Brandenburg

Die frühneuzeitliche Struktur der ländlichen Gesellschaft in der Mark Brandenburg ist vom Sozialgebilde Gutsherrschaft bestimmt. Das bedeutete in der Verknüpfung von Grundherrschaft und Gutsbetrieb die Herrschaft des feudalen Grundeigentümers über abhängige Bauern unter Ausnutzung ihrer Arbeitskapazität. Ähnliches gab es auch schon im Mittelalter im Bereich landesherrlicher Burgen mit den zugehörigen Dienstsiedlungen und Dörfern sowie bei geistlichen Grundherrschaften mit Grangienbetrieb und dienstpflichtigen Bauerngehöften. Doch im Mittelalter waren die Dienste der Bauern begrenzt, die Bevölkerung in diesem hochmittelalterlichen Kolonisationsgebiet persönlich frei, der bäuerliche Besitz gesichert durch Erbzinsrecht.

Die frühneuzeitliche Gutsherrschaft unterschied sich von den mittelalterlichen Verhältnissen vor allem durch die von der neuen Agrarkonjunktur stimulierte Ausweitung der Gutswirtschaftsflächen auf Kosten von Bauernland, durch die sprunghafte Steigerung der Dienstforderungen an die Bauern als Gutsuntertanen zur rentablen Bestellung des Gutslandes und durch eine Reihe von landesherrlichen Privilegien, die den Zugriff auf die Bauern, ihren Besitz und ihre Arbeitskraft erleichterten: Einschränkung der Freizügigkeit, Gesindezwangsdienst der Bauernkinder, Auskauf von Bauernhöfen wegen Eigenbedarfs oder zwecks Ausweisung »mutwilliger« Untertanen.

Die Gutsherren verfügten in der Regel über die Gerichtsbarkeit. Doch das bäuerliche Gegengewicht gegen Willkür und Gewaltmißbrauch bildete die unverminderte Rechtsfähigkeit des Einzelnen wie der bäuerlichen Gemeinde und insbesondere das Appellationsrecht der einen wie der anderen bei Hofe. Diese Tatsache bestimmte maßgeblich das Verhältnis zwischen Bauern und Gutsherrschaft in der Mark Brandenburg bis zum Ende des Ancien Régime. Sie war die legale, vom Landesherrn und seinen Behörden geschützte Basis für jeglichen bäuerlichen Widerstand, sei er individuell oder gemeindlich gegen den wachsenden Herrschaftsdruck organisiert, den Zugriff auf das Leistungsvermögen des Bauernhofes und die Gerechtsame der Gemeinde.

Ungeachtet des Dualismus von Herrschaft und Untertanen war jede soziale Schicht der ländlichen Gesellschaft in sich stark differenziert, gab es nach Größe, Ertragsfähigkeit und Nutzungsrechten Reiche und Unvermögende unter Bauern und Adligen, bestimmten Zeiten hoher Verschuldung und neuer Krisen auch das Beziehungsfeld von Adel und Untertan. Der Dreißigjährige Krieg mit der verheerenden Entvölkerung und Zerstörung der Mark führte aufgrund neuer landesherrlicher Zugeständnisse an die Ritterschaft nicht nur zur Stabilisierung des Systems Gutsherrschaft, sondern in Teilen des Landes zur Verschärfung der Polarität. Sie äußerte sich in der Legalisierung bis dahin örtlich behaupteter Leibeigenschaft, wie sie im nördlich angrenzenden Pommern und Mecklenburg schon bestand, und im Abbau des guten Besitzrechtes durch Übertragung von Höfen als Laßbesitz (unbefristeter, aber jederzeit kündbarer Nießbrauch) oder in Zeitpacht. Mit der Zunahme der Bevölkerung wuchs auch die Zahl der besitzlosen Tagelöhner und Tagelöhnerinnen, vor allem im gutsherrlichen Eigenbetrieb. Die wenigen Landhandwerker mußten sich wie schon vor dem Krieg mit den städtischen Zünften arrangieren.

Seit dem Ende des 17. und während des ganzen 18. Jahrhunderts traten in der ländlichen Gesellschaft der Mark Brandenburg neue Entwicklungstendenzen zutage. Die Bauern und Bauerngemeinden setzten sich nicht mehr wie im 16. Jahrhundert für den Erhalt bzw. die Wiederherstellung ihrer gefährdeten alten Rechte ein, sondern begannen mehr und mehr, sich der feudalen Zwänge überhaupt zu erwehren. Den hohen Steuer- und Militärlasten des Staates konnten sie sich weit weniger entziehen als den nach wie vor drückenden Diensten zum Herrenhof. Mit zähen Widerstandsaktionen erreichten sie Minderung und vor allem zeitliche Determinierung der Dienste. Mit ökonomischen Mitteln gelang es Teilen der märkischen Bau-

ernschaft, die Dienste abzulösen, sich und ihre Kinder freizu-
kaufen, sofern sie nicht schon persönlich frei waren, und die
vermögendsten Bauern erwarben ihr Laß- oder Zeitpachtgut
zu erblichem Eigentum.

Diese Veränderungen aus eigener Kraft waren möglich,
wenn auch unter den zum Teil schwierigen Wirtschaftsbedin-
gungen keineswegs allen erreichbar. Sie ermöglichten auch
soziale Mobilität, Aufstieg und Abstieg. Sie nahmen auf indivi-
duellem Wege durch den einzelnen Bauern die Ziele der Agrar-
reform des 19. Jahrhunderts vorweg, und auch die bäuerliche
Gemeinde, die durchaus intakt geblieben war, ließ diesen
Trend erkennen. Das immer noch verbreitete undifferenzierte
Bild von der ostelbischen Gutsherrschaft ist korrekturbedürf-
tig.[1] Die Aktivitäten der Bauern, ihr Spielraum im individuellen Lebensbereich wie in der Gemeinde und gegenüber der
feudalen Herrschaftsgewalt waren beträchtlich und wirkungs-
voll.[2]

Auf diesem sozialen, politischen und rechtlichen Hintergrund stellt sich die Frage nach der Position der Frau in der
ländlichen Gesellschaft der Mark Brandenburg neu. Thematisiert wurde sie in der Forschung ohnehin kaum; wie gering
überhaupt, machte zuletzt Heide Wunder deutlich.[3] Nicht in
den normativen, wohl aber in den alltäglichen historischen
Quellen tritt uns ein Bild der frühneuzeitlichen Frau entgegen,
das eine ganz andere historische Wirklichkeit vermittelt, als es
die Literatur vermuten läßt. Im folgenden kann nur ein kleiner
Ausschnitt davon dargestellt werden. Es sollen nach Möglichkeit Frauen aller sozialen Schichten der ländlichen Gesellschaft
zu Worte kommen, wenn auch das Schwergewicht, auch quel-
lenbedingt, auf den »tragenden Säulen« dieser Gesellschaft
ruht, den Bauern bzw. Bäuerinnen und den, meist adligen,
Gutsherrn bzw. Gutsfrauen.

Inhaltlich konzentriert sich die Darstellung auf drei Bereiche:

1. die Rechtsstellung der Frauen in der Gesellschaft,
2. Arbeit, Arbeitsleistung und deren gesellschaftliche Anerkennung,
3. Selbstwertgefühl, Selbstbewußtsein, Selbstverwirklichung.

Alle drei Bereiche durchdringen sich ebenso wie das Leitmo-
tiv »Bürde und Würde«. Und wenn auch die Frau thematisiert

ist, wird sie doch, unabhängig von ihrem Familienstand, als Teil der Gesellschaft, also nicht isoliert gesehen, als der eine der beiden Pole in dem produktiven Bild vom »Arbeitspaar«,[4] im wörtlichen wie im übertragenen Sinne. Das schließt die konkrete (nicht normative) Sicht des zeitgenössischen Mannes, der zeitgenössischen Gesellschaft ein, die Frage nach dem sozialen Alltag, nach Normalität und Konflikten, Konformität und Widerstand, kollektiver und subjektiver Lebensbewältigung.

I

Der Rechts- und Sozialstatus der Frau in der frühneuzeitlichen Mark Brandenburg, im engeren Sinne der Kurmark, spiegelt sich im Erb- und Familienrecht wider.[5] Im Todesfall eines Ehegatten erbte der hinterbliebene Partner grundsätzlich das halbe Vermögen (die andere Hälfte fiel den Kindern zu, unabhängig von ihrer Zahl). Das galt für Mann und Frau gleichermaßen. Die eheliche Gütergemeinschaft bedeutete somit die Gleichstellung von Mann und Frau, jedenfalls auf diesem Gebiet. Sie galt auch sozial undifferiert, für Bäuerinnen und Bürgerinnen, Adlige und Instfrau, solange überhaupt etwas zu erben und zu verteilen war,[6] und in keinem Fall hatte Feudalherrschaft einen Anspruch darauf,[7] außer auf »Abschoß«, eine Art Erbschaftssteuer, wenn der Erbe mit dem Vermögen außer Landes oder auch nur in eine andere Gerichtsherrschaft verzog.[8]

Daß dieses Erbrecht tatsächlich galt, ist in zahlreichen Erbrezessen und Erbvergleichen belegt,[9] daß es dagegen Verstöße gab, ebenso. Dann mußten Frauen wie Männer, allein oder von ihrer Verwandtschaft (den »Freunden«) unterstützt, das ihnen Vorenthaltene einklagen, und das taten sie auch. Oft fand die Erbschaftsteilung nicht gleich nach dem Todesfall statt, sondern erst wenn der oder die Hinterbliebene sich wieder verheiraten wollte. 1567 war Christina Bremers, Witwe des Bauern Joachim Sure in Reckenthin (Prignitz), seit drei Jahren mit fünf Kindern allein. Weil ihr die Haushaltung ohne Mann zu schwerfiel, beabsichtigte sie, sich erneut zu verehelichen und mit den Kindern zu teilen. Die beiden Söhne legten sich gegen die Absicht der Mutter quer, doch Christina setzte die Teilung durch.[10]

Auch hinterbliebene Töchter, ob nun verheiratet oder nicht,

kämpften um das Ihre, wenn es ihnen vorenthalten wurde. 1591 holte Metta Wulfes, Tochter des verstorbenen Schulzen Jürgen Wulfs zu Quitzöbel, Rechtsbelehrung ein, weil ihr Bruder, der jetzige Schulze, als sie ihre »manbare Jhare« erreicht hatte und heiraten wollte, ihr das rechtlich fixierte Vater- und Muttergut verweigerte. Derweil hatte sie aber schon einem Freier die Ehe zugesagt, war von diesem »untern Fuß gebracht« und geschwängert, und, da das Erbteil ausblieb, »im elende sitzen« gelassen worden. Auch andere Freier zogen sich wieder zurück, wenn sie merkten, daß der künftige Schwager »sich also uf schalckseiten legt« und nichts »zustellen« will. Der Schöffenspruch half: Der Bruder hatte der Schwester das Erbteil samt Zinsen herauszugeben.[11] Zu anderen Mitteln, die Mitte des 16. Jahrhunderts noch gang und gäbe waren, griff Sanne Mertens. Weil die Gemeinde zu Wutike Geld und Sachen zurückhielt, auf die sie aus einer Erbschaft daselbst Anspruch erhob, sandte sie etliche Brand- und Fehdebriefe an Schulz und Gemeinde.[12] Dieses bedrohliche Vorgehen fand den Beifall der Schöffen, die die Gemeinde um Rechtsbelehrung bat, allerdings nicht.[13]

Der ökonomische, soziale und rechtliche Rückhalt der Ehefrau und ggf. Witwe bestand außerdem, unabhängig von der Gütergemeinschaft, d.h. also ihrem Anteil an dem in der Ehe gemeinsam Erworbenen, in Mitgift und Leibgedinge. Sie wurden in der Regel vor der Eheschließung vertraglich festgelegt, und diese Verträge enthielten oft sehr detaillierte und dadurch auch leichter einklagbare Zuwendungen. Subjektive Animositäten wie objektive Notlagen standen Pate, wenn Bräute oder Witwen derlei Rechte erst auf dem Gerichtsweg durchsetzen mußten. Es ist auffällig (und durchaus ein Symptom fortschreitender Verschuldung), in welchem Maße diese Probleme seit dem letzten Drittel des 16. Jahrhunderts zunahmen. Die adlige Jungfer Agnes Munte, Tochter des verstorbenen Gutsherrn von Munte auf Seetz und Garlin, mußte 1567 von ihrem Bruder Aussteuer und Ehegeld, Schmuck und andere ihr zukommende Wertgegenstände gerichtlich erzwingen.[14] Besonders gut belegt sind die Klagen adliger Witwen. 1568 ging Elisabeth Grambow auf Lohm gegen die Schwäger von Kröcher ihres Leibgedinges wegen vor.[15] Ihr folgten ungezählte nach.

Andere Frauen mußten schon zu Lebzeiten des Ehemannes um ihr »Eingebrachtes« kämpfen. Die Anlässe waren verschiedener Art. Hedwig von Hake hatte 600 Gulden (fl) Ehegeld und 200 fl Erbe ihrem Ehemann Jürgen von Retzdorf zu Weisen zugebracht, dieser ihr dementsprechend laut Ehestiftung Gegenvermächtnis und Morgengabe verschrieben. Als sie nun aber beide »in stehender Ehe« mit Wissen des Konsistoriums »aus beweglichen Uhrsachen sich zu Tische und Bette voneinander gescheiden« und 1582 in einem Vertrag den Rechts- und Versorgungsanspruch der Frau festgelegt hatten, sah sich Elisabeth Hake trotzdem zwei Jahre danach genötigt zu klagen, weil die Leistungen des Mannes nicht der Erwartung entsprachen und sie sich »merklich laedirt und verkürzt« sah.[16] Aber auch wenn zum Beispiel Gläubiger vor der Tür standen, ging es, wie 1609 bei dem Ehepaar Lentke, Bauern in Rohlsdorf (Ostprignitz), um das »einbringen« der Bäuerin. Der Hof kam unter den Hammer, die Frau aber mußte berücksichtigt werden.[17] In diesem Fall hatte sich der Ehemann stark gemacht. Maria Werckerstein, Frau des Lehnschulzen Hans Schakens zu Müggendorf (Westprignitz), trat 1645 selbst vor die (adligen) Gläubiger ihres Mannes mit dem Verlangen, daß ihr die »erstikeit« zustehe.[18]

Es ging aber auch um den Anteil der Frauen am ländlichen Grundbesitz, sei er nun lehnsrechtlich begründet oder nach bäuerlichem Nutzungsrecht reguliert. Freilich war seit dem 16. Jahrhundert im Gebiet sich ausprägender Gutsherrschaft und ungleichgewichtiger Privilegierung der Ritterschaft die adlige Frau rechtlich wesentlich besser abgesichert als Frauen und Kinder der Untertanen. Aber Konfliktfällen mußten auch sie sich stellen und Rechte erstreiten wie 1619 Jungfer Idea von Wenckstern in der Lenzerwische die ihr zustehenden Zehnten und Dienste[19] und Lucretia von Cossen, die Witwe Alards von Rohr auf Meyenburg, 1623 die exakte Entrichtung des Pachtgeldes von ihrem eigenen Sohn. Dem scheinen heftige Szenen vorangegangen zu sein; denn es hieß abschließend im Kammergerichtsbescheid, sie sollten sich »mutter- und söhnlich gegeneinander erweißen«.[20]

Die Bauern und Bäuerinnen hatten indessen ihren Rechtsanspruch und Behauptungswillen scharfem feudalherrlichen Druck entgegenzusetzen. Die Witwe des Kossäten Christian Rule in Uenze hatte sich mit aller Kraft gegen Zwang und Gewalt ihres Gerichtsherrn Arnd von Möllendorf gewehrt. Nun bestand sie darauf, zusammen mit ihren Söhnen wegzuziehen.

Der Kurfürst nahm sie (1540) ob des Vorgefallenen in seinen besonderen Schutz, sicherte ihr Geleit zu und erlegte dem Möllendorf auf, der Witwe das Ihre, den Hof samt Zubehör, der Taxation gemäß zu bezahlen und sie samt Söhnen frei und ungehindert ziehen zu lassen.[21] Bei einer verwaisten Bauerntochter in Wismar (Uckermark) sorgten die Vormünder 1566 dafür, daß der Gutsherr die dem Kind entzogenen Rechte am elterlichen Haus und Hof restituieren mußte.[22] In Neuensund erbaten 1610 zwei Witwen Hilfe vom Landvogt der Uckermark wegen befürchteter Exmission. Ihre Junker wollten nicht einwilligen, daß sie sich wieder »befreigen«, nachdem sie etliche Jahre nach bestem Wissen hausgehalten hätten, doch »in diese geschwinden und teüweren Zeit« dessen fast müde und »ieberdroßigk« geworden wären.[23] Der Versuch Reimars von Raven zu Groß Luckow um 1625, die Witwe Anna Pal und ihren Sohn von ihres Mannes Gut zu verstoßen, schlug fehl. Wegen verübter Gewalttätigkeit mußte der Gutsherr sich eigens verantworten, die Witwe aber hatte sich durchsetzen können und gerichtliche Rückendeckung erlangt, weil sie stets zuverlässig die Pächte und Dienste entrichtete und das Gut dem Sohn erhalten wollte.[24]

Selbst da, wo Eigentumsrechte eindeutig waren, versuchten rabiate Gerichtsherren eigene, entgegenstehende Absichten durchzudrücken. Otto von Arnim auf Gerswalde hatte sich einer unbequemen Untertanin entledigen wollen, indem er Sophie Strahl, verwitwete Märten, in Kaakstedt zum Verkauf ihres Freihauses mit Zubehör gezwungen und ihr »durch gewaltsahme auswerffung ihrer Effecten und Mobilien erweißlichen Schaden« zugefügt hatte. Sophie verklagte ihn zweimal, 1731 und 1732, und Arnim mußte den Zwangskauf rückgängig machen, den Schaden ersetzen und ihr fortan gestatten, außer Verwandten auch Fremde zur Miete zu nehmen.[25] Auch Charlotte Scharlau in Carmzow (Uckermark), Frau des Grenadiers Feldt, wehrte sich (1794) gegen die Eingriffe des adligen Grundherrn in ihre Rechte an Haus, Wörde und Wiese und wurde gerichtlich geschützt, die Herrschaft hingegen zum Schadensersatz verurteilt und wegen der Tätlichkeiten belangt.[26]

Im Verlauf des 18. Jahrhunderts machte sich ohnehin staatlicher Rechtsschutz von bäuerlichem Besitz immer stärker bemerkbar. Das erfuhr zum Beispiel die junge Witwe Klump im Prignitz-Dorf Babitz, wo sie mit zwei kleinen Kindern einen

Laßbauernhof besaß und bewirtschaftete. Auch sie behauptete sich gegen die Obrigkeit, das Königliche Domänenamt Zechlin. Die von ihr benannten Interimswirte hatten dem Amtmann nicht zugesagt, er wollte sie exmittieren. Doch sie widersetzte sich standhaft der Räumung des Hofes, und schließlich erhielt sie Beistand von der Oberbehörde, der Kriegs- und Domänenkammer, als der Amtmann diese um Exmissionsbefehl bat. Der Witwe kann, so hieß der Bescheid, der Hof nicht genommen werden; sie kann auch zu keiner Heirat, noch dazu intra annum luctus, genötigt werden, zumal sie sonst »nach Ihrem Alter dem Hofe vorzustehen vermögend« und bisher keine Abgaben und Dienste rückständig geblieben, also des Besitzes des Hofes nicht unwürdig sei.[27] Das war 1787. Zu Hilfe kam der jungen Frau das staatliche Ziel, Laßhöfe in Erbbesitz umzuwandeln, sofern es die Bauern selbst wünschten; de facto waren sie es längst. Hinzu kam die Einsicht, gute Wirte besser nicht zu verlieren, also auch gute Wirtinnen nicht. Darauf baute erfolgreich Leonore Carstedt, verwitwete Kroll, Bäuerin in Weggun (Uckermark), die 1796 ihren Zeitpachthof gern weiter bewirtschaften und einen vermögenden Bauernsohn heiraten wollte. Der Gutsherr von Arnim überließ ihr den Hof, ohne auf Heirat zu drängen; denn »Es fänden sich noch mehr Freyer«, und er wollte sich auch nicht gleich »die Hände binden«. Wenig später aber akzeptierte er auch den Mann.[28]

Freilich gab es in der Frühneuzeit Tendenzen, auch tradierte Rechte der Frauen anzutasten und sie womöglich zu benachteiligen, und es hing viel davon ab, ob und wie die Betroffenen sich wehrten. Gefahren drohten von der Herrschaft wie von der eigenen Familie, ungeachtet der Tatsache, daß es oft die Familie war, die Frauen Schutz bot. Kone Rogge unterm Köperberg bei Havelberg war keineswegs einverstanden, daß das Domkapitel ihren Mann Hans Kobier, Ehebruchs halber von ihr verklagt, begnadigte. Sie reichte die Ehescheidung beim Konsistorium ein. Unterdessen verstarb der Mann, ohne die dem Kapitel angebotenen 100 Gulden (fl) erlegt zu haben. Mit Erfolg schlug die Witwe (1567) das Ansinnen ab, daß *sie* nun die Summe den Stiftsherren auszahlen sollte.[29] Sühnegeld anstelle von Blutrache (die im 16. Jahrhundert durchaus noch lebendig war) forderten Blutsverwandte mit Recht von Leuten, die Angehörige der Familie getötet hatten. Auch hierin gab es in Stadt und Land keinen rechtlichen Unterschied. Michel Runge aus Havelberg meinte behaupten zu können, das weibliche Geschlecht sei niemals zum Blutgeld zugelassen worden. Er wurde 1565 belehrt, daß nicht er, ein Vetter, sondern allein des Entleibten Schwestern zu solchem Sühnegeld berechtigt seien.[30] Ebenso mußte 1572 Achim Jurgs, Bauer in Wustrow (Westprignitz), nach dem Totschlag an seinem Vollbruder Jakob zur Kenntnis nehmen, daß auch seine drei Vollschwestern in Wustrow und Baekern zum Sühnegeldfordern befugt waren.[31]

Eines der düstersten Kapitel in der brandenburgischen Agrargeschichte der Frühen Neuzeit stellt das Einsickern und die Verfestigung der Leibeigenschaft dar. Sie breitete sich hauptsächlich in der Uckermark aus und galt dort seit der zweiten Hälfte des 17. Jahrhunderts auch offiziell.[32] Mit dieser rigidesten Form von Untertänigkeit, gepaart mit schlechtem Besitzrecht, hatte die Minderung des hochmittelalterlichen Siedlerrechts (Freizügigkeit und Erbzinsrecht) infolge der einseitigen Privilegierung der kurmärkischen Ritterschaft ihren Tiefpunkt erreicht. Sie traf beide Geschlechter gleich, Männer und Frauen, Söhne und Töchter, wie überhaupt Zwang eine seltsame »Gleichberechtigung«, d.h. Gleichverpflichtung schuf, sowohl hinsichtlich der erblichen Bindung an den »Eigentumsherrn« als auch in bezug auf deren Willkür bei der Erteilung von Ehekonsensen. Der berüchtigte »Tolle Markgraf«, Friedrich Wilhelm von Brandenburg Schwedt, tat sich auf diesem Gebiet besonders hervor.[33]

Gegen den Zwang in die Leibeigenschaft wehrten sich Männer und Frauen, vor allem in der Anfangszeit dieser »Neuerung«, teils durch Flucht, teils auf gerichtlichem Weg. Ein Beispiel für viele mutige Frauen stellt Engel Hintze dar. Die seit 14 Jahren in Werbelow wohnende Witwe verklagte 1687 für sich und in Vormundschaft ihrer drei Kinder Martin von Necker, weil er, obwohl er sie vormals von ihrem Bauernhof in Blumenhagen (bei Pasewalk) weggejagt hatte, nunmehr als Leibeigene vindizieren wollte.[34] Es oblag ihr nun die Beweisführung, doch das dürfte ihr um diese Zeit nicht schwergefallen sein; denn Zeugen gab es genug.

II

Die eingangs genannte eheliche Gütergemeinschaft wurzelte in der sozialen Praxis des »Arbeitspaars«. Der gleiche Erban-spruch des hinterbliebenen Ehegatten, ob Frau oder Mann, an das gemeinsam erworbene Vermögen (Immobilien und Mobili-en, soweit irgend Eigentum) indiziert die gleiche gesellschaftli-che Anerkennung der Arbeitsleistung beider in der Stände-gesellschaft,[35] jedenfalls da, wo dieses Erbrecht galt. Das war auch den Zeitgenossen bewußt und fand sowohl individuellen als auch allgemeinen Ausdruck. Im Jahre 1600 zum Beispiel bat Dietrich von Kapelle den Kurfürsten um Konsens in das von ihm ausgesetzte großzügige Leibgedinge für seine Ehefrau Margarete von Wartenberg. Er habe vor 23 Jahren von seiner »geliebten Hausfrawen« 1000 fl Ehegeld bekommen, und sie habe bis an diese Zeit »die Haussorge neben mir mit hochstem fleisse und muhe getragen und verwalten helfen«.[36]

Aufschlußreich sind gemeinsame Testamente von Eheleu-ten. 1652 »begifftigen« sich »reciprocé« der Bauer Mathies Moller zu Netzow (Prignitz) und seine Hausfrau Margaretha Manicke, kinderlos geblieben, also keinen Kindern erbrechtlich verpflichtet, mit der Begründung, weil »in gewesenem Kriege viele bey einander ausgestanden, und was sie itzo an Güter hetten, miteinander erworben, sintemahl das vorige durch die Soldaten weggeraubet, und ungütlich sein wolte, wenn einer oder der ander dafür nicht eine ergetzligkeit haben solte«.[37] 1653 bedachten die ebenfalls kinderlosen Eheleute, der Fischer Joachim Markgraf und seine Frau Margaretha Weithe im Kö-perberg bei Havelberg, testamentarisch ihre nächsten Angehö-rigen mit genau benannten Besitzstücken. Alles andere ver-machten sie jeweils dem hinterbleibenden Ehegenossen, er mit der Begründung, weil »sie bey Ihm viel außgestanden und sich alß einen getreuen ehrliebenden Ehegaten kegen Ihm verhal-ten«, sie wiederum, weil er »viel bey Ihr außgestanden und sich auch als einen getreuen Ehegatten gegen Ihr bezeiget«.[38]

Diese Formulierungen wiederholen sich sinngemäß in wei-teren letztwilligen Verfügungen von Untertanen des Domkapi-tels zu Havelberg. Sie lassen zwar auf verbalen Beistand des Notars schließen, täuschen aber nichts vor, da die künftigen Te-statoren freiwillig und vorbereitet ihre Entscheidung gerichtlich niederlegten. Die Ehefrauen ließen sich oft auch von einem »kriegerischen Vormund« (der Pfarrer oder ein Nachbar, der sie notfalls verteidigen sollte) begleiten, um vorzubeugen daß Verwandte des Mannes nach dessen Tod die »donatio causa mortis« anfechten würden. Das kam nicht selten vor, beruhte aber nicht auf Mißachtung der Arbeitsleistung der Ehefrau, sondern auf eigenem Erbanspruch (und Eigennutz). Diesen machte 1727 zum Beispiel Andreas Schröder, Arrendator zu Meyenburg (Uckermark), geltend, ein Sohn des gleichnamigen Schulzen zu Berkholz bei Schwedt aus dessen erster Ehe, gegenüber der nunmehr verwitweten dritten Ehefrau. Von seiner Mutter hieß es, der Schulze habe mit dieser anfangs alles »gestiftet« und den Hof in einen sehr guten, nutzbaren Stand gesetzt, so daß darin ein beachtliches Vermögen vorhanden gewesen sei.[39] Das Wissen um die Leistung von Frauen war im übrigen immer konkret und bezog auch Nicht-Ehefrauen mit ein. Im Prignitzdorf Legde zum Beispiel war es die Tochter, die dem Krüger daselbst, Thomas Harnecke, die Wirtschaft besorgt hatte. 1676, als ihm ein Bierlieferant aus Tangermünde die Rechnung aufmachte und Schulden eintrieb, bat er um Aufschub, damit seine Tochter Barbara befragt werden könne. Sie hätte vor ihrer Heirat »die Haushaltung geführet und von allem die beste wissenschaft«.[40]

In allen Fällen waren Männer und Frauen aufeinander angewiesen. Sie bestellten die Höfe gemeinsam, solange beide lebten und es vermochten. Fiel einer von ihnen (als Arbeitskraft) aus und fand sich kein »Ersatz«, so gaben sie die Stelle auf. 1652 verkaufte die Witwe Stine Gerlofs, Bäuerin in Schönhagen bei Gumtow, den Hof, weil sie ihn altershalber nicht behalten konnte.[41] 1660 wollte der Bauer Hans Schmedt, weil er sich »wegen seiner Frauen Unvermögsambkeit«, seinen Hof zu betreiben, nicht länger getraute, diesen »mit Consens und einwilligung« seiner Frau an einen Neffen abtreten.[42] Die Arbeitskraft der Frau war unentbehrlich, nicht etwa nur im Haushalt, sondern auch in der landwirtschaftlichen Produktion. 1784 entwarf der Verwalter des Hauses Boitzenburg (Uckermark) ein ganzes Programm zur Melioration in den Arnimschen Gütern und Dörfern. Er propagierte unter anderem die Nutzung der Brache zum Garten-, Kohl- und Kartoffelanbau, weil durch das Graben und Behacken das Land ungemein verbessert und ertragreicher werde als durch bloßes Ruhen. Mit solchem Anbau auf kleinen, auf Pacht ausgegebenen Parzellen nutze man besonders »den Fleiß der Weiber, die nach der Landes Art an Industrie die Männer übertreffen«.[43]

Die Tätigkeit der Frau in der Landwirtschaft war vielseitig und nicht nur auf den Innenbetrieb beschränkt.[44] In Bantikow (Prignitz) arbeiteten einmal zur Gerstesaatzeit im Jahre 1600 nebeneinander der Bauer Achim Lüdemann, der Mist auf sein Feld fuhr, und eine sechzehnjährige Magd, die Stieftochter des Bauern Drewes Friese, die auf dem Nachbarstück eggte, sowie in einiger Entfernung deren Mutter auf dem Leinland.[45] Das dürfte kein Einzelfall gewesen sein. Nichtbäuerliche Dorfbewohnerinnen betrieben ein Handwerk wie 1674 »eine Frau Caterine« in Garz (Ostprignitz) die Leinenweberei, die sich mit mehreren männlichen Berufskollegen in anderen Dörfern[46] ebenso wie Frau Mohr in Schönhagen bei Pritzwalk 1691 gegen das städtische Leinwebergewerk behaupten mußte.[47] Sie arbeiteten daheim, während Häuslerinnen sich oft ihr Geld außerhalb verdienten wie die Hans Meiersche in Lützlow (Uckermark), die (um 1572) mit ihrem Ehemann einen Spieker auf dem Kirchhof bewohnte und Gelegenheitsarbeit betrieb, mal in der Rothen Mühle bei Gramzow beim Flachswieden half, mal einem Bauern Brotbacken.[48] Tagelöhnerinnen waren wohl auch die beiden Frauen aus Krinitz (Prignitz), die 1562 »ihrer Gewerbe wegen« zusammen nach Eldenburg gingen.[49]

Auf die tatsächlichen, familienbedingten Bedürfnisse der Bäuerinnen im Haus nahm der Alltag nur eingeschränkt Rücksicht. Wenn es in Spitzenzeiten die Arbeit erforderte, war ohnehin jede Hand gefragt, in der bäuerlichen Wirtschaft selbst wie in der Frühneuzeit mehr und mehr auch auf dem sich vergrößernden Herrenhof. Noch 1532 schlichteten kurfürstliche Kommissare die »Irrungen« zwischen dem Stift zu Gramzow und seinen Untertanen und Ackerbürgern daselbst, vor allem hinsichtlich der Dienste. Die Männer wurden auf einige Tage Pflug- und Fuhrdienste festgelegt, die Frauen auf das Schafwaschen und -scheren, »doch sollen sie Ire kinder, die nicht wartunge bedurffen, zu Hause lassen«.[50] Knapp hundert Jahre später mußten Kossätenfrauen in Trebatsch, Sabrodt und Sauen (Beeskow-Storkow) von ihrer rigiden Herrschaft gerichtlich erzwingen, daß Wöchnerinnen wenigstens 14 Tage nach der Niederkunft mit Hofdienst verschont blieben.[51] Die übliche Frist von sechs Wochen wurde hier gar nicht mehr respektiert.[52]

Besser erging es den Frauen, wenn sie selber das Heft in der Hand hatten. Doch Arbeit war überall, Fleiß und Betriebsamkeit »der Weiber« stets gefragt, ob sie alleinstehend oder verheiratet waren. Die Krügerswitwe Mucke in Zernitz (Ostprignitz) setzte 1550 gegen den Gutsherrn von Rohr durch, daß sie die »Sellung« (Verkauf) weiter betreiben durfte.[53] Die Eigentümerin eines Bauernhofs in Groß Breese (Westprignitz), Marie Kalatz, Frau des im Kriegsdienst stehenden Joachim Milatz, kaufte sich 1634 umständehalber von den dem Junker Ernst von Retzdorf zu leistenden Diensten und Abgaben für 340 fl auf Lebenszeit frei.[54] 1645 legte die tüchtige Frau, deren Mann inzwischen Oberstleutnant und anscheinend zu Geld gekommen war, dem geldbedürftigen Gutsherrn Adam Wichard von Retzdorf 444 fl für einen wiederkaufsweise erhandelten ledigen Bauernhof in Groß Breese auf den Tisch und erhandelte damit zugleich die Dienste, Abgaben und die Zaungerichte über den Hof.[55]

Daß adlige Gutsfrauen nicht müßiggingen, hatte Dietrich von Kapelle schon seiner Ehegefährtin bescheinigt. Hans Adam von Saldern auf Plattenburg war 1678 existentiell darauf angewiesen, daß seine künftige Ehefrau »keines prahlß achte«, sondern die Wirtschaft zu führen wüßte, und daß sie angesichts der hohen Verschuldung der Güter von »zimlichen« Mitteln sei.[56] Er fand sie in der Perleberger Kaufmannsfamilie Raue, ließ sie nobilitieren und erfreute sich eines Ehegeldes in Höhe von 3500 Taler (rt).[57] Als Gutsfrau betrieb sie offenbar eine eigene Viehhaltung; sie verwahrte sich 1686 aus gegebenem Anlaß energisch gegen die Pfändung des Viehs.[58] Wenn auch nicht alle, verwitwet, das Gut allein weiterführten, gab es doch deren genug, und sie konnten es auch. Selbst wenn sie wie viele männliche Rittergutsbesitzer den Gutsbetrieb administrieren ließen, mußten sie in der Lage sein, Verwaltung und Rechnungsführung zu kontrollieren, und gegebenenfalls unzuverlässige »Pensionarii« entlassen. Reinhard von Krüsickes Witwe zu Dannenwalde (Ostprignitz) setzte 1597, da sie »wenig Nutz und Frommen daraus gespürt«, die Annullierung des Vertragsverhältnisses mit dem Pächter durch.[59] Elisabeth von Winterfeld verwitwete von Trott zu Badingen (Uckermark) gab 1626 dem Schreiber im Gut Anweisungen über die Rechnungslegung, nachdem sie befunden hatte, daß die Rechnungen »dergestalt unvollkomblich, unordentlich undt ganz intricet [verworren] gehalten, das Sie der Zeit, so damit zugebracht werden soll, nicht wehrt«.[60] Sie war tüchtig und streitbar und auch im Kriege noch eifrig bemüht, das Ihre zusammenzuhalten. Als sie 1632 bei starker Einquartierung Ochsen und Pferde verlor, verklagte sie den Kriegskommissar des Kreises, er habe ihr solche Einquartierung »auß privat affecten über den Hals gezogen«.[61] Marie Tugendreich von Ramin, verwitwete von Sydow pachtete 1703 das von Arnimsche Gut Schwaneberg (Uckermark) und übte vertragsgemäß die Jurisdiktion daselbst aus.[62] Die Witwe des Hans von Greiffenberg hatte dereinst (vor 1565) den Gutsbetrieb noch erweitert und vor Flemsdorf eine neue Schäferei angelegt.[63]

Kaufmännisches Geschick und Unternehmergeist beseelten andere, ihr eigenes Vermögen in Güterbesitz zu investieren. 1578 verpfändete Christoph von Königsmark zu Kötzlin (Prignitz) alle seine Einkünfte aus zahlreichen Hebungen der Ursula Gans Edlen Frau zu Putlitz für 1000 fl Kapital.[64] Lucretia von Cossen verwitwete von Rohr kaufte 1610 von den Kreditoren des Verstorbenen sein hochverschuldetes Lehngut Meyenburg (Prignitz) erblich für 8000 lübische fl.[65] Dem hochverschuldeten Lütke von Quitzow zu Neuburg half seine Frau, Maria Brandt von Lindau, mit ihrem Muttergut (2500 rt Kapital) aus seiner Not. Dafür gab er ihr anfangs (1622) sein Gut Bentwisch, hernach (1629), als dieses durch Brand und Kriegswesen fast wertlos geworden war, noch alle anderen Güter zum Unterpfand.[66] 1688 zeigte Anna Maria Pfuhl verwitwete von Lüderitz dem Kurfürsten an, daß sie die Quitzowschen Anteillehngüter zu Neuburg, Weisen und Bentwisch pfandweise und iure crediti innehabe.[67] 1691 erwarb Katharina Elisabeth von Klöden verwitwete von Buch von der Kurmärkischen Amtskammer die zum Amt Wittstock gehörigen Pächte aus ihrem Dorf Königsberg (Ostprignitz) für 191 rt zu erblichem Eigentum.[68]

In der zweiten Hälfte des 17. Jahrhunderts waren allerhand bürgerliche Ökonomen und Beamte vermögend geworden, nicht zuletzt Amtleute und Pächter, und hatten hochverschuldeten adligen Gutsbesitz wiederkaufsweise oder als erbliches Eigentum an sich gebracht. Eva Stryck, verwitwete Klinggräf, hatte bereits 1685 das halbe Gut Kletztke, einst Lehnsbesitz der von Quitzow, von den Landerben gekauft; 1696 fügte sie kaufsweise die andere Hälfte hinzu, insgesamt für fast 10 000 rt.[69] Immerhin 1000 rt betrug die Summe, für die zwecks Abtragung eines Schuldpostens der Erbmarschall Hans Albrecht Gans Edler Herr zu Putlitz auf Wolfshagen (Prignitz) 1710 drei Untertanenhöfe in Mertensdorf an Hypolita Tugendreich von Klitzing, Ehefrau des Richters Joachim Crüger in Putlitz, wiederkaufsweise veräußert hatte.[70] Daß und wie ein größeres Vermögen erwirtschaftet werden konnte und welch zähe Arbeit die Ehefrau beisteuerte, demonstrierte ein Bauernehepaar, das zu Beginn des 18. Jahrhunderts nacheinander zwei große Vierhufenhöfe in Seelübbe (Uckermark) aufgebaut hatte und wenig später 18 Jahre lang ein Schulamtsvorwerk, daneben zeitweise weitere Amtsvorwerke pachtweise bewirtschaftete. Peter und Christine Zimmermann, beide bäuerlicher Abkunft und anfangs fast mittellos, endeten ihr Leben im hohen Alter als Eigentümer eines Ritterguts, das sie 1743 vom adligen Vorbesitzer für bare 10 000 rt gekauft hatten.[71]

Die Amts- und Pächtersfrau in königlichen und Schulämtern wie in adligen Vorwerken, teils aus dem Bauern-, teils aus dem Bürgerstand kommend, bildete im 18. Jahrhundert nicht nur das unentbehrliche Pendant des Ehemanns. Der schon genannte Schulze zu Berkholz bei Schwedt, Andreas Schröder, hatte 1707 zusammen mit seiner dritten Ehefrau das markgräfliche Gut daselbst »in Arrendation genommen«, d.h. gepachtet. Die 1713 verwitwete Frau führte die Pacht auch nach ihrer Wiederverheiratung weiter.[72] Der 1710 mit Ester Schmal, verwitwete Blotz, und ihrem Schwiegersohn über das adlige Vorwerk Bröddin (Uckermark) abgeschlossene Pachtvertrag wurde 1716 auf sechs weitere Jahre verlängert.[73] Während des Siebenjährigen Krieges hatte die Witwe Krosegk das von Winterfeldsche Gut Schmarsow in Pacht.[74] Langjähriger Pächter des Amtes Zechlin und Betreiber von Glashütten war Amtmann Stropp. Nach seinem Tod führte die »Stroppin«, die ihm zuvor schon in der Viehwirtschaft »vortrefflich [...] assistiert« hatte,[75] die Pacht noch jahrelang fort, berichtete regelmäßig und sachkundig der Kriegs- und Domänenkammer, wie vormals ihr Mann, über Verwaltung, Wirtschaft, Neuerungen und andere Vorgänge im Amt und in den dazugehörigen Dörfern.[76] Sachkundig und nüchtern äußerte sich 1774 »die Beamtin« Witwe Huffnagel zu Brüssow (Uckermark) über die in den Ämtern einzuführende Holsteinische oder Mecklenburgische Koppelwirtschaft.[77]

Bildung, berufliche Fähigkeit und Erfahrung eigneten sich

diese Frauen in der Praxis an, bauten auf ihrem Schulwissen auf und waren wohl auch mit Fachliteratur vertraut, kannten die zahllosen staatlichen Edikte, Vorschläge und Anleitungen im Rechts- und Wirtschaftssektor.[78] Waren sie auch vom Universitätsstudium noch lange Zeit ausgeschlossen, waren ihnen daher Beamtenlaufbahn und akademische Berufe versagt, so sorgten viele Frauen auf ökonomischem Wege für Gleichberechtigung und Anerkennung in neuen Positionen. Das traf auf eine für das 18. Jahrhundert charakteristische Entwicklung, die sich, wie eingangs erwähnt, in der Mark Brandenburg beobachten läßt und in die ländliche Gesellschaft Bewegung brachte, zu: die Selbstbefreiung von Bauern und Bäuerinnen mit ökonomischen Mitteln, d.h. vor allem durch ihre Arbeitskraft, von Unfreiheit, Besitzlosigkeit und feudalem Druck.[79]

III

Arbeitsamkeit, Fleiß und Erfolg verhalfen Frauen zu Selbstbewußtsein und Selbstwertgefühl. Es äußerte sich im Haus wie in der außerhäuslichen Öffentlichkeit, in der Ehe wie im Verhalten gegenüber der Herrschaft. Mochte die Obrigkeit aus ihrer Sicht immer wieder die Herrschaft des Mannes betonen und mit ihren Mitteln versuchen, sie durchzusetzen – ihr Eingriff zeigte ebenso wenig Wirkung wie entsprechende Gebote gegenüber Bauern und Bauerngemeinden, Bürgern und Bürgergemeinden, ihrer jeweiligen Obrigkeit gehorsam und untertan zu sein. Das Arbeitspaar waltete gemeinsam in Haus und Hof, wachte über den inneren und äußeren Frieden. Der äußere war bisweilen bedroht durch Fremde, gardende Landsknechte und streunende Diebe. Manche Frau mußte beherzt und geistesgegenwärtig sein wie die des Bauern Hans Dencker 1553, als ein »Ebentheurer« ihr Haus in Schönfeld (Uckermark) überfiel und den Bauern angriff. Ihr mutiges Handeln und später auch das ihrer Töchter verhinderten Schlimmstes.[80] Der innere Frieden war gefährdet zum Beispiel bei Ehebruch. Geschah er von seiten des Mannes, reagierten die Frauen verschieden. Sie verlangten nach Strafe oder gar Scheidung wie die genannte Kone Rogge unter dem Köperberg. David Riebrechts Frau hingegen in Blumenhagen bei Schwedt, die ihr Mann mit der Magd betrogen hatte, sorgte 1607 dafür, daß er mit Geldbuße davonkam, indem sie untertänigst »suppliciret«, mit ihrem Mann nicht »criminaliter zu prociren«. Sie selber wolle ihm verzeihen und ihn als Ehemann annehmen. Daraufhin wurde er »dem heyligen Ehestande zue ehren mit leibeßstraffe verschonet«.[81]

Auch Tätlichkeiten blieben nicht aus. Peter Kersten in Gumtow (Prignitz) hatte seine Frau etliche Jahre lang nicht nur, wie es hieß, in böse Gerüchte gebracht, sondern sie auch »unmenschlicherweise« mit Ruten geschlagen und allerlei »Unwillen« verübt, so daß im Dorf und außerhalb »ein gemein geschrey« erscholl. Daraufhin nahm ihn das Domkapitel zu Havelberg als Gerichtsherr schließlich in Haft.[82] Was diese Frau erduldet hatte, nahmen andere nicht hin. Die Frau des Ackermanns Peter Paetsch zu Rosenow (Uckermark) ließ sich scheiden, da der Mann trank und schlug.[83] Die Ehe von Johann und Dorothea Thiele in Jakobshagen wurde im April 1800 getrennt und beide Teile für gleich schuldig erachtet. Abneigung und Widerwillen, so das Urteil, hatten sich unter beiden derart gesteigert, daß sie sich gegenseitig »mit tötlichen Instrumenten« zu »beschädigen« suchten; außerdem hatte die vom Mann verklagte Frau ihm schon seit Weihnachten »die eheliche Pflicht fortdauernd versagt«.[84]

Es gab auch Frauen, die in der Öffentlichkeit handgreiflich wurden, für oder wider den Eheherrn, um ihr gutes oder vermeintliches Recht durchzusetzen. Recht resolut ging 1574 die Frau des Bauern Jakob Lüdecke in Mechow (Prignitz) vor, nachdem ihr Mann dem Gutsherrn von der Weide das Rauchhuhn verweigert hatte und ihnen deshalb ein Kessel gepfändet worden war. Die Frau ging zum Rittersitz, verschloß dort den Kessel mit einem eigenen Schloß, und als der Vogt auswärts war, holte sie den Kessel nach Hause zurück.[85] Pfandkehrung betrieb 1609 ein Schäfer in Krampfer, dem der Gutsherr von Möllendorf Schweine gepfändet hatte, während die Schäfersfrau in Streit mit der Meierschen vom Gutshof geriet. Es gab Zank und Schlägerei, bis die Meiersche floh. Die Schäferin gab jedoch keine Ruhe, stieg über zwei Zäune und verfolgte ihre Widersacherin bis zum Gutshof.[86]

Frauen wurden vor allem nach außen hin aktiv, wenn sie herrschaftlichen Zwang und Druck abwehren wollten. 1596 verklagte Franz Lindtbergs Witwe zu Groß Woltersdorf (Ostprignitz) den Junker Dietloff von Platen, weil er sie bzw. die

Ihren zu mehr Diensten als früher nötigen wollte, ihr auch allerlei Land- und Kornfuhren auferlegt und, als sie solche zu tun sich geweigert hatte, ihre zwei Söhne ins Gefängnis warf. Ihren Widerstand stützte sie auf einen Abschied von 1575 und fand damit gerichtliche Anerkennung.[87] Ein Jahr später verklagte die Lehnschulzenwitwe Horniß zu Rohlsdorf (Ostprignitz) den Junker von Rohr, weil er den früher dienstfreien Hof nun mit Diensten belegt hatte und schon den Sohn mittels Gefängnisstrafe dazu hatte zwingen wollen.[88] 1604 trat eine andere Witwe in Groß Woltersdorf gegen von Platen an. Er hatte entgegen den Festlegungen im Kaufbrief des Hofes mehr Dienste verlangt und sie, da sie diese verweigerte, gepfändet und geschlagen. Letzteres wurde ihm deutlich untersagt und der Kaufbrief für bindend erklärt.[89] 1609 wehrte sich noch eine andere Frau in diesem Dorf mit Erfolg.[90] In Rieben (Zauche), wo sich die Bauerngemeinde viele Jahrzehnte lang gegen die vom Gutsherrn gesetzten Dienste, und zwar 26 Tage im Jahr, behauptet hatte, erlegte der Junker von Flans den wenigen Bauern in dem vom Krieg gezeichneten Dorf übermäßige Lasten auf. Zusammen mit Berthold Preutz leistete Daniel Kielings Witwe 1643 erfolgreich Widerstand. Es galt wie eh und je die Dienstbegrenzung auf 26 Tage im Jahr.[91]

Die schon bekannte Maria Kalatz, nunmehr Witwe des Oberstleutnants Joachim Milatz, erstritt 1663 gegen den Gutsherrn Adam Samuel von Retzdorf die Befreiung von der zu leistenden Kruglage, die auf ihrem Krug im Gut Groß Breese haftete.[92] Freiheit von obrigkeitlichen Lasten, und zwar von Akzise, hätten auch gern die Bewohner der einstigen Festung auf der Insel bei Oderberg gehabt, weil sie sich nicht zur Stadt gehörig fühlten und dem Pächter der Festung unterstanden. Sie lebten von Lohnarbeit und schlugen sich eben so durch. Als Anfang November 1755 Akzisevisitatoren auf die Insel kamen, schalt die Einliegerin Biesicke sie »vor Spitzbuben«, andere Frauen fielen ihr bei und hätten sie, so beschwerten sich die Beamten, »auf das ärgste heruntergemacht«, sie »vor Canaillen und Spitzbuben und dergleichen mehr ausgeschrien, als wenn keine ärgere Schelmen in der Welt wären wie sie«. Schon auf dem Rückzug wurde ihnen von den Frauen noch gedroht, sie, wenn sie wiederkämen, »mit Prügeln wegzujagen«. Die behauptete Akzisefreiheit war nicht begründet, aber die Einlieger, vor allem die Frauen, kämpften noch jahrelang.[93]

Ob zu Recht oder Unrecht eingesetzt, Zungenfertigkeit war die Waffe, das Mittel, das Frauen eher zu Gebote stand als Körperkraft, um sich zur Wehr zu setzen, zu verteidigen oder auch nur abzureagieren, und das ereignete sich in allen sozialen Schichten, äußerte sich im Disput mit Ehemännern, Nachbarn und Obrigkeit, freilich auch mit Widersacherinnen. Urfehde nach Gefängnishaft mußte 1530 Anna Slyker, Köchin Joachim Kerbergs, schwören; sie hatte den Domherrn von Knobloch mit »honlichen und Smhe Worden [...] swerlich angetastet«.[94] Um 1565 hatte Katharina Doßmann die Kapitelherren zu Havelberg geschmäht und gescholten, die Simon Koningsche in Nitzow ihre Nachbarn verhöhnt und geschmäht.[95] 1558 war Gertrud Ordels, Köchin des Pfarrers zu Gumtow, wegen ihres »unnutzen Mundes«, »boser schmehe wordt, schendtlicher Hinderredunge« usw. nun schon zum vierten Mal gefangen gesetzt worden, hatte sich dreimal nicht an die Urfehde gekehrt.[96]

Erfahren wir leider aus diesen Urfehdenotizen nichts über die Ursachen des weiblichen Zornesausbruchs, so doch, daß Untertanenfrauen dafür mit Gefängnis bestraft werden konnten. Derlei entfiel auf der Ebene des Adels, aber den Anlaß dafür, verbale Abwehr tatsächlichen oder vermeintlichen Unrechts, gab es hier ebenso. Elisabeth von Ahlimb, verwitwete von Stentzke, zu Bruchhagen (Uckermark) hatte sich 1628 über Adam von Strauß daselbst beschwert, weil er sich mehrmals zu ihr »genötiget« und sie nicht allein an ihren Ehren geschmäht, sondern auch mit einem Hagedornstock geschlagen und so verwundet hatte, daß sie etliche Wochen das Bett hüten mußte. Der Widersacher leugnete die Verbalinjurien, brachte dagegen vor, daß die Klägerin ihn aufs heftigste und »atrocissimé« an seinen adligen Ehren angegriffen und »also getrotzet« hätte, daß er endlich »iusto dolore iracundiae«, sie von sich zu treiben, mit dem gerade zur Hand gehabten »marsier Stock« übern Leib zu schlagen gedrungen worden. Die Verwundung gestand er aber nicht zu. Immerhin mußte er 12 rt Strafe zahlen.[97] 100 rt betrug 1684 das Strafmaß für Adam Friedrich von Holzendorf wegen der der Jungfer Anna Catharina von Stülpnagel zugefügten harten Schläge und Beschimpfung. Er hatte trotz kurfürstlichen Befehls ihr und ihrem Vater den Stuhl in der Kirche zu Jagow verweigert und »vernageln« lassen. Aber das Mädchen hatte sich einen zweiten Kirchenschlüssel besorgt, den Stuhl geöffnet und so ihren und ihres Vaters Anspruch tatkräftig durchsetzen wollen. Im anschließenden Wortgemenge auf dem Kirchhof reizte der Wortschwall des adligen Fräuleins den Kirchenpatron dermaßen, daß er sich zu Schlägen hinreißen ließ; das Mädchen aber habe, so von Holzendorf, den Schlag »mit solcher beredtsamkeit compensiret«, daß er hätte von neuem verursacht werden können, zuzuschlagen.[98]

Verbal- und Realinjurien, Verletzung von Ehre und Recht beklagten auch andere adlige Frauen oder ziehen sich deren gegenseitig. 1676 war es Dorothea von Schütte, verehelichte von Kröcher, die die Gutsnachbarn Christoph von Königsmark und Margarete von Wietstruck verklagte, weil sie Haussuchung in ihrem eigenen Haus in Berlitt (Prignitz) gestohlener Schafe halber veranlaßt hatten, obwohl ihr doch selbst Anteil am Gericht im Dorf zustand, und deren Kinder und Gesinde sie öffentlich schmähten und »vor eine Diebin außruffeten«. Noch konnte die Klägerin beschwichtigt werden, da von Königsmark, wie üblich, versicherte, daß er von ihr nichts als Liebes und Gutes wüßte und ferner reden wollte, und auch seine Kinder und das Gesinde zu strafen versprach.[99] Zwei Jahre später war es Anna Margarete von Wietstruck, die Henning Christoph von Kröcher und dessen Ehefrau Dorothea von Schütte verklagte, unter anderem wegen Injurien und Schlägerei, was die Beklagten abstritten und ihrerseits der Klägerin vorwarfen. Das Zerwürfnis zwischen den Dorf- und Gutsnachbarn in Berlitt war offenbar so irreparabel, daß der beschuldigten Seite empfohlen wurde, den von ihr bewohnten Bauernhof der Klägerin zu verkaufen und nach Jahresfrist abzutreten.[100]

Fast wehr- und hilflos waren die Frauen, die ein Havelberger Domherr 1573 auf das Feld zur Arbeit geschickt hatte, als sie ein Bürgerssohn, Jakob Wolter, der sich in Toppel »vol gesoffen« hatte, anfiel, den Mägden die Kränze nahm, sie jagte, schlug und bei den Haaren zog, bis die eine, um loszukommen, sich selbst einen Teil der Flechte nebst den Schnüren abschneiden mußte. Er aber griff sie und wollte sie notzüchtigen. Das Mädchen und die anderen jüngeren Frauen entkamen schließlich und holten Hilfe. Noch rechtzeitig eilten Vögte und Diener herbei, bevor es dem außer Rand und Band geratenen Mann gelingen konnte, sich an den zurückgebliebenen alten, »wol betagten« Frauen zu vergreifen und die eine zu vergewaltigen. Auch diese hatte sich noch mit allen Kräften gewehrt. Der Täter wurde abgeführt und mit Staupschlägen vom Gericht ausgewiesen.[101]

Das Schlimmste, was Frauen um diese Zeit zustoßen konnte, weil es auf Leben und Tod ging, war Zaubereiverdacht. Dies traurige Kapitel frühneuzeitlicher Sozialgeschichte, das nicht nur Frauen traf, aber im untersuchten Bereich sehr viel mehr Frauen als Männer, kann hier nur gestreift werden. In zahlreichen Fällen setzten sich Angehörige, Ehemänner und Söhne, für die Verdächtigten ein, suchten sie vor Verfolgung und »Rechtfertigung« zu schützen, verlangten Schadensersatz und Schmerzensgeld, wenigstens, wenn alles nichts half, eine angemessene christliche Bestattung.[102] Bekannt ist, daß im Verhör sehr oft Frauen »aufeinander bekannten«, was Kettenprozesse auslöste, wohl aber immer eine Folge der Tortur war, d.h. unter der Folter erpreßt. Die Quellen belegen aber auch, daß Frauen sich energisch gegen Bezichtigungen verwahrten und ihr Recht suchten wie zum Beispiel 1579, unterstützt von ihren drei Söhnen, die Witwe Drewes Janekes in Gülitz (Westprignitz). Sie ließ durch ihren Advokaten und Bevollmächtigten Rechtsbelehrung in ihrer Klage gegen den Gülitzer Chim Cordes einholen, weil er eines Abends, als sie vor ihrem Hofe saßen, »gantz voll und Toll« vor den Hof gekommen, die Straße entlang gescholten, geflucht und öffentlich die Söhne »untrewe lose schelmen undt Bösewichte« und noch von seinem Hofe aus Frau Janeke eine »Zaubersche« gescholten hatte. Im Schulzengericht zu Gülitz, wohin der Gerichtsherr von Bevernest die Parteien beschied, bot die Klägerin eine große Zeugenschar aus vier Nachbardörfern auf, die bereit war, für sie auszusagen und zu bürgen.[103]

Um diese Zeit war Angst vor Schadenzauber in dieser Gegend schon wie anderswo verbreitet, hatte Achim Bevernest selbst gerade erst seine und seiner Ehefrau schwere Erkrankung darauf zurückgeführt.[104] Einige Zeit später, 1604, verklagten Achim Janicke und Geschwister Kaspar von Düpow zu Gülitz, weil er ihre Mutter ohne vorhergehende genugsame Indizien wegen »zugemessener« Zauberei unmenschlicherweise habe so sehr torquieren lassen, daß sie nach der Tortur gestorben sei. Düpow verteidigte sich und berief sich auf Rechtsbelehrung.[105] Doch schien diese Familie vom Unglück beständig verfolgt. Denn gegen Zaubereiverdacht seitens ihres Gerichtsherrn Ulrich von Kaphengst zu Bresch wehrte sich 1605 Catharina Kaphengst, Frau des Joachim Janeke daselbst, einem Nachbardorf von Gülitz, indem sie ihn beim Kammergericht verklagte. Da der Junker darauf bestand, »per publicam famam« und andere Indizien seine Bezichtigung zu beweisen, bestellte der Kurfürst den Landrichter der Prignitz und eine andere Amtsperson in Perleberg zu Kommissaren, die das Zeugenverhör vornehmen und Rechtsbelehrung einholen sollten.[106] Diese gebot, auch nach der Vernehmung von elf Zeugen, daß von Kaphengst seinen Verdacht ferner beweisen müsse.[107]

In Bochin war es Trine Scheffers, die Frau des Michel Gebhart, die 1615 ihren Junker Philipp von Quitzow auf Eldenburg gerichtlich zur Rechenschaft zog. Obwohl sie mit einer anderen Frau, die auf sie bekannt hatte (und dann verbrannt worden war), nicht »confrontirt« worden war, hatte er sie viermal foltern und so zurichten lassen, daß sie, die schwanger war, eine Fehlgeburt erlitt. Ihr Mann sei alt und schwach, sie selbst von ehrlichen Eltern, sie verlangte 500 rt als »Abtrag« für »Incarceration, Tortur, Schimpf und Schaden«. Der Gutsherr befand sich unter Druck, weil die Bauern im Dorf die Frau verdächtigt und gedroht hatten, alles stehen zu lassen und davonzugehen, falls man nichts gegen sie unternähme. Er hatte sich von den Schöffen in Magdeburg belehren lassen. Da Trine Scheffers aber nach der Tortur widerrief, entließ er sie endlich auf Urfehde hin.[108] Nur äußerste Zähigkeit und erstaunlicher Widerstandswille bewahrten die Frau vor dem Feuertod.

Im Dreißigjährigen Krieg flaute die Hexenverfolgung ab. Als sie danach wieder aufzuflammen drohte, setzten sich immer mehr Frauen immer energischer gegen Verdächtigungen zur Wehr.[109] Zu Anfang des 18. Jahrhunderts ebbte die Welle vollends ab, doch wo sich der Wahn noch hielt, konnte er tragische Folgen anderer Art haben. Nicht mehr Schadenzauber oder Verdacht darauf infolge Viehsterbens und anderer Unglücksfälle, sondern theologisches Eifertum hatte den Pfarrer zu Lychen motiviert, 1713 zwei Wochen vor Ostern die Frau des Jürgen Besikow in Götzkendorf, einem adligen Vorwerk in der Nähe der uckermärkischen Stadt, der »abgötterey und Zauberey« zu bezichtigen, worauf der Gutsherr von Arnim auf Boitzenburg entschied, »solche Leüte wolle er nicht unter sich haben«. Die Frau war darüber so entsetzt, daß sie schwer erkrankte und bald um das Abendmahl bat. Der Pastor zögerte die Handlung hinaus, entzog sich dem immer dringenderen

Verlangen von Frau und Mann, bis sie darüber ungetröstet verschied. Der tief gekränkte, unglückliche Mann verklagte den unbarmherzigen Pfarrer im Stadtgericht.[110]

Religiosität und der Vollzug geistlicher Handlungen war der dörflichen Bevölkerung der Frühen Neuzeit selbstverständliches Bedürfnis, in äußerster Bedrängnis wie im Lebensalltag. Doch stellte die Pfarrgemeinde an ihren Seelsorger auch Ansprüche, die ihrem sozialen Selbstverständnis entsprachen. Die Praktiken des eifernden Geistlichen im Pfarrdorf Warthe (Uckermark), der über viele Gemeindemitglieder den Kirchenbann verhängte, weil sie seine Verdikte, vor allem des Krugbesuchs, mißachteten, billigte sie nicht. Die Gemeinde beschwerte sich über ihn, und die junge Frau des Schmieds Tobias Brunckow, Dorothea Elisabeth Albrecht, brachte es 1725 auf den Punkt. Der Pastor nahm vor dem Abendmahl immer mehrere zugleich in den Beichtstuhl, und als auch sie erschien, sagte er: »Meisterin, ich nehme Euch jetzo nicht an«. Befragt, warum nicht, entgegnete er: »Ich habe Euch laßen durch den Küster sagen, Ihr sollet zu mir ins Hauß kommen«. Sie ließ ihn darauf wissen, das tue sie nicht, und wenn er sie deswegen vom »Nachtmahl« abhalte, wolle sie auch nicht mehr in seinen Beichtstuhl kommen. Der Pfarrer war darüber so aufgebracht, daß er alle Kontenance vergaß, »Geh! Du Canaille« schrie und mit dem Fuß aufstampfte. Die anhaltenden Beschwerden der Kirchgänger ließen auch den Patron aufhorchen. Auf die Frage, warum die Leute sich weigerten, ins Pfarrhaus zu gehen, sprach der Schmied es aus: Wenn der Pfarrer sie in die Studierstube ließe, kämen sie auch, das seien sie ihrem Beichtvater schuldig. Aber der Pastor nähme das in der Wohnstube vor, wo die Frau Pastor, die Kinder, auch wohl Knecht und Magd zugegen seien, »und hätte die Frau Pastorin dann immer das Wort mit, machete die Leute manchmal ärger herunter als der H. Pastor, so daß man gegen Ihr kaum zu Worte kommen könne«. Der Patron veranlaßte nun, daß der Pfarrer hinfort das Beichtgeheimnis wahre und seine Pfarrkinder, Frauen und Männer, taktvoll behandle.[111] Hier zeigte sich ein handfestes Selbstwertgefühl auch gegenüber Patron und Geistlichkeit und der Anspruch auf Achtung und Würde, den der Seelsorger zu respektieren hatte, wenn er mit seiner Gemeinde in Frieden leben wollte.

Aus anderen Orten der Uckermark erfahren wir etwas über

besondere geistig-geistliche Bedürfnisse und Haltungen von Frauen auf dem Land. Bis in den Anfang des 16. Jahrhunderts hinein hielten sich, trotz mehrfacher Inquisition, Waldenser-gemeinden in der Uckermark, getragen von Bauern und Hand-werksmeistern, Frauen und Männern, Ehepaaren, Eltern und Kindern, Brotherren und ihrem Gesinde.[112] In der Prignitz florierten die Wallfahrtsorte, vor allem Wilsnack und Heiligen-grabe, und eine große gesellschaftliche Bedeutung, die auch die ländliche Gesellschaft einbezog, hatte das Kalandswesen.[113] Mitgliederlisten der sogenannten Heidkalande aus dem 15. Jahrhundert verzeichnen Geistliche und Laien, Adlige, Bürger und Dorfbewohner, vor allem wohl Schulzen, Männer und Frauen, oft Ehepaare.[114] Nach dem Dreißigjährigen Krieg ent-standen infolge der Einwanderung von Hugenotten, Wallonen, Pfälzern und Schweizern französisch- und deutsch-reformierte Kirchengemeinden in Städten und auf dem Land, die auch Lu-theraner anzuziehen vermochten, und im Verlauf des 18. Jahr-hunderts fand pietistisches Glaubensgut in der Mark Branden-burg Eingang. Sicher nicht zufällig verbanden sich Anhänger dieser und jener Bekenntnisse, weil der zunehmende Rationa-lismus in der Theologie und in der offiziellen Kirche, von den Gläubigen weder verstanden noch erwünscht, über die seelsor-gerischen Bedürfnisse der Kirchgänger hinwegglitt. Auch Frauen suchten hier nach neuen Wegen.

Beunruhigt über womöglich politische Ziele verfolgende Geheimgesellschaften ließ der preußische Staat gegen Ende des 18. Jahrhunderts derlei schon lange bestehende Verbindungen auf akute Denunziation hin beobachten und überwachen. 1797 traf man in Fahrenwalde (Uckermark), einem Dorf, das teils aus lutherischen, teils aus französisch-reformierten Bauernfamilien bestand, eine zwanglose Gruppe Gläubiger an, die sich all-sonntäglich am frühen Nachmittag, nachdem sie zuvor den Gottesdienst in der Kirche absolviert hatte, zwei Stunden lang im Hause des Bauern Voisin zusammenfand, Andachten und Erbauungsstunden abhielt, miteinander sang und betete und sich dabei vor allem einer Reihe der von der Hallischen Wai-senhausbuchhandlung herausgegebenen pietistischen Schrif-ten bediente. Viele »ehrbare stille Männer«, so schrieb der Be-richterstatter, gehen nicht hin, aber ihre Frauen. Der Schulze Abraham Crepien sagte, er könne sich besser erbauen, wenn er allein eine Predigt lese, seine Frau hingegen finde mehr Erbauung bei der Versammlung. An dieser nahmen Ehepaare, Ehefrauen ohne ihre Männer, Töchter ohne Eltern, Bäuerinnen und Hirtenfrauen, Witwen, Arbeiterinnen, die Wehemutter teil. Obwohl sich keinerlei politische Ambitionen erkennen ließen, wurde der Zirkel verboten, ohne Erfolg. Die Leute ließen sich in ihrem religiösen Bedürfnis überhaupt nicht beirren, da sie sich keines Unrechts bewußt waren, sondern davon überzeugt, daß sie »Wahres Christentum« übten (Arnds Schrift war weit verbreitet und beliebt).[115] 1803 bestanden hier und in anderen Orten der nördlichen Uckermark mit starker Verbindung nach Pommern hin, nach Pasewalk und Stettin »Pietisten Sekten«, die Lutheraner und Reformierte vereinten. Im Brüssower Amtsvorwerk Frauenhagen war es die Verwalterin Gerloff, die sie besonders unterstützte und nur Leute dieses Glaubens in Dienst nahm.[116]

Die wenigen Beispiele machen darauf aufmerksam, daß Frauen nicht nur im religiösen Bereich für das empfänglich waren, was das Gemüt ansprach (auch Männer stieß der Rationalismus der Seelsorger eher ab). Es gab vielmehr immer auch solche, die einen gewissen geistigen Anspruch hatten, den die konventionelle Kirche nicht befriedigte. Anders ausgedrückt, das Bildungsangebot für Frauen wurde auf einem Niveau gehalten, das wenigstens ein Teil von ihnen durch Wahrnehmung anderer Angebote zu überwinden suchte. Die freiwilligen Zusammenkünfte im Hause Voisin, dem der Regierungsbeauftragte gute Verstandeskräfte und außergewöhnliche Bibelkenntnis bescheinigen mußte, hatten ihre eigene Anziehungskraft, beflügelten Geist und Gemüt. Die Frauen ließen sich dieses nicht nehmen, auch nicht die Schulzenfrau, geschweige denn die Vorwerksverwalterin mit ihrem differenzierteren Bildungsgrad. Widerstand in der Stille, auch gegen die Nötigungen des mächtigen Staats, war (zwar nicht so gefahrvoll wie einst für die Waldenser, aber doch immer von obrigkeitlichem Eingriff bedroht) getragen von individueller Gewißheit und Festigkeit. Hier fanden sich im übrigen Angehörige verschiedener sozialer Schichten zusammen, Männer und Frauen, doch sie stritten nicht um den Platz in der Kirche[117] und die Rangfolge beim Abendmahl. Wohl kaum Revolutionäre im engeren politischen Sinne, praktizierten sie Freiheit des Glaubens, Gleichheit vor Gott und Gemeinsamkeit in der Gemeinde.

Abschließend ist keine Verallgemeinerung in dem Sinne angezeigt, die vorgestellten »Fälle« als repräsentativ für die Frau-
en der ländlichen Gesellschaft bezeichnen zu wollen. Es gab
diese Frauen, selbstbewußte, aktive Frauen, und es gab derer
viel mehr. Es gab auch andere Frauen, Gleichgültig-Angepaßte,
Dulderinnen, Versagerinnen, ebenso wie im Handlungsspielraum der Männer, einzelner ebenso wie von Korporationen.
Jeder Fall spielte sich im Rahmen einer konkreten objekti-
ven Konstellation ab und war zugleich von der Subjektivität
der Handelnden bestimmt. Der Grad der Individualität bzw.
individueller Ausprägung und Selbstverwirklichung war
unterschiedlich. Aber im größeren Zusammenhang der Gesellschaftsgeschichte innerhalb eines historischen Zeitraums
betrachtet, erweist sich, was überhaupt an Individuation,
Selbstverständnis und Selbstbehauptung möglich war, in der
ländlichen Gesellschaft der Mark Brandenburg unter den Verhältnissen der neuzeitlichen Gutsherrschaft. Es zeigt sich zugleich, daß der Begriff der Herrschaft allein oder doch domi-
nant nicht das Wesen einer Gesellschaft zu erschließen vermag.[118]

Abgehoben auf das Geschlechterspezifische[119] waren in der
Frühneuzeit, und sind es noch, die Grundfragen Rechtsstellung, Arbeit, Selbstwertgefühl, Ehre und Widerstand Frauen
und Männern gemein. Spezifisch erscheinen die jeweiligen Anlässe, Ausprägungen und Verläufe, die aber, bei aller sich darin
zeigenden Dichotomie und Gegensätzlichkeit, letztlich immer
wieder darauf hinauslaufen, daß Frauen und Männer zusammenwirken, nicht nur als Ehepaar. Die Belastung war unterschiedlich und asymmetrisch. Doch richtet sich die Erforschung des historischen Alltags nicht nur auf die Lasten,
sondern auch auf deren Bewältigung. Aus der Fülle des frühneuzeitlichen Quellenstoffs wird erkennbar, daß die unzweifel-
hafte Bürde, wie sie dem weiblichen Teil der Gesellschaft oblag,
das eine ist, aus Art und Weise, wie sie getragen und bewältigt
wurde, aber beides erwuchs, Selbstwertgefühl und Wertschät-
zung in der Gesellschaft. Bürde und Würde, das Reimpaar, bezeichnet hier, so verstanden, nicht eine soziale Alternative, sondern, unabhängig von herrschaftlich vorgegebener Gesell-
schaftsordnung, ein Wechselverhältnis, das das Leben und
Wirken der Gesellschaft maßgebend charakterisiert und das
scheinbare Übergewicht von Herrschaft relativiert.

Anmerkungen

1 Vgl. aber die neuen Forschungsansätze bei Jan Peters, Gutsherr-schaftsgeschichte in historisch-anthropologischer Perspektive, in: Ders. (Hg.), Gutsherrschaft als soziales Modell. Vergleichende Betrachtungen zur Funktionsweise frühneuzeitlicher Agrargesellschaften (= HZ, Beihefte, NF 18), München 1995, S. 3–21, und Heide Wunder, Das Selbstverständliche denken. Ein Vorschlag zur vergleichenden Analyse ländlicher Gesellschaften in der Frühen Neuzeit, ausgehend vom »Modell ostelbische Gutsherr-schaft«, in: ebd., S. 23–49.

2 Vgl. Lieselott Enders, Die Landgemeinde in Brandenburg. Grundzü-ge ihrer Funktion und Wirkungsweise vom 13. bis zum 18. Jahrhundert, in: Blätter für deutsche Landesgeschichte 129 (1993), S. 195–256; Dies., Indivi-duum und Gesellschaft. Bäuerliche Aktionsräume in der frühneuzeitlichen Mark Brandenburg, in: Jan Peters (Hg.), Gutsherrschaft als soziales Modell (wie Anm. 1), S. 155–178; Dies., Emanzipation der Agrargesellschaft im 18. Jahrhundert. Trends und Gegentrends in der Mark Brandenburg, in: Jan Peters (Hg.), Konflikt und Kontrolle in Gutsherrschaftsgesellschaften. Über Resistenz- und Herrschaftsverhalten in ländlichen Sozialgebilden der Frü-hen Neuzeit, Göttingen 1995, S. 404–433.

3 Heide Wunder, »Er ist die Sonn', sie ist der Mond.« Frauen in der Frü-hen Neuzeit, München 1992, S. 225–229 und passim.

4 Ebd., S. 94–110 und passim.

5 Vgl. Hans Planitz, Deutsche Rechtsgeschichte, Graz 1950, S. 143–147.

6 Vgl. dagegen für andere Gebiete z.B. Gerhard Theuerkauf, Frauen im Spiegel mittelalterlicher Geschichtsschreibung und Rechtsaufzeichnung, in: Barbara Vogel/Ulrike Weckel (Hg.), Frauen in der Ständegesellschaft. Leben und Arbeiten in der Stadt vom späten Mittelalter bis zur Neuzeit, Hamburg 1991, S. 147–165, hier S. 160.

7 Vgl. dagegen z.B. das Recht der Eigentumsherren in Westfalen auf das halbe oder gar ganze Vermögen des Eigenbehörigen, s. Heinz Reif, Westfälischer Adel 1770–1860, Göttingen 1979, S. 59f.; Heinrich Hirsch-felder, Herrschaftsordnung und Bauerntum im Hochstift Osnabrück im 16. und 17. Jahrhundert, Osnabrück 1971, S. 80–103 und 146–150.

8 Auch Abzugsgeld, gabella emigrationis u.ä. genannt, betrug in Bran-denburg 1/16 des Vermögenswertes.

9 Ein Beispiel von vielen im Vertragsbuch des Domkapitels zu Havel-berg in: Brandenburgisches Landeshauptarchiv (Brand. LHA) Potsdam, Pr. Br. Rep. 10 A Domstift Havelberg Nr. 1866, fol 18: Erbteilung der Witwe des Fischers Gabriel Rogge mit ihren Kindern 1574 und zwar je zur Hälfte. In diesem Falle durfte die Witwe ihre Kleider, Silberwerk und »was zu Ihrem Leibe geschnitten gewesen« behalten, die Kinder dagegen des Vaters Klei-dung. Die wiederverehelichte Bäuerin Mastorp in Polzow (Uckermark) mußte dagegen 1566 das gesamte gemeinsame Vermögen zur Teilung brin-gen, durfte nicht ihre »frauliche Zier« (Betten, Kleider, Silber u.a.), die sie ihrem verstorbenen Mann in die Ehe gebracht hatte, davon ausnehmen

(Brand. LHA, Pr. Br. Rep. 4 D Schöppenstuhl zu Brandenburg/H. Nr. 10, fol 215).

10 Brand. LHA, Pr. Br. Rep. 4 D, Nr. 11, fol 220.

11 Ebd., Nr. 33, fol 511 f.

12 Ebd., Nr. 5 von 1554, fol 283–286.

13 Ebd., fol 287–290.

14 Brand. LHA, Pr. Br. Rep. 78 Kurmärkische Lehnskanzlei, Kopiar Nr. 34 u. 38, III, fol 147 (Kopie des Originals im Geheimen Preußischen Staatsarchiv Berlin-Dahlem [GStAPK], Rep. 78 Kurmärkische Lehnskanzlei).

15 Brand. LHA, Pr. Br. Rep. 4 A Kurmärkisches Kammergericht, Sentenzenbücher Nr. 17, S. 577.

16 Ebd., Nr. 30 von 1584, Mo nach Invocavit.

17 Ebd., Nr. 59, fol 115 f.

18 Ebd., Nr. 119, fol 137 f.

19 Ebd., Nr. 79, 9. März 1619.

20 Ebd., Nr. 86, 21. Juni 1623.

21 Ebd., Nr. 1, S. 131.

22 Brand. LHA, Pr. Br. Rep. 4 D, Nr. 10, fol 101 f.

23 Brand. LHA, Pr. Br. Rep. 37 Herrschaft Boitzenburg Nr. 4594 zu 1610.

24 Brand. LHA, Pr. Br. Rep. 4 A, Sentenzenbücher Nr. 90, 22. Jan. 1625.

25 Ebd., Nr. 303, 9. März 1731; Nr. 310, 5. Nov. 1732.

26 Ebd., Nr. 546, fol 110-112.

27 Brand. LHA, Pr. Br. Rep. 2 Kurmärkische Amts- bzw. Kriegs- und Domänenkammer, D. 20033 zu 1787.

28 Brand. LHA, Pr. Br. Rep. 37 Boitzenburg Nr. 1276, fol 26 f.

29 Brand. LHA, Pr. Br. Rep. 4 D, Nr. 11, fol 96 f.

30 Ebd., Nr. 9, fol 435.

31 Ebd., Nr. 12, fol 455.

32 Lieselott Enders, Die Uckermark. Geschichte einer kurmärkischen Landschaft vom 12. bis zum 18. Jahrhundert, Weimar 1992, S. 335–337, 355–358, 384–393, 437–440, 504–506, 602–605.

33 Brand. LHA, Pr. Br. Rep. 37 Herrschaft Schwedt Nr. 519, 17. April 1760, 16. Febr. 1771; Nr. 571, fol 17 zu 1758, fol 26 zu 1764.

34 Brand. LHA, Pr. Br. Rep. 4 A, Sentenzenbücher Nr. 201, fol 28.

35 Vgl. auch Vogel/Weckel (wie Anm. 6), S. 14–16.

36 Brand. LHA, Pr. Br. Rep. 78, II K 18 zu 1600.

37 Brand. LHA, Pr. Br. Rep. 10 A Domstift Havelberg Nr. 657, fol 2.

38 Ebd., fol 2 f.

39 Brand. LHA, Pr. Br. Rep. 37 Schwedt Nr. 572, fol 18.

40 Brand. LHA, Pr. Br. Rep. 4 A, Sentenzenbücher Nr. 180, 30. Aug. 1676.

41 Brand. LHA, Pr. Br. Rep. 10 A Domstift Havelberg Nr. 655 zu 1652.

42 Ebd., zu 1660.

43 Brand. LHA, Pr. Br. Rep. 37 Boitzenburg Nr. 2125, A. 8.

44 Diese tradierte Vorstellung findet sich z.B. bei Richard van Dülmen, Kultur und Alltag in der Frühen Neuzeit, Bd. 1: Das Haus und seine Men-

schen 16.–18. Jahrhundert, München 1990, S. 38–52, modifiziert, aber doch immer noch als wesentliches Merkmal der Arbeitsteilung.

45 Brand. LHA, Pr. Br. Rep. 4 D, Nr. 46, fol 241.

46 Brand. LHA, Pr. Br. Rep. 4 A, Sentenzenbücher Nr. 177, 30. Okt. 1674.

47 Ebd., Nr. 208, 27. März 1691.

48 Brand. LHA, Pr. Br. Rep. 4 D, Nr. 12, fol 496–499.

49 Ebd., Nr. 9, fol 116 f.

50 Codex diplomaticus Brandenburgensis (CDB), bearb. von Adolph Friedrich Riedel, Berlin 1838ff., A XXI S. 505f. Nr. 55.

51 Brand. LHA, Pr. Br. Rep. 4 A, Sentenzenbücher Nr. 87, 10. Okt. 1623.

52 1684 klagte die Gemeinde zu Telschow, daß einer der Gutsherren, der Bürgermeister Hasse aus Perleberg, den Wöchnerinnen den Dienst nicht erlasse (sondern nur aufspare), wie es doch sonst gebräuchlich sei. Hasse bestritt, das getan zu haben, womit den Bauern indirekt Recht gegeben wurde (ebd., Nr. 194 und 196, 7. und 10. Jan. 1684).

53 Ebd., Nr. 7, S. 515.

54 Brand. LHA, Pr. Br. Rep. 78, II R 44, fol 2 f.

55 Ebd., Kopiar Nr. 167 I, fol 195.

56 Ebd., II S 3 zu 1678.

57 Ebd., II S 7 zu 1679.

58 Brand. LHA, Pr. Br. Rep. 4 A, Sentenzenbücher Nr. 199, 9. Juli 1686.

59 Ebd., Nr. 41 von 1597, Mo nach Trinitatis.

60 Brand. LHA, Pr. Br. Rep. 2, D. 4717, fol 8–10.

61 Brand. LHA, Pr. Br. Rep. 4 A, Sentenzenbücher Nr. 103, fol 35 f.

62 Ebd., Nr. 252 von 1710, fol 141.

63 Ebd., Nr. 15 von 1565, S. 40.

64 Brand. LHA, Pr. Br. Rep. 78, Kopiar Nr. 72, fol 203.

65 Ebd., Kopiar Nr. 123, Bd. 2, fol 187 f.

66 Ebd., Kopiar Nr. 147, Bd. 2, fol 147 f.

67 Ebd., II L 89 zu 1688.

68 Ebd., Kopiar Nr. 182 II, fol 133–135.

69 Ebd., Kopiar Nr. 182 VI, fol 64–66.

70 Ebd., Kopiar Nr. 196, S. 1–3.

71 Lieselott Enders, Vom Ackerknecht zum Gutsbesitzer. Ein möglicher Aufstieg im frühen 18. Jahrhundert, in: Jahrbuch für brandenburgische Landesgeschichte 41 (1990), S. 203–215, mit Quellenbelegen.

72 Brand. LHA, Pr. Br. Rep. 37 Schwedt Nr. 572, fol 18; Nr. 456 zu 1708; Nr. 454 zu 1707 und 1723.

73 Brand. LHA, Pr. Br. Rep. 37 Boitzenburg Nr. 2221 zu 1710 und 1716.

74 Brand. LHA, Pr. Br. Rep. 4 A, Sentenzenbücher Nr. 419 von 1765, fol 50–65.

75 Brand. LHA, Pr. Br. Rep. 2, D. 37, fol 77 zu 1768.

76 Ebd., D. 19925, fol 106–188, 203-240 zu 1774–1783.

77 Ebd., Nr. 1929, fol 6.

78 Ebd., D. 62, D. 527 und andere Generalia.

79 Vgl. Lieselott Enders, Bauern und Feudalherrschaft der Uckermark

im absolutistischen Staat, in: Jahrbuch für Geschichte des Feudalismus 13 (1989), S. 247–283; Dies., Produktivkraftentwicklung und Marktverhalten. Die Agrarproduzenten der Uckermark im 18. Jh., in: Jahrbuch für Wirtschaftsgeschichte 1990, H. 3, S. 81–105.

80 Brand. LHA, Pr. Br. Rep. 4 D, Nr. 5, fol 52 f.

81 Ebd., Nr. 54, fol 444.

82 Brand. LHA, Pr. Br. Rep. 10 A Domstift Havelberg Nr. 1858, fol 9 zu 1571.

83 Brand. LHA, Pr. Br. Rep. 4 A, Sentenzenbücher Nr. 566, fol 319 zu 1799.

84 Ebd., Nr. 569, fol 431.

85 Brand. LHA, Pr. Br. Rep. 4 D, Nr. 15, fol 99–101.

86 Brand. LHA, Pr. Br. Rep. 4 A, Sentenzenbücher Nr. 59, fol 134 f.

87 Ebd., Nr. 40, S. 1203–1205.

88 Ebd., Nr. 41 von 1597, Mi nach Oculi.

89 Ebd., Nr. 51, 16. Nov. 1604.

90 Ebd., Nr. 59, fol 135 f.

91 Ebd., Nr. 115, 17. April 1643.

92 Ebd., Nr. 154, 11. Nov. 1663.

93 Brand. LHA, Pr. Br. Rep. 2, S.6074.

94 Brand. LHA, Pr. Br. Rep. 10 A Domstift Havelberg Nr. 1858, fol 34.

95 Ebd., fol 48 und 59.

96 Ebd., fol 181.

97 Brand. LHA, Pr. Br. Rep. 4 A, Sentenzenbücher Nr. 96, 29. Okt. 1628.

98 Ebd., Nr. 194, 27. Aug. 1684; Nr. 196, fol 178.

99 Ebd., Nr. 181, fol 104 f.

100 Ebd., Nr. 185 von 1678, fol 99.

101 Brand. LHA, Pr. Br. Rep. 4 D, Nr. 13, fol 551 f.

102 Vgl. die quellengestützte Darstellung der Ereignisse in der Mark Brandenburg bei Enders (wie Anm. 32), S. 269–281.

103 Brand. LHA, Pr. Br. Rep. 4 D, Nr. 21, fol 95–97.

104 Ebd., Nr. 19, fol 308 f. zu 1578.

105 Brand. LHA, Pr. Br. Rep. 4 A, Sentenzenbücher Nr. 52, 20. April 1604.

106 Ebd., Nr. 53 von 1605, fol 9.

107 Brand. LHA, Pr. Br. Rep. 4 D, Nr. 52 von 1606, fol 32 f. Wieweit aufgrund wahrscheinlich verwandtschaftlicher Beziehungen zwischen den Janekes (Janickes) in Gülitz und Bresch der Zaubereiverdacht »transportiert« worden war und in welchem verwandtschaftlichen Verhältnis Catharina Kaphengst zu Ulrich von Kaphengst stand, ist hier nicht weiter zu verfolgen. Vermutlich stammte sie von einem der »natürlichen« Söhne ab, die im Prignitzer Adel keine Seltenheit waren.

108 Brand. LHA, Pr. Br. Rep. 4 A, Sentenzenbücher Nr. 71, 25. Aug. 1615.

109 Siehe Enders (wie Anm. 32), S. 424–426, 536.

110 Brand. LHA, Pr. Br. Rep. 37 Boitzenburg Nr. 660, fol 15 f.

111 Ebd., Nr. 780 und 771, fol 20.

112 Enders (wie Anm. 32), S. 120–123. Siehe auch Dietrich Kurze, Quellen zur Ketzergeschichte Brandenburgs und Pommerns, Berlin 1975.

113 Johannes Schultze, Die Prignitz. Aus der Geschichte einer märkischen Landschaft, Köln 1956, S. 112–115, 163. Vgl. auch zusammenfassend Felix Escher, Brandenburgische Wallfahrten und Wallfahrtsorte im Mittelalter, in: Jahrbuch für die Geschichte Mittel- und Ostdeutschlands 27 (1978), S. 116–137.

114 CDB, A XXV S. 99–102 Nr. 128.

115 GStAPK, Rep. 122 Nr. 31 a 42.

116 Brand. LHA, Pr. Br. Rep. 2, D. 6317, fol 82, 108 f., 144–149. Siehe weiteres bei Enders (wie Anm. 32), S. 632–636. – Zur Problematik vgl. grundsätzlich Heide Wunder, Sozialer und kultureller Wandel in der ländlichen Welt des 18. Jahrhunderts – Überlegungen am Beispiel von »Bauer und Religion«, in: Ernst Hinrichs/Günter Wiegelmann (Hg.), Sozialer und kultureller Wandel in der ländlichen Welt des 18. Jahrhunderts, Wolfenbüttel 1982, S. 43–63.

117 Vgl. Jan Peters, Der Platz in der Kirche, in: Jahrbuch für Volkskunde und Kulturgeschichte 28, NF 13 (1985), S. 77–106.

118 Vgl. u.a. Alf Lüdtke, Einleitung: Herrschaft als soziale Praxis, in: Ders. (Hg.), Herrschaft als soziale Praxis. Historische und sozial-anthropologische Studien, Göttingen 1991, S. 9–63.

119 Vgl. die Einleitung in: Heide Wunder/Christina Vanja (Hg.), Wandel der Geschlechterbeziehungen zu Beginn der Neuzeit, Frankfurt am Main 1991, S. 7–11.

Werner Troßbach

»Rebellische Weiber«?

Frauen in bäuerlichen Protesten
des 18. Jahrhunderts

Daß es bäuerlichen Protest im Alten Reich zwischen Bauernkrieg und Französischer Revolution gegeben hat, ist mittlerweile wohlbekannt.[1] Vielleicht ist dennoch eine kurze Skizze
nützlich, welche Phänomene es dabei zu behandeln gibt. Große
Massenaktionen nach der Art der »Revolution von 1525« wird
man in diesem Zeitraum in der Regel nicht antreffen, von regionalen »Bauernkriegen« einmal abgesehen (Oberösterreich
1626, Bayern 1705), die sich meist gegen fremde Besatzungs-
truppen richteten. Auch ein Sturm auf ein Schloß oder ein Zug
von Bauern durch mehrere Herrschaften kam sehr selten vor.
  Statt dessen handelte es sich bei bäuerlichen Protesten im 17.
und 18. Jahrhundert meist um lokal begrenzte, nicht selten de-
fensive Aktionen. Oft ging es um die Abwehr von Pfändungen.
Sie wurden dann notwendig, wenn sich Bauern auf die Verweigerung einer oder mehrerer Abgaben geeinigt hatten. Dann
mußte die Obrigkeit sehen, wie sie zu dem kam, was sie für
»ihr Recht« hielt. Die Pfändungen waren Kompensationsmaß-
nahmen, die darauf zielten, mindestens den Gegenwert der
verweigerten Abgaben zu bekommen und zusätzlich (nicht anders als heute) eine »Exekutionsgebühr«. Meistens wurden sie
vorher angekündigt, die Bauern waren also gewarnt und konnten ihr Verhalten darauf einstellen. Für die Bauern war die
Pfändung die Nagelprobe des Widerstandswillens. Ließ man
die Exekution über sich ergehen, waren Verweigerungen sinn-
los gewesen, einerseits materiell, andererseits für die Organisation des Widerstandes. Pfändungen wurden meist in den Dörfern versucht, wo sich die Mobilien der Bauern befanden. Sie
gingen oft in Stufen vor sich, wurden bei einem Scheitern wie-

derholt, weil die Obrigkeiten in der Regel sich doch an die »Verhältnismäßigkeit der Mittel« hielten. Dennoch waren auch – insbesondere wenn es darum ging, neben der Pfändung jemanden »in Arrest zu ziehen« – Nacht- und Nebel-Aktionen möglich. Pfändungen und Gefangennahmen waren also diejenigen Situationen, in denen Bauern in den Dörfern unmittelbar gefordert waren.

Wie konnte nun eine solche Pfändung aussehen? Regelrecht typisch für eine »Exekution im ersten Versuch« ist die Maßnahme, die die Burg Friedberg in der Wetterau am 8. Dezember 1718 auf Türkensteuern im Dorf Kaichen durchführen ließ.[2] Drei Soldaten sollten beim Bauern Johannes Michel anfangen und die Vorräte vom Speicher holen, aber kaum waren die Soldaten »in den Hof eingetreten, so hatte sich gleich eine große Menge aus Bauren eingefunden, welche zu ihnen gesagt, sie liessen sich nicht pfänden, und als die Soldaten diesem ohngeachtet nach der Haustür und dem Speicher getrungen, hätten die Bauren die Soldaten etlich Mahl zurückgestoßen«. Die Soldaten gingen zwar, um ihrem Auftrag nachzukommen, von Hof zu Hof, wurden aber jeweils wieder von der Menge abgeschirmt. Auffallend ist die Zurückhaltung auf beiden Seiten: Die Soldaten waren unbewaffnet, aber auch die »Menge« hütete sich wohl, außer Zerren und Stoßen den Soldaten etwas anzutun. Sie kam auch so auf ihre Kosten. Von Hof zu Hof folgte »die ganze Gemeinde« den Soldaten nach, »lachte und hatte ihren Hohn«.

Weit spektakulärer war ein Auftritt, der 1777 im Ortenaustädtchen Oberkirch stattfand.[3] Dorthin hatte man »Rädelsführer« einer Demonstration ins »Stockhaus« verbracht, die Bauern gegen ein herrschaftliches Jagdverbot inszeniert hatten. In der Nacht vom 6. auf den 7. März trat dann endlich jene Gruppe in Erscheinung, die bisher bei der Absteckung des Rahmens noch nicht erwähnt wurde: die rebellischen Weiber. »Drei- bis vierhundert Weiber und Mägde« strömten »in der Nacht vom 5. auf den 6. März« des Jahres 1777 zusammen und waren teils mit »Äxten, Eisengabeln, teils mit Säbeln und Pistolen, teils mit anderen stechenden oder hauenden Werkzeugen bewaffnet«. In aller Stille zogen sie bis vor ein Stadttor, schlugen es auf. Nun wurde es laut. Die Weiber drangen »haufenweis« in die Stadt, nahmen den Nachtwächter gefangen und besetzten die übrigen Stadttore. Zwanzig bis dreißig Weiber bewachten das

Haus des Amtsschultheißen, während die anderen im Gefängnis saubere Arbeit verrichteten. Alle Türen wurden mit Gewalt aufgesprengt, die Schlösser abgeschlagen, und ein starkes Weib nahm den »Krummholz« genannten »Hauptträdelsführer« auf die Schultern, trug ihn die Treppe hinunter und ließ ihn frei.

Im Lichte dieses Auftritts lohnt es sich, noch einmal auf die skizzierten Pfändungen in den Dörfern zurückzukommen. Sieht man genauer hin, dann können die oft in solchen Situationen zu vernehmenden bäuerlichen Äußerungen »Wir stehen alle für einen *Mann*«[4] höchstens als die halbe Wahrheit gelten. Wörtlich zu verstehen ist hingegen die obrigkeitliche Notiz in solchen Verlaufsschilderungen, die »ganze Gemeinde« habe sich opponiert. Dies ist dann aber nicht im engen verfassungsgeschichtlichen Sinn zu begreifen. Viele Quellen sind in dieser Hinsicht durchaus präzise. So heißt es z.B. anläßlich einer Gefangennahme im Dorf Rödgen bei Gießen am 14. März 1707, es seien die »Glocken von den Rebellen gezogen« worden, worauf sich ein »grosser Aufflauff von Manns- und Weibspersonen« gebildet habe, der gemeinsam die Soldaten vertrieb.[5] Anders als in der Gemeindeversammlung[6] waren Frauen bei solchen Auftritten also durchaus vertreten.

Die Teilnahme von Frauen an frühneuzeitlichen Aufständen ist einer (allerdings auf große Massentumulte fixierten) Protestforschung v.a. angelsächsischer Provenienz schon früh aufgefallen. Insbesondere »food riots« wurden oft von Frauen durchgeführt,[7] bis hin zu den berühmten Zügen der Französischen Revolution.[8] Damit sind unsere kleinen dörflichen Rangeleien zwar nur schwer in einem Atemzug zu nennen, aber auch sie sind einer genaueren Analyse wert.[9] Wie sah dort nun die Teilnahme von Frauen aus? Wenn Frauen in der »tumultuarischen Menge« wahrzunehmen sind bzw. von protokollierenden Beamten oder Offizieren erkannt wurden, dann traten sie meist auch exponiert in Erscheinung.

Dies mögen einige Beispiele aus der Grafschaft Wied-Neuwied illustrieren, in der Gemeinden von 1713 bis 1792 gegen ihren jeweiligen Landesherren beinahe ununterbrochen prozessierten.[10] Als Hauptmann von Marteauville am 24. August 1719 in Nordhofen pfänden wollte, opponierten sich »gerne 300 Seelen mit Weiber und Kinder unter solchen«, und als er die Viehherde zusammentreiben ließ, »so seind gleich die Weiber und Kinder mit unglaublichem Ungestüm an die Karren und

Vieh gefallen und haben mit vielen Schlägen und Schmeißen das Vieh unter großem Ruffen und Gekreisch ab- und vortgetrieben und sich dabey allesamt so frech und unbändig aufgeführet, alß von dem seditiosesten und rebellischen Volcke kaum erdacht kan werden«. Schon am 5. Juli 1715, als in Rengsdorf Vieh gepfändet worden war, waren die »Weiber von Rengsdorf mit s.v. Mistgabeln, Zaunstecken und dergleichen ihrem Schultheiß in Altenwied nachgefolget«. Auch am 14. Juli 1722, als Soldaten in Ehlscheid die Herden von der Weide nehmen wollten, »seint« auf die Hilferufe des Hirten hin »die Weiber hauffenweis hinzugekommen, Gewalt über Gewalt geschryen und Hülff Hülff geruffen [...], daß dadurch im Dorff Selters alles allert worden, und die Weiber fast alle mit ihrem Gesindt und erwachsenen Kindern zugelauffen kommen, ist das Vieh denen Executanten nicht allein abgejaget, sondern mit grosem Geschrey in den Busch getrieben worden«. Die Männer aber – so der Bericht der Soldaten weiter – »seint mit 20 und mehrere aus Selters sowohl als denen vier Dörffern nachgefolget«, ohne sich allerdings direkt an den Aktionen zu beteiligen. Ähnlich war es am 16. Februar 1716 in Melsbach und Datzeroth. Die Bauern hatten bei einer Pfändung die »Ställe theils verklaustert, theils sonst hart inwendig versperrt gehabt«, und die Soldaten hatten »allen gütlichen Zuredens ohngeachtet, von denen Weibern, weilen die Männer sich absentiret, die Eröffnung obgedachter Stallungen nicht erlangen können«.

Auch am 5. Juli 1723, als die Soldaten in Anhausen Holzfuhren verhindern wollten, traten die Männer zunächst nicht in Erscheinung. Zwar waren »Weiber, Kinder, Männer, jung und alt mit Stangen, Gabeln, Axten und dergleichen Gewehr zugelaufen kommen«, der Soldat Reuter wurde jedoch zuerst »von denen Weibsleuthen auf den Kopf geschlagen«, »darum er sich umgedrehet und gewehret [...] sich aus den Weibsleuthen retiriret, darüber die Männer kommen«.

Bei genauerem Hinsehen unterscheiden sich auch solche einander ähnliche Situationen im Detail. Am 24. August 1719 in Nordhofen bestand die Menge aus »300 Seelen mit Weiber und Kinder unter solche«, in Erscheinung traten jedoch nur, und zwar »gleich« Weiber und Kinder. Ähnlich war der Ablauf am 5. Juli 1723 in Anhausen, nur daß dort vom Einsatz von Kindern nicht die Rede ist. In Anhausen bildeten die Weiber offenbar einen eigenen »Block«, wenn Soldat Reuter sich »aus denen

Weibsleuthen retriren« mußte. In Ehlscheid ist am 14. Juli 1722 wieder von »hauffenweis« erscheinenden Weibern die Rede, und aus Selters kommen Weiber »mit ihrem [!] Gesind und erwachsenen Kindern« hinzu, während einige Männer die Nachhut bildeten. Am 5. Juli 1723 ist zunächst nur von Weibern die Rede, und am 16. Februar 1716 in Melsbach und Datzeroth hatten sich die Männer ausdrücklich »absentiret«.[11] Auch in anderen Gegenden scheint sich die »Menge« manchmal in Männer und Frauen getrennt postiert zu haben. So ist für die Vogtei Elsoff in der Grafschaft Wittgenstein am 11. Oktober 1725 die Rede davon, daß bei der »Aufstellung« zur erwarteten Konfrontation mit herrschaftlichem Militär die »Weiber unten zu Seite« standen.[12]

Wie sind die dargestellten Vorgänge zu bewerten? Sicher ist schon aus der Schilderung der Phänomene der Mut dieser Frauen hervorzuheben, ihr Auftreten ist jedoch nicht, selbst wenn es »à part« oder in Abwesenheit der Männer passiert, unbedingt als Indiz für eine eigenständige gesellschaftliche Stellung von Frauen anzusehen. Vor einem solchen unmittelbaren Schluß hat Andreas Suter, dem im übrigen das Verdienst zukommt, als erster das Auftreten von Frauen in bäuerlichen Revolten des Alten Reichs analysiert zu haben, nachdrücklich gewarnt. Seiner Ansicht nach »reflektierte die Art, in der die Frauen in die kollektiven Aktionen der Gemeinden und der Männer einbezogen waren, in drastischer Weise die durch die patriarchalisch-autoritären Gesellschaftsstrukturen bedingte Minderstellung der Frauen gegenüber den Männern. Auch im Rahmen gewaltsamer Aktionen kam nämlich kein Verhältnis gleichberechtigter Partner zustande«. Exemplifiziert wird das von Suter durch eine Aktion, die am 18. März 1731 in einem Dorf des Bistums Basel stattfand. Als ein Soldat dort ein kaiserliches Mandat verlesen sollte, wurde er zunächst von den versammelten (männlichen) Haushaltsvorständen daran gehindert. Obwohl die Stimmung immer widriger wurde, ging die Menge nicht selbst gegen den Soldaten vor. »Plötzlich riefen mehrere Bauern aus der feindseligen Menge, ›laßt uns die Glocken läuten, damit sich die Frauen versammeln und den Offizier verprügeln.‹ In einer Situation, in der es viel einfacher gewesen wäre, wenn die Männer die Sache selbst in die Hand genommen hätten, wählten die Bauern also ein ungleich komplizierteres Verfahren. Sie läuteten die Glocken, ließen ihre

Frauen kommen und übertrugen es ihnen, den Offizier zu verprügeln.«[13]

So etwas tritt uns auch, wenngleich nicht so deutlich, in einigen Aktionen in Wetterau und Vogelsberg entgegen. Als z.B.
die Gemeinde Niederflorstadt am 19. Dezember 1730 bei den
Bauern Dauernheim und Meyer Pfändungen verhinderte,
spielten die Frauen der beiden bei der Verteidigung der Höfe
die wichtigste Rolle, die Männer hingegen verhielten sich, wie
Amtmann Schirmer aufmerksam registrierte, »ganz passiv«.
Schirmer schreibt dieses Verhalten allerdings nicht einer ver-
meintlich größeren Neigung zur Widersetzlichkeit auf seiten
der Frauen zu, sondern macht die Männer für das Verhalten
der Frauen (mit)verantwortlich. So hielt er einem Bauern vor,
»was er nicht selbst gethan, [habe W.T.] er durch seine Frau und
die widerspenstige Gemeinde thun lassen«.[14] Zuschauer blieben »die Männer« auch am 8. Oktober 1677 in der Gemeinde
Ockstadt. Sie standen dabei, wie »die Weiber den pfändenden
Gerichtsknecht drey Mahl über den Hauffen geworffen«.[15]

Auch in der eingangs erwähnten Grafschaft Wied-Neuwied
gibt es Hinweise für eine »Veranlassung« seitens der Männer.
Als am 16. Februar 1716 Soldaten im Dorf Oberbieber Vieh
pfänden wollten, »haben sich« – so der Bericht – »die Weiber
hauffenweiss zusammen rottiret, ihre [!] Stallungen versperret,
die Eröffnung derselben absolute widersprochen, den Sergeanten von den Thüren ab- und hinterwerts gestoßen, die Männer
aber haben sich retiriret«. Es bot sich also das gleiche Bild wie
in den schon dargestellten Fällen. Gleichzeitig seien die Männer jedoch – so der Bericht weiter – »ahn Ort und Enden nach-
gefolgt, und ihre Weiber sich gegen die Pfändung opponiren
lassen«. Ähnliches wurde am 15. Juli 1722 in Rengsdorf bemerkt. Die Männer hatten dort den »Weibern zugeruffen, keh-
ret das Vieh um und jaget solches ins Felt«.[16]

In der Grafschaft Wittgenstein registrierte Forstknecht Fischer, der zu verschiedenen Anlässen Opfer handfesten »weiblichen Widerstandes« geworden war, am 16. April 1721 aufmerksam einen Vorschlag von »Christ Webers Sohn«, der anderen Bauern riet: »Wir wollen die Weiber zusammen ruffen,
die sollten ihn, Forstknecht, zum Dorf hinaus jagen.« Später
fügte Fischer bei einer weiteren Befragung über die Vorkomm-
nisse hinzu, dies »scheinete« ihm »eine Unterredung im gantzen Land zu seyn, indem solches auch schon dem Förster zu

Puderbach begegnet, welchen die Weiber auch gesteiniget und bald zu Tode geworffen«.[17]

Aus der Situation deutlich wird die Richtung der »Veranlassung« auch am 21. April 1738 bei einem kleinen Zusammentreffen, wieder in der Grafschaft Wied-Neuwied. Als der wiedische Grenadier Jung in Anhausen bei Johannes Kurz ein Pferd pfänden sollte, habe der Bauer zuerst »den großen Jungen seiner Mutter [die sich auch gegen die Pfändung zur Wehr setzte, W.T.] zur Hilfe geruffen und da beyde ihm nicht Mans genug gewesen, hätte der Junge › Weiberrecht‹ geruffen, worauf im Augenblick die Weiber [des Dorfes, W.T.] zusammen kommen, daß er genöthiget worden, sein Pferd fahren zu lassen«.[18] Es genügte in diesem Fall offenbar schon ein in Signalform kurz gefaßter Ruf eines Mannes, selbst eines »Jungen«, um Frauen augenblicklich zum Handeln zu veranlassen.

Andreas Suter hat für solche Verhaltensweisen zwei Erklärungen vorgeschlagen. Die erste kann auch für einige hier vorgetragene Beispiele nachvollzogen werden. Die Aktionen der Frauen im Bistum Basel, Suters Untersuchungsgebiet, waren oft vom Gelächter der Männer begleitet. Es galt vielleicht der Situation insgesamt, ganz bestimmt aber dem jeweils verprügelten Soldaten. »Wenn ein Mann vor Frauen flüchtete oder von ihnen geschlagen wurde«, so Suters Zusammenfassung, »bedeutete das für den Betroffenen eine größere Erniedrigung und Strafe, als wenn ihm dasselbe von seinen Geschlechtsgenossen widerfahren wäre.«[19]

Dies schwingt auch in einer Situation mit, die am 22. Februar 1716 in Anhausen (Wied-Neuwied) protokolliert wurde. Als dort Vieh gepfändet werden sollte, bot sich ein schon zur Gewohnheit gewordenes Bild. Die Weiber kamen »hauffenweiss hinzugelauffen, ergriffen den Sergeanten gewaltthätig mit dem Halß, die andere ergriffen das kurtze Gewehr und hielten solches fest, die dritte stieße ihn aus gemelter Stallthür hinaus und warff ihn nieder auf die Erd unter die Füess und hatten demselben sein Camisol zerrissen«. Anschließend »lieffen die Weiber turmatim mit grossen Brügeln und Stecken zusammen in conspectu versamleten Männer, folgten dem Sergeanten und seiner Mannschafft von Orth zu Orthen mit lachendem Mund und verspotteten denselben«.[20] In der Grafschaft Wittgenstein waren bei ähnlichen Auftritten die Lacher auf seiten der zuschauenden Männer. Auch von ihrem »Lauern« ist die Rede.[21]

Selbst ein zweites von Suter für das Bistum Basel ins Feld geführtes Argument findet Stützen in anderen Territorien. Er erklärt ein »Vorschicken« von Frauen durch die Männer auch damit, daß Frauen wegen ihrer Stellung im Vermögensrecht für alle Delikte, die mit Geldstrafen geahndet werden mußten, nicht herangezogen werden konnten. Daß z.b. in Oberkirch 1777 gerade die Weiber die Gefangenen befreiten, könnte auf diese Weise erklärt werden. Auch daß der »Krummholz« das Gefängnis auf dem Rücken einer Frau verließ, hängt wohl mit solchen Erwägungen zusammen. »Flucht« hätte man diesen Ausgang nicht nennen können.

Dennoch scheint mir dieses das problematischere der beiden Suter'schen Erklärungsmuster zu sein. So müßte als Basis dafür auch noch genauer das eheliche Güterrecht in den jeweiligen Territorien untersucht werden,[22] insbesondere seine praktische Handhabung. Außerdem ist zu bedenken, daß statt der Vermögens- auch Gefängnis- und Körperstrafen zur Verfügung standen und in den meisten Territorien die »Rebellionstatbestände« nicht in eindeutige Delikte, denen (»rechtsstaatlich«) bestimmte Strafen zugeordnet waren, eingeteilt sind. Da gab es in der Praxis nach meinem Eindruck erhebliche Variationsspielräume für die Obrigkeiten. So wurden z.B. »rebellische Weiber« in der sächsischen Gemeinde Weberstett nach einer Aktion zu folgenden Haftstrafen verurteilt: Drei Frauen zu zwölf Tagen Gefängnis, 86 Frauen zu je sechs Tagen, eine zu vier Tagen, drei zu zwei Tagen.[23]

Sieht man diese Auftritte aber unter dem allgemeinen Gesichtspunkt der »Stellung der Frau in der ländlichen Gesellschaft« durch, so muß, selbst wenn man Suters Argumentation nicht in allen Einzelheiten folgen kann, an dieser Stelle eigentlich ein deprimierendes Fazit kommen. In dieser Sicht wäre der Titel »Rebellische Weiber« unangebracht. »Frauen in der Rebellion« oder »Der Einsatz von Frauen in der Rebellion« wäre eher angemessen. Das Bild hellt sich auch nicht auf, wenn man den weiteren Zusammenhang betrachtet, in dem die beschriebenen Aktionen stehen.

Es ist mittlerweile eine Binsenweisheit, daß die bäuerlichen kollektiven Proteste des 17. und 18. Jahrhunderts alle in gerichtliche Verfahren eingebunden waren. Es ist darüber hinaus zu zeigen, daß die meisten der kollektiven Aktionen – unabhängig vom Geschlecht der Teilnehmer – in den wenigsten Fäl-

len »spontan«, sondern auf dieses Gerichtsverfahren bezogen
waren. Konkret: Widerstand gegen Pfändungen wurde meist
nur in einem bestimmten Stadium des Prozesses geleistet.[24]
Diese strategischen und taktischen Kalkulationen wurden aber
von den »ordentlichen« Gemeindeversammlungen durchge-
sprochen, und auf dieser Ebene ist eine gleichberechtigte Teilnahme von Frauen bisher nicht nachgewiesen worden. Noch
mehr gilt dies für die Spitzen einer Bauernbewegung, die sog.
»Rädelsführer«. Sie wurden von den Bauern »Deputierte« genannt und meist an den Sitz des jeweiligen Gerichts (im 18.
Jahrhundert meist Wien oder Wetzlar) delegiert. Sie blieben oft
Jahre von zuhause weg und erwarben sich großes Wissen und
Autorität.[25] Ihren Anweisungen hatten die Gemeinden daheim
oft Folge zu leisten. Wenn diese Art der männlichen Dominanz
sich verselbständigte, konnte es vorkommen, daß Versuche
von Obrigkeiten, die Frauen eines Dorfes gegen die »Rebellen«
auszuspielen, nicht aussichtslos blieben. Insbesondere die mit
der Organisation eines Prozesses anscheinend unvermeidlich
verbundenen langen Wirtshausaufenthalte der Männer boten
dafür einen Ansatzpunkt.[26]

In den meisten Fällen scheint jedoch die Gemeinsamkeit der
Interessen, soweit sie den Konfliktgegenstand betraf, stärker
gewesen zu sein als mögliche Fraktionierungen und Segmen-
tierungen, die wohl im wesentlichen auf die Art des Konflikt-
austrags zu beziehen sind. So gab es nicht selten Situationen, in
denen Frauen nicht erst lange zu »Tätlichkeiten« aufgefordert
werden mußten.

Bei der Konzentration auf Pfändungen und Gefangennahmen bzw. -befreiungen wurde eine Art von kollektiven Aktionen bisher übergangen, die ich »demonstrative Okkupationen« nennen möchte.[27] In vielen Prozessen ging es nicht nur
darum, Zumutungen von Obrigkeiten, etwa neue Abgaben,
abzuwehren, sondern Rechte zu behaupten. Wenn z.B. ein
Wald – im Laufe des 18. Jahrhunderts beinahe die Regel – bäuerlicher Nutzung versperrt wurde, war es für die bäuerliche
Seite nötig, ihren »Besitz« de facto aufrechtzuerhalten. Bei einigen solcher Besetzungen sehen wir nun wieder Frauen in Aktion.

U.a. war dies am 11. Juli 1741 in der sächsischen Gemeinde
Weberstett der Fall. Dort war ein Stück Wiese zwischen der Gemeinde und der Dorfherrschaft strittig. Die Gerichtsherrschaft

machte das Recht geltend, dort ihre Pferde grasen zu lassen.
Obwohl den Bauern das Verbot, dieses Stück zu nutzen, noch
am 10. Juli 1741 eingeschärft worden war, sind am 11. nach dem
Bericht des Gerichtsknechts »morgens zwischen drey und vier
Uhr die Weibs-Personen des gantzen Orths, und zwar jede mit
einer Sichel und einem Prügel in der Hand, hinaus auf bemel-
ten Rasen gefallen, hätten ihn über die Helffte und weiter, als
gewöhnlich, eigenmächtiger Weise hinweggehauen: Und ob er
[der Gerichtsknecht, W.T.] schon solches auf Befehl der Ge-
richts-Obrigkeit ihnen verboten [...] so hätte doch alles nichts
gefruchtet, sondern sie wären mit dem größten Lärm und Aus-
stoßung derer härtesten Drohungen fortgefahren, und das auf-
gebotene Weibs-Volck habe sich an kein gerichtliches Verboth
gekehret, indem es wenigstens aus 150 Personen bestanden.«
Dem Gerichtsdiener riefen sie, als er sich näherte, »im Truppe«
zu: »Wenn er was anfänget, hauet ihm die Sichel in den Kopf,
hauet ihm Arme und Beine herunter.« Die »alte Brackin«, berichtete er weiter, sei auch »mit der Sichel auf ihn loßgangen«,
der Hieb konnte jedoch pariert werden.[28]

Vergleichbar waren die Aktionen von Frauen in der Grafschaft Wittgenstein. Dort ging es um Waldnutzungen, z.T. um
eine Art Haubergswirtschaft, die die Obrigkeit aus »forstöko-
nomischen« Gründen abstellen wollte. »Gebannt« wurde auch
das Sammeln von Streu- und Futterlaub. Am 20. Mai 1721 stellte Förster Johannes Daum aus Puderbach mehrere Frauen bei
dieser verbotenen Tätigkeit, die sich gegen seine Pfändungs-
versuche nicht nur mit konventionellen Mitteln zur Wehr setzten, »sondern auch gar ihn gesteiniget und somit mit Steinen
biß in das Dorf gejaget, auch zu 3en Malen getroffen, einmal
auf das rechte Auge, 2tens auff den Arm und 3tens auff den
Rücken«. Ähnliches war am 10. Mai dem schon erwähnten
Forstknecht Fischer passiert, als er versucht hatte, einer Frau
aus Hesselbach den Rechen zu entreißen. Sie rief ihre Mutter
und ihre Schwester zu Hilfe, während sie selbst den Forstknecht vor das Schienbein trat, »daß ihm die Haut fingerslang
abgegangen [...], wornach sie alle 3 ihn nicht allein greulich
ausgescholten sondern auch allesamt mit Steinen auf ihn
geworffen, so daß er mit der verkerten Flinten um sich zu
schlagen begonnen, und sich wegen der vielen Steine kaum
retiriren können«. Das gleiche Schauspiel wiederholte sich später bei Laasphe. Am 16. März 1723 hatten die Förster Zode und

Arnold einer Frau den Rechen abgenommen und das Laub zerstreut. Die Drohung der Frau, »sie wolte andern Tags mit einer ganzen Kompanie kommen«, nahmen die Förster nicht ernst. Am Nachmittag des folgenden Tages sahen sich die Förster aber gleich zwölf Frauen gegenüber, die gemeinsam Laub zusammenrechten. Zwar gelang es den Förstern wiederum, das Laub zu zerstreuen, worauf die Frauen jedoch Zode »niedergerissen und mit Steinen auff ihn geworffen« hatten, »daß wann der Förster Arnold ihm nicht wäre zu Hülffe gekommen, sie ihn zu Tode gesteiniget oder geschlagen hätten«.[29]

Was diese Aktionen von der Abwehr der Pfändungen im Dorf unterscheidet, an denen auch Männer beteiligt waren, war ein deutliches Mehr an Gewalt. Das Treten, Mit-der-Sichel-Schlagen, die Steinigung gar kam im innerdörflichen Geschiebe und Gezerre um Pfänder eigentlich kaum vor. Auch das Zerreißen eines Uniformhemdes in der Grafschaft Wied-Neuwied – es ist auch für Wittgenstein überliefert[30] – wurde bekanntlich den Frauen zugeschrieben. Ihre Aktionen sind – meinem Eindruck nach – wilder, sie können sich bei ihren Auftritten mehr ausleben, tiefer in das Arsenal eines volkstümlichen Symbolismus greifen[31] als die vorsichtiger kalkulierenden Männer. Dies ist logisch kein Argument gegen die von Suter festgestellte Richtung der »Veranlassung«, stammt doch die Vermutung des Forstknechts Fischer, die vorhin zur Abstützung dieses Arguments angeführt wurde, gerade aus der Grafschaft Wittgenstein. Auch das »Grasholen« in Weberstett war offenbar keine »autonome« Frauenaktion. »Als das meiste Gras niedergehauen gewesen«, ist nämlich nach dem Bericht des Gerichtsdieners »eine grose Anzahl hiesiger Unterthanen und fürnehmlich von der Vormundschaft [...] acht Personen, mit aufgebothener Mannschafft und in Händen habenden Stöcken, etwan eine halbe Stunde nacher hinausgegangen kommen«.[32] Spürbar ist aber v.a. in den Wittgensteiner Auftritten das emotionale Engagement der Frauen. Es festigt sich der Eindruck, daß Frauen in diesen Fällen keineswegs passive Werkzeuge der Männer sind, vielmehr der Art des Vorgehens ihren Stempel aufdrücken.

Ich glaube, es ist kein Zufall, daß dieses Engagement bei »demonstrativen Okkupationen« besonders stark ist. Vielleicht ist dies damit zu erklären, daß sowohl das Laurechen in der Grafschaft Wittgenstein wie auch das Grasholen in der sächsischen Gemeinde Weberstett zu denjenigen Arbeiten gehörte, die Frauen auch sonst eigenverantwortlich wahrnahmen.[33] Dieses Argument könnte mutatis mutandis auch für einen Großteil der Pfändungen zutreffen. Dabei ging es vielfach um Gerätschaften, die in die Obhut der Frauen gehörten,[34] z.B. Hausrat. Inwieweit dies in der Grafschaft Neuwied auch für das Vieh galt, kann ich nicht detailliert nachweisen. So ist z.B. nicht klar, ob z.B. das Rindvieh, das Hauptobjekt der Pfändungen, von den Frauen gefüttert wurde. Immerhin ist am 16. Februar 1716 in Oberbieber davon die Rede, die Weiber hätten »ihre« Stallungen versperrt.[35]

Die Aktionen der Frauen sind vielleicht in einigen Aspekten Hinweis auf eine inferiore Stellung, die »Veranlassungen« entgegenzunehmen hatte. Andererseits sind sie aber auch nicht zuletzt in ihrer Emotionalität ein Indiz dafür, wie sehr sich Frauen in der jeweiligen Situation mit ihrem Arbeitsbereich identifizierten und ihn verteidigten. Entscheidend ist hier, möchte ich meinen, nicht die Eigentumsbeziehung, sondern der unmittelbare Umgang mit einer umkämpften Sache. Dies verführt zu einigen hypothetischen Überlegungen zum Charakter der geschlechtlichen Arbeitsteilung in der ländlichen Gesellschaft des 18. Jahrhunderts. Auffällig ist z.B., daß die Frauen in Wittgenstein, denen die Förster nach ersten Auseinandersetzungen weitere Maßnahmen gegen das Laubsammeln angedroht hatten, zum nächsten Termin nicht ihre Männer, sondern Geschlechtsgenossinnen mitnahmen. Weibliche Arbeit erscheint – zumindest im Widerstand – in dieser Perspektive weniger in »den Betrieb« eingebunden als in ihrer konkreten Verrichtung in das Kollektiv der Dorffrauen eingebettet. Was diese gemeinsame weibliche Arbeitsverrichtung (auch zu anderen Gelegenheiten, etwa dem Waschen) für die Geschichte der »Familiarisierung der Arbeitsverhältnisse«[36] einerseits und für die gruppen- bzw. geschlechtsbezogene dörfliche Gemeinsamkeit andererseits bedeutet, müßte allerdings als Forschungsaufgabe noch weiter konzeptualisiert werden. Daß die Männer in Weberstett den Frauen ihre Arbeit durch späteres Erscheinen abschirmten, zeigt umgekehrt auch, wie sie diesen Bereich der (nicht »ihrer«) Frauen respektierten.

In diesem Zusammenhang wäre auch zu erwägen, ob das »Lassen« der Quellen, mit dem der Übergang der »rebellischen« Initiative von den Männern auf die Frauen oft bezeichnet wird, auch als »Zulassen« statt (wie bisher mit Suter) als

»Veranlassen« verstanden werden kann.[37] Zwar liegt auch im
»Zulassen« ein leichtes »Prä« bei den Männern, es würde aber
voraussetzen, daß die Frauenseite eine aktive und konsistente
Haltung zu Formen des Widerstandes (etwa in ihrer eigentüm-
lichen »Öffentlichkeit«[38]) herausgebildet hat. Nur auf einer solchen logischen Grundlage ist z.B. die Ausübung des »Weiber-
rechts« im Protest denkbar. Der Schluß liegt dann nahe, daß es
in den Dörfern zwei voneinander relativ unabhängige Säulen
des Widerstandes gegeben hat, deren Zusammenwirken auch
als Zusammen*spiel* möglich ist, das z.B. in der Choreographie
der jeweiligen Situation in Erscheinung tritt, im »Vorgehen«
der Frauen ebenso wie im »Begleiten«, »Lachen« und »Lauern«
der Männer.

Somit müßte geklärt werden, ob Frauen in der Rebellion immer nur dann aktiv werden, wenn es situativ (z.B. bei einer
Pfändung) um ihren Bereich ging oder ob sie auch den Verlauf
des Protestes und Prozesses insgesamt begleiteten und gestalteten. Bevor einige Überlegungen dazu präsentiert werden sollen, möchte ich noch darauf hinweisen, daß es Fälle gab, in denen Veranlassungen (wenn man sich auf ein solches Quellen-
verständnis beschränken möchte) auch in einer der bisherigen
Betrachtung entgegengesetzten Richtung verlaufen konnten.
So waren es am 21. April 1727 im Gericht Mockstadt in der Wetterau die Frauen, die ihre Männer, die angesichts einer ganzen
Kompanie Soldaten schon resignieren wollten, zum Durchhalten aufriefen. Johann Blochs Frau und Johannes Eichs Tochter
z.B. hatten »aus vollem Halß dem Haufen Bauren Pöbel zuge-
rufen, die übrigen, so noch mit keinen Stangen versehen, sollten Steine nehmen und die Hundt, die Soldaten verstehend,
todt werfen, sie wollten auch helfen«.[39] In der Grafschaft Ho-
henzollern-Hechingen hatten sich die Männer eine recht flexi-
ble Art des »Widerstandes« überlegt. Dort verließen sie bisweilen, wenn sich Soldaten näherten, die Dörfer, z.T. mit der Viehherde und hielten sich längere Zeit jenseits der Landesgrenzen
auf. Als herrschaftliche Beamte die Frauen, die in den Dörfern
verblieben waren, zur Rede stellen wollten, mußten sie eine für
sie überraschende Erfahrung machen: »Die zurück gebliebene
Weiber waren meistentheils um kein Haar besser als die aus-
getrettene Männer, [...] kaum der dritte Theil noch auf dem guten Wege, die übrige aber so verstockt waren, daß sie ihrer
Männer höchst-straffbare Facta allerdings billigten, auch ohne

Scheu antworteten: sie hätten theils ihre Männer und Söhne selbst fortgehen heissen.«[40]

Auch in der Grafschaft Neuwied nahmen »Veranlassungen« bei konkreten Aktionen diesen Weg. So wurden Soldaten am 13. Juli 1722, als sie erneut Vieh aus Anhausen abholen sollten, »von den Weibern [...] wieder [!] verfolgt«, die »durch Geschrey und Zuruffen ahn ihre Männer, warum lasset ihr nicht auf die Glocken schlagen«, immerhin veranlaßten, daß ein Mann beisprang, in der Pose, »sein Leib und Leben zu wagen im Zustandt seiner Frauwen« (was taten die Frauen anderes?), und bei der Befreiung des Viehs half. Etwas anders stellte sich die Situation am 23. März 1716 dar, als die Selterser Bauern 26 Soldaten vertrieben und »die Weiber ihnen [...] mit Messern in den Händen nachgeloffen« waren. Als die Männer schon das Vieh aus dem Dorf lassen wollten, hätten ihnen – so der Bericht der Soldaten – »die Weiber verhiesen, sie währen nicht mehr wehrt, daß sie bey ihnen schliefen, wenn sie solches zuließen«.[41]

Ob diese unmißverständliche Verheißung mit dem Verhältnis der Frauen zum Hauptgegenstand des Bauernprotests in der Grafschaft Wied-Neuwied, dem Wald, zusammenhing, ist wiederum nicht eindeutig zu klären. Auch aus anderen Territorien, etwa der mehrfach erwähnten Grafschaft Wittgenstein, ist immerhin bekannt, daß gerade die Frauen an der Waldnutzung erheblichen Anteil hatten: Beerensammeln, Reisigmachen, Streu- und Futterlaubholen fiel in ihren Bereich.[42] Auf dem Hintergrund dieser Prämisse wäre das Engagement, mit dem Frauen gegen Pfändungen auch anderswo auftraten, durchaus nicht nur auf die jeweilige Situation zu beziehen, sondern auf den Hauptgegenstand und damit auf die ganze, beinahe hundertjährige Dauer z.B. des neuwiedischen oder hohenzollerischen »Landesprozesses«.

Dies ist auch, versteht man das »Lassen« der Quellen mindestens *auch* als »Zulassen«, logisch der einzig vertretbare Schluß. Die nachweisbare »Gegenrichtung« im »Zulassen« bzw. »Veranlassen« (von den Frauen an die Männer) scheint mir zudem ein weiteres Indiz für die nachgerade notwendige Existenz zweier Säulen des Widerstandes in der Gemeinde zu sein. Sie standen freilich nicht unverbunden nebeneinander, ist doch die Tatsache des paarigen »Hausens« auch in der Rebellion nicht aus der Welt zu schaffen. In der jeweiligen Situation aber gab die Dialektik von Nähe und Distanz zwischen Männern und

Frauen im Dorf, zwischen paarigem »Hausen« und geschlechtsspezifisch organisierter Arbeit und Geselligkeit den Rebellen die Chance, eine unwissende Obrigkeit in ein Verwirrspiel gegenseitiger Spiegelungen, Anweisungen, Anspielungen, von Lauern, Warten, Verkleiden und Verkehren,[43] zu verstricken.

Daß andererseits das Thema »Frauen und Prozeß« zumindest vorläufig[44] eine Fehlanzeige bleibt, liegt daran, daß bei diesen Aktivitäten, bei denen es um Außenvertretung geht, Frauen selten in Erscheinung traten. Es kann auch nicht unerwähnt bleiben, daß der prozessuale Austrag, der für eine Bauernbewegung insgesamt (und daran möchte ich bei aller Segmentierung festhalten) deutlich weitere Perspektiven zum Denken und Handeln öffnete,[45] die männliche Säule des Widerstands einseitig in den Vordergrund schob. Inwieweit dies (in der Verfestigung) die »politischen« Verhältnisse der Geschlechter in den Dörfern dauerhaft verändern konnte, ist eine offene Frage. Eine vorschnelle Antwort allerdings übersähe nicht nur die hier dargestellte situative Bedeutung der »Hälfte der Gemeinde«, sondern auch die Möglichkeiten des informellen Einflusses. Daß eine solche auch im Prozeßkontext bestand, dokumentiert ein 1702 im isenburgischen Gericht Reichenbach (Vogelsberg) abgefangener Brief einer Frau (Elisabeth Kempel) an ihren Mann, der als Deputierter in Wien weilte. Es überrascht, wie wenig »Privates« in diesem Schreiben mitgeteilt wird, beinahe ausschließlich ist darin »vom Prozeß« die Rede. Es enthielt alle Topoi,[46] die auch in anderen Briefen, die Gemeinden mit ihren Deputierten wechselten, angesprochen wurden: »Denn ich befehle Euch nun, lieber Mann«, mahnte Elisabeth Kempel, »daß ihr möget Fleiß anwenden und wohl ausrichten«. Des weiteren schilderte Elisabeth Kempel, wie sie sich dem Amtmann gegenüber, der nach dem Verbleib ihres Mannes forschte, als unwissende Frau darstellte.[47] Quellenbefunde als Resultate von Verstellung?

Wie schwer jedenfalls eine solche ausschlaggebende Einflußnahme von Frauen zu fassen ist, zeigt eine andere Episode, die uns wieder in die Ortenau führt. Dort wurde vom Jahre 1748 an ein Floßkanal vom württembergischen Lenderswald bis an den Rhein gegraben; die Hauptstrecke führte durch den sogenannten Maiwald, einen sumpfigen Auwald am Rheinufer. Durch diesen Kanal sollte Holz aus dem Lenderswald in den Rhein geflößt werden, um dann u.a. nach Holland verkauft zu werden.[48] Der Kanal war noch nicht ganz fertig, als Daniel Kück, der Chef der Lenderswald-Holzhandlungskompanie, am 14. Juli 1750 berichtete, daß »gestrigen Montag den dreyzehnten hujus eine grosse Anzahl von viel hundert Personen hochfürstlich-bischöflich-straßburgischer Maiwaldgenossen von Renchen, Ulm und Wald-Ulm in unterschiedliche Hauffen getheilet mit allerhand Wehr und Waffen zur Bedeckung und Vertheidigung ihres boshaften Absehens sich unterstunden, den Flotz-Canal in solchem Maywald tumultuose anzufallen, an unterschiedlichen Orten einzuwerfen und auszufüllen«.

Die Aktion vom Juli 1750 war der Auftakt für vier weitere, ähnliche. Die Gesamtheit der Argumentation, die Bürger und Bauern der von Kück genannten Orte zu diesem außergewöhnlichen Vorgehen motivierte, soll hier nicht interessieren. Es ging um landwirtschaftliche und »ökologische« Erwägungen, selbst die Reichssicherheit sah *man* in Gefahr. Diese Oberfläche, so scheint es mir, war jedoch teils prozeßtaktisch vorgeschoben, teils übertrieben. Es gab nämlich noch einen anderen Grund, warum gerade im Maiwald der Kanal zugeschüttet wurde. Verschiedenen Obrigkeiten und der »Kompanie« war aufgefallen, daß gerade die katholischen Pfarrer den Widerstand gegen das Bauwerk unterstützten.

Dies mag allgemein an ihrer Volksverbundenheit gelegen haben, mit Sicherheit ist ihr Verhalten aber auf ein Weistum aus dem Spätmittelalter, das Maiwald-Weistum, das 1550 schriftlich festgehalten wurde, zu beziehen. Dort waren nicht nur - wie üblich – die vielfältigen konkurrierenden Nutzungen geregelt, es waren darin auch die Kirchen von Renchen und Ulm als Eigentümer benannt. Daß der Kanalbau in den Augen der Bauern mehr war als ein Angriff auf Reichssicherheit, Autonomie und »Ökologie«, verdeutlichen einhellige Aussagen im Verhör über eine Bauernversammlung vom 24. Mai 1748: »Wäre auf dem Freyhoff im Maiwaldt von sambtlichen Waldgenossenschaften beschloßen worden, alß daß sie durch ihr Eigenthumb alß eine Gottes Gahb keinen Floots Canal leiden wolte.« Zusätzlich war im Weistum die Legende festgehalten, daß die heilige Uta von Schauenburg[49] den Kirchen und ihren Gemeinden den Wald geschenkt habe. Daher konkret die »Gottesgabe«.

Das Weistum enthielt aber auch noch eine andere »Bestimmung«, die eng mit der Formulierung von der »Gottesgabe«

zusammenhängt und unmittelbar in die Auseinandersetzungen der Jahre 1748 bis 1756 ausstrahlt. Als im August 1749 österreichische Truppen in Bataillonsstärke die rebellischen Gemeinden besetzt hielten und die Offiziere von Amtmann Fischer mit ihren Mannschaften verteilt werden sollten, in den Gemeinden also höchste Erregung herrschte, wurden Äußerungen laut, die ansonsten während der »Arbeiten« am Kanal nicht zu vernehmen waren. So schrien in Renchen »sambtliche Burger [...], wie sie in Ewigkeit nicht werden zulaßen, daß der Canal durch diesen den Witwen und Waisen vermachten Wald werde gemacht werden, ehender wolten sie das Leben lassen«. In Stadelhofen schrien »Männer und Weiber« gemeinsam, daß »alles umbsonst, indeme sie ehender alles verliehren, ja lieber sterben wolten, alß zuzugeben, daß der Canal verfertiget werden solte«. In Erlach traf der Amtmann auf eine ungewöhnliche Situation. Dort hatte er »die Publication [des Einquartierungsbefehls, W.T.] thun lassen, welche eben so viel Männer als Weiber angehöret. Die letztere[!] waren ziemlich gelaßen, die Weiber aber schryheten wie die Zanbrecher und sagten alle, daß sie einmal nicht zuließen [!] konnten, daß der Canal in den Wittwen und Waißen zugehörigen Guth solte gemacht werden.«

Tatsächlich war im Weistum auch enthalten, daß die Schenkung der Uta von Schauenburg Witwen und Waisen zugute kommen sollte. Wenn es auch unwahrscheinlich ist, daß dies im 18. Jahrhundert (auch vor dem Kanalbau) noch praktisch gehandhabt wurde, so fühlten sich doch die potentiellen Witwen für den Maiwald in besonderer Weise verantwortlich. Eine Gottesgabe, Witwen und Waisen zugehörig, die Gelassenheit der Männer konnte auf dieser Grundlage nicht von langer Dauer sein. Zwar traten in den Aktionen am Kanal Frauen nicht als besondere Gruppe in Erscheinung, man geht jedoch nicht fehl, wenn man den später spürbaren Radikalismus der Männer zumindest *auch* ihrem Einfluß zuschreibt. Immerhin ließen es sich auch die Frauen nicht nehmen, am Kanal Hand anzulegen. »Viel Leut« sah man dort, »Meidlen, Weiber, junge Bursch und alte Leut«.

Immerhin: die Äußerungen in Erlach sind das einzige Indiz für die hintergründige Triebkraft, die für diesen Prozeß von den Frauen ausging. Eine Reflektion über diese Quellenlage wäre dazu angetan, die Sicherheit, die vielerorts bei der »Einschätzung« frühneuzeitlicher Bauernbewegungen herrscht(e), zu erschüttern. Sie macht vielleicht auch den hypothetischen Charakter einiger hier vorgetragener Überlegungen verständlich.

Anmerkungen

1 Als Überblick: Werner Troßbach, Bäuerlicher Widerstand in deutschen Kleinterritorien zwischen Bauernkrieg und Französischer Revolution. Einige Bemerkungen zu Formen und Gegenständen, in: Zeitschrift für Agrargeschichte und Agrarsoziologie 35 (1988), S. 1–16.

2 Werner Troßbach, Soziale Bewegung und politische Erfahrung. Bäuerlicher Protest in hessischen Territorien 1648–1806, Weingarten 1987, S. 113.

3 Fridrich Pfaff, Die Oberkircher Amazonen, in: Alemannia 14 (1913), S. 156f.

4 Ein Beispiel für eine solche Äußerung: Fürstlich Wiedisches Archiv Neuwied (im folgenden FWAN) 103–5–4, 12. August 1718 (Bericht des Hauptmanns v. Marteauville).

5 Troßbach (wie Anm. 2), S. 122.

6 Karl Siegfried Bader, Das Dorf, Bd. II (Dorfgenossenschaft und Dorfgemeinde), Wien 1974, S. 293.

7 Edward P. Thompson, Die moralische Ökonomie der englischen Unterschichten im 18. Jahrhundert, in: Ders., Plebeische Kultur und moralische Ökonomie. Aufsätze zur englischen Sozialgeschichte des 18. und 19. Jahrhunderts, hg. von Dieter Groh, Frankfurt/M. 1980, S. 66–130, hier S. 106f.; Georges Rudé, Die Volksmassen in der Geschichte. Unruhen, Aufstände und Revolutionen in England und Frankreich 1730–1848, Frankfurt/M. 1979, S. 99; Louise A. Tilly, The food riot as a form of political conflict in France, in: Journal of Interdisciplinary History 2 (1971), S. 23–57. Die Teilnahme von Frauen wurde freilich relativiert und neu bewertet von: John Bohstedt, The Myth of the Feminine Food Riot, in: Harriet B. Applewhite/Darline G. Levy (Hg.), Women and Politics in the Age of the Democratic Revolution, Ann Arbor 1990, S. 84–107. S. auch Ders.: Moralische Ökonomie und historischer Kontext, in: Manfred Gailus/Heinrich Volkmann (Hg.), Der Kampf um das tägliche Brot. Nahrungsmangel, Versorgungspolitik und Protest 1770–1990, Opladen 1994, S. 27–51.

8 Susanne Petersen, Brot und Kokarden – Frauenalltag in der Revolution, in: Viktoria Schmidt-Linsenhoff (Hg.), Sklavin oder Bürgerin? Französische Revolution und Neue Weiblichkeit 1760–1830, Frankfurt/M. 1989, S. 20–37.

9 S. auch: Claudia Ulbrich, Weibliche Delinquenz im 18. Jahrhundert. Eine dörfliche Fallstudie, in: Otto Ulbricht (Hg.), Von Huren und Rabenmüttern. Weibliche Kriminalität in der Frühen Neuzeit, Köln 1995, S. 281–311, hier S. 295ff.

10 Vgl. hierzu Werner Troßbach, Der Schatten der Aufklärung. Bauern, Bürger und Illuminaten in der Grafschaft Wied-Neuwied, Fulda 1991, S. 47ff.

11 FWAN 103–5–4; 103-1-7; 103–6–1; s. auch Staatsarchiv Düsseldorf, Niederrheinisch-Westfälischer Kreis II, N 4.

12 Beständige Nachricht wegen der in der Grafschaft Wittgenstein [...], o.O. 1725 (Wittgensteinisches Archiv, Laasphe, P 327 IV), S. 26 (2. Bericht des Landsekretärs Künkel).

13 Andreas Suter, »Troublen« im Fürstbistum Basel (1726–1740). Eine Fallstudie zum bäuerlichen Widerstand im 18. Jahrhundert, Göttingen 1985, S. 351.

14 Troßbach (wie Anm. 2), S. 150.

15 Ebd.

16 Troßbach (wie Anm. 10), S. 115f.

17 Werner Troßbach, Widerstand als Normalfall. Bauernunruhen in der Grafschaft Sayn-Wittgenstein-Wittgenstein 1696–1806, in: Westfälische Zeitschrift 135 (1985), S. 71.

18 Wie Anm. 16. Ob damit Verhaltensformen »abgerufen« wurden, die in anderen Situationen des Alltags ihren Platz hatten, ist für den Westerwald nicht zu entscheiden. Wie »Weiberrecht« unabhängig von Herrschaftskonflikten aussehen konnte, ist für ein Dorf in der Gegend von Kassel dargestellt worden: Christina Vanja, »Verkehrte Welt«. Das Weibergericht zu Breitenbach, einem hessischen Dorf des 17. Jahrhunderts, in: Journal für Geschichte (1986), H. 5, S. 22–29.

19 Suter (wie Anm. 13), S. 352.

20 Wie Anm. 10.

21 Wie Anm. 16.

22 Ein Beispiel: Doris Alder, Im »wahren Paradies der Weiber«? Naturrecht und rechtliche Wirklichkeit der Frauen im Preußischen Landrecht, in: Schmidt-Linsenhoff (wie Anm. 8), S. 206–222. Die schlechte Forschungslage zu diesem Thema beklagt auch Ulbrich (Anm. 9), S. 310, Anm. 93.

23 Johann Gottlob Klingner, Sammlungen zum Dorf- und Bauren-Rechte, zweyter Theil, Leipzig 1750, S. 435 (ND Leipzig 1969).

24 Troßbach (wie Anm. 2), S. 191ff.

25 Ebd., S. 230ff.

26 Troßbach (wie Anm. 2), S. 148f.; Ulbrich (wie Anm. 9), S. 297.

27 Troßbach (wie Anm. 2), S. 106.

28 Klingner (wie Anm. 23), S. 434.

29 Troßbach (wie Anm. 17), S. 69f.

30 Ebd., S. 66.

31 Beispiele bei Troßbach (wie Anm. 2), S. 88ff., 116f.

32 Wie Anm. 28.

33 Grundlegend: Günter Wiegelmann, Zum Problem der bäuerlichen Arbeitsteilung in Mitteleuropa, in: Aus Geschichte und Landeskunde (Festschrift für Franz Steinbach), Bonn 1960, S. 637ff. Zum Grasmähen und Futterholen durch Frauen: S. 659. Zur Gestalt der Graserin mit der Sichel: Karl Sigismund Kramer, Volksleben im Fürstentum Ansbach und seinen

Nachbargebieten (1500–1800), Würzburg 1961, S. 247f.; Waldarbeiten: Otto Kaufmann, Frauenarbeit im 19. Jahrhundert im Homburger Land, in: Rheinisch-Westfälische Zeitschrift für Volkskunde 18/19 (1971/72), S. 81. Auch die weibliche Alltagskriminalität betraf oft den Arbeitsbereich, s. Ulbrich (wie Anm. 9), S. 299.

34 Diese leicht zu pfändenden Mobilien hatten die Frauen oft als Mitgift eingebracht. Ein Beispiel: Hans-Jürgen Vogtherr, Die Geschichte des Brümmerhofes. Untersuchungen zur bäuerlichen Geschichte in der Lüneburger Heide, Uelzen 1986, S. 234.

35 S.o., S. 159. Wiegelmann (wie Anm. 33) geht für Norddeutschland davon aus, »daß die Frauen früher das Milchvieh im Haus überall allein fütterten und melkten und der Mann diese Arbeiten erst im Laufe der letzten fünf, sechs Jahrzehnte übernahm, zunächst das Füttern, zögernder und später das Melken« (S. 651). Schlußfolgerungen für die Westerwälder Verhältnisse im 18. Jahrhundert lassen solche globalen (und m.E. problematischen) Angaben nicht zu.

36 Heide Wunder, »Er ist die Sonn', sie ist der Mond«. Frauen in der Frühen Neuzeit, München 1992, Kap. 4.

37 Mündlicher Hinweis von Karin Hausen in der Diskussion meines Referats.

38 Regina Schulte, Bevor das Gerede zum Tratsch wird. Das Sagen der Frauen in der bäuerlich-dörflichen Welt Bayerns im 19. Jahrhundert, in: Journal für Geschichte (1985), H. 2, S. 16.

39 Troßbach (wie Anm. 2), S. 151f.

40 Wahrhaffte und Acten-maessige kurtze Erzehlung deren von denen Hohenzollern-Hechingischen Leib-eigenen Unterthanen wider Ihre jeweilige Landes Hohe Landes-Herrschaft von anderthalb Seculis her veruebten vielmahligen Aufruhren [...], o.O. o.J. (1734), XLI. Zum Zusammenhang: Johannes Cramer, Die Grafschaft Hohenzollern. Ein Bild süddeutscher Volkszustände, Stuttgart 1873, S. 289ff.

41 Troßbach (wie Anm. 10), S. 118.

42 Kaufmann (wie Anm. 33), S. 81. S. auch: Christina Vanja, Frauen im Dorf. Ihre Stellung unter besonderer Berücksichtigung landgräflich-hessischer Quellen des späten Mittelalters, in: Zeitschrift für Agrargeschichte und Agrarsoziologie 34 (1987), S. 149.

43 Zum Auftreten von Männern in Frauenkleidern: Suter (wie Anm. 13), S. 355.

44 Nach der Fertigstellung des Manuskripts erschien eine Arbeit zur westfälischen Herrschaft Canstein, die nachweisen konnte, daß eine verheiratete Frau an der Organisation des Prozesses führend beteiligt war: Barbara Krug-Richter, »Eß gehet die bauren ahn und nicht die herren.« Die Auseinandersetzungen um die Einführung neuer Dienste in der westfälischen Herrschaft Canstein 1710–1719, in: Jan Peters (Hg.), Konflikt und Kontrolle in Gutsherrschaftsgesellschaften. Über Resistenz- und Herrschaftsverhalten in ländlichen Sozialgebilden der Frühen Neuzeit, Göttingen 1995, S. 153–200, hier S. 183ff.

45 Werner Troßbach, Raum, Zeit und Schrift. Dimensionen politisch-

sozialen Handelns von Bauern in einigen Kleinterritorien (17. und 18. Jahrhundert), in: Jan Peters (Hg.), Gutsherrschaft als soziales Modell. Vergleichende Untersuchungen zur Funktionsweise frühneuzeitlicher Agrargesellschaften, München 1995, S. 405–418.

46 Troßbach (wie Anm. 2), S. 230ff.

47 Ebd., S. 152.

48 Einzelnachweise bei: Werner Troßbach, Der »Maiwald-Kanal«. Politische Ökonomie und kulturelle Identität in der Ortenau (1748–1756), in: Francia 15 (1987), S. 351ff.

49 Hansmartin Schwarzmaier, Uta von Schauenburg, die Gemahlin Welfs VI., in: Zeitschrift für die Geschichte des Oberrheins 142 (NF 103) (1994), S. 1–17.

Rainer Walz

Schimpfende Weiber

Frauen in lippischen Beleidigungsprozessen
des 17. Jahrhunderts

I

Die Geschichte der frühneuzeitlichen Hexenverfolgung gehört zu den großen Themen der Frühneuzeitforschung.[1] Die große Zahl der Studien zu lokalen und regionalen Verlaufsformen sowie zu wichtigen Einzelaspekten hat gezeigt, welche Bedeutung den Hexenverfolgungen zukommt, wenn es darum geht, vertiefte Einblicke in die Transformationsprozesse der europäischen Gesellschaften zu gewinnen.[2] Nicht in gleichem Maße gewachsen ist die Aufklärung der Gründe, die Frauen zum bevorzugten Ziel von Hexereiverdächtigungen machten. Hier hilft nicht allein das sorgfältige Quellenstudium, verbunden mit dem Verweis auf die traditionelle Frauenfeindlichkeit der Kirche, sondern es bedarf konzeptioneller Zugriffe, um das Argumentationsbündel zu erkennen, das für die Menschen in der Frühen Neuzeit solche Überzeugungskraft besaß, daß die als schuldig überführten Frauen und Männer wie Ungeziefer vertilgt werden müßten.

Zur Erklärung des besonderen Frauenbezugs der Hexereiverdächtigung hat Robert Muchembled die wohl von Claude Lévi-Strauss übernommene Polarität von Natur-Kultur herangezogen.[3] Die Frau steht darin für die Tradition der – paradox formuliert – natürlichen Kultur in den in magischer Hinsicht wichtigen Bereichen Gesundheit, Geburt, Heirat und Tod, während der Mann williger Rezipient der von der Obrigkeit dem Dorf nahegebrachten neuzeitlichen, durch moderne Rationalität ausgezeichneten Kultur ist und sich von abergläubischen Praktiken schon entfernt hat. In der mündlichen Kultur der dörflichen Gesellschaft sind die Frauen gleichsam die Draht-

zieherinnen.[4] Ihr Gerede definiert und ordnet alles, macht alles
öffentlich.[5] Die Hexe ist einerseits die Repräsentantin der Frau
par excellence, andererseits spielt die Hexereiverdächtigung
im Gerede der Frauen eine entscheidende Rolle.[6] Als magisch
Wissende können Frauen Hexen identifizieren, Abhilfe ersin-
nen und in diesem Kontext auch in die Zukunft sehen. Dieser
Überwachung des Dorfes durch die Frauen weist Muchembled
vier Funktionen zu:

1. Unterdrückung von Kämpfen im Inneren der Gruppe,
2. Konsolidierung von deren Einheit,
3. Stärkung im Kampf gegen andere Gruppen.[7]
4. Die Hexereiverdächtigung ist »arme contre la natalité
galopante«, insofern die Frauen sie zur Verhinderung unerwünschter Heiraten einsetzen.[8]

Diese Beschreibung läßt sich gut verbinden mit der von S. C.
Rogers aufgestellten These, derzufolge der Mann zwar formal
die Macht, informell aber die Frau das Sagen hat,[9] vergleichbar
der dem Soziologen vertrauten Unterscheidung zwischen for-
meller und informeller Organisationsstruktur, aber auch der
Dialektik von Herr und Knecht bei Hegel. Man hat hier eine
Primärcodierung (Mann/Frau= Kultur/Natur= mächtig/ohn-
mächtig), die im Sekundärcode (formell/informell) aufgehoben wird. Unterstellt man einmal die Korrektheit der Aussagen, so fällt doch eine Unstimmigkeit auf: Wirkt die Frau fast
nur im Verborgenen durch ihre Rede (= Gerücht), während,
wie Muchembled auch sagt, der Mann Konflikte durch physische Gewalt löst, so kommt man schnell zur umgekehrten Glei-
chung: Mann=Gewalt=Natur, Frau=Rede=Friedlichkeit= Ra-
tionalität=Kultur. Wir müssen also neben der indirekten Auseinandersetzung (Gerücht) den direkten verbalen Angriff und
die physische Gewalt im Auge behalten. Es bietet sich daher
an, zunächst die dörfliche Konfliktaustragung im Hinblick auf
geschlechtsbezogenes Verhalten und Handeln zu befragen, um
davon ausgehend erneut die Frage nach dem besonderen Frauenbezug der Hexereiverdächtigungen zu stellen.

Die hier versuchte Analyse des dörflichen Konfliktver-
haltens in der Frühen Neuzeit orientiert sich an anderen theoretischen Vorstellungen als Muchembled: Fosters Analyse
bäuerlicher Ethnien, Redfields Konzept der *part-field-society*,
Gluckmans Analyse von *gossip*, Garfinkels Beschreibung der
denouncing strategy und Luhmanns Theorie über einfache

Sozialsysteme und Kommunikationsmedien bilden den theoretischen Rahmen. Die Charakteristika dieser dörflichen Gesellschaften sollen kurz beschrieben werden. Es handelt sich um part-field-societies,[10] die über ein bestimmtes, im Lauf der Zeit sich einschränkendes Ausmaß an Autonomie verfügen. Die Interaktion ist zuallermeist direkt, findet unter Anwesenden statt, die Moral ist Achtungsmoral.[11] Die moralische Position oder Ehre eines Mitgliedes dieser Gesellschaft wird auf dem durch das Gerücht bestimmten Achtungsmarkt festgelegt. Das Gerücht dient neben diesem Zweck, die moralische Ordnung zu etablieren, in der täglichen Praxis zu vollziehen und zu bestätigen, wohl auch dazu, konkrete Interessen gegen jemanden hinter dessen Rücken durchzusetzen. Der bekannte Ethnologe M. Gluckman weist dem Klatsch die Aufgabe der Gruppenintegration zu. Durch Klatsch und Angst vor Klatsch wird die moralische Ordnung solcher Gruppen realisiert. Klatsch dient auch der Einordnung von Menschen in die Hierarchie der Gruppe, markiert Außenseiter bzw. unterscheidet die Gruppe von anderen Gruppen. Der Klatsch über Dritte ermöglicht es, trotz eines Konflikts mit diesen offiziell auf gutem Fuß zu stehen.[12]

Neben all dem ist der Klatsch auch ein Indiz für Konflikte. Diese gibt es in den beschriebenen Gesellschaften in großer Zahl. Eine Erklärung dafür liefert G. M. Foster.[13] Er geht davon aus, daß die bäuerliche Vorstellung von Produktion und Konsum durch das Prinzip der Summenkonstanz bestimmt ist. Der bäuerlichen Mentalität ist die Vorstellung von einem Anwachsen der Gütermenge nicht vertraut, der Zugewinn des einen wird deswegen als Verlust des anderen interpretiert. Diese Denkweise gilt nach Foster auch für andere Bereiche wie Freundschaft, Liebe, Gesundheit und Ehre. Mißtrauische Beobachtung und Verdächtigung des glücklicheren Nachbarn folgen daraus. Der eigene Mißerfolg wird ihm als Gewinn attribuiert. Ein tiefergehendes Verständnis der Konflikte in dörflichen Gesellschaften liefert die Theorie kleiner Sozialsysteme, wie sie Niklas Luhmann vorgelegt hat.[14] Während moderne Gesellschaften durch ein hohes, verhältnismäßig streitfreies Negationspotential ausgezeichnet sind, müssen in kleinen Sozialsystemen Konflikte immer in der direkten Interaktion bewältigt werden. »Interaktionsnah strukturierte archaische Gesellschaftssysteme finden sich den entsprechenden Beschränkungen [der Diskussion auf ein Thema, R.W.] ausgesetzt. Sie stehen beständig vor der Alternative der Konfliktunterdrükkung oder des offenen und gewaltnahen Streites«.[15] D.h. einfache Sozialsysteme können Konflikte nicht nebenbei erledigen, sondern müssen sich, wenn sie einmal auftauchen, voll auf sie konzentrieren, entweder zu ihrer Lösung oder Unterdrückung. Der Konflikt kann nicht zur Spezialbehandlung einem Subsystem überwiesen werden, damit die Interaktion friedlich weiterläuft. Mißtrauen und Gewaltbereitschaft sind auf das Fehlen von Kommunikationsmedien wie Geld, Liebe, Wahrheit und Glaube zurückzuführen, welche in differenzierten Gesellschaften die einzelnen Subsysteme steuern. Bei Austauschprozessen kann sowohl eine Forderung als auch deren Negation wegen der vorgestellten Summenkonstanz schwer ertragen werden.[16] Um Dauerstreit zu vermeiden, entwickeln archaische Gesellschaften deswegen oft in beeindruckendem Umfang Konfliktvermeidungs- oder Konfliktmilderungsrituale. Berühmt ist der Singwettbewerb der Eskimos, in welchem ein Streit in ritualisierter Form ausgetragen wird. Bei den Trobriandern gab es das buritila ulo, einen Wettbewerb, der den bei ungleichen Ernteerträgen entstehenden Haß und Neid kanalisieren sollte.[17] In einer durch Achtungsmoral charakterisierten Gesellschaft entsteht bei einer direkten Konfrontation nicht nur ein Sachkonflikt, sondern ein solcher um die Stellung der beteiligten Personen in der Gesellschaft. Er wird deswegen als »ceremony of status degradation« ausgetragen, wie H. Garfinkel diese beschrieben hat.[18] Bei ihr zielt die Erniedrigung von Gegnern auf deren Umwertung als Personen ab. Eine solche Auseindersetzung hat agonalen Charakter, weil sie vor Zuschauern stattfindet, die für die eigene Sicht gewonnen werden müssen.

Da Fähigkeit zur Erhaltung des Besitzes und der Ehre eng aneinander gekoppelt sind – die Ehre erfordert die Verteidigung des Besitzes –, ist auch bei der Existenz von Gerichtsorganisationen sehr viel Selbsthilfe bzw. bäuerliche Fehde zu beobachten: die Ehre scheint es oft zu verbieten, bis zum Austrag einer Sache ruhig abzuwarten. Ein verbaler Angriff auf die Ehre wird oft durch Retorsion pariert, d.h. man gibt z.B. einen Diebstahlsvorwurf mit der Beschimpfung als Dieb oder ähnlichem zurück.

Es scheint, daß diese moralische Ordnung durch eine magisch-kosmische Struktur, durch die Vorstellung einer imma-

nenten, das Unrecht des Gegners strafenden Gerechtigkeit ab-
gestützt wird. Als immanent wird sie hier bezeichnet, weil sie
vermutlich vorchristlichen Ursprungs ist und sich damit schon
vor einer Hochreligion entwickelt hat.[19]

Stimmen diese Ausführungen, so muß die oben erwähnte
Fragestellung Muchembleds erweitert werden. Welche Stellung hat die Frau in der agonalen Auseinandersetzung? Gibt es
spezifisch weibliche Formen der Agonalität, haben Frauen einen eigenen Bereich der Ehre? Drei Bereiche müssen dazu untersucht werden:

1. Das Gerücht als Form der indirekten Auseinandersetzung.

2. Die direkte verbale Konfrontation/denouncing strategies.

3. Die physische Auseinandersetzung.

Die quantitative Erhebung wurde im Rahmen einer Untersuchung über Hexenprozesse in drei lippischen Ortschaften
(um 1650 für Schwelentrup circa 200 Einwohner, Bösingfeld
circa 500 Einwohner, Humfeld circa 300 Einwohner) für die
Zeit von 1598–1618 (Lücke 1602–1607) und 1649 bis 1669 durchgeführt.[20] Es handelt sich um eine stark durch protoindustri-
elles Textilgewerbe bestimmte Region, in der ja Frauen eher
eine größere Selbständigkeit hatten als in traditionell agrarischen Gebieten. Ab und zu werden auch Beispiele aus benachbarten Orten zitiert. In insgesamt circa 3150 Fällen mit circa
4500 Delikten und 2700 angeklagten Männern und 600 angeklagten Frauen gab es 1300 Verbaldelikte, 1000 Körperverletzungen und 1070 Eigentumsdelikte. Der Rest verteilt sich auf
Sexualdelikte (circa 200), Kirche/Ordnung (320), Fronverwei-
gerung und Steuer- bzw. Abgabedelikte (circa 140) und andere.
Während die Verbaldelikte zwischen den Geschlechtern (ungefähr je 160 Mal beschimpft eine Frau einen Mann und umgekehrt) gleich zahlreich sind, überwiegen diejenigen zwischen
Männern (720) die zwischen Frauen (110) bei weitem.[21] Selbst
wenn man berücksichtigt, daß insgesamt viel weniger Frauen
vor Gericht kamen, kann keine Rede davon sein, daß Frauen
bei Verbaldelikten eine bedeutendere Rolle spielten als Männer. Man kann daraus verschiedene Folgerungen ziehen:

1. Die *parole des hommes* dominierte im Dorf.

2. Für Männer war Ehre wichtiger, deswegen klagten sie bei
Ehrminderungen häufiger als Frauen. Die Quellen wirken also
verzerrend.

3. Frauen zeigten viel weniger agonales Verhalten, waren also friedlicher als das andere Geschlecht.

4. Die Männer wurden, wie Muchembleds These im Grunde besagt, von im Hintergrund wirkenden Frauen dirigiert.

II

Zunächst soll das Gerücht analysiert werden. Bei der Durchsicht von Kontrollmaterial zu den Hexenprozessen ergibt sich, daß – anders als von Muchembled beschrieben – auch Männer als Drahtzieher wirkten. In dem Flecken Bösingfeld kam es 1661/62 zum intensivsten Hexereigerede im Untersuchungsgebiet. Die Mutter eines reichen Einwohners mit guten Beziehungen zur Detmolder Residenz wurde als Hexe verdächtigt. Es gelang ihrem Sohn, eine Inquisition wegen Verleumdung in Gang zu bringen. Zunächst inquirierte man gegen Frauen, doch stellte sich heraus, daß – ganz im Gegensatz zu Muchembleds und wohl auch der Inquisitoren Vorstellung – alles von zwei jungen Männern angezettelt worden war. Sie hatten sich die Hexen im Dorf keineswegs von Frauen identifizieren lassen, sondern dies mit einer eigenen magischen Praktik getan, dann aber durchaus Frauen benützt, um den Verdacht unter die Leute zu bringen.[22] In Stemmen löste 1667 der Sohn einer als Hexe hingerichteten Frau ein wildes Hexengerede aus, indem er behauptete, seine Mutter habe ihm bestimmte Männer und Frauen als Teilnehmer am Tanz genannt.[23] Er verbreitete diese Verleumdungen, um sich an bestimmten Leuten zu rächen. Insgesamt kann bei den durchgearbeiteten Prozessen ein eindeutiges Übergewicht von Frauen bei der Einkreisung einer Verdächtigen nicht festgestellt werden.[24] Offensichtlich ging Muchembled nicht nach dem Falsifikations-, sondern nach dem Verifikationsprinzip vor: Er suchte nicht nach Kontrollmaterial für seine These, ließ also das Gerede von Männern ganz außer acht. Zwar gab es Gelegenheiten für einen isolierten weiblichen Diskurs, z.B. bei Geburten, wo anscheinend oft über Hexen geredet wurde. Die feststehende Formel für ein verbreitetes Gerücht ist aber in lippischen Quellen »Mühlen- und Straßenmär«. An der Mühle, wo viel geschwätzt wurde, hielten sich mindestens ebenso häufig Männer auf, so daß kein spezifisch weiblicher Diskurs entstehen konnte. Da die Waschplätze in

Lippe wohl auch dem Garnwaschen dienten, dürften hier sehr
häufig Männer gewesen sein! In Wirtshäusern, wo Frauen eher
abwesend waren, redete man über Hexen, und es entstanden
dabei Gerüchte. Auch wenn Männer, wie es oft der Fall war,
eingegangene Pferde und Kühe zum Abdecker brachten, um
sie auf Bezauberung prüfen zu lassen, spekulierten sie selbstverständlich über mögliche Schuldige. So hatte z.B. Hermann
Dehlendorf in Bösingfeld gesagt, Curt Crops Mutter sei sieben-
mal als Hexe besagt worden, dies wisse er vom Abdecker zu
Silixen.[25] Im Untersuchungsgebiet spielten zudem weibliche
Wahrsagerinnen keine große Rolle. Am meisten frequentiert
wurde ein Wahrsager, der offenbar sehr viel mehr von Männern als von Frauen konsultiert wurde.[26]

Selbstverständlich kam das Gerücht selten an die Öffentlichkeit und damit vor Gericht. Die Zeugenverhöre der Hexenprozesse aber ergeben ein durchaus einseitiges Bild von der Aktivität der Frauen, da sie Punkte gegen die Angeklagte sammeln
und dabei Frauen in ihrem Umkreis besonders berücksichtigen. Um hier zu objektiveren Aussagen zu kommen, wurden
als Kontrollmaterial die Verleumdungsklagen vor dem Goge-
richt untersucht. Sie geben vielleicht einen Hinweis darauf,
welches Geschlecht mehr Mißtrauen säte. Die Tatsache, daß
dort ungefähr ebensoviele Klagen wegen Diebstahlsverleum-
dung wie wegen Diebstählen vehandelt wurden, ist ein Hinweis auf das große Mißtrauenspotential, in welchem auch magische Attribution gut gedeihen konnte. Von einem Übergewicht der Frauen bei Verleumdungen kann nicht gesprochen
werden.[27] Wahrscheinlich bereiteten Männer in der Gerüchteküche genauso gute Menus zu wie Frauen.

III

Bei der direkten Auseinandersetzung ist theoretisch zu unterscheiden zwischen der Drohung, mit welcher der Gegner zu einer bestimmten Handlung veranlaßt werden, der Verfluchung,
welche seine Bestrafung sicherstellen sollte, und der retorsiven
Beschimpfung, die der Ehrminderung des Gegners nach einer
Erwartungsenttäuschung diente. In der Mitte liegt wohl das
Zanken. In der Realität läßt sich diese Unterscheidung nicht so
rein durchhalten, weil Drohungen oft ausgesprochen wurden,

um eine Enttäuschung abzuarbeiten, nicht weil man damit das Handeln des Kontrahenten zu ändern hoffte. Wegen der Übergänge wird im folgenden die Verfluchung unter den Drohungen abgehandelt und der Beschimpfung gegenübergestellt. Häufig in den Akten protokollierte Wendungen für letztere waren: Den Gegner sollten Hagel und Donner schlagen, er solle sein Gut auf dem Bett verzehren, der Teufel ihm in den Leib fahren, oder – recht unbestimmt – man wolle es ihm gedenken. Charakteristisch für die Drohung war die Unverhältnismäßigkeit zwischen dem die Drohung auslösenden Vorgang (z.B. eine Gans des Nachbars dringt in den Garten ein oder dieser fordert einen verliehenen Gegenstand zurück) und dem durch die Drohung angewünschten Übel (Tod, schwere Krankheit, religiöses Unheil). Das archaische Rechtsdenken ging nicht von der Symmetrie zwischen Unrecht und Strafe aus, sondern von der Totalverwerfung des zu Bestrafenden. Dies findet eine Parallele in den dem jus talionis vorausgehenden Rechtsvorstellungen, die auch bei für unsere Verhältnisse geringem Unrecht die totale Verwerfung bzw. Vernichtung des Täters zulassen.[28] Die Unverhältnismäßigkeit zwischen dem erlittenen und dem angedrohten Übel kommt gut in folgenden Beispielen zum Ausdruck. Als der Bauerrichter für ein schon gestorbenes Tier den Viehschatz forderte, wünschte Johan Schaffers Frau ihm, »eß soll ihm dem baurrichter tausent mall mehr an dem seinigen wieder abgehen«.[29] In diesen Fällen lag im Gegensatz zu vielen anderen Drohungen kein unendliches Mißverhältnis vor, sondern ein arithmetisch fixiertes, wobei aber diese Zahl für jenes stehen mag! Die Drohung steht also nicht nur für den Glauben an einen magischen, sie realisierenden Kosmos, sondern auch für sehr elementares Vergeltungsdenken. Nicht nur den Zeitgenossen, auch bedeutenden Hexenforschern, darunter Christina Larner,[30] gelten Drohungen (neben Schimpfen und Fluchen) als spezifische Domäne der durch ihr deviantes Interaktionsmuster auffallenden und als Hexe verdächtigten Frau. Die quantitative Auswertung der Gogerichtsakten stellt dies in Frage, denn das als für Hexen typisch geltende Verhalten ist breit gestreut. Unverdächtige Frauen fielen damit sehr viel mehr auf als verdächtige: bei einer überraschend hohen Zahl der letzteren lassen sich wirkliche Drohungen gar nicht nachweisen. Ebenso drohten Männer häufig. Beliebt war auch bei ihnen das »Teufel-in-den-Leib-Fluchen«.[31]

Zur Illustration seien einige Fälle geschildert: Als der Bauerrichter von Bösingfeld auf Amtsbefehl Balthasar Lorleberg ankündigte, er solle einen eisernen Ofen herausgeben oder er selbst müsse ihn herausnehmen (es muß sich um Leihe oder Pfändung gehandelt haben), sagte die Lorlebergische zu ihm, »er solte sein unglück nicht ubersehen, sie wolte ihne bei den haaren von der cammer undt auß dem hauße ziehen«.[32] Bei einem Streit um Weg und Weide in Henstorf klagte Tönies Vieregge, daß Marten Stock ihm einen Weg am Haus gesperrt, ihn ohne »gegebene vhrsache« überfallen, in die Haare gegriffen und an den Kopf geschlagen, dessen Sohn Viregges Frau den Teufel in den Leib geflucht »vnd ihr den donner zuschlagen gewunschet« habe. Stock klagte dagegen, Viregges Gänse täten bei ihm öfter Schaden. Beim Verjagen habe Viregges Frau seinem Sohn »den teuffel in den leib gefluchet vnd gesagt, der donner solte ihn schlagen, wan er die gense zum ersten mahl wiederumb darauß treiben wurde«.[33] Frauen und Männer drohten sich offenbar irdische und überirdische Übel mit denselben, für Hexen als typisch geltenden Formeln an. Anlässe waren häufig Leihe, Kauf, Grenz- und Weidedelikte. Es ist wohl zu einfach, die Brisanz der Interaktion nur aus Deprivation zu erklären. Nicht nur die Not trieb zu solchem Verhalten, sondern die enge Koppelung von Ehre und Eigentum. Jeder Übergriff war nicht nur eine ökonomische Beeinträchtigung, sondern eine der Person. Man hat manchmal geradezu den Eindruck, daß Frauen und Männer die Umgebung mißtrauisch nach solchen Angriffen auf ihre Ehre abtasteten.

Wie grundlegend Drohungen und Verfluchungen für die Kommunikation waren, zeigt sich im Bereich der Eheanbahnung. Oft erreichte der Werbende die Einwilligung zum Geschlechtsverkehr erst nach dem Eheversprechen. Die Männer versuchten dabei ihre Glaubwürdigkeit durch Selbstverfluchung für den Fall der Untreue zu demonstrieren. Die feststehende Formel war das Eheversprechen mit »Eid und Teufelholen«.[34] Dies konnte gewaltige Ausmaße annehmen. Von einem Mann wird berichtet, er habe die Angebetete »durch vielfeltiges grausames verwuntschen vnd fluchen [...] zum ja vnd zu seinem willen gebracht«.[35] Eine andere Dimension bekam das Drohen in folgendem Fall. Ein Mann hatte der späteren Eheklägerin »auff dem stro mit teuffels holen zu gesagt«, außerdem gedroht, »daß sie ihm folgen solte oder der donner solte sie schlagen«.[36]

Der Einsatz der Drohungen erklärt sich in diesen Fällen durch die Formalität der intimen Beziehungen. Es gab offenbar in diesem Bereich nicht die heutigen Möglichkeiten, Glaubwürdigkeit durch individuelles Werben darzustellen. Dies und natürlich auch die Dominanz der Ehre bei der Eheanbahnung (Korb = Prestigeverlust) erklären die an die Partnerinnen gerichteten Drohungen. Es ergibt sich damit eine überraschende Parallele zwischen dem Bereich intimer Beziehungen und ökonomischen Transaktionen. In beiden Bereichen fehlte es an den spezifischen, erst in der Moderne genügend ausgebildeten bzw. verbreiteten und scharf voneinander differenzierten Kommunikationsmedien Liebe und Geld.

Drohungen gehörten zur Struktur der dörflichen Interaktion, aber vielleicht nicht nur dieser. Das Frageschema für die lippische Kirchenvisitation (1600) enthält die Frage an den Pfarrer, ob ihn jemand geschmäht oder bedroht habe.[37] Die vielen Hinweise zeitgenössischer Strafrechtler, z.B. Damhouders, Farinaccis oder Carpzovs, zeigen, daß Drohungen eine Alltagserscheinung waren. Dies wäre eine eigene Untersuchung wert.[38]

Die quantitativen Ergebnisse werden bestätigt durch die Fälle, in denen Zänkereien bestraft wurden. Auch hier überwogen die Männer, was vielleicht damit zusammenhängt, daß eher Zänkereien in öffentlichen Situationen vor Gericht kamen als andere.[39]

Beschimpfungen des Gegners dienten der Herabsetzung seiner Ehre. Dies konnte mit generell die Ehre treffenden Schimpfworten erreicht werden oder solchen, die sich auf bestimmte Bereiche (z.B. Magie, Sexualität, Eigentum, Dorfpolitik, Verwandtschaft, Religion) bezogen. Das häufigste, die Ehre generell treffende Schimpfwort war Schelm und wurde praktisch nur auf Männer angewandt.[40] Vielleicht drückt sich in den vorliegenden Zahlen aus, daß Männer tatsächlich mehr das Allgemeine darstellten, die Ehre von Frauen dagegen sehr viel mehr gegenstandsbezogen erlebt wurde.

Zunächst sei die Hexereibeschimpfung behandelt. Die Kühe Johan Fritzes in Stemmen hatten in Herman Bökers Garten Schaden angerichtet. Fritzes Frau klagte, Herman habe ihr deswegen im Haus Gewalt getan, mit Steinen auf ihr kleines Kind geworfen, sie als Zaubersche gescholten, ihr den Teufel in den Leib geflucht und ihr vorgehalten, ihr Vater habe die Mühle bestohlen. Außerdem habe er hinterrücks geredet, er wolle sie abschlagen, den »nasendröpell abwischen, sie solte daran gedencken, dan er woll 7 kerrelß geschlagen, vndt wolte sie umb alle das ihrige pringen, auch ihren man vor einen betrieger gescholten«. Herman klagte dagegen, ihre Kühe hätten Schaden im Garten angerichtet. Auf seine Beschwerde habe sie geantwortet, »der teuffell solte ihme fünff mall inß leib fahren, [ihn] vor ein vhrschwein gescholten, vndt wehre auß einer hexen geschuttet, vndt würde er oder die seinigen verbrandt werden, den tagh wolte sie leben«.[41] Bei diesem Konflikt wurde die Hexereibeschimpfung retorsiv eingesetzt, da keine konkrete Zaubereibeschuldigung vorlag. Man wollte einen Angriff auf Eigentum/Ehre damit parieren. Manchmal minderte man die Ehre des Gegners, indem man, wie im eben zitierten Fall, dessen Mutter als Hexe beschimpfte. Besonders wenn diese tatsächlich hingerichtet worden war, zeigt sich darin ein für die dörfliche Bevölkerung charakteristischer, fast unglaublicher Mangel an Empathie. In Bösingfeld klagte die Tochter einer Hingerichteten, ihr Nachbar habe sie »vf ihre mutter gewiesen vndt gesagt, seine mutter wehre noch nicht gebrandt alß die ihrige«.[42] Ihrem Bruder hielt eine Frau vor, »seine mutter wehre gebrandt«.[43] Herman Kenter in Bösingfeld schalt eine Frau eine Hexe und fügte hinzu, er »wolte sie brennen laßen«.[44] Daß man sich tatsächlich triumphierend freute, wenn man die Verurteilung der Gegnerin erreicht hatte, zeigt eine Begebenheit aus Stemmen. Dort war 1667 Ilsche Huxhol wegen Hexerei des Landes verwiesen worden. Die Tochter Anneke ihres Hauptgegners sagte darauf zu Ilsches Sohn: »Wir haben den tag gleichwoll erlebt, daß du neben den deinigen teuffelß kinder seidt«. Ilsches Tochter drohte Anneke daraufhin: »So lieb es euch ist, so leidt soll es euch werden«.[45] Anscheinend waren Frauen auf diesem Gebiet nicht zarter besaitet als Männer.

Von der reinen Hexereibschimpfung zu unterscheiden ist die formelle Bezichtigung als Hexe, d.h. der Vorwurf, jemanden bezaubert zu haben. Ein eindrückliches Beispiel sei geschildert. Über die 1588 hingerichtete Anneke Bicker in Schönhagen hatte die Frau des Redeker beim Abendmahl auf dem Krankenlager »geschrien«, d.h. sie der Bezauberung bezichtigt. Zwei Bauerrichter holten Anneke ans Krankenlager, um sich zu rechtfertigen. Anneke fragte: »Ilse, habe ich dich bezaubert?« Die Kranke antwortete: »Ja, das hastu gethain«. Mit den Worten: »Weich von mir, du sathanas« spie sie Anneke unter die Augen, worüber unter den Kindern eine große »unruhicheit« entstand.[46] Von der Beschimpfung unterschied sich die Bezichtigung durch die ritualisierte Form.

Die quantitative Auswertung ergibt eine viel geringere Geschlechtsspezifität der Zaubereibeschimpfung, als bisher angenommen wurde. Dagegen wurden überwiegend Frauen eines realen Zauberdelikts beschuldigt.[47] Doch fällt auf, daß dabei viel öfter die verleumdeten Frauen klagten als die durch einen Zauber Geschädigten. Dies liegt daran, daß die »Geschädigten« fürchteten, ihren Verdacht vor Gericht nicht beweisen zu können. Die Ergebnisse legen fast den Schluß nahe, daß die agonale Funktion des Hexenglaubens, d.h. seine retorsive Anwendung zur Ehrminderung (als denouncing strategy), wichtiger war als die Funktion der Kontingenzreduktion, d.h. der Zurechnung von Unglück auf einen Gegner.[48]

Häufiger als die Hexenbeschimpfung ist die sexuelle Brandmarkung von Frauen. Oft wurden sie als Huren, auch ehebrecherische oder Bluthuren beschimpft.[49] Dieser Befund ist nicht überraschend, die Ehre der Frau lag mehr im sexuellen Bereich, die des Mannes wohl mehr in dem des Eigentums. Es gab allerdings eine sehr niederträchtige, wenn auch seltene Form sexueller Beschimpfung für Männer, und man ist fast geneigt, darin eine besonders boshafte Retourkutsche zu sehen. Es ist der Sodomievorwurf. Das schlimmste Beispiel lieferte eine Frau in Bösingfeld. Als 1645 der Untervogt ihre Kuh pfändete, rief sie ihm nach: »Ehr solte sachte mit der kuh gehen laßen, sie hete all geoßet, ehr bedörffe der kue nicht zu oßen«. Mit oßen (von Ochse) war das Decken der Kuh gemeint. Als die Frau die gepfändete Kuh aus dem Pfandstall zurückholte, sagte sie zu den Nachfragenden, »der vnder voget Herman Potthoff hette der kuh wollen ein kalff machen, – vndt sie hette der kuh selbst [eines] machen laßen, daß der vnder vogt der kuh kein kalff bedürffte zu machen«.[50]

Männer überwogen in einem ganz anderen natürlichen Bereich, dem der Tierbeschimpfung und bei Kombinationen von Blut mit anderen Schimpfworten.[51] Das Fehlen von Frauen in diesem Bereich (es kommt z.B. die heute so geläufige Beschimpfung einer Frau als Kuh nicht vor) bedürfte näherer ethnologischer, vielleicht auch psychoanalytischer Untersuchung.

Ähnlich dominierten Männer bei der so häufigen Beschimpfung als Dieb.[52] Gegen Frauen wurde manchmal Sexualität und Eigentum kombiniert, indem man sie als diebische Hure beschimpfte, Männer konnten verschärfend Pferde- oder Schafdiebe gescholten werden. Die Ehre des Mannes konnte mit diesem Schimpfwort offenbar ähnlich gut angegriffen werden wie die der Frau im sexuellen Bereich.

Die Körpersprache, wichtig, weil mit ihr Konflikte rituell ausgetragen werden können und sie weniger justiziabel ist als die gesprochene Beleidigung, stellt keine spezifisch weibliche Form agonalen Verhaltens dar.[53] Anders steht es vielleicht mit der Phantasieentfaltung in der verbalen Auseinandersetzung. Neben den bisher behandelten Beschimpfungen gab es auch die Technik, durch möglichst originelle und boshafte Schmähungen die Oberhand zu behalten. Als der Bauerrichter eine Magd fragte, wo ihr Herr sei, gab sie ihm zur Antwort, »er were in der hosen, wan er nicht schete«.[54] Anscheinend provozierte die Tätigkeit der Dorfbeamten Originalität in besonderer Weise. Henrich Rakemans Tochter sagte zum Bauerrichter bei der Pfändung: »Mir ist so künne dabey, alß wan du mich woltest im hintersten licken«.[55] Die Havergoische fragte die Pfänder: »soll ich euch teuffelß ufm hüner wiemen setzen undt euch küßen?«[56] In Stemmen hielt 1655/56 eine Frau einem Mann vor, er sei nicht würdig, ihrem Vater aufzuwarten, seine Frau sei ein unreines Weib, sie solle ihre Kinder in eine Tonne setzen und einen Deckel drauflegen, denn sie seien nicht wert, auf der Gasse zu gehen.[57] Originalität läßt sich schwer quantitativ erfassen. Vielleicht hatten Frauen hier ein Prae, glichen also ihre Schwäche bei der physischen Retorsion auf diese Weise aus.

Die Abläufe der Streitigkeiten sind nur beschränkt zu rekonstruieren, weil die Quellen die Anlässe selten schildern. So sind z.B. bei vielen Schlägereien die mit Sicherheit vorausgegangenen Beschimpfungen nicht protokolliert, offenbar weil sie für den Kläger gegenüber der Körperverletzung gering wogen. Männer neigten also mit Sicherheit sehr viel mehr zum Schimpfen, als in den Zahlen zum Ausdruck kommt, doch ihre stärkere Tendenz zur Gewalt relativiert dies. Andererseits zeigt die qualitative Betrachtung, daß das Konfliktverhalten der Frauen in den brisanten Punkten (z.B. Verletzung von Besitz-

grenzen, Forderung nach Schuldenbegleichung oder Rückfor-
derung eines Darlehens) sich von dem der Männer kaum unterschied. Wie hart und niederträchtig Streitereien zwischen
Frauen sein konnten, zeigt folgendes Beispiel. In Stemmen
klagte 1658 Ilsche Watermans, Gretke Schmid sei mit der Tochter in ihr Haus gekommen, habe sie braun und blau geschlagen, einen Teufel gescholten und ihr gewünscht, sie solle ein
stummes Kind gebären. Dagegen klagte Gretke, Ilsches Tochter
habe zu ihrer Tochter gesagt, »der teufel [habe] eß gethan, daß
[...] ihre mutter vf dem bette liegen muste«, was wohl eine An-
spielung auf den Verkehr der als Hexe berüchtigten Gretke mit
dem Teufel war. Bei der Beschwerde über diesen Vorwurf habe
Ilsche (oder deren Tochter) einen Besen ergriffen, sei ihr ins
Haar gefallen und habe sie damit geschlagen.[58] Frauen handelten bei ökonomischen Transaktionen bzw. ökonomisch rele-
vanten Übergriffen nicht nach anderen Mustern als Männer.
Außerdem prägte Retorsion auch das weibliche Konfliktverhalten. Die Grundform war: Bin ich eine Hexe (Hure, Diebin), so bist du auch eine. Das Zurückgeben des Vorwurfs erhielt die eigene Ehre gegenüber dem Angreifer aufrecht, der
sich nun wieder wehren mußte.

Im Dorf scheint es bei der Austragung von Konflikten kaum
eine Schichtdifferenzierung gegeben zu haben. So waren z.B.
der Pfarrer und seine Frau in Schimpfereien und Schlägereien
mit dem Küster verwickelt, die genauso abliefen wie die anderen.[59] Auch gegenüber Vertretern der Obrigkeit verhielten sich
die Frauen, wenn sie sich zum Protest entschlossen, kaum anders als die Männer. Die häufigsten Konfliktpunkte waren hier,
wie auch die obigen Beispiele zeigen, Pfändung und Steuerein-
ziehung. Überhaupt ist Protestverhalten gegenüber der Obrigkeit nur auf dem Hintergrund des agonalen Verhaltens auf der
horizontalen Ebene zu verstehen. Man griff gegenüber Beamten zu denselben Maßnahmen wie gegen Nachbarn, und dies
sicherlich umsomehr, je geringer der soziale Abstand war.

Aufs Ganze gesehen gab es wohl kaum weibliche Solidarität, zumal Mann und Frau aus ökonomischen Gründen eine
Handlungseinheit bildeten, was der Entwicklung spezieller Beziehungen zwischen Frauen entgegenstand. Doch gibt es ein
paar Anzeichen von Solidarität, bezeichnenderweise aber nur
bei der Hexereiverdächtigung. Die Tatsache, daß fast nur Frau-
en wegen dieses Delikts hingerichtet wurden, empfanden diese

offenbar als für die Geschlechtsehre belastend. Die Kentersche in Bösingfeld, die wegen ihres kranken Sohnes einen den Kristall benützenden Wahrsager konsultiert hatte, sagte zu einem Mann (!), er würde sich wundern, wenn er wüßte, wer es ihrem Sohn angetan habe. Eine andere Frau kommentierte, »es müchte woll ein man gethan haben, so weren die frawen daran unschüldig«.[60] Als Franz Wulff, Onkel der wegen Hexerei verhafteten und bald darauf hingerichteten Engel Steg, 1668 zu deren gleichfalls verdächtigten Hauptgegnerin Trineke Schnitker sagte, sie hätte schweigen sollen, »sie müste auch noch woll zuvor nach Sternberg [d.h. sie würde auch als Hexe verhaftet werden, R.W.], ehe vnd bevor Steg Engelke loß kehme«, sagte Trineke zu ihm, »er solte zusehen, daß er auch nicht zum Sternberg zusitzen kehme, dan sie setzten sowoll die männer alß weiber hin«.[61] Bei der oben erwähnten Hexereiverleumdung in Bösingfeld hatten die zwei Männer auch das Gerücht in die Welt gesetzt, nur drei oder vier Frauen in einer Straße seien ehrlich. Eine Frau ging deswegen zu einem der beiden und ermahnte ihn, »von solchen reden abzustehen vndt die Bösingfelder weiber in kein böse gerücht zu bringen«.[62] Man wollte die Ehre der Frauen, diesmal von Männern angegriffen, gewahrt sehen. Dies heißt aber nicht, daß Frauen sich insgesamt gegen Hexereiverleumdung geschützt hatten. Sie beteiligten sich daran durchaus in einer gehässigen Weise, die den für die Männer jener Zeit charakteristischen Mangel an Empathie zeigte.

IV

Die Körperverletzungen, die ein Drittel der Delikte ausmachen, spielten sich weitgehend zwischen Männern ab. Bei insgesamt 491 Schlagdelikten kamen 52 Schläge der Männer gegen Frauen vor, nur neunmal schlug eine Frau einen Mann, elfmal eine Frau eine Frau. Während bei Männern physische Retorsion wohl der Hauptgrund für die vielen Schlägereien war, weil der verbal in die Enge Getriebene keine andere Möglichkeit zur Verteidigung der Ehre mehr sah, war dies bei Frauen offensichtlich weniger der Fall. Im Wirtshaus verteidigten Männer oft ihre Ehre dadurch, daß sie dem Gegner Glas oder Krug ins Gesicht warfen. Bei insgesamt 225 Körperverletzun-

gen mit Hilfsmitteln waren immerhin 75 von dieser Art. Nur
zwei davon wurden von Frauen begangen. Die Tätlichkeiten
waren oft durch außerordentliche Brutalität gekennzeichnet,
wobei sicher häufig Alkohol im Spiel war. Sie waren meist
nicht ritualisiert, wenn es auch Kampfaufforderungen (z.B. *Aus
dem Haus*-Rufen, Zu-Boden-Werfen, Stuhl oder Hut Wegzie-
hen) gab. Manchmal bissen auch erwachsene Männer einander
in die Finger, lagen sich wörtlich in den Haaren, balgten sich
wie heute im allgemeinen nur noch Kinder. Man griff oft auch
zu den nächstliegenden Hilfsmitteln (z.B. Krug, Handwerks-
zeug usw.). Anders als beim adligen Duell hatte ein Ehrenko-
dex den Ablauf noch wenig oder gar nicht formalisiert. Ein anderes Charakteristikum war, daß schneller Selbstbezug, d.h.
die Vermutung, der Gegner wolle an die Ehre, die Schlägerei
auslöste. Dieses Attributionsmuster führte oft zu plötzlichem
Umschlag von friedlichem zu agonalem Verhalten und machte
auch die Unterscheidung von Spaß und Ernst schwierig. Auch
Frauen reagierten so. Anscheinend war ein besonders delikater
Punkt die Gefährdung des Kirchenstuhls. In Langenholzhausen brachte 1656/57 Ilsche, des Kramers Henrich Steffens
Tochter, folgende Klage vor: Sie hatte sich in der Kirche neben
Henrich Nagelß Frau gesetzt. Als Ilsches Schwester dazu kam,
rückte Ilsche zu Nagels Frau hin. Diese schob sie nicht nur weg,
»sondern [hat] offentlich zum oftern zu ihr eingeschlagen vnd
ein auge schwartz geschlagen«. Nagels Frau hingegen klagte,
daß Ilsche sie aus dem Stuhl stoßen wollte.[63] Sie hatte offenbar
zugeschlagen, weil sie glaubte, Ilsches Naherücken bedeute einen Angriff auf ihre Ehre, die sich in einem angestammten
Platz ausdrückte. Wieweit eine von ihr angenommene Unehrlichkeit Ilsches den Konflikt verschärfte, läßt sich nicht ausmachen.

Wie sehr auch die physischen Auseinandersetzungen, an
welchen Frauen beteiligt waren, amorph und brutal abliefen,
zeigt folgendes Beispiel. 1651/52 klagte Dietrich Bornemann,
seine Frau und seine beiden schon verheirateten Stieftöchter
hätten ihn im eigenen Haus »braun vndt blutig« geschlagen.
Die eine Stieftochter hatte ihm mit ihrem Mann ein Loch in den
Kopf geschlagen, so daß er den Arzt konsultieren mußte. Die
andere klagte, Dietrich habe sie eine leichtfertige Hure gescho-
ten und ihr vorgeworfen, sie habe bei den Soldaten gelegen.
Dietrich dagegen behauptete, sie habe ihn einen alten Schelm,

Mörder und Hexenmeister gescholten.[64] Zu einem späteren
Zeitpunkt brachte er vor, Frau und Stieftöchter hätten ihm vier
Finger zwischen die Tür geklemmt und zerquetscht. Dies war
eine gar nicht so ungewöhnliche Familienrhapsodie. Sogar am
»Steinigen« waren Frauen beteiligt. Eine Frau drohte bei einer
Pfändung den Beamten, sie wolle sie mit Steinen schmeißen,
wenn sie »vf solche weiße« wieder kämen.[65]

Man kann dies so zusammenfassen: Frauen unterschieden
sich wohl wenig in der Art der physischen Auseinandersetzung, doch waren sie den Quellen nach zahlenmäßig viel weniger involviert. Daß eine Frau sehr viel mehr Hemmungen hatte, einen Mann zu schlagen als umgekehrt, liegt auf der Hand.
Ob die Schlägereien unter Frauen weniger vor Gericht kamen
oder tatsächlich so selten passierten, wie die Zahlen ausweisen,
muß offenbleiben.

V

Die Beobachtungen sollen zusammengefaßt werden. Es geht
nicht darum, die Gleichungen Frau=Natur und Mann=Kultur
gänzlich in Frage zu stellen. Es sei hier nur auf Carolyn Mer-
chants Buch über den Tod der Natur verwiesen.[66] Doch scheint
dieses Schema in dem hier behandelten Bereich fraglich zu
sein. Bei Muchembled ist es auf sehr einseitige Untersuchungs-
methoden zurückzuführen und anscheinend von einem Ge-
schichtsbild bestimmt, in welchem die heraufziehende Moderne als heimtückische Verschwörerin die Menschen gleichsam
ins berühmte Gehäuse der Hörigkeit führte, wogegen sich die
Frauen mit ihrem magischen Spezialdiskurs wehrten. Doch
wiesen Männer in manchen Bereichen ein Verhalten auf, das
bisher als speziell weiblich galt und umgekehrt. Die Unterschiede liegen weniger in der Qualität der Interaktionsmuster
als in den Quantitäten. Differenzen in den Schimpfritualen gibt
es vor allem in den Bereichen Ehre/Sexualität/Eigentum. Ließen die Frauen sich auf den offen ausgetragenen Konflikt ein,
so war er ebenso agonal und retorsiv strukturiert wie bei Männern. Die Funktion der Zaubereibeschimpfung schien fast
ebenso in der Retorsion wie in der Attribution von Unglücks-
fällen zu liegen. Die Ausbildung eines spezifisch weiblichen
Diskurses stieß schon deswegen an Grenzen, weil vor allem

von der ökonomischen Interessenlage her häufig Ehepaare als Handlungseinheiten agierten. Ein geschlechtsspezifischer Diskurs läßt sich aus den Gogerichtsakten noch am ehesten für das Wirtshaus feststellen.

Insgesamt muß damit gerechnet werden, daß die Quellen viel verschweigen, weil Frauen ihre Angelegenheiten weniger vor dem von Männern besetzten Dorfgericht austrugen als diese. Kaum zu erfassen ist aus den durchgearbeiteten Quellen der nichtagonale, d.h. friedliche Umgang der Menschen miteinander. Die Schilderung der Konflikte darf nicht zu der sich fast aufdrängenden Annahme verleiten, das Dorf sei nur eine Terrorgemeinschaft gewesen. Die Dominanz der Ehre war einerseits konflikterzeugend, andererseits gab sie aber auch Anweisungen zur Kommunikations- und damit Konfliktvermeidung. Sicher war das Dorf auch eine Terrorgemeinschaft und sicher wirkten Frauen weder in besonderer Weise als Friedensstifterinnen noch als die geheimen Drahtzieherinnen. Es gab durchaus Institutionen, die die friedliche Austragung von Konflikten sichern sollten, z.B. die anscheinend sehr häufige Beschickung des Gegners durch einen Mittelsmann. Häufig wählten die Frauen dazu aber einen »Beschicksmann«, der Ausdruck Beschicksfrau ist in den Quellen nicht zu finden. Trotzdem ist es möglich, daß Frauen eher eine Frau zu einer Kontrahentin schickten.

Den ungeheuer starken zentrifugalen Kräften müssen zentripetale entgegengewirkt haben. Die Obrigkeit war sicher nicht die einzige. Theoretisch spricht nichts gegen die Annahme, daß dem verbalen und physischen Terror ein gehöriges Maß an Solidarität gegenüberstand. Sie wurde z.B. wirksam bei Fremden, gegen welche man oft (aber durchaus nicht immer) zusammenhielt, wahrscheinlich auch beim Institut der Nachbarschaftshilfe. Die Frage ist auch, ob der Terror nicht von einer gewissen Bereitschaft zum Vergessen begleitet war. Man konnte vielleicht eher als heute nach einem Streit mit jemandem wieder friedlich umgehen und aktualisierte den Konflikt erst wieder, wenn dies nützlich war. Kognitive Dissonanz muß bei so vielen harten Konflikten bei gleichzeitiger Nähe eine große Rolle gespielt haben.

Anmerkungen

1 Zur Einführung: Gerhard Schormann, Hexenprozesse in Deutschland, Göttingen ³1996; Ingrid Ahrendt-Schulte, Weise Frauen – böse Weiber. Die Geschichte der Hexen in der Frühen Neuzeit, Freiburg 1994; Brian P. Levack, Hexenjagd. Die Geschichte der Hexenverfolgungen in Europa, München 1995. Vgl. zum Folgenden Rainer Walz, Hexenglaube und magische Kommunikation im Dorf der Frühen Neuzeit. Die Verfolgungen in der Grafschaft Lippe, Paderborn 1993, vor allem S. 422ff.

2 Neueste Bilanzen: Sönke Lorenz/Dieter R. Bauer (Hg.), Hexenverfolgung. Beiträge zur Forschung – unter besonderer Berücksichtigung des südwestdeutschen Raumes, Würzburg 1995; Dies. (Hg.), Das Ende der Hexenverfolgung (Hexenforschung 1), Stuttgart 1995; Claudia Opitz (Hg.), Der Hexenstreit. Frauen in der frühneuzeitlichen Hexenverfolgung, Freiburg 1995; Eva Labouvie, Verwünschen und Verfluchen: Formen der verbalen Konfliktregelung in der ländlichen Gesellschaft der Frühen Neuzeit, in: Peter Blickle (Hg.), Der Fluch und der Eid. Die metaphysische Begründung gesellschaftlichen Zusammenlebens und politischer Ordnung in der ständischen Gesellschaft, Berlin 1993, S. 121–145; Dies., Verbotene Künste. Volksmagie und ländlicher Aberglaube in den Dorfgemeinden des Saarraumes (16.–19. Jahrhundert), St. Ingbert 1992; Wolfgang Behringer, Erträge und Perspektiven der Hexenforschung, in: Historische Zeitschrift 249 (1989), S. 619–640; Peter Kriedte, Die Hexen und ihre Ankläger. Zu den lokalen Voraussetzungen der Hexenverfolgungen in der frühen Neuzeit – Ein Forschungsbericht, in: Zeitschrift für Historische Forschung 14 (1987), S. 47–71; Gerd Schwerhoff, Vom Alltagsverdacht zur Massenverfolgung. Neuere deutsche Forschung zum frühneuzeitlichen Hexenwesen, in: Geschichte in Wissenschaft und Unterricht 46 (1995), S. 47–71.

3 Robert Muchembled, Les derniers bûchers, Paris 1981, S. 212: »Attachée au corps humain en toutes ses souffrances«. Vgl. C. P. MacCormack, Natur, Kultur und Geschlecht: Eine Kritik, in: Von fremden Frauen, hg. von der Arbeitsgruppe Ethnologie Wien, Frankfurt a.M. 1989, S. 68ff.

4 Muchembled (wie Anm. 3), S. 194: »En somme, le sexe féminin véhicule une ancienne culture paysanne, en partie cachée aux hommes« (z.B. auch rites de passage).

5 Ebd., S. 187.

6 Ebd., S. 200: »La rumeur de sorcellerie court dans le monde feminin«.

7 Ebd., S. 213.

8 Ebd., S. 204.

9 Susan C. Rogers, Female forms of power and the myth of male dominance, in: American Ethnologist 2 (1975), S. 727–756, hier S. 729.

10 Robert Redfield, Peasant society and culture, Chicago 1956.

11 Niklas Luhmann, Soziologie der Moral, in: Ders./St. H. Pfürtner (Hg.), Theorietechnik und Moral, Frankfurt a.M. 1978, S. 43ff.

12 Jörg R. Bergman, Klatsch. Zur Sozialform der diskreten Indiskreti-
on, Berlin 1987. Max Gluckman, Gossip and Scandal, in: Current Anthropology 4 (1963), S. 307ff. Gluckmans Ansatz ist stark an Emile Durkheim
orientiert. Die Durchsetzung von Interessen über Klatsch betont Robert
Paine, What is gossip about? An alternative hypothesis, in: Man 2 (1967), S.
278ff. Vgl. Frederick G. Bailey, Changing Communities, in: Ders. (Hg.),
Gifts and poison: The politics of reputation, New York 1971, S. 1ff., und
Ders., The management of reputations and the process of change, ebd., S.
286ff.

13 George M. Foster, Peasant society and the image of limited good, in:
American Anthropologist 67 (1965), S. 292ff.

14 Niklas Luhmann, Einfache Sozialsysteme, in: Ders., Soziologische
Aufklärung, Bd. 2, Opladen 1975, S. 21ff.

15 Niklas Luhmann, Interaktion, Organisation, Gesellschaft, in: Ders.,
Soziologische Aufklärung, Bd. 2, Opladen 1975, S. 17.

16 Niklas Luhmann, Einführende Bemerkungen zu einer Theorie sym-
bolisch generalisierter Kommunikationsmedien, in: Ders., Soziologische
Aufklärung, Bd. 2, Opladen 1975, S. 170ff.

17 Vgl. dazu nur Simon Roberts, Ordnung und Konflikt, Stuttgart 1981.
Zum Ritual der Eskimos: E. Adamson Hoebel, Song duels among the Eski-
mo, in: Paul Bohannan (Hg.), Law and Warfare. Studies in the anthropology of conflict, Austin-London 1967, S. 255ff. Zu den Trobriandern:
Bronislaw Malinowski, Korallengärten und ihre Magie, Frankfurt a.M.
1981, S. 198ff.

18 Harold Garfinkel, Conditions of successful degradation ceremonies,
in: American Journal of Sociology 61 (1956), S. 420ff. Vgl. auch Basil
Sansom, When witches are not named, in: Max Gluckman (Hg.), The
allocation of responsibility, Manchester 1972, S. 197f.

19 Paul Rousset, La croyance en la justice immanente à l'époque
féodale, in: Le Moyen Age 54 (1948), S. 225ff. Den Hinweis verdanke ich
Frau Prof. Dr. Hanna Vollrath, Bochum.

20 Martin Kuhlmann, Bevölkerungsgeographie des Landes Lippe, Re-
magen 1954, S. 117f.

21 Die Auswertung stützt sich auf die folgenden Gogerichtsakten des
Staatsarchivs Detmold: L89 AI, 284–286 und 289–293. Alle folgenden archivalischen Angaben beziehen sich auf das genannte Archiv. Die angege-
benen Zahlen sind Erstergebnisse der Auswertung (1989), die sich aber nur
um wenige Prozent verschieben können. Wo zweckmäßig, wurde auf- und
abgerundet. Unwichtige Delikt- und Personengruppen wurden hier weg-
gelassen. Für Einzelbeispiele wurden auch Fälle aus benachbarten Orten
(Henstorf, Langenholzhausen, Stemmen) herangezogen.

22 Staatsarchiv Detmold, L86 (Hexenprozesse), L86, K16 und E2.

23 L86, B 10, f. 12.

24 Bei 31 Prozessen stammt das Gerücht in fünf mehr oder weniger
von Frauen, in elf von Männern, der Rest ist eher diffus.

25 L89 AI 291, f. 95f.

26 Der Prozeß dieses Wahrsagers namens Wicken Klaus in L86, T3. In

vielen lippischen Prozessen wird er als der zu Rate gezogene Wahrsager angegeben.

27 Diebstahlsverleumdungen 103

26 Männer wurden verleumdet,	einem Mann etwas gestohlen zu haben,
11 Männer "	einer Frau "
11 Frauen "	einem Mann "
8 Frauen "	einer Frau "
18 Männer "	ohne Angabe, wem "
7 Frauen "	" "

Rest andere (Kinder, gemischte Gruppen).

28 Vgl. Niklas Luhmann, Rechtssoziologie, Bd. 1, Reinbek 1972, S. 90. Dort der Verweis auf Theodor Geiger, Vorstudien zu einer Soziologie des Rechts, Ausgabe Neuwied und Berlin 1964, S. 156. Vgl. auch Wilhelm Grönbech, Kultur und Religion der Germanen, Bd. 1, 8. Aufl. Darmstadt 1978, S. 78 u. 83f.

29 L89 AI, 318, f. 485. Berndt Schalk hatte 1644 in Langenholzhausen Henrich Kreymeyer Schaden mit den Schweinen verursacht. Als Henrich ihm sagte, wenn Bernd dies nicht verhindere, müsse er sie »zuschande schmeißen«, hatte ihm Bernd »auß muthwillen« zuentboten, er solle sie totschlagen, »vndt so mancher groschen alß sie wehrdt wehren, so viell thaler solt es dem cläger kosten, gedrawet«, L89 AI, 322, 194.

30 Christina Larner, Enemies of God, London 1981, S. 101f.

31 Drohungen 74 (6%)

    Mann > Mann 38
    Mann > Frau   4
    Frau > Mann 18
    Frau > Frau   6

Rest andere

(> gibt die Deliktrichtung an, <> bedeutet Gegenseitigkeit).

32 L89 AI (Gogerichte) 291, 333.

33 L89 AI 327, f. 172 (Delikte zum Teil nicht bewiesen).

34 L65 (Konsistorialakten), nr. 99 vol. 2, f. 140 und 191.

35 Ebd., f. 386.

36 Ebd., L65, nr.99, f. 140.

37 Lippische Landesordnungen Bd. 1, S. 329.

38 Johann Zanger, Tractatus de quaestionibus seu torturis reorum, Wittenberg 1593, S. 28f.: Quartum indicium ad torturam faciunt Minae [...] duobus tamen concurrentibus: unum ut factae sint ab eo qui eas consuevit exequi [...] Alterum est, si maleficium, de quo minatus est, aut aliud, ex quo damnum et incommodum accepit is, cui minatus est, subsecutum fuerit. Vgl. auch Josephus Mascardus, De probationibus, Frankfurt 1585– 1588, Bd. 2, f. 308: Minas indicium et praesumptionem facere ad torturam contra minantem, veluti cum quis minatus est velle patrare delictum, quod postea fuit patratum, haec fuit concors omnium scribentium sententia«. Prospero Farinacii dazu in Consilia, Operum criminalium IV, Nürnberg 1582, S. 120 (cons. 32, nr.): »[...] adhuc tamen certum est, in jure solas minas minime indicium facere ad torturam, nisi in homine malae vitae et famae in eodem

genere mali, et qui solitus est minas exsequi«. Josse de Damhouder, Praxis rerum criminalium, Antwerpen 1601, Neudruck Aalen 1978, S. 17 (Drohung als Indiz), S. 482 (Drohungen und Sicherheit). Benedict Carpzov, Practicae novae imperialis saxionicae rerum criminalium pars I, Ausgabe Wittenberg 1684. Über Fehden und Drohungen qu.37 De diffidationibus et minitationibus, S. 213ff., vor allem nr. 65 ff. (S. 220).

39 Zanken   140 (11%)
    Mann >   Mann 71
    Mann <>   Mann 22
    Mann >   Frau   7
    Frau >   Mann   6
    Frau >   Frau   7
    Frau <>   Mann   8
    Rest andere.

40 Beschimpfungen als Schelm   225 (17%)
    Mann >   Mann 185
    Mann >   Frau   2
    Frau >   Mann 28
    Rest andere.

41 L89 AI 325, f. 158f.

42 L89 AI 290, f. 208.

43 L89 AI 290, f. 141.

44 L89 AI 290, f. 242.

45 L89 AI 329, f. 118.

46 L86, B5, f. 11.

47 Beschimpfungen als Hexe, Zauberer, Werwolf 81 (6%)
    gegen Frau 50
    davon
    Mann >   Frau 27
    Frau >   Frau 15
    Rest andere
    gegen Mann   31
    davon
    Mann >   Mann 20
    Frau >   Mann 11

Dem stehen 36 »reale« Zauberdelikte gegenüber, bei welchen jemand nicht beschimpft, sondern eines konkreten Zaubers beschuldigt wurde. Hier waren die Frauen weit in der Überzahl, sie wurden 28 mal beschuldigt. Jedoch kam es nur sechsmal vor, daß der durch Zauber Geschädigte vor Gericht ging. In den anderen 30 Fällen klagte die/der der Zauberei Beschuldigte bzw. ein Angehöriger gegen den Verleumder.

48 Dies ist bei großräumigerer Auszählung noch viel deutlicher als bei den hier vorliegenden Daten.

49 Beschimpfung mit Sex insgesamt 105 (8%) davon
    Mann >   Mann 18
    Mann >   Frau 52
    Frau >   Mann 5

Frau   >   Frau   25
Rest andere
Davon Hurerei   80
Mann   >   Mann   6
Mann   >   Frau   46
Frau   >   Mann   2
Frau   >   Frau   24
Rest andere.

Zu erwähnen wäre hierbei auch die Beschimpfung durch Hinweis auf die Unehrlichkeit der Verwandtschaft bzw. die Aufforderung zum Geschlechtsverkehr mit der Mutter: 195 (15%). L89 AI 292, f. 28: Curdt Krüger, der sich offenbar beim Garnwaschen unkorrekt verhalten hatte, klagte, Herman Potthoffs Frau habe ihn ausgerufen, er habe »furm jahre die kuhe gebrüdet (brüden synonym für Geschlechtsverkehr, R.W.), nun brüde er mitt dem garn in der becke«.

50 L89 AI 288, f. 278.

51 Tier- und Blutbeschimpfungen 90 (7%)
    Mann   >   Mann   72
    Mann   >   Frau   5
    Frau   >   Mann   9
    Frau   >   Frau   2
    Rest andere.

52 Beschimpfungen als Dieb 139
    Mann   >   Mann   99
    Mann   >   Frau   5
    Frau   >   Mann   20
    Frau   >   Frau   7
    Rest andere.

53 Körpersprache 22 (2%)
    Frauen   10
    Männer   11
    Rest andere.

54 L89 AI 290, f. 18.

55 L89 AI 291, f. 262.

56 L89 AI 291, f. 336.

57 L89 AI 326, f. 138ff

58 L89 AI 326, 437f.

59 Dies läßt sich für Bösingfeld über Jahre hin verfolgen. L89 AI, 290 und 291, aber auch L71, nr. 236 und 241, L65, nr. 100 vol. 2, L65, nr. 182. Pfarrer Reusius und seine Frau zogen z.B. den Küster an den Haaren, sie rief ihn als Schelm, der Pfarrer ihn als Ehebrecher aus. Die Söhne des Vorgängers von Reusius, Christof und Caspar Niewaldt, die Pastorin, deren Magd Anna Magdalene schalten sich mit Marx Sprockhoff und dessen Frau Huren und Hexen und schlugen sich mit Hacken. L89 AI 291, f. 138 und 292, f. 29.

60 L89 AI 288, f. 276.

61 L89 AI 292, f. 273. Dies die wahrscheinliche Abfolge des Gesprächs.

62 L86, K16 f. 10.

63 L89 AI 326, f. 151 und 249. Weiter: Henrich Nagels Frau klagt, daß Bernd Rügges Frau sie verschiedentlich in der Kirche geschoben hat und aus dem Stuhl stoßen wollte, L89 AI, 325, f. 84, Cordt Bilstein klagt, Jürgen Hoivers Frau hat seine Frau aus dem Stuhl stoßen wollen, L89 AI, 325, f. 489.

64 L89 AI 290, f. 52.

65 L89 AI 291, f. 259f.

66 Carolyn Merchant, Der Tod der Natur. Ökologie, Frauen und neuzeitliche Naturwissenschaft, München 1987.

Silke Göttsch

»... sie trüge ihre Kleider mit Ehren ...«

Frauen und traditionelle Ordnung im
17. und 18. Jahrhundert

Die Lebensweise von Menschen in der frühneuzeitlichen Gesellschaft war in weiten Bereichen bestimmt durch das Zusammenspiel von Gruppennormen und den daraus resultierenden
Verhaltensmustern. Die Interpretation dieses kulturellen Nor-
mierungssystems, in der traditionellen Volkskunde als »Sitte
und Brauch« beschrieben, eröffnet einen Zugang zu tradierten
Lebensformen, der über die Darstellung sozialer Zusammenhänge hinausgeht. Die Frage nach dem Regelsystem normen-
geleiteten Handelns versucht die Wertewelt, die einer Gesellschaft zugrundelag, zu decodieren. Solchem Verständnis folgend meint traditionelle, brauchtümliche Ordnung nicht nur
die Höhepunkte jahreszeitlich- und lebenslaufgebundener
Festkultur, sondern normierte und ritualisierte Verhaltensmuster schlechthin.

Eine Untersuchung traditioneller Ordnungssysteme darf
sich nicht darauf beschränken, dem Ablauf und der Bedeutung
einzelner Bräuche nachzugehen, sondern sollte den ganzen
Kontext von Regeln und Verbindlichkeiten im Blick behalten,
mit dem spezifische Verhaltensmuster eingefordert wurden
und das so gesellschaftliche und das heißt auch geschlechtsspezifische Rollen bestimmte. Über die Untersuchung von Werten
und Normen, die in der ländlichen Welt des 17. und 18. Jahrhunderts gültig waren, sollen einige Aspekte der Lebenswirklichkeit von Frauen in dieser Zeit sichtbar gemacht werden.

Bereits aus der Quellenlage ergibt sich das erste Problem für
eine solche Fragestellung. Zwar verfügen wir seit der Zeit der
Aufklärung vermehrt über eine vielseitige Literatur, die sich

der Schilderung brauchtümlicher Formen widmet, diese erliegt allerdings weitgehend den jeweils eigenen, sehr spezifischen Wahrnehmungsmustern. Für die Darstellung früherer Zeiten jedoch bleiben häufig nur jene Quellen übrig, die im Kontext obrigkeitlicher Verwaltung entstanden sind. Damit sind in diesem Zusammenhang allerdings nicht die Polizei- und Kleiderordnungen, die Luxusbeschränkungen und andere Gesetze gemeint, die der sich formierende frühneuzeitliche Staat erließ, um das Leben der einfachen Leute zu reglementieren, sondern jene Quellen, die aus der zeitgenössischen Rechtssprechung hervorgegangen sind, vor allem die Strafregister der niederen Gerichtsbarkeit, sowie die etwas umfangreicheren Gerichtsprotokolle. Das herangezogene Material stammt aus Schleswig-Holstein.

Was bestraft und damit in den Akten festgehalten wurde, aber auch was letztlich nicht aktenkundig wurde, ergab sich aus dem obrigkeitlichen Rechtsverständnis. Dieses ist für unsere Fragestellung jedoch von sekundärer Bedeutung. Vielmehr gilt es, jene Normen sichtbar zu machen, die innerhalb des Dorfes Gültigkeit besaßen. Solche Differenzierungen machen es nötig, genau zu lesen und zu trennen, was obrigkeitliches Rechtsverständnis bestrafte von dem, was ländlicher Normvorstellung entsprach, um so beschreiben zu können, wie die weibliche Rolle definiert war, wie traditionelle Ordnung die Lebenswirklichkeit der Frauen in dieser Zeit prägte.

Der traditionelle Kontext

Vieles von dem, was an brauchtümlicher Überlieferung bekannt ist, stand in engerem oder weiterem Zusammenhang zu Beziehungen zwischen den Geschlechtern, z.B. Spinnstuben,[1] das Nachtfreien oder ein großer Teil der Rügebräuche.[2] Träger dieser Bräuche waren meistens die jungen unverheirateten Leute. Durch die Einbindung in das Spannungsverhältnis von Normen und ritualisiertem Verhalten erhielten gerade zwischengeschlechtliche Beziehungen und damit auch Sexualität eine ganz eigene Wertigkeit. Denn sie erscheinen nicht als eine von gesellschaftlichen Bezügen abgekoppelte Form der Beziehung zwischen den Geschlechtern, sondern ganz im Gegenteil als ein kulturell vermitteltes, gruppen- und geschlechtsspezifisches Verhaltensmuster, das festgelegten, tradierten und damit anerkannten Regeln folgt und somit über einen breiten Konsens legitimiert war.

Wie das Eingebundensein in dieses Ordnungsgefüge die Lebensverhältnisse von Frauen bestimmte, soll an zwei Beispielen näher untersucht werden. Das Nachtfreien, das mit Blick auf die aktiven Brauchträger fast immer aus der männlichen Perspektive dargestellt wurde, soll hier als Interaktionsmodell zwischen den Geschlechtern analysiert werden. Das zweite Beispiel beschäftigt sich mit einem Brauchrequisit und seinem Umfeld: der Brautkrone. An ihr läßt sich das Dreiecksverhältnis von ländlichem Normensystem, obrigkeitlichen Moralvorstellungen und wissenschaftlicher Interpretation gut exemplifizieren.

Das erste Beispiel: Nachtfreien

Die nächtlichen Besuche junger lediger Männer bei den unverheirateten Frauen waren eine weit verbreitete Form der Brautwerbung. Was Rainer Beck[3] in seiner Studie über Illegitimität und voreheliche Sexualität auf dem Lande am Beispiel eines bayerischen Dorfes gezeigt hatte, läßt sich auch für andere regionale Verhältnisse verallgemeinern.

Die Annäherung vollzog sich in drei Phasen: 1. der gemeinsame Besuch mehrerer junger Männer vor dem Fenster eines Mädchens; 2. der Besuch eines einzelnen Mannes und das gemeinsame Verbringen einer Nacht auf dem Bett, ohne daß es zu intimen Beziehungen kam; 3. die Einwilligung zum Geschlechtsverkehr durch die Frau, nachdem der Mann zuvor das Eheversprechen gegeben hatte. Dieser konfliktfreie Verlauf ist allerdings idealtypisch beschrieben und bedarf der Modifizierung, wie ein Blick in die zeitgenössischen Gerichtsprotokolle zeigt.

1637 wurde in Eiderstedt ein Mann bestraft, weil er am Abend in ein fremdes Haus eingestiegen war, um die Schwester des Besitzers aufzusuchen, und »als desülve ehn nicht inlaten wollen, alle dören upgesperret«.[4] Was in diesem knappen Eintrag beschrieben ist, umreißt das Zusammenspiel von normwidrigem Verhalten und Sanktion. Denn auch die Ahndung jener Verhaltensweisen, die gegen die innerdörflichen Regeln verstießen, war über das brauchtümliche Gefüge des Dorfes geregelt. Eine der Möglichkeiten, die das Repertoire der Rügebräuche bot, war der Angriff auf die Unversehrtheit des Hauses. Die niedergerichtlichen Strafregister beweisen, daß sie immer wieder genutzt wurden, so wie im folgenden Beispiel: »daß er Inge Niß Tochters Thuer eingestoßen bey nachtschlaffender Zeit, in Unehren mit ihr zu schlafen«.[5]

Auf die Gewalttätigkeit des Handelns junger Männer verweist auch ein obrigkeitliches Verbot des Nachtfreiens 1740 für die Insel Föhr, wo ausdrücklich darauf hingewiesen wurde, daß »die jungen Mannsleute oftmals mit Gewaltthat zur Nachtzeit in die Häuser eindringen«,[6] und 1806 antwortete ein junger Mann seinem Begleiter, als er einem Mädchen, das ihm den Zutritt verweigerte, das Fenster einschlug, »daß sey hier so Mode, wenn die Mädchen nicht antworten wollen«.[7]

Der Brauch stellte also Öffentlichkeit her, und das galt für die Männer wie für die Frauen. Bevor die Mädchen selbst Objekt des Fensterns wurden, kannten sie seine Bedeutung, wußten, was es nach sich ziehen konnte, wenn sie sich verweigerten. Doch auch die Männer, die in diese Form der Partnerwahl hineinsozialisiert waren, exponierten sich. Eine erlittene Ablehnung blieb nicht verborgen, war ehrenrührig, und auf die Wiederherstellung der Ehre zielte der Rügebrauch. Das erklärt, warum Männer auf diesem Recht der Annäherung sehr nachdrücklich beharren mußten und es für sich ganz selbstverständlich in Anspruch nahmen, während Frauen der passive Teil zugewiesen wurde, sie waren »Objekt« des Fensterns.

Aggressivität, das legt die Auswertung der herangezogenen Quellen nahe, kennzeichnete in vielen Bereichen die Beziehung zwischen Männern und Frauen. Was mit › Nachtfreien‹ als Form der Partnerwahl zwischen unverheirateten jungen Leuten immer wieder gerade in der traditonellen Brauchliteratur idyllisierend beschrieben wurde, findet sich als Verhaltensmuster auch dort wieder, wo die kanonisierten Kategorien von Brauch nicht anwendbar erscheinen. Klagen von Ehemännern gegen andere Männer, daß sie »in nachttiden in sein Huß vor sein bedde gekamen und seine fruwen angetastet«,[8] sind vielfach belegt. Dem klassischen Verständnis von Brauch entspricht diese Verhaltensweise sicher nicht, aber sie verweist auf eben jenen Grundzug, der die sexuellen Beziehungen und damit auch die Geschlechterrollen prägte. Denn die angeführten

Beispiele sind keine Einzelfälle. Sie deuten an, daß solche Verhaltensmuster präsent waren und weder der Status der verheirateten Frau noch der Schutz des Hauses ausreichten, Frauen vor solchen Zugriffen zu bewahren.

Ein weiteres Indiz scheint diese These zu stützen. Immer wieder finden sich vor allem in den Brücheregistern des 16. und beginnenden 17. Jahrhunderts Hinweise auf Vergewaltigungen. Sie werden hoch bestraft, mit Geldbußen, nicht mit Freiheitsstrafen. »Das Clauß Tholen Knecht Luedtke Wilckens mit einer jungen dirne sein Schande auffm Felde treiben sich unterfangen, und wie de Dirne bestanden, er sie nodtzüchtigen wollen«[9] oder ein Beleg aus dem 16. Jahrhundert: »Hebke Johanns Reimer von der Nienkercken heft Pransackes Lencken von der Heyde up friem wege mit waltt genotthaget«.[10]

Als Ort der Vergewaltigung werden immer wieder das freie Feld oder die Straße außerhalb des Dorfes genannt. Die Vergewaltiger blieben nicht unbekannt, sondern kamen in der Regel aus demselben oder einem benachbarten Dorf, eine Beobachtung, die die Vermutung nahelegt, daß der Schutz für Frauen an der Dorfgrenze endete.

Selbst innerhalb des Dorfes behaupteten Männer für sich das Recht auf sehr direkte, ja sogar gewaltsame Kontaktaufnahme. Das belegen die vielen Strafeinträge, die sich auf das »unehrliche« Berühren oder das Entblössen von Frauen beziehen.

In diesem Sinne läßt sich die Bedeutung des Nachtfreiens anders, neu akzentuieren. Eine Interpretation, die sich auf eine ausschließliche Beschreibung als ritualisiertes, brauchtümlich geprägtes Muster der Partnerwahl beschränkt, erschwert ein Verständnis, das nach den alltäglichen Verhaltensmustern, nach dem dahinterliegenden Erfahrungszusammenhang fragt. Wenn man es allerdings in den Kontext anderer sexueller Umgangsformen zwischen den Geschlechtern stellt, dann scheint dieser Brauch noch eine weitere – latente – Funktion gehabt zu haben. Zwar zielte das Nachtfreien auf die › einmalige‹ Situation der Eheanbahnung, aber es war kein einmaliges Verhalten, sondern ihm kam innerhalb des Gruppenlebens der jungen unverheirateten Männer sowohl für die Sozialisation als auch für den aktiven Handlungsspielraum eine integrative Funktion zu. So wurde über die aktive und passive Teilnahme am Nachtfreien nicht nur die Zugehörigkeit zur Gruppe der jungen und unverheirateten Männer beschrieben, sondern darüber auch der Anspruch auf sehr direkte Kontaktaufnahme zu den Mädchen und das Recht auf deren Durchsetzung eingeübt. Wenn eine Verweigerung offenkundig und damit ehrenrührig wurde, gab es Formen der Rüge, um den Ruf wieder herzustellen, aber auch um die als »Fehlverhalten« der Frau wahrgenommene Weigerung zu sanktionieren. Aggressives Auftreten war nicht nur erlaubt, sondern gefordert. In diesem Verständnis waren die Handlungsmuster von männlicher Aktivität und weiblicher Passivität genau definiert und aufeinander bezogen.[11]

Ein als Schwängerer angezeigter Mann rechtfertigte sich mit der Bemerkung, das Mädchen habe ihn selbst zu sich hereingerufen, worauf diese entgegnete, »daß sie ihn zwar eingeruffen, sie hatte aber nicht begehret, daß er ihr die Ehre nehmen sollte«,[12] das heißt, sie hatte sich nicht an den verbindlichen Ablauf des Rituals gehalten. Das rechtfertigte auch zurückgezogene Eheversprechen, wie die folgende Bemerkung, »er sei aber von ihr angereitzet worden«,[13] zeigt. Ein anderer Mann schilderte die Schwängerung mit den Worten,

»er hette so 1663 kurz vor Ostern nach gethaner Arbeit in Carsten Quistorfs Hause mit seinem Mitgesellen einen Trunck gethan, so were der Klägerin Tochter ungeruffen zu ihm hineingekommen, sich bei ihm niedergesetzt und verharret, biß der Rausch ihn übereylet. Hette sich auf ihr Schmeicheln und einreden mit in ihren katen und aufs Bette locken lassen. Da denn Vater und Mutter im hause gewesen und wol verwehren können, daß, wie er geschlafen, die Tochter von ihm geblieben wäre«.[14]

Und ein Dienstknecht läßt seinen Dienstherrn bezeugen, daß »sie [die von ihm geschwängerte Dienstmagd und Klägerin, S.G.] gar eine leichtfertige Persohn ist, da er keinen fried des nachts auff sein Bett hat für sie haben können«.[15] Auf die Stereotypisierungen solcher Rollenzuweisungen und ihre Ursachen, die nicht losgelöst von der Gerichtssituation gesehen werden können, hat die französische Historikerin Arlette Farge[16] am Beispiel Pariser Quellen hingewiesen.

Männliches und weibliches Sexualverhalten waren also unterschiedlich definiert und in ihren Zuweisungen eng auf einander bezogen. Während Männer in aggressive Handlungsmuster eingeübt wurden und deren Einhaltung der Kontrolle unterlag, durften die Frauen, ebenso kontrolliert, keine erkennbare Initiative zeigen. Taten sie es dennoch, wurde es als Verstoß gegen ihre ihnen traditionell zugewiesene Sexualrolle verstanden. Mit dem Hinweis darauf konnte ein als Schwängerer bezichtigter Mann auf die Nachsicht der Obrigkeit rechnen. Diese Rigidität der Bewertung des Verhaltens von Frauen bezog sich nicht allein auf die Aufnahme sexueller Beziehungen, sondern auch auf andere, unverfänglichere Formen des Kennenlernens. So klagte eine Mutter vor Gericht, daß

»ihre Tochter, so noch unverheirathet, hätte vor zwei jahren einen Schuhknecht alhier auf dem marckte einen Butter krengell geschencket, welches ihr vielfältig wieder vorgehalten worden, und hätten sie ihr daher einen beynahmen gegeben«.[17]

Das Schenken gehörte zum Ritual des Kennenlernens, aber eine Initiative stand auch hier nur dem Mann zu.

Die ›vielfältigen Vorhaltungen‹, die als Gegenstand dieser Klage genannt werden, stellen eine andere Form der Sanktion dar, die für die Einübung und Einhaltung konformen Verhaltens in der Dorföffentlichkeit eine wichtige Rolle spielte: die Nachrede. Eng damit verbunden war das Gerücht, das ebenfalls tatsächliche Normverstöße oder unterstellte Abweichungen öffentlich machte. Beleidigungen und üble Nachrede gehören neben Schlägereien zu den am häufigsten aufgeführten Delikten in den Strafregistern des 17. und 18. Jahrhunderts. Und das letzte Beispiel machte deutlich, wie genau beobachtet wurde und auf welche lange Zeitdauer Verhalten, das von der Gruppennorm abwich, durch Gerede in Erinnerung wachgehalten werden konnte.

Die Funktion des Gerüchts hat Rainer Beck[18] zutreffend als einen »Diskurs von im weiteren Sinne Betroffenen charakterisiert«. Denn über das Gerücht, die Nachrede, die ausgesprochenen Verdächtigungen wurden die dörflichen Normen immer wieder verbalisiert, damit im Gedächtnis gehalten und zugleich den Einwohnern des Dorfes die eigene Gefährdung, Gegenstand des Geredes zu werden und damit das eigene ehrbare Ansehen im Dorfe zur Disposition zu stellen, deutlich gemacht.

Solche Verdächtigungen kreisten ganz wesentlich um sexuelle Normverstöße von Frauen. Immer wieder wurden unterstellte oder stattgefundene heimliche Begegnungen zwischen Frauen und Männern als Gerücht oder gerichtlich erwiesene

Tatsache mit Ehrenerklärungen oder Geldstrafe geahndet. So wehrte sich ein Mann erfolgreich gegen die Verdächtigung, daß seine Frau eine Ehebrecherin sei, »daß sie auff dem Wall mit einem echte Manne im rogken gegangen und zu thun gehabt«.[19] Eine Frau wurde dafür bestraft, daß sie eine andere verleumdet hatte, »alß sollte dieselbe mit Arndt Hanßen hinterm Zaun beysammen liegend vorgefunden«,[20] dies aber nicht beweisen konnte. Solche Verdächtigungen wurden offensichtlich dazu benutzt, um den guten Ruf einer Frau zu schmälern, sie zu beleidigen. Wenn Frau und Mann allerdings tatsächlich allein beobachtet wurden, ohne miteinander verheiratet zu sein, so wurde »heimlicher Umgang« unterstellt. Dies bot genug Anlaß zu reden, das Erspähte mit dem Gerücht öffentlich zu machen: Ob solche Begegnungen ohne Zeugen auf dem freien Feld oder im Hause stattfanden, war dabei ohne Belang. »Jacob Hanßen Fraw, daß sie Maricken Schneiders mit ohnwahrheit beschuldiget, ob hette sie mit Peter Claußen in der stube beklucket, und ihr dadurch böse nachrede verursachet«.[21]

Sicher läßt sich hier einwenden, das sowohl Frauen als auch Männer der Gefahr, Opfer des Gerüchts zu werden, ausgesetzt waren, aber aus den Formulierungen der Strafeinträge geht hervor, daß in den weitaus meisten Fällen Frauen und ihr Verhalten Gegenstand des Gerüchts waren und auf die Wiederherstellung ihrer Ehre, ihres guten Rufes klagten. Auf der anderen Seite waren es Frauen, die diese Kontrolle ausübten, sie brachten in der Regel die Gerüchte auf. Die geschlechtliche Identität von Überwachenden und Überwachten verweist auf die Konsequenz, mit der diese Regeln internalisiert waren.

In dem Gerücht des »heimlichen Umgangs« war der Vorwurf der Hurerei und der Promiskuität latent enthalten. Besonders dort, wo das Kleidungsverhalten der Frauen von dem dorfüblichen Standard, also von dem was ihr lokal und sozial zugebilligt wurde, abwich, war der Verdacht der Hurerei schnell ausgesprochen. Dies belegen Vowürfe wie »die großen Ketten, die sie dröge, hette sie mit Hurerey verdienet«[22] oder »es schadet Ihr nicht mehr, ohne, daß sie sich zu hoffertig in kleidern helt, worauf Birte Lorenzen geantwortet, Sie trüge ihre Kleider mit Ehren«.[23] Eine Wirtin, die einem Gast das Bier verweigerte, beschimpfte dieser:

»Siehe, trägestu auch rings, du mutz, du hastu sie mit huren verdienet, undt zugleich seinen Rock aufgehoben und mit seiner Hand
auf seinen Unterleib geschlagen, siehe, darmit hastu es verdienet«[24]
oder eine Frau beschimpfte eine andere, die Kleider, die sie besäße,
»weren mit Ehren nicht verdienet«.[25]

Was vor Gericht unter dem Aspekt der verleumderischen
Nachrede verhandelt wurde, konzentriert sich sehr stark auf
solche Gerüchte, die sexuelles Verhalten thematisierten. Andere Abweichungen von der traditonell zugewiesenen Ge-
schlechterrolle tauchen eher sporadisch auf, sollen hier aber
doch kurz genannt werden, um zu zeigen, was außerdem als
Abweichung und damit als sanktionswürdig galt. So wurde einem Mädchen, das sich schminkte, nachgesagt, sie täte es »daß
die Kerrels nach ihr gehen sollen«,[26] oder ein Mädchen, das die
traditionelle Arbeitsteilung zwischen Mann und Frau nicht ein-
hielt, zudem nicht verheiratet war,[27] klagte darüber,

»sie habe einen lahmen Vater und müßte alle Haußarbeit verrichten
und öffters die Kuh nach den Ochsen bringen, weswegen ihr Klägerin allerley Hohnreden gegeben und für eine Hure und dergleichen
gescholten, da sie dann solches nicht länger vertragen können«.[28]

›Hure‹, so hatte Karl-S. Kramer[29] in einer Untersuchung über
die am häufigsten verwendeten Schimpfwörter in Holstein in
der frühen Neuzeit nachgewiesen, war das gebräuchlichste,
um Frauen zu diffamieren. Sicher war damit nicht jedes Mal
der Verdacht des bezahlten, promiskuitiven Geschlechtsver-
kehrs unterstellt, aber die Beliebtheit dieses Schimpfwortes
verweist eindeutig darauf, daß die Ehre, der Leumund einer
Frau am wirkungsvollsten über das Infragestellen ihrer sexuellen Integrität anzugreifen war. Die große Zahl der Verleumdungen, die sich auf unterstellte sexuelle Beziehungen von
Frauen zu Männern beziehen, illustriert den Kontext, in dem
dieses Schimpfwort stand.

Die Gefährdung der Frau, Objekt verleumderischer Zuweisungen zu werden, war groß. Daraus ergibt sich die Frage, welche Relevanz dies für die Geschlechterbeziehung besaß, wie
und ob sich Männer in ihrem Verhältnis zu Frauen dieses
Moralkodexes bedienten, was sich daraus für die Lebenswirklichkeit von Frauen ableiten läßt.

Vorehelicher Geschlechtsverkehr, darauf ist bereits verschiedentlich hingewiesen worden, war nicht tabuisiert. Nachdem

der Mann das Eheversprechen, ob mit oder ohne Zeugen, geleistet hatte, erfolgte in der Regel die Aufnahme sexueller Beziehungen. Auf den Tauschcharakter – Geschlechtsverkehr gegen Eheversprechen – hat Rainer Beck[30] aufmerksam gemacht und die »strukturelle Benachteiligung« der Frau betont. Denn sie gab, bevor der Mann sein Versprechen eingelöst hatte. Konflikte ergaben sich dann, wenn der Mann nach erfolgter Schwängerung nicht oder nicht mehr bereit war, die Ehe einzugehen. Die Männer entzogen sich ihrer Zusage, indem sie den Frauen solche Verfehlungen anlasteten, wie sie auch Gegenstand der Gerüchte waren. Ihre Argumentation zielte auf den moralischen Verruf der Frau, entweder hatte sie – so der Vorwurf – mit mehreren Männern sexuelle Beziehungen unterhalten, so daß die Vaterschaft nicht eindeutig zu klären sei, oder der Mann berief sich darauf, »daß er wohl mit der Dirne zu thun gehabt, sie aber als eine Hure jedesmahl mit Geld abgelohnet«.[31]

Vielfach wurde, wie schon gezeigt, der Frau die Initiative unterstellt. Mit dieser Behauptung bestritt der Mann das Eheversprechen überhaupt gegeben zu haben, was ihn gleichfalls von der Verpflichtung, die Frau zu heiraten, entband.

Der Ruf der verheirateten Frau wurde in den meisten Fällen über eine Ehrenklage wiederhergestellt. Zwar läßt die geringe Zahl der ausgewerteten Fälle keine endgültigen Schlüsse zu, aber sie legen dennoch die Vermutung nahe, daß Beschuldigungen des Ehebruchs nur selten dazu führten, daß Männer ihre Frauen verließen oder gar auf Ehebruch klagten. Auch umgekehrt nannten Frauen nie explizit einen Ehebruch als Grund für das Scheitern der Ehe, obwohl Streitigkeiten unter Eheleuten und sogar Scheidungsklagen im 17. und 18. Jahrhundert nicht so außergewöhnlich waren, wie man vermuten könnte. Häufig wurden materielle Gründe angegeben oder ganz allgemein auf Streitigkeiten hingewiesen. Scheidungsklagen entsprachen eher dem folgenden Muster. Der Ehemann klagte, »wie seine Frau ihm nicht parieren, sondern über ihn herrschen wolle« und die Frau hielt dagegen:

»Sie könnte nicht in Ruhe bei ihrem Mann bleiben; wan sie des Abends zu Bette gieng, so jagte er sie wieder heraus, mit dem beyfügen, gehe weg, Canaille, Luder, gehe nach Galgen und Radt«.[32]

Um die Frage nach den Ursachen für Ehescheidungen zu beantworten, wäre es notwendig, den Hintergrund solcher Beschuldigungen und Beschimpfungen zu klären. Erst eine systematische Durchsicht von Ehescheidungsakten könnte Aufschluß darüber erbringen, ob und wie weit die dörfliche Sanktionen auf die Geschlechterbeziehungen einwirkten.

Das zweite Beispiel: Brautkrone

Die Brautkrone gehört zu jenen Gegenständen, die dem klassischen volkskundlichen Kanon zugerechnet werden. Für die traditionelle Brauchforschung war sie der Inbegriff ländlicher Sittlichkeit, sie galt als Symbol der jungfräulichen Braut. Ihr Gegenstück, der Strohkranz, wurde als Form der »Volksrüge« interpretiert, mit deren Hilfe voreheliche Beziehungen bei der Hochzeit öffentlich gemacht wurden. Hans Moser[33] hat in einem Aufsatz nachgewiesen, daß die Brautkrone und ihre pervertierte Variante – der Strohkranz – nicht in das Repertoire volkstümlicher Sittlichkeitsvorstellungen gehörten, sondern einen Versuch der Kirche darstellten, ihre Sittlichkeitsvorstellungen in der ländlichen Bevölkerung zu etablieren. Am Beispiel der Brautkrone läßt sich das Nebeneinander von tradierten Verhaltensmustern und obrigkeitlicher Sinnstiftung gut exemplifizieren.

Die Brautkrone, traditionell als Bestandteil der Hochzeitstracht beschrieben, war im Besitz der Obrigkeit und wurde vom Pastor oder dem Amtsverwalter ausgeliehen. Einträge, wie sie der Pastor von Kirchnüchel im Kopulations- und Totenbuch[34] neben den Personenstandsdaten vermerkte, belegen die von Hans Moser getroffene Feststellung: »die Braut ist in der crohnen getrauet worden, welches heut zu tage bey der hurischen Welt etwas Rares«. Bei einer anderen Braut fügte er hinzu:»Sie ist zwar in der Crohnen getrauet, haben aber schon viele jahre leyder sich gekannt«.

Die Obrigkeit also war es, die die Einhaltung dieser Regeln registrierte, die Dorföffentlichkeit hingegen wird nie als sanktionierende Instanz genannt. Denn auch geschwängerte Bräute trugen die Brautkrone, was gelegentlich ausdrücklich bei den später an die Landesherrschaft fälligen Brüche erwähnt wurde: »ist mit die Krone getrauet«.[35] In Ehrenstreitigkeiten, die so präzis Normverstöße öffentlich machten, wurde auf die unberechtigte Verwendung dieses Requisits nie Bezug genommen.

Die Brautkrone, das zeigen Trachtendarstellungen des 18. Jahrhunderts, wurde in die Hochzeitskleidung integriert. Wie diese Übernahme vor sich ging, läßt sich nicht endgültig entscheiden: ob die Pastoren oder landesherrlichen Beamten ihr Tragen erzwangen, um sich die Einahmen aus dem Verleih zu sichern, oder ob es dem Schmuck- und Prestigebedürfnis der ländlichen Bevölkerung entgegenkam. Vermutlich spielen beide Faktoren eine Rolle. Ihr von der Kirche intendierter Sinn, die Stilisierung zum Symbol der Jungfräulichkeit, allerdings wurde nicht internalisiert. Und die Kirche selbst hat, wenn überhaupt, nicht sehr konsequent auf der Durchsetzung ihrer Absichten beharrt.

Deutlicher läßt sich dieser Komplex konturieren, wenn man in die Überlegungen um die Funktion der Brautkrone die Veränderungen in der Haartracht der unverheirateten und verheirateten Frauen miteinbezieht. Mit der Eheschließung bedeckte die Frau ihre Haare mit der Haube. Die Kirche nutzte dieses im brauchtümlichen Kontext festgeschriebene Ritual, um eine in ihren Augen unehrenhafte, weil voreheliche Schwängerung zu stigmatisieren. Als die Tochter eines Bauernvogtes in Anwesenheit zweier Pastoren eingestehen mußte, daß sie sexuelle Beziehungen zu zwei Männern unterhalten hatte, erhielten ihre Eltern die Anweisung: »Ihre Tochter hinfüro nicht in den Haaren gehen zu lassen, sondern die Haube ihr aufzusetzen«.[36] Als ein Mann eine geschwängerte Frau bis zur Geburt des Kindes beherbergt hatte und sie danach verschwand, war die größte Sorge der Obrigkeit, »sie gehet vielleicht noch für ein Jungfer, ohne Haube«.[37] Eine andere Frau wurde dafür bestraft, daß sie nach der an einem anderen Ort erfolgten Geburt eines unehelichen Kindes zurückkehrte, »und in den haaren wiedergekommen«.[38] Mit der tatsächlichen, rigiden Durchsetzung solcher Strafmaßnahmen war es allerdings, wie bei der Brautkrone bereits gezeigt, nicht weit her. Es wurde zwar als Faktum bestraft, daß er »sich kurtz vor der Geburt mit dem weibe in ihren Haaren zusammengeben lassen«,[39] aber verweigert wurde die Trauung mit offenem Haar nicht, wohl auch dann nicht, wenn die Schwangerschaft bekannt war.

An dieser Stelle werden die divergierenden Sittlichkeitsvorstellungen greifbar. Während für die ländliche Bevölkerung die Heirat den Initiationsritus zu Frau darstellte, der durch das Hauben symbolisiert wurde, versuchten Kirche und weltliche

Obrigkeit diesen Brauch in ihr Erziehungsprogramm zu integrieren. Das Verbot für vorehelich geschwängerte Frauen, mit offenen Haaren zu gehen, sollte nicht nur die »Schande« der einzelnen Frau sichtbar machen, sondern zielte darüber hinaus auf die Kennzeichnung der unehelichen Schwängerung als sittlicher Verfehlung schlechthin.

Der traditionell hergestellte Zusammenhang von Heirat und Zur-Frau-Gehaubtwerden sollte zerstört werden. Nicht die Eheschließung, sondern die voreheliche Schwängerung veränderte den Status, das Diffamierende lag darin, daß einer Frau die Insignien des Verheiratetseins verordnet wurden, obwohl ihr das entscheidende Kriterium fehlte – der Ehemann. Die voreheliche Schwängerung wurde diesem Verständnis folgend als Makel sichtbar gemacht.

›Offene Haare – Brautkrone – Haube‹ – diese scheinbare Zwangsläufigkeit weiblicher Biographie erweist sich bei näherer Betrachtung als ein differenziertes Zusammenspiel unterschiedlichster Interessen. Die Frage danach, wer auf welchen Normen aus welchen Gründen beharrte und wer sich ihnen zu entziehen suchte oder ihnen vielleicht doch letztlich erlag, führt in das komplexe Geflecht gesellschaftlicher Strukturen der Frühen Neuzeit und macht deutlich, daß eine historische Brauchforschung sich nicht darauf beschränken darf, Erscheinungen zu beschreiben, sondern daß sie vor allem die Frage nach dem kulturellen Vermitteltsein von Verhaltensmustern und seinen Bedingungen und Auswirkungen auf die Ausformung von Geschlechterrollen zu stellen hat. Dieser Sozialisationseffekt, ohne den Normen nicht tradiert werden könnten, wurde am Beispiel des Nachtfreiens, das das Einüben in männliche bzw. weibliche Rollenverhalten zeigte, exemplifiziert. An der Modellierung von Geschlechterrollen hatte allerdings nicht nur die Dorföffentlichkeit Interesse, die über den Sanktionsmechanismus ›Gerede‹ die Normen präsent hielt, sondern auch weltliche und kirchliche Obrigkeit versuchten auf deren Ausformung Einfluß zu nehmen. So geraten männliche und weibliche Geschlechterrollen in der Frühen Neuzeit in ein Spannungsverhältnis von dörflicher zu obrigkeitlicher Norm, das letztendlich zu deren Veränderung beitrug.

Anmerkungen

Abkürzungen: Die zitierten Quellen stammen alle, bis auf die mit RAK (= Reichsarchiv Kopenhagen), StA (= Stadtarchiv) und KrA (= Kreisarchiv) gekennzeichneten, aus dem Schleswig-Holsteinischen Landesarchiv in Schleswig. Die erste Zahl bezieht sich auf die jeweilige Abteilung, die zweite auf die Nummer.
AR = Amtsrechnung; AP = Amtsprotokoll.

1 Hans Medick, Spinnstuben auf dem Dorf. Jugendliche Sexualkultur und Feierabendbrauch in der ländlichen Gesellschaft der frühen Neuzeit, in: Gerhard Huck (Hg.), Sozialgeschichte der Freizeit. Untersuchungen zu Wandel der Alltagskultur in Deutschland, Wuppertal 1982, S. 19–49.

2 Georg Queri, Bauernerotik und Bauernfeme in Oberbayern, München 1911; Karl-Sigismund Kramer, Grundriß einer rechtlichen Volkskunde, Göttingen 1974.

3 Rainer Beck, Illigitimität und voreheliche Sexualität auf dem Land. Unterfinning 1671–1770, in: Richard van Dülmen (Hg.), Kultur der einfachen Leute. Bayerisches Volksleben vom 16.–19. Jahrhundert, München 1983, S. 112–150.

4 163/AR Eiderstedt 1637.

5 RAK Film Nr. 43155 AR Apenrade 1615.

6 Corpus Statuorum ...: Slesvicensium oder Sammlung der in dem Herzogthum Schleswig geltenden Land- und Stadtrechte, 1. Band, Schleswig 1794, S. 608.

7 65.2/338 II Burg/Fehmarn 12.6.1806.

8 102 AR Süderdithmarschen 1600.

9 111 AR Reinbek 1624/25.

10 101 AR Norder-Dithmarschen 1568.

11 Silke Göttsch, Weibliche Erfahrungen um Körperlichkeit und Sexualität nach archivalischen Quellen aus Schleswig-Holstein 1700–1850, in: Kieler Blätter zur Volkskunde XVIII (1986), S. 29–59.

12 275/457 AP Eutin 1653.

13 KrA Ratzeburg Gutsdepot Niendorf, Gutsprotokoll 1722.

14 275/458, AP Eutin/Fissau 10.7.1664.

15 275/460 AP Eutin 1692:10.

16 Arlette Farge, Das brüchige Leben. Verführung und Aufruhr im Paris des 18. Jahrhunderts, Berlin 1989, S. 52–54.

17 KrA Ratzeburg o.S., AP Ratzeburg 1746:890.

18 Beck (wie Anm. 3).

19 StA Oldenburg A I 12/4 Gerichtsbuch Oldenburg 1682:95v.

20 168 AR Gottorf 1646.

21 168 AR Gottorf 1671.

22 168 AR Gottorf 1671.

23 167 AR Flensburg 1706.

24 142/32 Plön 1686.

25 168 AR Gottorf 1671.

26 142/2,1.9.1740:172r.

27 Gerade in der Zuweisung von Arbeit zu Geschlechterrollen spielt der Status des Unverheiratetseins eine große Rolle, vgl. Michael Mitterauer, Geschlechtsspezifische Arbeitsteilung und Geschlechterrollen in den ländlichen Gesellschaften Mitteleuropas, in: Jochen Martin/Renate Zoepfell (Hg.), Aufgaben, Rollen und Räume von Frau und Mann, Teilband 2, Freiburg 1989, S. 819–914.

28 KrA Ratzeburg o.S, AP Ratzburg 27.4.1747.

29 Karl-Sigismund Kramer, Hohnsprake, Wrakworte, Nachschnack und Ungebühr. Ehrenhändel in holsteinischen Quellen, in: Kieler Blätter zur Volkskunde XVI (1984), S. 49–85, hier S. 71ff.

30 Beck (wie Anm. 3).

31 142/2, 21.12.1772.

32 142/2, Gerichtsbuch Plön 29.10.1744.

33 Hans Moser, Jungfernkranz und Strohkranz, in: Konrad Köstlin/Kai D. Sievers (Hg.), Das Recht der kleinen Leute. Beiträge zur Rechtlichen Volkskunde, Festschrift für Karl-Sigismund Kramer, Berlin 1976, S. 140–161.

34 Pfarrarchiv 1711.

35 RAK Film Nr. 43751, AR Sonderburg 1700/01.

36 275/456, 1645.

37 112 AR Pinneberg 1663/64.

38 103 AR Steinburg 1636/37.

39 275/457 AP Eutin 1653.

Christina Vanja

Das »Weibergericht« zu Breitenbach[*]

Verkehrte Welt in einem hessischen Dorf
des 17. Jahrhunderts

»Demnach fürstliche Regierung [zu Kassel] über die von denen Weibern zu Breitenbach ahn einem Manne daselbsten, Job genandt, welcher von seiner Frauwen geschlagen seyn solle, mit Abbrechung des Dachs begangener Vergewaltigung und ander dabey vorgangene Excesse Inquisition einzuziehen befohlen und dan[n] nicht allein der Job und dessen Hausfrauw wie auch ander darbey gewesener Persohnen, sondern auch die Weiber selbsten, nach bekommender Specification uff Erfordern erschienen«.[1]

So beginnt die Gerichtsakte der landgräflich-hessischen Regierung zu Kassel vom 14. März 1653, die ausführlich das »Weibergericht« in dem Dorf Breitenbach südwestlich von Kassel schildert. Was war am 12. Januar 1653 in Breitenbach vor sich gegangen? Job Schmidt von Breitenbach war auf dem Heimweg vom Heiligen-Drei-Königsmarkt, den auch andere Dorfleute besucht hatten, in Breitenbach noch in das Wirtshaus gegangen, um eine Kanne Bier zu trinken. Gegen Abend ging er von dort nach Hause. In der Türe begegnete ihm seine Frau, die ein Kind auf dem Arm und eines an der Hand hielt. Sie meinte bei der Begegnung, es sei Zeit, daß er nach Hause komme, und wollte ihn gleich mit in die Oberstube nehmen. Er jedoch strebte der Unterstube zu, um sich – seiner Aussage nach – dort umzuziehen.

Über die folgenden Ereignisse – die tatsächlichen Auseinandersetzungen zwischen dem Ehepaar – vermittelt die Gerichtsakte kein eindeutiges Bild. Nach Aussage des Ehemannes fiel

---

[*] Neufassung des gleichnamigen Artikels, in: Journal für Geschichte 5 (1986).

er über seine Frau her und schlug sie »braun und blaw«, wobei er – betrunken wie er war – auch die Nase eines der Kinder traf.

Ein anderer Breitenbacher, Curt Carrle, wollte es anders gesehen haben. Er kam angetrunken vorbei und hörte das Schreien und Schlagen im Haus des Job Schmidt. Er guckte durch ein Loch in das Haus hinein und erzählte nachher im Dorf, er habe die Frau auf dem Manne liegend gesehen, d.h. die Ehefrau habe ihren Ehemann geschlagen.

Daraufhin traten am nächsten Tag die Frauen in Aktion. In einer Versammlung wählten sie aus ihren Reihen drei Frauen als Greben (wie in Hessen die Dorfvorsteher genannt wurden) und zogen unter ihrer Führung zur Dorfobrigkeit, den Junkern von Dalwigk, im benachbarten Dorf Hoof.[2] Dort brachten sie ihr Anliegen vor, »nach alter Weiber-Gerechtigkeit« dem Manne das Dach abdecken zu dürfen, da das Verhalten des Ehepaares gegen die dörfliche Ordnung verstoßen hatte, die das Schlagen von Ehemännern durch Ehefrauen nicht zuließ. Job Schmidt, der zufällig wegen Zinszahlungen auch auf dem Hof der Junker weilte, erhob Einspruch. Nach dem Verhör des Zeugen Curt Carrle und des einen Kindes, das bei der Szene dabei gewesen war, stimmten die Junker jedoch dem Anliegen der Frauen zu, wollten bei der Ausführung aber selbst zugegen sein.

»Weiber« und »Exzesse«

Bevor die Breitenbacherinnen zum Abdecken des Daches schritten, versammelten sie sich unter der Dorflinde, wobei die Glocken geläutet wurden. Eine Fahne schwingend zogen sie dann von der Linde zu dem Haus. Sie hatten schon mit dem Abdecken des Daches begonnen, als der Pfarrer als Vermittler auftrat. Gegen eine Abfindung von 2 1/2 Talern, die Job Schmidt zahlte, ließen die Frauen von ihrem Vorhaben ab und zogen in das Wirtshaus, um das Geld zu vertrinken. Vom Alkohol hungrig geworden, kehrten sie nochmals zurück, um weiteres Geld für Brot zu holen, wobei sie das Ehepaar in die Wirtschaft mitnahmen.

Die Kasseler Regierung empfand das Zechgelage der Frauen als ganz widernatürlich und verabscheuenswert. Darauf betonten die Frauen, es sei nur eine einzige von ihnen betrunken gewesen, die aber noch sehr jung sei. Sie hätte sich hinter dem Tisch erbrochen. Die fürstliche Regierung beschreibt die »Weiber« als »boshaft«: sie hätten sich zu den Exzessen »gelüsten« lassen. Die Frauen selbst sprechen von »altem Recht« und »anerkannter Gewohnheit«.[3] In den Vorstellungen über die Regelung innerdörflicher Konflikte prallen hier offensichtlich verschiedene Welten aufeinander.[4] Am Ende werden die Frauen, obwohl sie nach Meinung des Gerichtes eine Strafe verdient hatten, nur verwarnt. Für den Wiederholungsfall droht jedoch ein härteres Urteil.

Soweit die Geschichte, wie sie sich aus der Gerichtsakte rekonstruieren läßt. Was zwischen dem Ehepaar tatsächlich vorgefallen war, nämlich wer wen geschlagen hatte und wer obsiegte, wurde in dem Gerichtsverfahren nicht geklärt. Dies war kein Zufall: Ging es dem Dorf um das Verhalten der Eheleute, so lehnte die Kasseler Regierung die außerhalb ihrer Kontrolle stehenden dörflichen Rechtsbräuche grundlegend ab, reagierte mit Unverständnis und deutlicher Mißbilligung. Das Gericht verurteilte nicht nur das Vorgehen des »Breitenbacher Weibergerichtes«, sondern machte auch deutlich, daß es neben seiner herrschaftlichen Gerichtsbarkeit eine zweite der dörflichen Gesellschaft nicht dulden wollte. Für die Regierung stellte das eigenständige Handeln im Dorf einen Eingriff in ihre Kompetenzen dar, eine Aktion, die sie nicht selbst kontrollierte. Im Prozeß über das »Weibergericht« versuchte sie daher, ein Exempel zu statuieren.

Gefährdung der öffentlichen Ordnung

Die aus herrschaftlicher Sicht »angemaßten« Konfliktregelungen, die insbesondere in verschiedensten Rügebräuchen ihren Ausdruck fanden, waren für die Gesellschaft des späten Mittelalters und der frühen Neuzeit im Hinblick auf die Ausübung sozialer Kontrolle von großer Bedeutung. Nur teilweise von der Kompetenz der herrschaftlichen Gerichte überlagert, zielten sie vor allem darauf, korrigierend das Zusammenleben im Dorf zu regeln. Die Kontrolle über die Erhaltung der Ordnung übte das ganze Dorf aus: dem »Dorfauge« dürfte nichts entgangen sein. Das Eingreifen des Dorfes bei festgestellter Unordnung konnte in verschiedenen Formen geschehen: von der Verbreitung eines Gerüchtes, das zu einem schlechten Leumund und damit zur Beeinträchtigung der persönlichen Integrität führen konnte, über mehr oder weniger friedliche oder gar scherzhafte Rügen bis hin zur Gewaltanwendung gegen Menschen.[5]

Über die soziale Ordnung bestanden genaue Vorstellungen, die teilweise der der bäuerlichen Lebens- und Arbeitswelt eigenen Rationalität entstammten, teilweise wurden jedoch auch Vorstellungen anderer gesellschaftlicher Schichten und durch die Kirche vermittelte Normen übernommen.

Ein zentraler Bereich der dörflichen Ordnung war das Verhältnis von Männern und Frauen, insbesondere in der Ehe. Wenn eine Frau ihren Mann schlug, und zwar so, daß die Dorföffentlichkeit davon erfuhr, erschien nicht nur der Ehefrieden, sondern die »öffentliche Ordnung« gefährdet. Sah die Kasseler Regierung im Dachabdecken vor allem die materielle »Vergewaltigung« ihres steuerpflichtigen Untertanen, zu der niemand außer ihr selbst berechtigt war, so ging es dem Dorf um die Wiederherstellung von Ordnung. Ungewohnt ist es allerdings, daß das »Fehlverhalten« einer Nachbarin nicht von der solidarischen Gruppe der bäuerlichen Hauswirte, sondern von der Versammlung ihrer Ehefrauen gerügt wurde. Anstatt über diesen Beweis von »Weibermacht« befriedigt zu sein, sind sie es, die die Unterordnung im Hause durch das Abdecken des Daches veröffentlichen und dadurch das Ehepaar zur Ordnung rufen wollen.

Diese zunächst widersprüchlich erscheinende Vorgehensweise wird verständlicher, wenn man die ihr zugrunde liegenden normativen Vorstellungen und Handlungsmuster kennt.

Die Ehre war von zentraler Bedeutung in der Ordnung der vorindustriellen dörflichen wie städtischen Gesellschaft. Die Erhaltung und Wahrung der eigenen Ehre gehörte zu dem wichtigsten Bestreben von einzelnen Menschen, von Bevölkerungsgruppen (z.B. der Zünfte), von Gemeinden oder ganzen Ständen. Die Ehre vermittelte Würde und Achtbarkeit, die Voraussetzung waren, um einer Gesellschaft zuzugehören. Der Verlust der Ehre konnte den Ausschluß aus der Gruppe nach sich ziehen. Da ein individuelles Leben im heutigen Sinne in der vorindustriellen Gesellschaft nicht möglich war, konnte der Verlust der Ehre die Lebensexistenz überhaupt in Frage stellen.

218   Christina Vanja

Korrektur des Fehlverhaltens

Die Wahrung der Ehre war also keine »Privatangelegenheit« –
Privates im heutigen Sinne gab es nicht –, sondern Angelegenheit der ganzen Gemeinde oder der ganzen Gruppe: ein funda-
mentaler Unterschied zur heutigen Rechtsvorstellung, derzufolge stets eine Anklage vorliegen muß, um gegen Ehrverlet-
zungen vorzugehen.

Daß sich ein Mann von seiner Frau schlagen ließ, verletzte
seine Ehre ganz entscheidend. Die Sanktion des geschlagenen
Ehemannes ist ein Motiv, das im alten Brauchtum immer wieder seinen Niederschlag fand. Vielfach wurden diese Männer
der Lächerlichkeit preisgegeben. Ein verbreiteter Brauch
zwang die Männer, rückwärtssitzend auf dem Esel durch das
Dorf zu reiten. Eine andere Sitte war das nicht nur in dem genannten hessischen Dorf übliche Dachabdecken. Möglich waren auch die Zerstörung des Herdes bzw. die Löschung des
Herdfeuers, das Einschlagen von Türen und Fenstern oder die
Entziehung der Brunnennutzung. Wie Hermann Heidrich in
einem Aufsatz über das Haus und die Volkskultur in der frühen
Neuzeit aufzeigte, war der Mann für Verletzungen von Verhal-
tensregeln im Haus verantwortlich und der Zustand des Hauses symbolisierte für die Öffentlichkeit die männliche Ehre.[6]
Die Zerstörung eines Teiles des Hauses machte so nach außen
hin offensichtlich, daß hier ein Stück Ehre zerstört war. Die Wiederherstellung des Hauses stellte auch die Ehre wieder her. Da
das Haus und insbesondere der eigene Rauch Grundlage der
Zugehörigkeit zur Gemeinde war, war erst somit die Wieder-
eingliederung möglich. Ganz deutlich unterscheiden sich diese
Regeln von bürgerlicher Moral und bürgerlichem Strafvollzug:
ein schlechtes Gewissen, ein Insichgehen und Bereuen war hier
nicht gefragt. Die Korrektur des »Fehlverhaltens« geschah
durch und in der Öffentlichkeit.

In Breitenbach geschah 1653 die Wiederherstellung der sozialen Ordnung durch ein reines Weibergericht, das nach Aussage des Gerichtsprotokolles alte Tradition besaß. Jugendliche
und Frauen waren sehr oft Träger solcher Rügebräuche. Nicht
eingebunden in die »amtliche« Rechtswahrung wie die männlichen Erwachsenen, waren sie sicherlich für Aktivitäten in die-

sem eigenen Rechtsbereich offener und konnten nicht so leicht zur Rechenschaft gezogen werden.

Die Breitenbacher Frauen setzten mit ihrer Aktion die Verkehrung der häuslichen Ordnung von Mann und Frau konsequent fort, indem sie die öffentliche Gewalt ergriffen: Sie wählten aus ihren Reihen drei Greben – ein Amt, das Männern vorbehalten und mit Gerichtskompetenzen verbunden war. Dann versammelten sie sich, während die Glocken wie bei einer Gerichtsversammlung läuteten, unter der Dorflinde, wo sonst das – männliche – Gericht tagte, wo allerdings auch die dörflichen Feste stattfanden.

Deutlicher Höhepunkt war schließlich das Zechgelage im Wirtshaus, in das auch das gemaßregelte Ehepaar einbezogen wurde. Denn erst mit dem gemeinsamen Essen und Trinken war die dörfliche Ordnung wiederhergestellt, durch ihre Teilnahme waren die Eheleute erneut in die Gemeinschaft aufgenommen.[7]

Einvernehmen mit den Dorfbewohnern

Das gemeinsame Essen und Trinken spielte für das Leben in dieser Zeit eine große Rolle: es begleitete alle wichtigen Etappen des Lebenslaufes der Menschen von der Geburt bis zum Tod, vom Umtrunk nach der Geburt eines Kindes bis zum Leichenschmaus. Wollte jemand mit jemandem nicht essen und trinken, so deutete dies auf ernste Konflikte hin. Die Henkersmahlzeit hatte so eine wichtige Funktion, denn sie sollte den Frieden zwischen dem Verurteilten und dem Gericht bzw. dem Henker schließen.[8] Auch am Abendmahl konnte ein Christ nur teilnehmen, wenn sein Verhalten zu den anderen Menschen »in Ordnung« war.[9]

Das »Zechgelage« am Ende des ausgeführten Rügebrauches, das die Kasseler Regierung nur als unziemliche Ausschweifung betrachtete, hatte also auch hier einen zentralen Stellenwert: es stellte die Gemeinschaft wieder her.

Zumindest an diesem Tag führten die Frauen in Breitenbach das Regiment – ein Verhalten, das potentiell jedoch schon im Alltag angelegt sein mußte, um sich bei einer solchen Gelegenheit entfalten zu können.

Das Selbstbewußtsein der Frauen wird noch an zwei weiteren Vorfällen dieses Tages deutlich: Ein Dorfbewohner hatte die Frauen wegen ihres Verhaltens beschimpft. Er mußte dies durch Zahlung eines Talers »büßen«. Gleichermaßen wurde ein Jude bestraft, der, während das Weibergericht unter der Linde tagte, vorbeiritt und es ein »Mautzen-Gericht«, d.h. ein Katzengericht, nannte. Die Frauen nahmen ihm das Pferd weg. Er mußte es mit drei Talern wieder einlösen.

Das selbständige und selbstbewußte Auftreten der insgesamt 58 (Ehe-)Frauen aus Breitenbach bei der Durchführung dieses Rügebrauches hat seinen Hintergrund in der insgesamt bedeutenden Rolle, die die Frauen im Rahmen des bäuerlichen Hofes besaßen. Sie waren es jedoch auch noch in vielen anderen Zusammenhängen gewohnt, zu agieren: z.b. bei der Wahl der Hebammen, bei der Geburt von Kindern, wo sie sich bei der Gebärenden bzw. bei der gewordenen Mutter versammelten, bei Hochzeitsbräuchen, die nur von Frauen durchgeführt wurden, oder bei der Wache am Totenbett. Auch bei diesen Versammlungen waren, wie bei dem Breitenbacher Weibergericht, die Ehefrauen in der Regel unter sich.[10]

Die Aktionen der Breitenbacher Frauen geschahen mit Zustimmung der Junker von Dalwigk. Im Unterschied zu der Kasseler Regierung, die fernab vom Geschehen war, orientierten sich die Dorfherren eher an den dörflichen Regeln, weil sie auf ein gutes Einvernehmen mit den Dorfbewohnern angewiesen waren und auch offensichtlich in regem Kontakt mit ihnen standen. Ohne die Dokumente überinterpretieren zu wollen, werden hier grundsätzlich verschiedene Herrschaftsmethoden deutlich. Die Einstellung der Kasseler Regierung sollte in der Folgezeit immer bestimmender werden. Sie erkannte keine Ordnung außer der eigenen an und betrachtete die dörflichen Sitten als Exzesse, als Unfug, als unrechtmäßige Aneignung herrschaftlicher Rechte. In seiner Darstellung der europäischen Volkskultur in der frühen Neuzeit, die Strukturen populärer Kultur und ihren Wandel in der Zeit vom 16. zum 18. Jahrhundert skizziert, bezeichnet der englische Historiker Peter Burke gerade die Mitte des 17. Jahrhunderts als eine Zeit der Wende: Volksbräuche und insbesondere auch der »Aberglauben« werden nicht mehr ernst genommen, sondern als irrational und töricht abgetan. Diese neue »Rationalität« muß im Zusammenhang der gesellschaftlichen Veränderungen dieser Zeit gesehen werden, insbesondere mit der Entstehung eines Staatswesens, das alle (Teil-)Gesellschaften zu umfassen und zu durchdringen suchte.

Aus einem der Akte beiliegenden Briefwechsel, dem eine Rüge an die Junker von Dalwigk wegen ihres Verhaltens zugrunde liegt, wird jedenfalls deutlich, daß das Gewährenlassen innerdörflicher Kontrolle bislang nicht zum Problem geworden war. Der Anspruch der Regierung auf eine allein durch die Obrigkeit ausgeübte Kontrolle ist ein neues Element.

Die Frauen, die am 13. Januar 1653 durch die von ihnen geschaffene verkehrte Welt die dörfliche Ordnung wiederhergestellt hatten, fühlten sich trotz allem im Recht. Eine Reueerklärung oder Abbitte ihrerseits liegt bei der Kasseler Regierung nicht vor. Anders die Männer des Dorfes, die dörflichen Repräsentanten des Alltags: Sie baten in einem Schreiben vom 24. Februar 1653 um Entschuldigung für das Verhalten ihrer Frauen. Beugten sie sich der neuen Ordnung als erste?

Anmerkungen

1 Hessisches Staatsarchiv Marburg: Bestand 17e Breitenbach.

2 Zur hessischen Dorfverfassung vgl.: Herbert Reyer, Die Dorfgemeinde im nördlichen Hessen. Untersuchungen zur hessischen Dorfverfassung im Spätmittelalter und in der frühen Neuzeit, Marburg 1983.

3 Spezielle Frauenbräuche waren auch in anderen Regionen verbreitet, vgl.: Albert Becker, Frauenrechtliches in Brauch und Sitte. Ein Beitrag zur vergleichenden Volkskunde, Zweibrücken 1913.

4 Zur Rolle der Frauen bei Auseinandersetzungen vgl.: Claudia Ulbrich, Unartige Weiber. Präsenz und Renitenz von Frauen im frühneuzeitlichen Deutschland, in: Richard von Dülmen (Hg.), Arbeit, Frömmigkeit und Eigensinn, Frankfurt a.M. 1990, S. 13–24; Natalie Zemon Davis, Die aufsässige Frau, in: Dies., Humanismus, Narrenherrschaft und die Riten der Gewalt. Gesellschaft und Kultur im frühneuzeitlichen Frankreich, Frankfurt a.M. 1987, S. 136–170, und den Beitrag Troßbach in diesem Band.

5 Karl-Sigismund Kramer, Grundriß einer rechtlichen Volkskunde, Göttingen 1974; David Warren Sabean, Das zweischneidige Schwert, Herrschaft und Widerspruch im Württemberg der frühen Neuzeit, Berlin 1986.

6 Zur Rolle des Hauses: Hermann Heidrich, Grenzübergänge. Das Haus und die Volkskultur in der frühen Neuzeit, in: Richard von Dülmen (Hg.), Kultur der einfachen Leute, München 1983, S. 17–41.

7 Zur Rolle des Festes vgl.: Venetia Newall, Fest, in: Enzyklopädie des Märchens, Bd. 4, Berlin 1984, Sp. 1035ff.

8 Richard van Dülmen, Theater des Schreckens. Gerichtspraxis und Strafrituale in der frühen Neuzeit, München 1985, S. 88.

9 David Warren Sabean, Kommunion und Gemeinschaft: Abendmahlsverweigerung im 16. Jahrhundert, in: Ders. (wie Anm. 5), S. 51–76.

10 Peter Burke, Helden, Schurken und Narren. Europäische Volkskultur in der frühen Neuzeit, München 1985.

Helfried Valentinitsch

Frauen unterwegs

*Eine Fallstudie zur Mobilität von Frauen
in der Steiermark um 1700*

Mit dem Titel meines Beitrags sind die beiden Begriffe Mobilität und Migration auf das engste verbunden. Der Begriff Mobilität kann einerseits als räumlich-regionale Beweglichkeit und andererseits als positionell-sozialer Bewegungsvorgang einer Einzelperson, aber auch von Personengruppen, Schichten oder Klassen verstanden werden. Die Begriffe geographische bzw. horizontale Migration werden häufig mit den Begriffen Mobilität oder Wanderung etc. gleichgesetzt, obwohl sie keine einheitlichen, sondern sehr unterschiedliche soziale Handlungsformen beschreiben. Auf die damit verbundene Problematik gehe ich hier nicht näher ein und verweise deshalb auf mehrere, unlängst erschienene Untersuchungen, die sich mit der Migration auseinandersetzen.[1] Aufgrund meiner intensiven archivalischen Forschungen, die ich in den letzten Jahren durchgeführt habe, beschränke ich mich in meinem Beitrag auf die Steiermark.[2]

Unter den Modellen, die den Begriff Migration theoretisch zu untermauern suchen, hebe ich das von Charles Tilly[3] entworfene Klassifikationssystem besonders hervor. Es geht von zwei Dimensionen aus: (1) von der Entfernung, über die hinweg die Wanderung erfolgt, (2) vom relativen Ausmaß des Bruches mit der Herkunft, den ein Wanderer vollzieht.

Innerhalb dieser beiden Dimensionen unterscheidet Tilly folgende Migrationstypen, die oft nicht scharf voneinander abgegrenzt werden können:

1. Die lokale Migration, wie z.B. jene Mobilitätsformen, wie sie sich im ländlichen Raum mit der Heirat in einen benachbarten Ort ergeben. Die räumliche Distanz ist hier klein und auch der Bruch mit der Herkunft ist nur gering.

2. Die zirkulare Migration, wie sie bei bestimmten Saisonarbeiten und Gesindewanderungen auftritt. Die räumliche Distanz kann hier sowohl klein als auch groß sein. Der Bruch mit der Herkunft bleibt aber nur gering.

3. Die Kettenmigration. Dieser Typ betrifft vor allem Gruppen von Individuen, die sich bei ihrer Wanderung der Hilfe mit ihnen verbundener Personen am Zielort bedienen. Die Distanz ist hier mittel bzw. groß. Der Bruch liegt ebenfalls im mittleren Bereich.

4. Die Karrieremigration. Bei diesem Typ steht an erster Stelle das Bestreben, Möglichkeiten zur Verbesserung der eigenen sozialen und ökonomischen Position wahrzunehmen.

Mit der Migration sind besondere Wahrnehmungs- und Erfahrungsphänomene verknüpft. Der Wechsel des Wohnorts konnte außerdem dem einzelnen, aber auch der Gruppe ein Ausbrechen aus dem konventionellen Rahmen erleichtern, wenn die bisher vorherrschenden Kontrollinstanzen schwächer wurden oder ganz wegfielen.

Bei der Übertragung der früher aufgezeigten Migrationstypen auf Frauen,[4] die in der frühen Neuzeit in der Steiermark im ländlichen Bereich lebten, muß man von ihrer Zugehörigkeit zu einer bestimmten sozialen Schicht ausgehen. Ich unterscheide hier für den ländlichen Bereich:

1. adelige Frauen,

2. geistliche Frauen,

3. Frauen von Bürgern, also eines Handwerkers oder Kaufmannes,[5]

4. Frauen von Bauern,

5. Frauen der bäuerlichen Unterschichten, wie etwa Frauen von Klein- oder Nebenerwerbsbauern (Keuschlern), und Dienstbotinnen,

6. Frauen von Randgruppen der Gesellschaft, wie z.B. Bettlerinnen[6] und Prostituierte.[7]

Wenn man nun die Mobilität von Frauen dieser Schichten beschreibt und miteinander vergleicht, sind folgende Faktoren mit zu berücksichtigen: die Bindung an einen Haushalt, der zumindest nach außen von einem Mann dominiert wurde, die damit verbundene »soziale Sicherheit« und die Möglichkeiten, bei der Wahl eines Partners selbst relativ frei entscheiden zu können.

Zunächst zur adeligen Frau, bei der in der Regel soziale Sicherheit durch ihre gesellschaftliche Stellung von vornherein gegeben war. Sie konnte zwar keine Kavalierstour wie ihre männlichen Standesgenossen unternehmen, verfügte aber oft über mehrere Wohnsitze und nahm auch an gesellschaftlichen Ereignissen teil, die in einer größeren Entfernung stattfanden. Sie besaß daher eine, wenn auch eingeschränkte Mobilität. Bei der ersten Eheschließung einer adeligen Frau wurden deren persönliche Präferenzen wohl nur selten berücksichtigt. Wenn sie aber als Witwe über entsprechenden Reichtum und Einfluß verfügte und sich auch nicht um das Gerede der Leute kümmerte, war sie in der Lage, sich bei einer neuerlichen Partnerwahl über bestimmte gesellschaftliche Konventionen hinwegzusetzen.[8]

Auf die besondere Situation der geistlichen Frauen kann ich hier nicht näher eingehen, weshalb ich gleich zu den Frauen von Bürgern und Bauern übergehe. Die Frauen dieser Schichten besaßen etwa beim Besuch eines Marktes einen gewissen Freiraum, der ein selbständiges Handeln erlaubte. Sie genossen zwar ebenfalls eine soziale Sicherheit, mußten diese aber mit einem deutlichen Defizit an Mobilität bezahlen! Die Mobilität von bürgerlichen Frauen und von Frauen von Bauern beschränkte sich im wesentlichen auf die Heirat in einen anderen Ort und auf Wallfahrten. Auch bei der Wahl eines Partners konnten Frauen der Mittelschicht und der oberen Unterschicht in der Regel nur dann selbst bestimmen, wenn sie Witwen waren. Diese Möglichkeiten wurden allerdings durch verschiedene ökonomische Sachzwänge stark eingeschränkt.

Bei den Frauen der bäuerlichen Unterschichten und erst recht bei Frauen der Randschichten bestand eine völlig andere Situation! Diese Frauen waren von vornherein nur vorübergehend oder gar nicht an einen Haushalt gebunden. Sie konnten deshalb auch nur eine sehr beschränkte oder überhaupt keine soziale Sicherheit beanspruchen! Dafür war ihre Mobilität wesentlich höher als bei den Frauen der anderen Schichten. In diesem Bereich ergab sich nun scheinbar ein Berührungspunkt mit den adeligen Frauen. Der entscheidende Unterschied lag aber darin, daß die Mobilität von Frauen der untersten sozialen Schichten geradezu eine Existenzfrage und damit erzwungen war. In diesem Zusammenhang hat unlängst Ernst Schubert sogar von einer »Mobilität ohne Chance« gesprochen.[9] Bei der Partnerwahl dieser Frauen fielen allerdings, weil einfach kein

Besitz vorhanden war, ökonomische Sachzwänge weg. Die Frauen der untersten Bevölkerungsschichten konnten daher in diesem Bereich, zumindest temporär, relativ frei agieren. Eine wesentliche Voraussetzung dafür aber war, daß keine Schwangerschaft oder ein Kind diese Möglichkeit einschränkte.

Die »Hure« des Gerichtsdieners

Die Grundlage für die folgende Fallstudie, die aus einer mikroanalytischen Perspektive aufgezeigt wird, sind drei Protokolle der Herrschaft des obersteirischen Domstiftes Seckau aus dem Jahr 1711 über das Verhör der Maria Rosina Ebner.[10] Das Schicksal dieser Frau ist insofern interessant, als es für viele andere Frauen ihrer Herkunft typisch war. Trotz der einseitigen Darstellung der Gerichtsprotokolle und der Tatsache, daß Rosina Ebner einige wesentliche Punkte ihres Lebens zu verschweigen suchte, erlauben ihre Aussagen doch einige Einblikke in das Leben einer Frau, die keinen festen Wohnsitz und Arbeitsplatz besaß und deshalb jahrelang, teils allein, teils mit anderen Personen, ständig im ländlichen Bereich unterwegs sein mußte. Schließlich können wir auch feststellen, welche Möglichkeiten, aber auch welche Grenzen für Rosina Ebner im Vergleich zu Frauen anderer Gesellschaftsschichten bestanden.

Zunächst zu den Fakten: In der Nacht vom 11. auf den 12. Juni 1711 wurde im Bereich der geistlichen Herrschaft Seckau der Lebensgefährte der Frau, Paul Zellinger, bei einem Diebstahl ertappt und ergriff sofort die Flucht. Am folgenden Tag wurde seine Gefährtin Rosina Ebner unter dem Verdacht der Mitwisserschaft festgenommen und vom Verwalter der Herrschaft erstmals verhört. Die Aussagen der Frau reichten aber dem Verwalter nicht aus. Er behielt sie deshalb fast drei Monate in Haft und ließ sie am 28. August 1711 ein zweites Mal gütlich verhören. Schließlich wurde die Frau am 5. September 1711 unter der Anwendung eines leichten Foltergrades, des sogenannten »Schnürens«, peinlich befragt.

Rosina Ebner konnte oder wollte über die familiären Verhältnisse ihrer Eltern, vor allem aber über ihr Geburtsdatum nur ungenaue Auskünfte geben. Angeblich waren ihre Eltern, Matthias und Sophia Ebner, verheiratet. Die Herkunft des Vaters wird in den Akten nicht genannt. Matthias Ebner diente neun Jahre lang in einem kaiserlichen Regiment und brachte es vom einfachen Soldaten bis zum Feldwebel. Die Mutter Sophia war eine gebürtige Ungarin und stammte aus Neuhäusl/Nove Zamky in der heutigen Slowakei. Sie begleitete Matthias Ebner jahrelang im Feld und gebar ihm mehrere Kinder. Schließlich entband sie in Frankreich ihre Tochter Maria Rosina, als sich das Regiment ihres Gatten gerade auf dem Marsch befand. Das unter freiem Himmel geborene Mädchen wurde deshalb unter einem Baum von einem katholischen Feldprediger getauft. Der Säugling begleitete seine Eltern auch, als das Regiment des Vaters nach Österreich verlegt wurde.

Etwa ein Jahr nach der Geburt der Rosina Ebner fiel ihr Vater angeblich bei der zweiten Belagerung Wiens (13.7.–12.9.1683) durch die Türken. Dies würde bedeuten, daß Rosina Ende 1682 oder Anfang 1683 geboren wurde. Bei ihrer Festnahme gab sie aber ein Alter von 27 Jahren an und hätte demnach erst mehrere Monate nach der Niederlage der Türken vor Wien das Licht der Welt erblickt. Dieser Widerspruch fiel dem Herrschaftsverwalter beim Verhör aber nicht auf. Sicher scheint nur, daß die ihres Haupternährers beraubte Familie zunächst nach Graz zog. In den folgenden Jahren wanderte die Witwe mit ihren Kindern durch die ganze Steiermark, das Erzbistum Salzburg und Tirol. Spätestens um 1704 kehrte sie wieder in die Steiermark zurück. In dieser Zeit bestritten die Frau und ihre Kinder den Lebensunterhalt hauptsächlich durch Betteln und verschiedene Gelegenheitsarbeiten. Schließlich waren die Kinder selbst in der Lage, ihr tägliches Brot zu verdienen. Lediglich Rosina, das jüngste Kind, blieb bis zu ihrem 20. Lebensjahr, also bis etwa 1703/04, bei ihrer Mutter.

Als sich um diese Zeit die beiden Frauen gerade in der Nähe des in der mittleren Steiermark gelegenen Marktes Frohnleiten aufhielten, wurden sie vom Gerichtsdiener Paul Zellinger aufgehalten und nach ihren Namen und dem nächsten Ziel befragt. Obwohl die Frauen keinen festen Wohnsitz angeben konnten, gab sich Zellinger mit ihren Antworten zufrieden und behelligte sie nicht weiter. Eine Ursache für das Verhalten des Gerichtsdieners war wohl, daß er an der jungen Frau Gefallen gefunden hatte. Auch Rosina Ebner hatte sich anscheinend schon bei dieser ersten Begegnung in Paul Zellinger verliebt.

Aus den Verhörsprotokollen geht leider nicht hervor, welche persönlichen Vorzüge Zellinger zu bieten hatte. Für Bettler und anderes fahrendes Volk war Zellinger zunächst einmal ein Vertreter der Obrigkeit und damit eine Respektsperson. Ein Gerichtsdiener übte aber einen »unehrlichen Beruf« aus, der bis in das ausgehende 18. Jahrhundert in den habsburgischen Erbländern sozial geächtet war.[11] Die Kinder von Gerichtsdienern durften kein bürgerliches oder zünftiges Handwerk erlernen. Die Söhne ergriffen daher den Beruf ihres Vaters und heirateten ebenso wie ihre Schwestern in andere Gerichtsdienerfamilien ein. Die außerhalb der Gesellschaft stehenden Gerichtsdiener waren somit gezwungen, gleichsam ein eigenes soziales Netz für die Angehörigen ihrer kleinen Berufsgruppe zu bilden. So waren z.B. zwei Brüder und zwei Schwäger des Paul Zellinger in der Steiermark an verschiedenen Orten als Gerichtsdiener tätig.[12]

Zurück aber zu Rosina Ebner. Einen Monat nach ihrem ersten Zusammentreffen mit Paul Zellinger waren die beiden Frauen zum weststeirischen Wallfahrtsort Maria Lankowitz weitergewandert. Hier stießen sie erneut auf Paul Zellinger. Offenbar hatte der Mann, der inzwischen seinen Posten als Gerichtsdiener aufgegeben hatte, gezielt nach Rosina Ebner gesucht. Als sich die beiden Frauen in der Umgebung von Maria Lankowitz mit Betteln durchzuschlagen versuchten, schlossen sich ihnen Paul Zellinger und dessen Mutter Maria an. Rosina Ebner nahm keinen Anstoß daran, daß der Mann keinem festen Broterwerb mehr nachging und ließ sich nach ihrer eigenen Aussage schon nach wenigen Tagen von ihm verführen. Ob sie damals bereits wußte, daß ihr Liebhaber verheiratet war, geht aus den Akten nicht eindeutig hervor. Ihr Verhältnis mit Zellinger und das Zusammenleben mit den beiden Müttern führte innerhalb der Gruppe rasch zu schweren Spannungen. Rosina Ebner war von der Situation, sich entweder für ihren Liebhaber oder für ihre Mutter entscheiden zu müssen, anscheinend völlig überfordert! Sie beschloß daher – wohl auch unter dem Einfluß ihrer Mutter – schon nach wenigen Wochen, Paul Zellinger wieder zu verlassen, obwohl sie bemerkt hatte, daß sie von ihm schwanger war. Die beiden Frauen gingen heimlich weg, wurden jedoch drei Tage später von Zellinger bei einem Bauern wieder aufgestöbert. Die junge Frau ließ sich zunächst von ihrem Geliebten überreden, erneut mit ihm zu schlafen, verließ ihn aber zwei Tage später wieder heimlich. Diesmal versuchte sie, ihren eigenen Weg zu gehen, da sie nicht einmal ihre eigene

Mutter über ihr Vorhaben unterrichtet hatte. Die Folge davon war, daß sowohl Paul Zellinger als auch die beiden Mütter nach ihr suchten. Bereits einen Tag nach dem zweiten »Fluchtversuch«, und als solchen müssen wir das Fortgehen der Frau wohl bezeichnen, entdeckte Maria Zellinger die junge Frau und führte sie wieder ihrem Sohn zu. Rosina Ebner fand sich nun scheinbar mit ihrem Schicksal ab und zog mit ihrem Liebhaber und dessen Mutter weiter. Hingegen wollte Sophia Ebner offenbar weiteren Konflikten aus dem Wege gehen und blieb deshalb einfach zurück. Die Anhänglichkeit ihrer Tochter war aber so groß, daß Rosina Ebner zwei Tage später zum dritten Mal ihren Liebhaber verließ. Als Beweggrund dafür gab sie später an, daß sie allein nach ihrer Mutter suchen wollte. Tatsächlich fand sie ihre Mutter noch im Herbst des gleichen Jahres in einem weststeirischen Ort wieder und blieb mit ihr den ganzen Winter zusammen. Diesmal traf Paul Zellinger keine Anstalten, seine Geliebte wiederzugewinnen und nahm schließlich sogar in Maria Lankowitz einen neuen Posten als Gerichtsdiener an.

Paul Zellinger und Rosina Ebner lebten nun mehrere Monate voneinander getrennt und standen auch nicht miteinander in Verbindung. Erst im Frühjahr des nächsten Jahres nahm die inzwischen hochschwangere Frau von sich aus wieder Kontakt zu ihrem früheren Geliebten auf. Sie suchte gemeinsam mit ihrer Mutter Zellinger an seinem neuen Dienstort auf und drohte dem verheirateten Mann, daß sie ihm nach der Geburt ihr gemeinsames Kind übergeben wolle. Paul Zellinger befürchtete deshalb neben persönlichen Komplikationen auch ein Strafverfahren wegen Ehebruchs. In dieser unangenehmen Situation sah er keinen anderen Ausweg, als seinen Dienst aufzukündigen und in Begleitung einer anderen Frau die Flucht zu ergreifen.

Die von ihm sitzengelassene Rosina Ebner wanderte nun trotz ihres Zustands in Begleitung ihrer Mutter über die Berge ins obere Murtal und in den Salzburger Lungau. Von dort zog sie weiter nach Oberkärnten, wo sie in der Nähe von Spittal a.d. Drau ein Mädchen entband, das auf den Namen Barbara getauft wurde. Nachdem Rosina Ebner in Kärnten drei Wochen im Kindbett gelegen war, kehrte sie mit ihrer Mutter und dem Säugling erneut in die Steiermark zurück. Auf ihren Wanderungen lebten die beiden Frauen vom Betteln und von Gelegenheitsarbeiten bei Bauern, wofür sie neben Naturalien gele-

gentlich auch Bargeld erhielten. Wahrscheinlich ergriffen sie
auch jene Erwerbsmöglichkeiten, wie sie sich gerade im oberen
Murtal den ländlichen Unterschichten beim Sammeln von
Schwämmen, Speikwurzeln und Holz anboten.[13] In diesem Zusammenhang ist interessant, wie sich Mutter und Tochter Be-
kleidungsgegenstände verschafften. So übergab Rosina Ebner
den von ihr bei einem Bauern gesponnenen Flachs einem Weber, der das Garn zu Leinen weiterverarbeitete. Nach der Rück-
kehr von einer Betteltour bezahlte die Frau den Weber und ließ
dann das Leinen an einem anderen Ort von einem Handwerker
schwarz und braun färben. Schließlich ließ sie, wieder an einem anderen Ort, aus den Leinenstücken für sich und für ihre
Mutter von einem Schneider je einen Ober- und Unterrock anfertigen. Während des Winters und der langen Übergangszeit
war für Rosina Ebner festes Schuhwerk geradezu eine Über-
lebensfrage. Wahrscheinlich war sie deshalb bemüht, ihre
Schuhe möglichst zu schonen und ging während der warmen
Jahreszeit barfuß. Für diese Vermutung spricht, daß die Frau
nach ihren eigenen Angaben innerhalb von sechs bis sieben
Jahren nur einmal ein Paar Schuhe gekauft hatte.

Die beiden wieder in die Weststeiermark zurückgekehrten
Frauen trafen hier anscheinend zufällig die Mutter des Paul
Zellinger und dessen Schwester Margarethe und schlossen sich
mit ihnen zu einer Gruppe zusammen. Nachdem die vier erwachsenen Frauen und das Kleinkind mehrere Monate in der
westlichen und mittleren Steiermark gemeinsam bettelnd her-
umgezogen waren, stießen sie nördlich von Frohnleiten in der
Nähe des Ortes Pernegg auf Paul Zellinger, mit dem Rosina
Ebner nun jahrelang zusammenblieb. Sie unternahm auch keinen neuerlichen Versuch, um ihren eigenen Weg zu gehen. Die
Ursachen dafür liegen wohl einerseits im emotionalen Bereich
und andererseits darin, daß Rosina Ebner für die Versorgung
ihres Kindes eine zusätzliche Stütze benötigte. Auch ihrer Mutter Sophia Ebner blieb nichts anderes übrig, als die von Rosina
und deren Liebhaber geschaffene Situation zu akzeptieren. Sie
hielt sich zwar nicht dauernd bei Rosina auf, stand aber mit ihr
ständig in Kontakt.

In den nun folgenden fünf oder sechs Jahren zogen Rosina
Ebner und Paul Zellinger, teils in Begleitung ihrer weiblichen
Verwandten und deren Anhang, teils nur mit ihrem Kind, in
der Steiermark und in Kärnten herum. Zeitweilig schlossen

sich der Gruppe auch Freunde oder Bekannte des ehemaligen Gerichtsdieners an. In Kärnten ging 14 Tage lang der »leidige Michel« mit. Der wegen mehrerer Diebstähle gesuchte »Dürnsteiner Hansel« hielt sich sogar viermal bei der Gruppe auf. Unmittelbar vor der Festnahme der Rosina Ebner traf sie mit ihrem Lebensgefährten zwei ebenfalls dem fahrenden Volk angehörende Männer, von denen sich einer bei den Bauern als »Arzt« ausgab. Gelegentlich ging Rosina Ebner wochenlang allein dem Betteln nach, bis sie dann wieder an einem vorher vereinbarten Ort mit den anderen zusammentraf.

In der warmen Jahreszeit lebten die Mitglieder der Gruppe hauptsächlich vom Betteln. Im Winter versuchten sie, bei einem Bauern oder einem auf dem Land wohnenden Handwerker unterzukommen und sich durch verschiedene Arbeiten nützlich zu machen. Einmal fanden Rosina Ebner und ihre Begleitung eine Woche lang im Spital zu Pernegg Unterschlupf, wo sie jedoch zum Binden von Bürsten angehalten wurden. Auf ihren Wanderungen legte die Gruppe beachtliche Entfernungen zurück und überwand auch in relativ kurzer Zeit große Höhenunterschiede. Wie groß die Distanzen tatsächlich waren, läßt sich nicht genau feststellen. Allein Rosina Ebner legte aber zwischen dem ersten Zusammentreffen mit ihrem Liebhaber und ihrer Festnahme – also innerhalb von sechs bis sieben Jahren – über 2.000 km zurück. Das engere Einzugsgebiet der Gruppe umfaßte ca. 150–200 Quadratkilometer. Es beschränkte sich im wesentlichen auf die westliche Steiermark, das obere Murtal und das Lavanttal in Kärnten. Im Norden bildeten die Gebirgsketten der Niederen Tauern eine natürliche Grenze. Im Einzugsgebiet der Bettler lag aber auch das steirisch-kärntnerische Randgebirge, das Höhen bis zu 2.000 Meter erreicht. Feste Zielpunkte waren die steirischen Wallfahrtsorte Maria Lankowitz, Maria Zell und Pernegg, aber auch die Klöster St. Paul in Kärnten und Seckau in der Obersteiermark. In der Regel hielten sich die Bettler in den abseits gelegenen Tälern und Bergen auf, in denen Einzelhöfe und Streusiedlungen dominierten. Die großen Verkehrslinien wurden offenbar nur dann benutzt, wenn sich keine andere Möglichkeit zu ihrer Umgehung anbot. Auch größere Siedlungen, wie z.B. die Städte Graz und Leoben, wurden bewußt vermieden.

Aus Angst vor einer Festnahme hielten sich die Bettler in der warmen Jahreszeit fast nirgends länger auf. Dabei spielte wohl auch die Tatsache eine Rolle, daß sie bei den Bergbauern nur dann auf eine milde Gabe hoffen konnten, wenn sie in sehr kleinen Gruppen auftraten und seit dem letzten Besuch eines Hofes schon ein längerer Zeitraum verstrichen war. In der warmen Jahreszeit erfolgte deshalb nur dann ein längerer Aufenthalt, wenn ein Mitglied der Gruppe ernsthaft erkrankte oder Paul Zellinger bei anderen Gerichtsdienern unterkam. So lag z.B. Rosina Ebner einmal drei Wochen lang schwer krank auf einem Kärntner Bergbauernhof, während sich ihr Anhang in den Nachbartälern herumtrieb. Schließlich trug die mitleidige Bäuerin die schwer kranke Frau teils auf ihrem Rücken, teils auf einer Bahre zum nächsten Bader, wo sie zur Ader gelassen wurde. Die Rechnung bezahlte dann ihr herbeigeeilter Lebensgefährte mit dem Geld, das er inzwischen erbettelt hatte.

Die zuerst nur kurzfristigen persönlichen Beziehungen zwischen Rosina Ebner und Paul Zellinger verwandelten sich auf den langen gemeinsamen Wanderungen allmählich in eine feste, eheähnliche Verbindung. Beim Verhör bekannte sich Rosina Ebner auch ganz offen dazu und erklärte, daß beide wie Mann und Frau gelebt hätten. Rosina Ebner nahm es deshalb auch hin, daß sie im Verlauf ihres rund sechs bis sieben Jahre dauernden Verhältnisses als »Hure« des Gerichtsdieners bezeichnet wurde. Angeblich starb die Gattin Zellingers erst 14 Tage vor der Festnahme der Rosina Ebner. Falls diese Behauptung der Wahrheit entspricht, würde dies bedeuten, daß der ehemalige Gerichtsdiener zumindest über den Aufenthaltsort seiner angetrauten Frau Bescheid wußte oder sogar mit ihr in losem Kontakt stand.

Die ohnehin schon geringen Möglichkeiten der Rosina Ebner, über ihr Leben selbst zu bestimmen, wurden durch die Geburt mehrerer Kinder noch mehr eingeschränkt. Nachdem das erste Kind Barbara, ebenso wie ein zweites, in den Akten namentlich nicht genanntes Kind, unterwegs gestorben war, gebar Rosina Ebner noch zwei weitere Kinder, Jakob und Maria Anna, die sich zum Zeitpunkt der Festnahme bei ihr befanden.[14]

Besonders nachteilig für Rosina Ebner und ihre Kinder war, daß Paul Zellinger keiner geregelten Arbeit mehr nachging und zunehmend in den kriminellen Bereich abglitt. Als seine Gefährtin gerade das zweite Kind entband, saß er wegen eines nicht näher bekannten Deliktes im Arrest. Im Jahr 1707 wurde er erneut festgenommen. Diesmal stand Zellinger unter dem Verdacht, einen Bauern erschlagen zu haben. Selbst unter der Folter war er nicht zu einem Geständnis bereit. Er wurde deshalb erst nach einem halben Jahr Untersuchungshaft wieder entlassen, aber zur Abschreckung öffentlich ausgepeitscht. Trotz dieser Umstände hielt Rosina Ebner zum Vater ihrer Kinder und blieb, wie sie beim Verhör erklärte, aus »Unverstand« auch nach seiner Entlassung bei ihm. Als man sie 1711 in der Herrschaft Seckau festnahm, wollte der Verwalter der Frau Angaben über bisher unbekannte Delikte ihres geflüchteten Gefährten entlocken. Rosina Ebner ließ sich jedoch in keine Widersprüche verwickeln. Sie bestritt auch unter der Folter jede Mitwisserschaft und gab nur die beiden früheren Gefängnisaufenthalte Zellingers an, über die der Verwalter ohnehin schon Bescheid wußte. Die Frau versuchte allerdings, um ihre eigene Haut zu retten, sich vorsichtig von Zellinger zu distanzieren, indem sie ihre wiederholten Trennungsversuche am Beginn ihrer Bekanntschaft mit dem Gerichtsdiener besonders hervorhob. Wie das gegen Rosina Ebner eingeleitete Verfahren ausging, geht aus den Akten leider nicht hervor. Auch über ihren weiteren Lebensweg besitze ich keine Angaben, da diese – wenn überhaupt – nur aus anderen Archivbeständen erschlossen werden können.

Zusammenfassung

Das Schicksal der Rosina Ebner zeigt, daß um 1700 für Frauen, die den unteren Bevölkerungsschichten oder gar Randgruppen der Gesellschaft angehörten, Mobilität geradezu eine Grundvoraussetzung für ihren täglichen Kampf ums Überleben war. Die Wanderungen der Rosina Ebner fallen unter den Typ der zirkularen Migration, da die Frau innerhalb von wenigen Jahren zu Fuß recht beträchtliche Entfernungen zurückgelegt hatte. Durch ihre Herkunft war Rosina Ebner zweifellos schon als Kind an ein ständiges Wanderleben gewöhnt worden. Ich besitze zwar keine Angaben über ihre körperliche Leistungsfähigkeit, doch kann diese nicht gering gewesen sein, da Rosina Ebner trotz vier Schwangerschaften und einer schweren Erkrankung in kurzer Zeit beachtliche Höhenunterschiede überwinden konnte. Die Frau bestritt ihren Lebensunterhalt haupt-

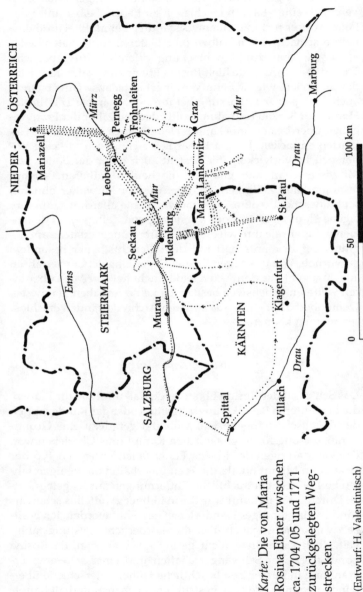

Karte: Die von Maria Rosina Ebner zwischen ca. 1704/05 und 1711 zurückgelegten Wegstrecken.

(Entwurf: H. Valentinitsch)

sächlich durch Betteln. Sie war aber deshalb nicht von vornherein arbeitsunfähig oder arbeitsscheu, da sie sich und ihren Anhang zwischendurch auch von Gelegenheitsarbeiten, wie z.B.
dem Spinnen von Flachs, ernährte.

Ob Rosina Ebner jemals die Chance gehabt hatte, als Dienst-
botin einen einigermaßen festen Arbeitsplatz zu erhalten und
damit in die nächsthöhere soziale Schicht aufsteigen hätte können, geht aus den vorliegenden Quellen nicht hervor. Für das
Schicksal der jungen Frau war aber ihr Zusammentreffen mit
einem Gerichtsdiener und die Geburt ihres ersten Kindes ausschlaggebend. Für ihr Festhalten an der Verbindung mit einem
sozial geächteten Mann mußte Rosina Ebner allerdings einen
hohen Preis bezahlen, da sie nun weiterhin an eine außerhalb
der Gesellschaft stehende Randgruppe gebunden blieb.

Anmerkungen

1 Albert Müller, Migration: Mittelalter und Frühneuzeit. Zur Einleitung, in: Beiträge zur historischen Sozialkunde 19 (1989), S. 67f. Im gleichen Heft befinden sich einschlägige Beiträge von Gerhard Jaritz, Ingrid
Matschinegg, Helmut Bräuer und Rainer Beck. Siehe auch Gerhard Jaritz/
Albert Müller (Hg.), Migration in der Feudalgesellschaft, Frankfurt 1988.

2 Vgl. dazu die Angaben bei Helfried Valentinitsch, Auf der Suche nach
Arbeit und Brot. Eine Gruppe von Gelegenheitsarbeitern und Bettlern in
der Obersteiermark um 1770, in: Blätter für Heimatkunde 63 (1989), S. 90,
Anm. 1.

3 Charles Tilly, Migration in Modern European History, in: William H.
Mc Neill/Ruth S. Adams, Human Migration. Patterns and Policies, Bloomington 1978, S. 48–72 und Müller (wie Anm. 1).

4 Zur sozialen Stellung von Frauen in der Frühen Neuzeit vgl. die
Überblicksdarstellungen von Heide Wunder, Frauen in der Gesellschaft
Mitteleuropas im späten Mittelalter und in der Frühen Neuzeit (15.–
18. Jahrhundert), in: Helfried Valentinitsch (Hg.), Hexen und Zauberer.
Die große Verfolgung – ein europäisches Phänomen in der Steiermark,
Graz 1987, S. 123–154; Barbara Becker-Cantarino, (Sozial)Geschichte der
Frauen in Deutschland, 1500–1800. Ein Forschungsbericht, in: Dies. (Hg.),
Die Frau von der Reformation zur Romantik. Die Situation der Frau vor
dem Hintergrund der Literatur und Sozialgeschichte, Bonn ²1985, S.
243–281.

5 Beispiele für das Leben von steirischen Bürgerinnen finden sich bei
Helfried Valentinitsch, Eine Grazer Wirtin unter Zaubereiverdacht. Ein Beitrag zur Hexenverfolgung in der Steiermark im 17. Jahrhundert, in: Blätter
für Heimatkunde 60 (1986), S. 51–61, und Ders., Das Judenburger Handels-

haus Stainhuber-Mayr. Ein Beitrag zur steirischen Wirtschafts- und Sozialgeschichte des 18. Jahrhunderts, in: Zeitschrift des Historischen Vereins für Steiermark 80 (1989), S. 212–229.

6 Vgl. dazu Valentinitsch (wie Anm. 2). Siehe auch Edith Wurm, Die Verfolgung von Bettlern in der Steiermark im 18. Jahrhundert. Am Beispiel der Herrschaft des Domstiftes Seckau, Diplomarbeit (maschin.) an der Geisteswissenschaflichen Fakultät der Universität Graz 1989.

7 Siehe Helfried Valentinitsch, Aus dem Leben eines liederlichen Weibsbildes. Zur rechtlichen und sozialen Stellung von Randschichten der steirischen Bevölkerung im 18. Jahrhundert, in: Kurt Ebert (Hg.), Festschrift Nikolaus Grass zum 70. Geburtstag, Innsbruck 1986, S. 423–432.

8 Für die Steiermark nenne ich die enorm reiche Katharina Elisabeth Freifrau von Galler (ca. 1608–1672) als Beispiel. Nach dem Tod ihres ersten Gatten im Jahr 1650 ging die Witwe zunächst mit ihrem Verwalter ein Verhältnis ein. 1661 vermählte sie sich mit einem Offizier, der aber schon 1664 gegen die Türken fiel. 1666 heiratete sie in dritter Ehe den um etliche Jahre jüngeren Freiherrn Hans Rudolf von Stadl, doch verlief die Ehe so unglücklich, daß die Frau 1669 die Scheidung durchsetzte. Vgl. dazu Helfried Valentinitsch, Das Leben der Katharina Elisabeth von Galler, in: Ders./ Ileane Schwarzkogler (Hg.), Hexen und Zauberer. Katalog der Steirischen Landesausstellung 1987, Graz 1987, S. 109–110.

9 Ernst Schubert, Arme Leute. Bettler und Gauner im Franken des 18. Jahrhunderts, Neustadt/Aisch 1983.

10 Die in diesem Beitrag ausgewerteten Verhörsprotokolle befinden sich im Steiermärkischen Landesarchiv in Graz, Archiv des Domstiftes Seckau, Schuber 861, Heft 6.

11 Vgl. dazu Hannes Stekl, Gesellschaftliche Außenseiter im barocken Österreich, in: Karl Gutkas (Hg.), Prinz Eugen und das barocke Österreich, Salzburg 1985, S. 22, und Werner Danckert, Unehrliche Leute. Die verfemten Berufe, Bern 1963, S. 46ff.

12 Zwei Brüder Zellingers waren Gerichtsdiener in Maria Zell und Köflach. Seine beiden Schwäger lebten in Windischgraz/Slovenij-Gradec in der Untersteiermark bzw. im obersteirischen Ort Oberzeiring.

13 Vgl. dazu Helfried Valentinitsch, Der Ochsenhorn-, Lärchenschwamm- und Saufedernappalt in der Steiermark, in: Blätter für Heimatkunde 62 (1988), S. 124–133, und Ders., Die Verpachtung von Handelsmonopolen durch den Landesfürsten in Innerösterreich von der Mitte des 15. Jahrhunderts bis zum Ende des 18. Jahrhunderts, in: Gerald Schöpfer (Hg.), Menschen & Münzen & Märkte. Katalog der Steirischen Landesausstellung 1989, Fohnsdorf 1989, S. 293-300.

14 Die beiden verstorbenen Kinder wurden in Pöls bzw. in Weißkirchen bei Judenburg begraben.

Barbara Hoffmann

»Weil man uns anderswo nicht hat dulden wollen«

Radikalpietistische Frauen in Wittgenstein

Die theologische und rituelle Konsolidierung der Konfessionen im Verlauf des 17. Jahrhunderts war eine wichtige Voraussetzung für die Festigung der protestantischen Territorien im Deutschen Reich. Wie zentral sie für die Legitimierung von Obrigkeit auch noch an der Wende zum 18. Jahrhundert war, zeigt der Verlauf der Auseinandersetzung mit denjenigen Strömungen separatistischer Religiosität, die die Grenzen der Konfessionen überschritten.[1] Seit dem Jahre 1680 finden sich zunehmend Hinweise auf das Entstehen größerer religiöser Gruppen, deren Frömmigkeit von Zeitgenossen abwertend als »Pietisterey« bezeichnet wurde.[2] Um 1720 war das Ende der innovativen – »radikalen« – Phase dieser Glaubensbewegungen erreicht. Es folgten Disziplinierung,[3] Rückzug in Innerlichkeit oder Illegalität sowie die Auswanderung, vor allem nach Amerika. In den Auseinandersetzungen mit den radikalen Pietisten allein den ordnenden Eingriff der Kirche als Instrument des Staates gegen religiöse Verirrungen zu sehen, hieße den Konflikt zu verkürzen. Vielmehr wird in ihnen ein Widerspruch deutlich, der seit der lutherischen Reformation für mündige Christen angelegt ist: Der Widerspruch zwischen der Freiheit (und damit Verantwortlichkeit) eines Christenmenschen, dessen »Richtschnur« das Evangelium ist, und dem Gehorsam gegenüber der christlichen Obrigkeit, deren Ordnungsprinzip das »gemeine Wohl« ist. Daher spielte in der Auseinandersetzung mit separatistischen Christen die Definition der Gewissensfreiheit und damit die Begrenzung der Verantwortlichkeit des Einzelnen für sein Handeln durch die übergeordnete Verantwortlichkeit des Staates eine zentrale Rolle. Dieses Spannungsfeld bildete den Hintergrund für die Lebensverläufe zahlreicher Menschen, darunter überproportional viele Frauen, die in unterschiedlicher Weise Wege zur Überwindung dieses Widerspruches suchten. Entsprechend der christlichen Grundlage für die Weltordnung des 17. Jahrhunderts konnte die Kraft hierfür nur aus einer religiösen Überzeugung kommen.

Im Hinblick auf das Thema »Frauen auf dem Lande in der Frühen Neuzeit« kann aus der dichten und komplexen Ereignisfolge hier nur ein Ausschnitt dargestellt werden. Über den Aspekt der von der Kirche abweichenden Frömmigkeit hinaus sollen sozialgeschichtliche Zusammenhänge herausgearbeitet sowie handelnde Frauen und ihre Lebensverläufe als Ergebnisse sozialer Auseinandersetzungen sichtbar gemacht werden. Es ist zu fragen, warum radikalpietistische Frauen ihre herkömmliche Umgebung verließen, warum sie aufs Land gingen, und welche personen- und sozialgeschichtlichen Faktoren dabei von Bedeutung waren.

An zwei Beispielen soll vorgestellt werden, wie radikalpietistische Frauen ihr Leben in eigener Verantwortlichkeit nach Gottes Willen gestalteten. Ihre Lebenssituationen waren sehr verschieden, ebenso ihre religiösen Ziele, aber für beide wurde »das Land« als Platz außerhalb bestehender gesellschaftlicher Ordnungen zu einem Ort religiöser Selbstverwirklichung. In der Darstellung wird weniger die jeweilige Ausgestaltung des Lebens auf dem Lande selbst, als vielmehr die Motivation für den Weg dorthin im Mittelpunkt stehen.

Catharina Elisabeth Uckermann

Sie wurde 1667 in Wanfried in Niederhessen als Tochter eines angesehenen Kaufmanns geboren.[4] Mit 15 Jahren wurde sie mit dem 30jährigen Heinrich Wetzel, Pfarrer im benachbarten Altenburschla, verheiratet.[5] In den Folgejahren wurde ihr Mann zunächst Pfarrer in Rotenburg/Fulda, dann Metropolitan in Sontra. Catharina gebar in der Ehe zehn Kinder, von denen zwei Töchter und zwei Söhne bald nach der Geburt starben. Als ihr Mann 1697 starb, hatte sie drei Töchter im Alter von vier und zwei Jahren sowie ein Neugeborenes, und drei Söhne im

Alter von zwölf, elf und neun Jahren zu versorgen.[6] Sie kehrte mit ihnen in ihren Geburtsort zurück.

Nach zweijähriger Witwenschaft begegnete die 32jährige Catharina im Sommer 1699 dem radikalpietistischen Wanderprediger Heinrich Horche, der in Eschwege eine philadelphische Gemeinde gründete.[7] Durch seine Predigten erlebte sie ihre Erweckung:

»er hat mir durch Gottes Gnade meine schrecklichen Irrtümer benommen, darin ich von Jugend auf gesteckt und die mich in die Hölle hätten bringen können. [...] ich habe nächst Gott Herrn Horche zu verdanken, daß ich von dieser irrigen blinden Meinung befreit bin.«[8]

In Wanfried wurde Catharina schnell zum Mittelpunkt einer häuslichen Gebetsgemeinschaft. Die Erweckten oder »Kinder Gottes«, wie sie sich nannten, beschränkten sich nicht darauf, separiert von der Kirchengemeinde gemeinsam zu beten, sondern nahmen Einfluß auf das kirchliche Leben in ihrer Gemeinde. So führten sie mit dem Pfarrer Streitgespräche über dessen Predigten und suchten, möglichst viele Seelen für die »Gemeinde der Wiedergeborenen« zu gewinnen.[9] Dies führte zu Konflikten mit den anderen Bürgern der Stadt.

»die gantze statt redet nur von der Frau: Wetzelin: aber sie wird in Wanfried gemeydet als unkraut; sie sagen, das wer nur mit redet, werde so bald ihres giffts theilhafttig«.[10]

Diese Aussage kann auch als Versuch gewertet werden, Catharina eine Zauberei-Anklage anzuhängen. Die Strategie, sich mit »bewährten« Verfolgungsmustern der Pietisten zu entledigen, ist ebenso an anderen Orten und nicht nur gegen Frauen angewendet worden.[11] Catharina wich zunächst nach Laubach aus, wo die Bürger jedoch sehr schnell ihre Vertreibung erzwangen.[12] Als sie nach Wanfried zurückkehrte, schalteten die Bürger den Amtmann ein, und Catharina wurde vor das Geistliche Consistorium nach Kassel geladen. Sie machte in einer schriftlichen Rechtfertigung[13] den Versuch, sich gegen die bestehenden Verhältnisse einen Freiraum zu erkämpfen. Sie nahm zu den ihr gegenüber erhobenen Beschuldigungen gar nicht Stellung, sondern übte ihrerseits in Kenntnis theologischer und pädagogischer Gedanken ihrer Zeit umfassende Kritik an den bestehenden gesellschaftlichen Verhältnissen.[14] Angesichts des Disziplinierungsversuches zog sie sich nicht zu-

rück, sondern forderte selbstbewußt zur Auseinandersetzung
mit ihren praktischen Besserungsbestrebungen des christlichen
Gemeindelebens auf.

Zwei Ausschnitte aus ihrer Rechtfertigung verdeutlichen
ihre Haltung. Gegen den Vorwurf der Lehre ohne Legitimation
argumentierte sie:

»Ferner werde ich beschuldigt, daß ich einen Schmied Johannes
Schnur an mich gezogen, worauf nur mit wenigem antworte, daß es
ihm bei Horche ebenso ergangen wie mir, und nachdem er das an
mir gemerkt, hat er sich zu mir in Christo gehalten, da er ohnedem
nahe an mir wohnt, und hat sich nach der Zeit noch ein Nachbar
dazu gefunden, und weil dieser fleißig zu mir gekommen, so haben
unwissende Leute gleich zu lästern angefangen, als gäbe ich mich
für eine Lehrerin aus und zöge die Leute an mich, woran ich mich
aber nicht gekehrt, sondern mir eine große Freude daraus gemacht,
daß mit der Zeit noch mehr Seelen sich an mich gehalten und sind
wir allemal in der Furcht des Herrn und nicht ohne Erbauung zusammen gewesen. Daß nun in dem hochfürstlichen Befehl steht,
wenn in unseren Versammlungen Horchens irrige Meinungen würden verhandelt werden, wäre solches gefährlich und könne nicht
geduldet werden, so berichte hierauf, daß wir täglich alle Abend zu-
sammengekommen sind, ein Lied gesungen, ein Kapitel oder mehrere aus der Bibel gelesen und uns nur diejenigen Sprüche unter einander eingeschärft, daraus man einige Erbauung an der Seele haben
könnte; daß wir die Kapitel sollten erklärt haben, ist nicht geschehen, weil daran nicht viel gelegen, daß man alles so und so erklärt;
wenn aber etwas vorgekommen ist wider das heutige Maulchristen-
tum, so hat man wohl eine Erinnerung und Vermahnung hinzuge-
than, weil nicht nur meine Kinder und Gesinde, sondern auch andere einfältige Leute dabei gewesen, die von dem Verderben des
Christenthums noch nichts gehört hatten, sondern in der Einbildung standen, daß sie gute Christen wären, weil sie in die Kirche
und zum Abendmahl gingen und in der Kindheit getauft wären.«

Gegen den Vorwurf, sie habe ihren Sohn einem Prediger lutherischer Konfession anvertraut, äußerte sie sich folgendermas-
sen:

»Daß der Prediger nicht meiner Religion gewesen, und ich ihn [den
ältesten Sohn, B.H.] nach Halle unter die Lutheraner habe schicken
wollen, daraus haben sie ein großes Geschrei gemacht, ich für meine
Person kehre mich aber nicht daran; der Prediger war allerdings
meiner religion, ob er wohl Lutheraner hieß, weil ich eben den

theuren Glauben an ihm erkannte, den der Herr aus großer Barmherzigkeit mir beigelegt und mache ich jetzt keinen Unterschied
mehr, als ich wohl in meiner vorigen Blindheit gethan, denn ich
weiß wohl, daß in Jesu Christo gilt weder Reformierter, noch Lutheraner, sondern eine neue Creatur, und wieviel nach dieser Regel ein-
hergehen, die gehören alle zu meiner Religion; hingegen kann ich
diejenigen für meine Religionsverwandte nicht erkennen, die noch
in ihrer alten Haut stecken und von der neuen Creatur in Christi
nicht einmal Erkenntnis haben, geschweige daß sie selbst in solchem Stande stehen sollten, und wenn sie tausendmal sich reformierte Christen nennen. Ich bekenne gar gern, daß ich mich nicht
gern nach solchen sectirerischen Namen nennen lasse.[...] [D]arum
ist es mir genug, wenn ich eine Christin heiße.«[15]

Die von Catharina offengelegte innere und äußere Separierung
von der Kirchengemeinde, von Predigt und Abendmahl, die
Bildung von »absonderlichen Conventiculn und verdächtigen
Winckel-Zusammenkünften«[16] und die ausdrückliche Ablehnung konfessioneller Zuordnung gefährdeten aus der Sicht der
Bürger die »gute Ordnung«, aus der Sicht der staatlichen Obrigkeit die Einheit des Untertanenverbandes, für den die Konfession eine wichtige Klammer war. So wurde beispielsweise
der Entzug des Abendmahls als Disziplinierungsmittel un-
brauchbar gegen Menschen, die daran von sich aus nicht teil-
nahmen.[17] Festzuhalten ist, daß Catharina von den Bürgern der
Stadt Wanfried, ihren Nachbarn, beschuldigt, der Staat also
(noch) nicht von sich aus tätig wurde. Eine Witwe, die nicht
»eingezogen und still« lebte, sondern als Mittelpunkt regelmä-
ßiger Versammlungen offensiv in die Gemeinde hinein wirkte,
die Autorität besaß in Dingen, die Männern, und zwar von der
Kirche autorisierten Männern, vorbehalten waren, bedeutete
für die Bürger eine nicht hinnehmbare Irritation. Catharina
selbst faßte die einzelnen Vorwürfe in ihrem Rechtfertigungs-
schreiben zum Hauptgrund für den Konflikt zusammen:

»Alles, was man mir jetzt äußerlich zufügt, geschieht darum, daß
ich meinem Heilande nachzufolgen und Andere zu seiner heiligen
Nachfolge zu bewegen suche.«[18]

Am Ende der Anhörung durch das Konsistorium wurde sie
aufgefordert, wieder in die Kirche zurückzukehren oder ihr
drohe die Landesverweisung. Catharina setzte dennoch ihre
Tätigkeit fort und ihr Gebetskreis vergrößerte sich weiter. Ein

kurzer Ausweichversuch führt die Gruppe nach Rotenburg/
Fulda, wo sie aber ebenfalls bereits nach 14 Tagen vertrieben
wurden, obwohl Catharina von 1686 bis 1696 als Pfarrersfrau
dort gelebt hatte.[19] Die Bürger wehrten sich zunächst durch die
Anwendung der Rüge: Sie warfen ihrem Gastgeber die Schei-
ben ein.[20] Als das nichts nützte, wendeten auch sie sich wie die
Wanfrieder, an den Landesherrn.

Die Situation spitzte sich zu. Zwei Jahre nach ihrer ersten
Begegnung mit Horche mußten Catharina und ihre Glaubens-
freunde die Landgrafschaft Hessen-Kassel endgültig verlassen.
Sie wendeten sich in die Grafschaft Wittgenstein. Der Versuch,
in der Stadt Laasphe zu bleiben, scheiterte auch hier an der Ablehnung durch die Bürger. Catharina schloß sich mit ihren An-
hängern einer anderen Gruppe an, die sich um Eva von Buttlar
gebildet hatte[21] und zog sich bis 1704 auf das gräfliche Pachtgut
Sassmannshausen bei Laasphe zurück. Dieser Rückzug entsprach nicht der Überzeugung und religiösen Intention Catharinas. Sie wurde hinausgedrängt, war im *Exil auf dem Land.*

Voraussetzung für die Ansiedlung religiöser Exulanten in
Wittgenstein war zunächst das Selbstverständnis des Grafen
Heinrich Albrecht als eines frommen Hausvaters. Diese Haltung hatte bereits Tradition, da schon der Vater des Grafen Hugenotten in der Grafschaft aufgenommen hatte.[22] Der Schutz
für religiöse Exulanten war jedoch nicht allein ein Akt der Tole-
ranz, sondern ebenso ein Akt der Behauptung der territorialen
Autonomie für die Grafen Sayn-Wittgenstein gegenüber dem
Landgrafen von Hessen-Darmstadt. Die Auseinandersetzungen um die Pietisten in Laubach standen gleichfalls in einem
entsprechenden politischen Kontext, nämlich dem Streit um
die Alleinherrschaft über die Stadt Laubach zwischen den Lini-
en Solms-Laubach und Solms-Rödelheim. Die Tolerierung der
Sassmannshäuser Gruppe durch den Grafen Wittgenstein endete zu dem Zeitpunkt, an dem die Grenze zwischen solchen
Gruppen, die »quiete« waren und denen, die die Ordnung stör-
ten, deutlich gezogen, und die Ausgrenzung der letzteren
durchgesetzt wurde. Ihre Ausgrenzung durch die pietistische
Bewegung selbst erfolgte im Zuge der Konsolidierung anerkannter pietistischer Richtungen und zunehmender Abgrenzung von diskreditierenden Gruppen. Ein weiterer Grund mag
die Aussicht auf finanziellen Gewinn für den Grafen durch die
Konfiszierung ihres Vermögens gewesen sein (allein 2101

Reichstaler Bargeld[23]). Den führenden Gruppenmitgliedern wurde der Prozeß gemacht.

Clara Elisabeth v. Calenberg

Einen ganz anderen Weg als Catharina ging Clara Elisabeth von Calenberg. Sie wurde als jüngstes Kind ihrer Eltern im Jahre 1675 in Rothwesten bei Kassel geboren. Sie hatte vier Schwestern und zwei Brüder. Als Clara 13 Jahre alt war, starb ihre Mutter, Anna Dorothea von Weitershausen. Sie hatte »im Wochenbette den Gebrauch ihrer Vernunft verloren und [war] in solchem Zustand 13 Jahr lang bis an ihren Tod in einer Kammer des Hauses eingesperrt verblieben«.[24] Das blieb nicht ohne Einfluß auf die Töchter. Als um 1700 radikalpietistische Prediger auch nach Kassel kamen,[25] wurden die fünf Schwestern von der religiösen Bewegung ergriffen. Sie wandten sich von allen weltlichen Dingen ab und lebten zunächst zurückgezogen auf dem väterlichen Gut in Rothwesten. Clara war zu diesem Zeitpunkt 25 Jahre alt und wie ihre Schwestern noch unverheiratet. Das religiöse Leben, vor allem der häufige Besuch durch verschiedene Prediger, erwies sich als unvereinbar mit den Vorstellungen des Bruders, der inzwischen die Verwaltung des Gutes übernommen hatte. So verließen die Schwestern mit zwei Mägden das elterliche Gut und suchten Anschluß an fromm lebende Gruppen. Über Kassel trafen sie in Allendorf/ Werra mit der Philadelphischen Sozietät der Eva von Buttlar zusammen, zu der, wie bereits gesagt, später auch Catharina Uckermann gehörte. Clara entwickelte gegen die Gruppe, besonders gegen ihre Rituale,[26] große Abneigung und sonderte sich ab, indem sie »in einem Winkel des Hauses allein blieb«.[27] Als die Sozietät nach Usingen weiterzog, trennten sich die Schwestern. Sidonia und Charlotte blieben bei dieser Gruppe, Dorothea[28] heiratete in Allendorf einen Bürgerlichen und nahm die beiden jüngsten Schwestern, Clara und Juliane, zu sich. Clara wurde schwermütig und unternahm einen Selbstmordversuch. 1703 ging sie mit ihrer Schwester Juliane in ihr Vaterhaus zurück, nachdem sie vor der Pietistenkammer[29] versprochen hatten, wieder zur Kirche und zum Abendmahl zu gehen. Nach einiger Zeit ertrug sie den »äußerlichen Kirchendienst« aber doch nicht mehr und machte erneut Anstrengungen, eine

»erbauliche« Umgebung zu finden. Eine Phase der Suche mit kurzen Aufenthalten in verschiedenen adeligen Haushalten in Kassel und Eschwege folgte. 1709 zog sie schließlich zu ihrer sterbenden Schwester nach Allendorf. Ihre älteren Schwestern versuchten, sie zu einer Heirat mit dem Apothekerssohn Johann Jacob Sander in Wanfried zu bewegen. Nach anfänglicher Zustimmung und Verlobung faßte Clara aber den Entschluß, mit der Welt zu brechen und allein auf Gott zu warten. Sie wandte sich noch im selben Jahr (1709) nach Schwarzenau,[30] um dort zurückgezogen zu leben.

Claras Motiv, die vorgesehene Lebensperspektive einer standesgemäßen Ehe nicht anzunehmen, hatte augenscheinlich einen Zusammenhang mit der Erinnerung an die kranke Mutter und einer aus dieser Erinnerung kommenden Abwehr alles »Fleischlichen«. Weitere Hinweise geben ihre Träume: Sie hörte zehn Nächte lang hintereinander traurige Stimmen, Ächzen und Geschrei, das ihr durch Mark und Bein ging, Zischen der Schlangen etc. [...] Ziehen an ihrem Bett, als ob man sie wegtragen wolle.[31] Andere Lebensperspektiven zu entwickeln war nicht leicht. Offenbar war die Möglichkeit eines religiösen Lebens in einem Stift nicht gegeben. (Die Gründe dafür sind noch nicht bekannt, es mag aber an der finanziellen Ausstattung gelegen haben, zumal ja die anderen Schwestern in gleicher Weise hätten ausgestattet werden wollen.) Die lokal übergreifende Gemeinschaft der »Gotteskinder«, der »wahren Gemeinde Jesu Christi« bot ihr zunächst dadurch eine Perspektive, daß sie ein Netz von Haushalten zur Verfügung stellte, in denen Suchende Aufnahme finden konnten. Der Verlauf von Claras Leben zeigt aber, daß die Aufnahme einer alleinstehenden Frau für einen längeren Zeitraum Probleme machte. Der Versuch, in die »Normalität« zurückzukehren, zunächst durch »Bekehrung«, dann durch eine Ehe, gelang nicht, weil »ihr Gewissen ihr keine Ruhe ließ«. Erneute Versuche der Angliederung an fromme Hausgemeinschaften brachten keine längerfristige Lösung. Claras Lebenskonflikt erfuhr erst eine Wende, als sie 1712 am Hof in Schwarzenau dem jungen französischen Adeligen Hector de Marsay begegnete und beide die Berufung zu einer keuschen Ehe fühlten. Der folgende Ausschnitt aus de Marsays Tagebuch gibt einen Eindruck davon, wie er diese Berufung erlebte:

»Als ich eines tags in grosser ruhe mit meinem strickzeug unter einem baum saß, da wurde mir innerlich gezeigt, wenn es wahr seye,
daß ich Gottes ohne ausnahm wolle seyn, so wolle Er, daß ich Ihm
die erste probe gebe, welche seye, ich solle die Fräulein von
K[alenberg] heurathen, welche auch bey der frau C[astell], logirte.
Nun hatte ich keine neigung zum ehestand, und dachte weniger
daran, als sonst [...]. Es gefiele aber Gott, mir zu gleicher zeit zu erkennen zu geben, sein intention und wille sey, uns nach dem geist
zusammen zu gesellen, damit eins dem andern helffe. Es seye keine
fleischliche vereinigung, die er von uns fordere, sondern eine geistliche, die Er selbst bestätigen würde. Mir wurde gezeigt, wie wir
beyde zusammen solten leben, nemlich in Enthaltung; [...], und daß
die allerheiligste Dreyeinigkeit auf unsere hochzeit kommen würde.«[32]

Am 29. Juli 1712 heiratete die 37jährige Clara den 24jährigen
Hector.[33] Das Siedeln in einer der zahlreichen Hütten in
Schwarzenau, das Leben in der Einsiedelei in selbstgewählter
vielfältiger Entbehrung als keusches Ehepaar, erwies sich als
eine Lebensform, die gleichermaßen vor Gott und der Welt an-
erkannt war.

Catharina Uckermann wollte in der Welt, d.h. in der Stadt, leben und ihren Anteil zur Verbesserung des christlichen Lebens
der Gemeinde leisten. Sie scheiterte einerseits daran, daß die
Bürger von Wanfried und anderen Städten eine solche Abweichung von der herkömmlichen Ordnung nicht dulden wollten,
andererseits an der Ausgrenzung durch den frühmodernen
Staat, der sich als christlicher postulierte. Angesichts der Her-
ausforderungen der Christen durch alltägliche Probleme gab
die Kirche nicht genügend Orientierung. Sie beschränkte sich
darauf, Haltungen zu internalisieren und den Rahmen christlichen Handelns neu abzustecken. Seit der Abschaffung der Oh-
renbeichte wurde der christliche Wandel nicht mehr individuell »im geheimen« von einem Inhaber eines geistlichen
Amtes geregelt, sondern unterstand dem öffentlichen Regula-
tiv Kirchengemeinde. Die Gemeinschaft der Gläubigen als Ver-
mittlungs- und Kontrollinstanz christlicher Verhaltensmuster
wurde in ihrem Selbstverständnis zunehmend identisch mit
der bürgerlichen Gemeinde. Der ethische Konsens war daher
mehr von weltlichen Interessen als von christlichen Geboten
bestimmt. Die Bemühung der radikalen Christen, die »Gemeinde der Wiedergeborenen« zu vergrößern, konnte sich je-

doch nicht am Relativen, der Mehrheitsmeinung der »äußerlichen Christen«, sondern nur am Absoluten, an den Geboten Gottes orientieren.[34] Für Menschen wie Catharina entstanden daher die Konflikte mit den Bürgern bei der Umsetzung des Willens Gottes in ihre Lebenspraxis: So wurde Catharina wegen ihrer schlichten Bekleidung beim Kirchgang von der Frau des Pfarrers öffentlich verspottet, ein Laubacher Schuster konnte nach eigener Aussage deshalb nicht Meister werden, weil etliche Zunftregeln gegen sein Gewissen gingen.[35] Im städtischen Alltag waren für sie die beiden Anforderungen – frommer Christ und frommer Bürger – zunehmend nicht mehr in Übereinstimmung zu bringen. Die Separierung von der Gemeinde durch die Gebetskreise vermittelte ihnen einerseits Sicherheit durch Glaubensgewißheit, verstärkte aber andererseits die Ablehnung.[36] Die alten Ordnungen der städtischen Bürgerschaft erwiesen sich als nicht flexibel genug. Die Folge war im Fall Catharinas die Ausgrenzung durch die bestehenden Ordnungen: »*Die Welt konnte sie nicht dulden*«. Zunächst fand sie im »Schutzraum« des Hauses, in ihrer Stube Geborgenheit (*ver*borgen blieb das Geschehen nicht, denn ihr Singen und Beten drang nach draußen). Später, auf dem Lande im »Schutzraum« der Immunität Grundherrschaft, dem abgelegenen Pachtgut Sassmannshausen, fand sie eine Nische, in der sie zumindest überdauern konnte, bis sich andere Möglichkeiten auftun würden.[37]

Clara Elisabeth von Calenberg kämpfte gegen die an sie gestellten gesellschaftlichen Erwartungen. Sie fand den Ausweg darin, daß sie der göttlichen Berufung folgte und sich der Welt versagte. Dieser Rückzug aus der Gesellschaft war offensichtlich *in* ihr nicht möglich. Für Kontemplation war in der frühmodernen protestantischen Gesellschaft kein Raum. Auf dem Lande, in einer Siedlung außerhalb vorgegebener Ordnungen, in der »Wildnis«, war die Ausgestaltung eines frommen Lebens möglich. Im Gegensatz zu Catharina entzog sich Clara selbst der Gesellschaft: »*Sie konnte die Welt nicht erdulden*«.

Beiden gemeinsam ist, daß sie in einem von herkömmlichen Ordnungsprinzipien freien Raum veränderte Formen religiösen Verhaltens entwickelten. Beide waren räumlich ständig »auf dem Weg«, auch über den hier dargestellten Zeitraum hinaus, aber beide hatten in ihrem Glauben einen festen geistigen Ort. Beide kennzeichnete die Gewißheit, daß das äußere Leben dem inneren unterzuordnen sei, auch wenn dadurch Schwierigkeiten entstehen.[38] Inwieweit sie sich mit ihrem Glauben an Formen mittelalterlicher Frömmigkeit orientierten und worin das Neue ihrer Religiosität in der neuen Zeit lag, bedarf noch der Untersuchung. So ist m.E. noch nicht hinreichend erforscht, ob die Überlieferung mittelalterlicher mystischer Schriften über verschiedene Tradierungsstränge (Tauler-Arndt, Paracelsus-Böhme-Leade) den größeren Anteil an der Art der Gestaltung des religiösen Lebens von Frauen im radikalen Pietismus hatten, oder ob die Konsequenz, mit der die Frauen erkannte Wahrheiten unmittelbar in Lebenspraxis umsetzten, für sie in den jeweiligen Gesellschaften zu vergleichbaren Konflikten und Lösungsmustern führte.

Die von radikalpietistischen Gruppen gelebte Frömmigkeit bildete ihrerseits eigene Formen des Verhaltens in der religiösen Gemeinschaft heraus und führte zur Offenlegung nicht nur der religiösen Gefühle, sondern des gesamten Lebens.[39] In Sassmannshausen entwickelte sich eine Gemeinschaft mit strenger hierarchischer Binnengliederung. Das kultische Zentrum bildete die körperliche Vereinigung mit der »Dreieinigkeit«, den drei führenden Gruppenmitgliedern.[40] In Schwarzenau entwikkelte sich ein loser Verbund von Paaren oder kleinen Lebensgemeinschaften, die um das Zentrum des Hofes in Schwarzenau gruppiert waren. Das kultische Handeln war das Leben in der Hütte als Gottesdienst und die gemeinsame Erbauung in der frommen Versammlung um die Prediger. Rückzug oder Intimität gab es in beiden Gruppen nicht.[41]

Daß Frauen in den religiösen Bewegungen des Pietismus nicht nur zahlenmäßig stärker vertreten waren als Männer, sondern auch auf spezifische Weise neue Akzente setzten, wird noch weiter herauszuarbeiten sein. Eine Hypothese ist, daß sie durch die Umsetzung religiöser Einsichten in konkretes Handeln im Leben die Befangenheit der führenden Männer dieser Bewegungen in herkömmlichen Denkstrukturen aufbrachen. Das durch die religiöse Gewißheit veränderte Verhalten führte zur Konfrontation mit den Nachbarn, die sich provoziert fühlten. Diese Konfrontation wurde nicht im theologischen Diskurs, sondern im alltäglichen Umgang ausgetragen. Zwar änderten auch führende Männer ihr Leben, verloren ihre Stellung, sie blieben aber weitgehend bezahlte und anerkannte Prediger und Lehrer in lokal übergreifenden Strukturen im professionellen Sinne, während Frauen Unterstützung erbitten, oft in ungesicherten Verhältnissen leben und sozialen Abstieg in Kauf nehmen mußten. Vergleichbarem Druck waren Männer nur dann ausgesetzt, wenn sie nicht zu den führenden Persönlichkeiten gehörten. Catharina und Clara erfuhren Grenzen, zu deren Überwindung sie neue Perspektiven zu entwickeln gezwungen waren. In dem beschriebenen Prozeß der Herausbildung neuer religiöser Verhalten erwiesen sich beide, die Frauen und das Land, als »Orte« gesellschaftlichen Wandels: die Frauen, indem sie den Rahmen der alten Ordnungen verließen und neue Modelle für ihre Beteiligung an der Gestaltung neuer Ordnungen entwickelten, die in der Folgezeit die religiöse Deutung der Welt überschritten (Catharina) oder indem sie die Trennung von Außenwelt als öffentlichem Raum und Innenwelt als privatem Raum vorantrieben (Clara); das Land, indem es außerhalb der Orte mit vorgegebener Ordnung solchen Entwicklungen »Raum« gab.

Anmerkungen

1 Dies betrifft besonders die Philadelphier, die dem in Konfessionen erstarrten Kirchenchristentum das philadelphische Christentum, die Zusammenfassung aller wahren, wiedergeborenen Christen im Sinne der Wiederherstellung der Apostolischen Kirche, gegenüberstellen wollten. S. auch S. 239f.

2 In Abgrenzung zu den verschiedenen Schattierungen innerkirchlicher pietistischer Religiosität und um dem gemeinsamen Kennzeichen des radikalen Rückgriffs auf die frühchristliche Tradition in ebenso radikaler, alle gesellschaftlichen Normen hintansetzender Umsetzung in Lebenswirklichkeit Rechnung zu tragen, werden sie näher als radikale Pietisten bezeichnet. Zur terminologischen und historischen Eingrenzung des radikalen Pietismus vgl. Hans-Jürgen Schrader, Literaturproduktion und Büchermarkt des radikalen Pietismus, Göttingen 1989, S. 49–63, sowie Hans Schneider, Der radikale Pietismus in der neueren Forschung, in: Pietismus und Neuzeit 8 (1982), S. 15–42, und 9 (1983), S. 117–151.

3 Sie wurden einerseits zunehmend mit Gerichtsverfahren überzogen, andererseits waren sie stärkerem Druck weniger radikaler Mitglieder der pietistischen Bewegung ausgesetzt. S. auch S. 241.

4 Weitergehende Informationen s. zu Catharina Elisabeth Uckermann: Rüdiger Mack, Libertinärer Pietismus. Die Wanderungen der Pfarrerswitwe Wetzel, in: Ders., Pietismus und Frühaufklärung an der Universität

Gießen und in Hessen-Darmstadt, Gießen 1984, S. 208–238; zu Clara Elisabeth v. Calenberg: Leben des Charles Hector Marquis St. George de Marsay und seiner Gattin, von ihm selber, in: Jost Klammer, Der Perner von Arfeld. Kirchengeschichte im Raum Arfeld vom Jahre 800 bis 1945 nach Christus, Bad Berleburg 1983, S. 84–115, und Barbara Hoffmann, Radikalpietismus um 1700. Der Streit um das Recht auf eine neue Gesellschaft, Frankfurt a.M. 1996.

5 »1682 den 19ten Septem[bris] Sind der wohl Ehrwürdige und wohl gelahrte Herre Henrich Wetzel Pfarrer zu Burschel[ar] u. Helder u. Jungfrau Catharina Elisabeth Vckermannin copuliret worden« (Kirchenbuch Wanfried, 1650–1729).

6 Vgl. Wilm Sippel, Die Geistlichen des »Metropolitanats« Sontra 1525–1975, Teil 1, Göttingen 1980, S. 34f.

7 Carl Wilhelm Heinrich Hochhuth, Heinrich Horche und die Philadelphischen Gemeinden in Hessen, Gütersloh 1876, S. 101ff.

8 Ebd., S. 110. Erweckung im Sinne eines das ganze Leben verändernden Erlebnisses ist eine zu allen Zeiten erlebte Grenzerfahrung. Die Mystikerin Margareta Porete (ca. 1250–1310) beschreibt den Prozeß der Erwekkung als Befreiung: »DIE SEELE: Ich bekenne es euch, Frau Liebe!, spricht die Seele. Es gab eine Zeit, da war es so, doch jetzt steht es damit anders: Euer Adel hat mich aus ihrer Knechtschaft befreit. Und darum kann ich jetzt zu ihnen sagen und so singen:

Tugend, ich nehme Abschied von euch auf immer!
Mein Herz ist nun ganz unbelastet und recht hochgemut.
Euer Dienst ist zu sehr festgefahren, ich weiß es wohl.
Eine Zeitlang hängte ich mein Herz an Euch, ohne Vorbehalt;
Ihr wißt, daß ich euch ganz gehörte, voll ausgeliefert.
Ich war eure Leibeigene, nun bin ich daraus befreit.
Mein ganzes Herz hatte ich an euch gehängt, ich weiß es wohl.
So lebte ich eine gewisse Zeit in großer Verirrung.
Gelitten habe ich da manch schwere Qual, manch harte Pein erlitten.
Ein Wunder ist es, daß ich noch lebend entkam!
Doch da es vorbei ist, macht es mir nichts mehr aus: ich bin von euch geschieden!
Dafür danke Ich Gott im Himmel, gut wollte mir jener Tag!
Ich bin eurem Anspruch entzogen, der viel Verdruß mir bescherte.
Niemals war ich je frei, außer geschieden von euch.
Entkommen bin ich aus eurer Gewalt, in Frieden verbleibe ich nun.«
(Margareta Porete, Spiegel der einfachen Seelen, hg. v. Louise Gnädinger, Zürich 1987, S. 23.)

Derartige Grenzerfahrungen, die ein »Weitermachen wie bisher« nicht mehr möglich machen, finden heute wohl häufiger im gesellschaftlich-politischen als im religiösen Bereich statt: »Ich hab' mich für Politik nie interessiert, ich hab meine Kinder großgezogen und meinen Haushalt versorgt. Das war das Wichtigste. Das Wichtigste ist jetzt der Widerstand [gegen die WAA], da muß man alles andere hintanstellen. Ich bin stolz darauf: ich hab meine Angst verloren, ich hab nicht viel erreicht, aber ich hab meine Angst verloren.« (Eine Hausfrau aus Wackersdorf 1988 in einem Rundfunkinterview).

9 Zur Zielsetzung der Philadelphier, besonders ihrer Bemühungen, vor der erwarteten Wiederkunft Christi viele Seelen zu retten, vgl. Schrader (wie Anm. 2), S. 63–73.

10 Copia eines schreibens v[on] einem Kind Gottes aus Cassel dem H[errn] Horchen etc., K.W., C[assel], den 12.2.1700 l'auteur est une barbier etc. (Gräfliches Archiv Laubach, künftig LA, Kirchensachen).

11 In Laubach wurde im Januar 1700 der separatistische Prediger Balthasar Klopfer als »Schelm, Hexenmeister und Zauberer« bezeichnet (LA Kirchensachen S, fol. 65r).

12 Wenn hier von Catharinas »Unterwegssein« gesprochen wird, so ist das immer auf dem Hintergrund zu sehen, daß sie nicht allein, sondern mit anderen Glaubensbrüdern und -schwestern ging. Hoffmann (wie Anm. 4), Kap. 1. Auf die Religionsstreitigkeiten in Laubach 1699/1700 kann hier nicht näher eingegangen werden. S. dazu Hoffmann (wie Anm. 4), Kap. 2.

13 Abgedruckt in Hochhuth (wie Anm. 7), S. 110–117.

14 Zur zeitgenössischen Einschätzung weiblicher Rhetorik, die Belesenheit voraussetzt und sich nach den bewährten Regeln richtet vgl. Elisabeth Gössmann (Hg.), Das Wohlgelahrte Frauenzimmer, Kap. IX: Georg Schultze: De blanda mulierum rhetorica (1678), München 1984, S. 121–138, besonders S. 124.

15 Catharina kehrte also den gegen sie gerichteten Vorwurf des »Sectirertums« um und sprach von den Konfessionen als »sectirerischen Namen«, denen die Zugehörigkeit zur wahren Kirche Christi vorzuziehen sei.

16 Edict vom 18.9.1702, in: Hessische Landesordnungen, Bd. 3, Cassel 1777, S. 493f.

17 Abendmahlsverweigerungen sind auch aus früherer Zeit bekannt, es ist jedoch zu unterscheiden, ob die Teilnahme am Ritus aus dogmatischen Gründen abgelehnt wurde (Täufer), oder ob eine individuelle religiöse Entscheidung gegen eine Teilnahme zu einer bestimmten Zeit oder mit einer bestimmten Gruppe vorliegt.

18 Hochhuth (wie Anm. 7), S. 110.

19 In Rotenburg lagen zwei ihrer Kinder begraben.

20 Die Anwendung dieses Rügebrauchs zur Vertreibung unerwünschter fremder Pietisten ist auch in Laubach belegt. Vgl. Hoffmann (wie Anm. 4), Kap. 2.

21 Zur ›Philadelphischen Sozietät‹ s. Hoffmann (wie Anm. 4).

22 Außerdem gehörten fünf seiner sechs Schwestern zu den »Kindern Gottes« und richteten ihr Leben nicht nach traditionellen Perspektiven aus.

23 Vgl. Eberhard Bauer, Zeitgenössische Berichte zum Prozeß der Buttlar'schen Rotte in Laasphe (1705), in: Jahrbuch für Westfälische Kirchengeschichte 71 (1978), S. 191.

24 Klammer (wie Anm. 4), S. 89.

25 Heinrich Horche und Samuel König aus der Schweiz, vgl. Mack (wie Anm. 4), S. 214.

26 Die mystischen Vorstellungen der Sozietät um Eva von Buttlar sind in der Literatur vielfach behandelt worden. Sie werden durchgängig als libertäre Scheinreligiosität gedeutet, m.E. sind jedoch die Vorstellungen von der Vergegenwärtigung Gottes in Eva und ihren Begleitern Winter und Appenfeller nicht als Vorwand für sexuelle Zügellosigkeit abzutun, sondern vielmehr als religiöse Überzeugung ernst zu nehmen. So stellt sich die vorgestellte Reinigung der Menschen durch geschlechtlichen Umgang mit »der heiligen Dreifaltigkeit« als ein Versuch dar, die Wollust dadurch zu überwinden, daß man ihrer überdrüssig wird. Das Erscheinungsbild war allerdings – nicht nur für damalige Zeitgenossen – das einer »unordentlichen Vermischung«. Vgl. Hoffmann (wie Anm. 4), Kap. 4. Der systematische Vergleich der Rituale dieser Gruppe mit anderen religiösen Versuchen, die Spannung zwischen Wollust und Liebe zu bewältigen, ist noch zu leisten. So finden sich zur Vergegenwärtigung Gottes in auserwählten Menschen Parallelen in der Religiosität der Brüder und Schwestern vom freien Geist. Das Bemühen, die Wollust zu verlieren, indem er sich quasi an ihre Wirkung gewöhnt und sie so außer Kraft setzt, hat Robert von Abrissel (+1117) praktiziert. Daß die geschlechtliche Vereinigung, allerdings beschränkt auf Eheleute, ein göttliches Mysterium ist, ist Bestandteil der Lehre Zinzendorfs.

27 Klammer (wie Anm. 4), S. 91.

28 Klammer gibt den Namen der Schwester, die »Herrn Guillo heiratet«, mit Dorothea an: Klammer (wie Anm. 4), S. 91; Hochhuth spricht von der Heirat Ottilies mit »einem Anänger der Buttlarschen Gesellschaft Gille«: Hochhuth (wie Anm. 7), S. 150.

29 Nach dem »Edict« vom 18.9.1702 eingesetzte Untersuchungs-Kommission zur Überprüfung der Rechtgläubigkeit.

30 Ein Ort im Edertal, nahe Bad Berleburg, er gehörte, wie Sassmannshausen, zur Grafschaft Sayn-Wittgenstein-Sayn.

31 Während ihrer gesamten späteren Ehezeit litt Clara außerdem unter starken »Mutterbeschwerden«. Vgl. Klammer (wie Anm. 4), S. 91.

32 Ernst Joseph Gustav de Valenti, System der höheren Heilkunde für Aerzte und Seelsorger, Bd. 2, Elberfeld 1827, S. 153–392.

33 Clara und Hector waren nicht das einzige Ehepaar mit diesem Altersunterschied. Bei nahezu allen Paaren in der Schwarzenauer wie der Sassmanshäuser Gruppe war die Frau älter als der Mann. Allerdings waren sie die einzigen, die regulär und standesgemäß geheiratet hatten, die anderen »Ehen« zwischen adeligen Frauen und bürgerlichen Männern wurden durch Proklamation in der Gemeinschaft geschlossen.

34 Dieser Wandel kann an der Veränderung der Gründe für die Abendmahlsverweigerung abgelesen werden. Gab Hans Weiß auf Neckartailfingen am Ende des 16. Jh. an, er könne nicht zum Abendmahl gehen »dan er lige in neid und hass gegen seine Oberkait«, er sei also nicht würdig, am Nachtmahl teilzunehmen, so ist hundert Jahre später für Catharina Uckermann die bedenkenlose Zulassung auch Unwürdiger zum Mahl der Grund für ihre Verweigerung, zöge sie doch durch das gemeinsame Feiern des Ritus mit Unwürdigen den Zorn Gottes auf sich. Zu Abendmahlsverwei-

gerungen im 16. Jh. in Würtemberg vgl. David Warren Sabean, Kommunion und Gemeinschaft: Abendmahlsverweigerung im 16. Jahrhundert, in: Ders., Das zweischneidige Schwert. Herrschaft und Widerspruch im Württemberg der frühen Neuzeit, Berlin 1986, S. 51–76, hier S. 54–56.

35 »[...] er weiger sich nicht, meister zu werden, allein er könne sich der ordnung, die die schuster Zunft hätte, nicht in allem unterwerffen, indeme einiges wider sein gewissen laufe. [...] so könne er nicht approbiren, daß die Zunft bey Ihrer Zusammenkunfft gelt zusammen lege undt solches hernach versauften. 2. daß Ein Lehrling under 10j angenommen worden (gegen die Zunftordnung- B.H.), [...] daß man keine unehel[ichen] Kinder zum handwerck laßen solte, dann dises alles wäre wider die liebe Gottes undt des nechsten« (LA Kirchensachen »S«, fol. 26r–26v).

36 Zu der bewußten Absonderung von Pietisten von »der Gemeinschaft der Weltkinder« und den daraus erwachsenden sozialpsychologischen Konflikten vgl. Hartmut Lehmann, »Absonderung« und »Gemeinschaft« im frühen Pietismus« in: Pietismus und Neuzeit 4 (1977/1978), S. 67f.

37 Als Catharina mit ihrer neunjährigen Tochter und ihrem »Ehemann« Stirn – die beiden hatten in Sassmannshausen ihre Eheschließung proklamiert (LA Laubacensia Nr. 97, 24r) – nach ihrer Trennung von der Sassmanshäuser Gruppe erneut in Laubach unterzukommen suchte, war die nunmehr 37jährige Frau hochschwanger. Sie erhoffte sich wohl, daß die unmittelbar bevorstehende Niederkunft ihr Schutz eintragen würde, aber die Erinnerung an das Jahr 1699 und die inzwischen weiter verhärtete Stimmung gegenüber den Pietisten bewirkte schnelles Handeln der herrschaftlichen Beamten, und so konnte innerhalb von 24 Stunden die Vertreibung der »lästigen« Gästen durchgesetzt werden. Catharina Uckermann ging über Nidda nach Rohrbach bei Büdingen. »Des dienstags früh reysete Dr. Reich mit diesem Freynd Stirn nach Rohrbach, u[nd] weilen der Frau dieser weg in einem tag abzulegen zu weit fiele, wolte sie [...] etwa biß auf oder bey Niedt folgen« (LA Laubacensia Nr. 97, fol. 1v). Die Geburt ihres Kindes konnte nicht belegt werden. Der weitere Verlauf ihres Lebens ist noch nicht bekannt.

38 Hierzu noch ein Vergleich mit der Mystik der Margareta Porete: »DIE VERNUNFT: Und wann wurden derartige Seelen frei?, spricht die Vernunft. DIE LIEBE: Als die Liebe in ihnen ihre Wohnung nahm, während die Tugenden nun ohne Widerrede und ohne Bemühen dieser Seele dienen. Zweifellos also, Vernunft!, spricht die Liebe, solche Seelen, welche derart frei geworden sind, haben an manchem Tag zu erfahren bekommen, was Zwang auszurichten vermag. Und würden sie nach der größten Pein gefragt, die eine Kreatur zu erleiden haben kann, würde sie antworten: eine solche bestehe darin, in der Liebe seinen Sitz zu haben und gleichzeitig den Tugenden gegenüber im Gehorsam zu stehen.[...] Die Seelen jedoch, von denen wir reden, haben die Tugenden an ihren Platz verwiesen: denn solche Seelen tun nichts um derentwillen. Vielmehr tun umgekehrt, die Tugenden alles, was solche Seelen verlangen, ohne Bemühen und ohne Widerrede. Denn solche Seelen sind Herrinnen über sie.« Porete (wie Anm. 8), S. 25f.

39 Das »Bekenntnis« ist hier nicht eine gesprochene Formel, sondern umfaßt die Gestaltung des ganzen Lebens. Diese Lebensformen sind denen in mittelalterlichen Konventen durchaus vergleichbar.

40 Die führenden Mitglieder der Sassmannshäuser Gruppe proklamierten sich als Gott Vater (Justus Winter), Gott Sohn (der Student Appenfeller) und Heiliger Geist (Eva von Buttlar) und waren davon überzeugt, daß Gott »durch sie hindurch« die Menschen heilige. (Zeugenaussagen aus Prozeßakten gegen Mitglieder der Gruppe, Fürstlich-Wittgensteinsches Archiv Laasphe, Kirchensachen, 289.)

41 Diese Entwicklung muß m.E. mit berücksichtigt werden, wenn die Herausbildung von privaten und öffentlichen Räumen in der bürgerlichen Gesellschaft analysiert wird.

Irene Hardach-Pinke

Gouvernanten

Abgesandte städtischer Kultur auf dem Lande

I. Stadt und Land als Orte der Mädchenbildung

Im 18. Jahrhundert galt das Leben auf dem Lande den Angehörigen der gebildeten Stände zwar häufig als gesünder, sittlicher und authentischer als das Leben in der Stadt, aber auch als öder und langweiliger. Besonders die Winter auf dem Lande wurden von ihnen selten mit munteren Spinnstuben und geselliger Muße am prasselnden Herdfeuer assoziiert, sondern eher mit unpassierbaren Straßen, mit Kälte, Isolation und Einsamkeit. Die Stadt dagegen, halbherzig als Ort seichter Vergnügungen und alberner Verzärtelungen angeprangert, bot Bildungsmöglichkeiten, anregende Geselligkeit, Kontakt mit den Künsten, Theater, Oper, Konzerte, Mode, bessere Versorgung mit Lebensmitteln und größeren Komfort.

Eine ambivalente Haltung zeigten gebildete Frauen und Männer gegenüber dem Lande nicht nur als eigenem Wohnort, sondern auch als Schauplatz der Kindererziehung. Denn obwohl das Aufwachsen am Busen der Natur, fern der städtischen Ablenkungen und Versuchungen, seit der Rezeption von Jean-Jacques Rousseaus pädagogischen Schriften idealisiert wurde, so blieb doch der Verdacht bestehen, das Landleben brächte unbeholfene, langweilige Menschen hervor. Der damalige Hauslehrer Johann Georg Hamann berichtete 1753 über seinen adligen Zögling: »er besitzt noch viel Blödigkeit u. steifes Wesen, das nach einer Landerziehung aussieht«.[1] Und Achim von Arnim, der mit seiner Frau jahrelang darüber debattierte, ob die gemeinsamen Kinder auf dem Familiengut in der Uckermark oder aber in Berlin aufwachsen sollten, schrieb ihr 1822: »Wenn Du von der Langeweile meiner Vettern erzählst, so irrst Du

Dich, wenn Du sie ihrer Erziehung auf dem Lande zu-
schreibst«.[2]

In den Städten gab es Schulen, Privatlehrerinnen und Privat-
lehrer, sowie gesellige Kontakte, von denen auch Kinder und
Jugendliche profitieren konnten. Jungen aus wohlhabenden
Familien führte ihre Erziehung und Ausbildung auf die Dauer
meist ohnehin in die Stadt, falls nicht schon an die höheren
Schulen, dann doch später an die Universitäten. Für Mädchen
war ein vergleichbarer Weg institutionell nicht vorgezeichnet,
denn alles, was sie für ein späteres Leben als Gattin, Hausfrau
und Mutter brauchten, konnten sie noch weitgehend im Eltern-
haus lernen. Als aber im Laufe des 18. Jahrhunderts das Vor-
handensein einer gewissen Allgemeinbildung für die Chancen
von Frauen auf dem Heiratsmarkt immer wichtiger wurde,
stellten sich Pädagoginnen und Pädagogen nicht nur die Frage,
was Mädchen wissen und können sollten, sondern verglichen
auch die Vorteile von Stadt und Land als Orte des besonderen
weiblichen Lernens. Dabei ging es nicht so sehr um den Unterricht von Kindern, die – gleich welchen Geschlechts – auf dem
Lande als gut aufgehoben galten, sondern vor allem um den
von heranwachsenden Töchtern, für die der Erwerb der alten
Hausfrauentugenden nicht mehr ausreichte, weil ihr »Eintritt
in die Welt«, d.h. die Teilnahme an den Geselligkeiten gebildeter Erwachsener, einer gezielten Vorbereitung bedurfte.

Die Resultate dieser Erziehung zur größeren Weltläufigkeit
wurden dann spätestens bei der Brautschau überprüft. So
schreibt der 25jährige Reichsgraf Hans Casper von Bothmer,
der eine Karriere im dänischen Staatsdienst anstrebte, 1753
über den ersten Eindruck, den die 17jährige Reichsgräfin Margarethe Eleonore von Schweinitz bei ihm hinterließ: »Ihr Geist
ist noch ein bißchen ländlich, aber weil sie Urteilskraft besitzt,
hoffe ich, daß sie ihn mit Leichtigkeit ändern kann.«[3] Doch
sechs Jahre später mußte er wieder berichten, daß seine nun-
mehrige Verlobte nicht für die große Welt geschaffen war, und
daß ihr weiterhin die Gelegenheit fehlte, sich höfisches Benehm-
men und höfische Sprache anzueignen. Fräulein von Schweinitz war auf dem Lande in Schlesien aufgewachsen und sprach
ausschließlich deutsch.[4]

Für Männer aus den höheren Ständen war der Besuch öffentlicher Schulen und Hochschulen in der bürgerlichen Gesellschaft eine notwendige Voraussetzung des sozialen Auf-

stiegs oder der Sicherung ihrer gesellschaftlichen Position geworden, und komplementär zu dieser Entwicklung wurde literarische und musische Bildung auch für adelige und bürgerliche Frauen wichtiger, um in der Ehe die Rollen der Gefährtin eines gebildeten Mannes und der Erzieherin vielversprechender Kinder übernehmen zu können. Der verfeinerte, gefühlvollere Umgang zwischen Ehegatten und zwischen Eltern und Kindern erforderte eine sorgfältige Erziehung der Gefühle und der Sinne. Frauen waren dem neuen Ideal zufolge neben der Wirtschaftsführung für ein harmonisches emotionales, spirituelle und ästhetisches Klima im Haus zuständig. Darüber hinaus wurde von ihnen erwartet, daß sie sich in einer weiteren Geselligkeit mit anderen Menschen aus den höheren Ständen unterhalten konnten und sich jenseits der praktischen Alltagspflichten standesgemäß zu beschäftigen wußten. Langeweile und zu viel Muße, zwei bekannte Feinde weiblicher Zufriedenheit, sollten alltäglich durch Bildung bezwungen werden. Zu diesem Zweck wurden den Töchtern Kenntnisse und Fähigkeiten z.B. in Literatur, Geschichte, Geographie, Musik, Zeichnen, Tanz und modernen Fremdsprachen von Lehrerinnen und Lehrern vermittelt. Mit den neuen Anforderungen an weiblichen Bildung entfaltete sich eine pädagogische Diskussion über die Vor-und Nachteile von Stadt und Land als Orte der Mädchenerziehung, wie sie vergleichsweise über die Erziehung der Jünglinge nicht geführt wurde.

Die Voraussetzungen und Möglichkeiten für Mädchen, eine gute Allgemeinbildung zu erwerben, waren in der Stadt günstiger als auf dem Lande, wo sich wiederum die Haushaltsführung besser erlernen ließ, weil hier noch viele Nahrungmittel und Kleidungsstücke selbst produziert wurden. Dazu erklärte der Theologe und Pädagoge Friedrich Heinrich Christian Schwarz 1792:

»In den größeren Städten finden die Eltern den besten Vorschub, ihren Töchtern gute Erziehung zu geben, wenn sie anders stark genug sind, über herrschende Vorurtheile sich wegzusetzen. Hier können sie Unterricht von aller Art für die Mädchen gewöhnlich bekommen, und die Gesellschaft nach der besten Auswahl ihnen geben. Gewiß wird es den Eltern, wenn sie nur Willen und Aufmerksamkeit genug haben, nicht schwer werden, vor dem Gift der Stadt die zarten Herzen des Mädchens zu bewahren; denn sie können es ja immer so eingezogen halten, als es die Vorsicht erfordert. Rathen würde ich indessen solchen Eltern, ihre Töchter zuweilen das Land sehen, und dessen eigne Beschäftigungen üben zu lassen. In mancherley Rücksicht möchte das gut seyn, unter andern auch dazu, daß das Mädchen eine allgemeinere Kenntnis der weiblichen Bestimmung bekommt, sich keiner Arbeit schämen lernt, und des thörichten städtischen Stolzes, dadurch, daß sie überall die Würde des weiblichen Berufs erblickt, sich entlediget.«[5]

Schwarz weist ferner darauf hin, daß es selbst in kleineren Städte zufriedenstellende Bildungsmöglichkeiten für Mädchen gab, weil sich überall Lehrerinnen, Lehrer und gute Bücher finden ließen. Die Idealisierung des Landes als Garanten einer Erziehung zur weiblichen Tugend lehnt er dagegen ab:

»Das Landleben wird gewöhnlich, als der Ort gepriesen, der nur die guten Anlagen des Menschen begünstige, und den das Sittenverderben nicht finden könnte. So unwahr nun dieses ist, wenn es so unbestimmt dahin gesagt wird, so gewiß ist doch das, daß wenn sich mit der ländlichen Unschuld und Einfalt (daß doch dieses schöne Wort für uns Deutsche beynahe verlohren ist!) übrigens gute Erziehung verbindet, hier der beste Erfolg zu erwarten ist. Finden sich hier gleich nicht die Vortheile der Stadt, so ist dagegen gemeiniglich dem Vater mehr Muße vergönnt, an der Bildung seiner Tochter zu arbeiten. Vollkommner würde das Mädchen freylich alsdann werden, wenn es auch die Stadt eine Zeitlang besuchen, und überhaupt Kenntniß der Welt einsammeln könnte. Es ist unleidlicher Stolz, wenn das Landmädchen darauf, daß sie eingezogner lebt und gröbere Arbeiten verrichtet, sich besondre Vorzüge vor der Städterin einbildet. Man muß das eine thun und das andere nicht lassen. Ich würde mir immer lieber das Mädchen, welches Erfahrung und Weltkenntnis hat, nur aber nicht verdorben ist, vor jener zur Gattin erwählen, die sonst keine Tugend vom Lande mitbringt, als Geschicklichkeit zu groben Hausarbeiten.«[6]

Schwarz schlug vor, daß Stadt- und Landmädchen Kontakt miteinander aufnahmen und eine Art Schülerinnenaustausch organisierten, damit alle von den Vorteilen der jeweils anderen Lebensweise profitieren konnten.

Während Friedrich Heinrich Christian Schwarz vom sittlichen Wert des Landlebens nicht überzeugt war, sah der Weltmann Ernst Brandes das Land geradezu als Ort besonderer sittlicher Gefahren für heranwachsende Mädchen und schreibt:

»Es ist wahr, daß die Einsamkeit den aufwachenden Trieben zur Nahrung dient, daß das Nachhängen an eine süße Melankolie, zu der sich die Seele grade alsdann am meisten gestimmt fühlt, das Übel vergrößert. Daher sind diese Jahre gewöhnlich weit gefährlicher für Mädchen auf dem Lande, oder die ganz eingezogen leben, als für Hoffräuleins«.[7]

Junge Mädchen brauchten Zerstreuung, Gesellschaft, Anregung und Unterhaltung, die sich eher in den Städten finden ließen.

Ganz anders fiel das Urteil des Osnabrücker Staatsmanns und Publizisten Justus Möser aus, denn seiner Ansicht nach wurden heranwachsende Töchter in den Städten nicht gebildet, sondern »verbildet«. Dabei dachte er vor allem an die zukünftigen Hausfrauen, die einmal einer großen Wirtschaft auf dem Lande vorzustehen hatten. Ein junges Mädchen sollte Kochen, Nähen und Spinnen von einer erfahrenen Wirtschafterin lernen, statt sich um die Erweiterung ihrer Allgemeinbildung zu kümmern, denn nur durch die Erfüllung ihrer Pflichten im Hause konnte eine Frau Ansehen und bis zu einem gewissen Grade auch ökonomische Selbstständigkeit gewinnen. Justus Möser beklagte, daß die Mädchenbildung im ländlichen Mittelstand nach dem Vorbild des Adels nur noch der Kultivierung von Muße und der Bekämpfung von Langeweile diente. 1760 ließ er ein fiktives »Frauenzimmer vom Lande« an eine Bekannte in der Hauptstadt schreiben:

»Sie sprachen, wertheste Freundin, wie Sie bei uns waren, sehr vieles vom Wohlstande und von der guten Erziehung in Hannover; und unsere Frau Pastorin, welche Ihnen keinen Blick entwandte, so sehr huldigte dieselbe Ihrer Größe, sucht jetzt eine Französin. Sie hat von Ihnen vernommen, daß zu einer guten Erziehung die französische Sprache etc. etc. etc. gehöre. Alles dieses glaubt sie, als eine rechtschaffende Mutter, ihren Kindern geben zu müssen. Sie beruft sich darauf, daß eine gute Erziehung das beste Erbtheil sei, was sie ihren Kindern lassen könne. Und was hat sie anders zu diesem Vorurtheile verleitet als die Verachtung, welche unbilligerweise den Personen erwiesen wird, die nicht nach Art der Hauptstadt erzogen sind.«[8]

Möser stilisiert das Land in seiner Argumentation zu dem Lebensort, in dem die guten alten Sitten und die bewährte Ordnung der Dinge im Gegensatz zur Stadt noch fortbestanden, und wo Frauen noch Hausmütter und keine Gesellschaftsdamen waren. Er sah seine Idylle aber mehr und mehr durch schädliche städtische Einflüsse bedroht. Zu diesen konkreten Bedrohungen gehörte die neue Mädchenbildung mit ihrem Personal und ihren Institutionen. Doch Mösers Warnung half nichts: Kein Ort blieb dauerhaft von dem neuen weiblichen Bildungsstreben verschont.

II. Pensionate, Gouvernanten und Hofmeister

Für Eltern aus den höheren Ständen stellte sich auf dem Lande nun das Problem, ihren Töchtern Bildungsmöglichkeiten zu schaffen, die mit denen der Städterinnen vergleichbar waren. Dabei erwiesen sich die im 18. Jahrhundert entstehenden Pensionate als eine zunehmend akzeptierte Lösung, deren schnelle Verbreitung aber auch vielfältige pädagogische Kritik hervorrief. So schreibt der Arzt K. F. Uden: »Ich sage hier mit Bedacht nicht alles Böse, was sich über diese Pensionen sagen ließe; genug, Gesundheit, Sitten, Glückseligkeit, ach! und wie oft guter Name, haben in vielen solchen Anstalten, leider! ihre Grabstätte gefunden.«[9] Aus Udens Sicht bündelten sich die verderblichen Einflüsse der Stadt auf die weibliche Jugend in derartigen Einrichtungen, die Töchter der elterlichen Aufsicht entzogen und sie mit anderen Mädchen zusammenbrachten. In dem erfolgreichen Erziehungsroman »Julchen Grünthal« schildert Helene Friederike Unger genauer, wie das Unglück durch falsche pädagogische Entscheidungen seinen Lauf nimmt. Es geht um ein junges braves Landmädchen, das von seiner eitlen Mutter gegen den Rat des wackeren Vaters in ein Berliner Pensionat unter französischer Leitung geschickt wird und dort seine Tugend verliert.[10]

Eltern, die auf dem Lande lebten und ähnliche Bedenken wie die Autorin von »Julchen Grünthal« gegenüber Mädchenpensionaten hegten, dennoch ihren Töchtern Unterricht in mehreren Fächern ermöglichen wollten und selbst für die Erteilung von Unterricht nicht die nötigen Voraussetzungen besaßen, konnten den örtlichen Pfarrer um Privatstunden bitten, einen Hauslehrer einstellen oder aber sich für eine Gouvernante entscheiden. Nur wenige Landpfarrer waren in der Lage,

Unterricht in Musik, Zeichnen und modernen Fremdsprachen
zu erteilen. Außerdem sollten Mädchen nicht nur während einiger Stunden am Tag lernen, sondern auch den Rest des Tages
durch möglichst kontinuierliche Aufsicht von negativen Einflüssen ferngehalten und positiven ausgesetzt werden, was am
besten durch pädagogisches Personal zu leisten war, das auch
im Hause lebte. Doch die Erziehung der Kinder durch Hauslehrer, vor allem aber durch Gouvernanten und ganz besonders durch französische Gouvernanten wurde fast ebenso häufig kritisiert wie die Einrichtung von Mädchenpensionaten.
Johann Daniel Hensel z.B. äußert folgende Bedenken:

»Diese Fremde Person – ich meine hier vorzüglich die Gouvernante – versteht in der Regel auch wenig von der Erziehung, und meistens gerade am wenigsten, wenn sie eine Französin ist, und hat oft
keine andre Eigenschafft einer Erzieherin an sich, als daß sie etwas
weibliche Arbeiten verfertigen, und ziemlich französisch plaudern
kann. Ja, oft ist ihr das Geschäfft der Erziehung selbst höchst unangenehm; nur der Mangel an Unterhalt, vieleicht auch die Begierde
Gouvernante in einem vornehmen Hause zu heißen, disponiert sie
zu so einem Handwerke. Wie solche unwissende, wo nicht unmora-
lische Miethlinge mit fremden Kindern umgehn, wie genau da die
Aufsicht sey, weiß man wohl, kann sichs auch leicht vorstellen.«[11]

In der Praxis entschieden sich Eltern für diejenige Erziehungs-
form oder diejenigen Erziehungsformen, die nicht nur ihren
pädagogischen Vorstellungen entsprachen, sondern sich auch
am besten mit ihren ökonomischen Verhältnissen und konkreten Lebensumständen vereinbaren ließen. Beispielsweise
schickten sie ihre Töchter nachdem sie im Haus durch ange-
stelltes Personal unterrichten worden waren noch in ein Pensionat, oder holten die älteste Tochter aus dem Pensionat zurück, wenn ihre Geschwister soweit herangewachsen waren,
daß sich die Einstellung einer Gouvernante finanziell lohnte.
Neben den Kosten spielte auch noch das Verhältnis von Ange-
bot und Nachfrage auf dem Arbeitsmarkt eine Rolle bei der
Entscheidung von Eltern für oder wider häusliche Lehrkräfte.
So führte Bettina von Arnim, die eine überzeugte Anhängerin
der Stadterziehung war, des weiteren ein organisatorisches Argument dagegen an, die Kinder auf dem Gut in der Uckermark
unterrichten zu lassen, und schrieb 1822 an ihren Mann: »Hofmeister wollen nicht im Winter aufs Land.«[12]

Auf dem Lande, vor allem auf adeligen Gütern, boten sich im 18. Jahrhundert vermehrt Erwerbsmöglichkeiten für Frauen und Männer, die ihren Lebensunterhalt durch Erteilung häuslichen Unterrichts verdienten. Diese Gouvernanten und Hofmeister kamen mit dem dörflichen Leben kaum in direkte Berührung, denn ihre Aufgabe bestand gerade darin, die Kinder ihrer Arbeitgeber durch Unterricht und geplante Beschäftigungen von dem Gesinde und dem bäuerlichen Nachwuchs fernzuhalten.[13] Und wenn sich auch die Hofmeister oder Hauslehrer häufig realistischerweise mit einer Zukunft als Landpfarrer auseinandersetzten und sich vielleicht auch für die bäuerliche Bevölkerung interessierten, so konnte für die in ihren sozialen Möglichkeiten wesentlich eingeschränkteren Gouvernanten doch nur die Stadt der Bezugspunkt ihrer Lebensweise und Zukunftsplanung bleiben.

Bei den Hofmeistern handelte es sich häufig um junge Akademiker, die auf eine Anstellung im Staatsdienst oder in der Kirche hofften. Sie überbrückten die Wartejahre als Lehrkräfte in der häuslichen Erziehung, um ihren Lebensunterhalt zu sichern und um für ihr berufliches Fortkommen nützliche Bekanntschaften zu schließen. Gouvernanten, denen ja die höheren Schulen und Universitäten verschlossen waren, hatten ihre Bildung in der Regel außerhalb von Institutionen erwerben müssen.[14] Da sich ihnen zu dem »Erziehungsgeschäft« kaum andere Erwerbsmöglichkeiten als Alternativen boten, die sie sozial nicht deklassierten, entwickelten Gouvernanten andere Zukunftsperspektiven als ihre Kollegen. Die meisten von ihnen fanden eine Versorgung in der Ehe, einige machten in ihrem Beruf Karriere z.B. durch die Übernahme der Leitung einer Privatschule oder besser noch als Erzieherin einer Fürstentochter an einem Hof, andere blieben lebenslang im Haus ihrer Arbeitgeber. Es kam vor, daß eine Gouvernante erst die Mutter und dann die Tochter erzog und zum »menschlichen Inventar« eines Gutshauses wurde. Zwar gab es auch zwischen Hofmeister und ehemaligem Zögling lebenslange Freundschaften, nicht aber dauerhafte Lebensgemeinschaften.

Die Stellung von Hofmeistern und Gouvernanten im Hause ihrer Arbeitgeber war im Allgemeinen Landrecht für die Preußischen Staaten von 1794 wie folgt geregelt:

»Personen beyderley Geschlechts, welche zur Erziehung der Kinder angenommen worden, ingleichen Privatsekretairs, Kapläne, und andere, die mit erlernten Wissenschaften und schönen Künsten im Hause Dienste leisten, sind nicht für bloße Hausofficianten zu achten. Vielmehr müssen die Rechte und Pflichten derselben nach dem Inhalte des mit ihnen geschlossenen schriftlichen Vertrages; nach der Natur, der Absicht und den Erfordernissen des übernommenen Geschäfts; und nach den allgemeinen gesetzlichen Vorschriften von Verträgen, und von Veräußerung der Sachen gegen Handlungen, beurtheilt werden. Dergleichen Personen sind zu häuslichen Diensten in keinem Falle verbunden. Sie gehören unter diejenigen Mitglieder der Familie, denen das gemeine Gesinde, nach der Anordnung der Herrschaft, seine Dienste leisten muß.«[15]

Gouvernanten und Hofmeister gehörten nicht zur Herrschaft, aber auch nicht zum Gesinde, was ihre Position im Haus häufig schwierig gestaltete. Dabei begegneten den Gouvernanten insgesamt wohl weniger Probleme im alltäglichen Umgang als ihren Kollegen, weil sie meist aus gebildeteren Familien stammten und über bessere Manieren verfügten als die jungen Hauslehrer, bei denen es sich um soziale Aufsteiger handeln mochte, die Jahre im wenig verfeinerten Milieu der gelehrten Schulen und Universitäten verbracht hatten.[16] Auch war der Arbeitsmarkt im häuslichen Erziehungsgeschäft im 18. Jahrhundert in Deutschland für Frauen günstiger als für Männer. Deshalb wurde in einem Atemzug in der zeitgenössischen Literatur über die ökonomische »Misere« der armen Hofmeister und über die hohen Kosten, die Gouvernanten den Eltern verursachten, geklagt.[17]

In den Schulzimmern übernahmen Hofmeister in der Regel den Unterricht der Jungen in alten Sprachen, in deutscher Literatur, in Mathematik, Religion und in den Naturwissenschaften, während Gouvernanten die Jungen bis etwa zum siebenten Lebensjahr und Mädchen bis zum Ende ihrer Erziehung in Französisch, Religion, Literatur, eventuel auch Musik, Geschichte und Geographie unterrichteten. Wohlhabende Familien mit mehreren Kindern beschäftigten daher in ihrem Haus häufig eine weibliche und eine männliche Lehrkraft, die möglichst derselben Religiongemeinschaft angehören sollten wie sie selbst.

Die Zusammenarbeit von Gouvernante und Hofmeister in der Einsamkeit eines ländlichen Haushaltes war oft Anlaß von

Konflikten und Rivalitäten, manchmal aber auch Voraussetzung einer innigen Vertrautheit. Die Gouvernante Dumas, Hugenottin aus Hamburg, lernte ihren zukünftigen Mann, Bernhard Basedow, auf Gut Borgholst in Holstein kennen, wo er als Hauslehrer angestellt war. Während die Gouvernante dem Sohn des Hauses Französisch beibrachte, unterrichtete Basedow den Jungen zwischen seinem siebenten und elften Lebensjahr vor allem in Latein, Geschichte, Geographie und Rechnen. Basedows Biograph berichtet, daß die Demoiselle Dumas auch Basedow während der gemeinsam auf dem Lande verbrachten Jahre französische Sprachstunden erteilt hatte. 1753 heiratete das Paar.[18]

Eine Gouvernante, sofern es sich nicht um eine höfische Erzieherin handelte, war unter finanziellen Gesichtspunkten keine gute Partie, konnte aber durch ihren Beruf manchmal nützliche soziale Beziehungen knüpfen. In jedem Fall besaß sie Bildung und gute Manieren und verfügte damit über die Qualifikation für die Position der Ehefrau eines Pfarrers, Gelehrten oder Beamten.

III. »Französinnen« in deutschen Gutshäusern und Schlössern

Justus Möser hatte darüber gespottet, daß eine Pastorenfrau auf dem Lande für ihre Tochter eine »Französin« ins Haus holen wollte. Als »Französinnen« wurden alle diejenigen Gouvernanten bezeichnet, deren Muttersprache das Französische war, mochten sie nun aus Frankreich, der Schweiz oder aus den Kolonien der Hugenotten in Deutschland stammen. Sie sollten französische Sprachkenntnisse und einen gewandten Umgangston vermitteln, so wie er sich von den Höfen über den Adel bis in das gebildete Bürgertum verbreitete. Auf dem Lande vertiefte sich die Kluft zwischen den gebildeten Ständen und der bäuerlichen Bevölkerung noch, wenn die Herrschaften in einer Fremdsprache miteinander kommunizierten. Margarethe Eleonore von Schweinitz, deren Verlobter Hans Casper von Bothmer ihren ländlichen Geist beklagte, hatte dagegen keine Französischkenntnisse besessen und war deshalb sicher nicht von einer »Französin« erzogen worden.

Während des 18. Jahrhunderts wurden in den protestantischen Familien Nordostdeutschlands vor allem ledige und verwitwete Hugenottinnen und Schweizerinnen als Gouvernanten eingestellt. Die Stellenvermittlung erfolgte über einzelne
bekannte Persönlichkeiten wie z.b. den Theologen Jean Henri
Samuel Formey, der in Berlin lebte, eine wichtige Position in
der französisch reformierten Gemeinde einnahm und als Mitglied der Königlich Preußischen Akademie der Wissenschaften
angehörte. Eltern wandten sich bei der Suche nach einer Gouvernante oder einen Hauslehrer an Formey, Gouvernanten und
Hofmeister baten ihn um Vermittlung einer guten »Kondition«
und informierten ihn über freie Stellen in ihrem Umfeld.[19]

Eine Stellenbesetzung ohne persönliches Kennenlernen, nur
auf der Grundlage eines Briefwechsels barg für alle Beteiligten
das Risiko, enttäuscht zu werden. Dann wurden weite be-
schwerliche Reisen von den Gouvernanten vergeblich unter-
nommen oder Reisekosten von der Herrschaft vergeblich er-
stattet. Zwar wünschten die meisten Gouvernanten, die mit
Jean Henri Samuel Formey korrespondierten, sich ebenso wie
ihre männlichen Kollegen Stellen in Berlin, aber dort schien der
Markt gesättigt zu sein. Deshalb war dann meist doch eine andere Stadt oder ein adeliges Gut das Ziel ihrer Reise.

Die Witwe C.S. Heck gehörte zu den Gouvernanten, über die
Johann Daniel Hensel schreibt, daß ihnen das »Geschäft der Erziehung höchst unangenehm« wäre. Sie klagt am 15. Oktober
1776 aus Zehdenick:

»Da haben wir das Unglück! Der Adel in den kleinen Städten und
auf dem Lande will, daß man seine Kinder unterrichtet, aber wenn
es darum geht, die nötigen Bücher anzuschaffen, sind sie immer zu
teuer. Das ist der Grund, weshalb ich mich so sehr nötigen ließ, um
eine Stelle in einer Kleinstadt oder auf dem Lande anzunehmen, ich
wußte schon über die Denkungsart des Adel hinsichtlich dieses Ge-
genstandes Bescheid. Man quält sich an Körper und Seele und legt
sich dennoch keine Ehre ein, weil die Hilfsmittel fehlen. Deshalb
werde ich hier nur so lange bleiben, bis sich eine gute Stelle in Berlin
findet.«[20]

Die Herrschaft der Madame Heck, das Ehepaar von Lüder,
dachte auch daran, ihre Töchter einige Zeit in eine Pension zu
geben, kam dann aber zu der Überzeugung, daß eine Erziehung durch eine gute Gouvernante kostengünstiger sei. Herr

von Lüder hatte jedoch nicht vor, den Mädchen länger als unbedingt erforderlich einen Gouvernantenunterricht zu bezahlen, sondern plante, Madame Heck, die 120 Taler erhielt, nach einiger Zeit durch eine Person zu ersetzen, die den Mädchen nur Handarbeiten beibrachte und sich deshalb mit weniger Gehalt begnügte. C.S. Heck wiederum träumte davon, in Berlin ein Pensionat zu eröffnen, um der ungeliebten Gouvernantentätigkeit zu entgehen.

Die mangelnde Bildungsbeflissenheit des Adels war aber nicht der einzige Grund, der Gouvernanten zögern ließ, Stellen auf dem Lande anzunehmen. Viele fürchteten die soziale Isolation, für die der in der Regel enge Kontakt zur Herrschaft meist keinen Ausgleich bot. Louise DEyverdun berichtet Formey 1761 von ihrer Ankunft in Thammenhayn bei Vurtzen, wo sie ein siebzehnjähriges Mädchen unterrichten sollte, dessen erste Gouvernante sie war. Sie erhielt 100 Taler und Kaffee und außerdem »gewisse Aufmerksamkeiten, die nichts kosten, wie die Verfügung über Pferde, um die Nachbarschaft besuchen zu können. Ohne diese müßte ich wie eine Eremitin leben.« Zwei Jahre später schreibt Louise DEyverdun von einem anderen Gut, auf dem ihr das Verhalten der Gräfin mißfiel, daß sie nun den Gouvernantenberuf aufgeben wollte, um ein Pensionat in Berlin zu eröffnen.

Magdalaine Bénézet arbeitete als Gouvernante in Reesewitz bei Oelse. Sie erhielt ebenfalls 100 Taler Gehalt, und hatte offiziell drei, tatsächlich aber oft sechs Kinder zu unterrichten und zu beaufsichtigen. Sie schreibt am 21 Mai 1777, kurz nach ihrer Ankunft: »die einzige Unannehmlichkeit besteht darin, daß die Stelle auf dem Lande ist, und ich überhaupt keinen Geschmack an dem Landleben finde, aber ich schmeichle mir, daß die Gewohnheit mich es ertragen lassen wird«. Doch auch in ihren folgenden Briefen erwähnt sie ihre tiefe Abneigung gegenüber einem Leben auf dem Lande. Aber was half es, Gouvernanten mußten dem Arbeitsmarkt folgen.

Die Natur bot nicht immer Trost. So schreibt S. Perrin, die eine Stelle in Holstein angenommen hatte, für die sie nicht als ausreichend qualifiziert erwies und die sie deshalb wieder aufgeben mußte:

«Das Schloß, in dem wir wohnen liegt ganz einsam am Meeresufer, gepeitscht von allen Winden, die hier sehr heftig sind und ununterbrochen wüten. Die Dünste, die von dem Meer aufsteigen, machen die Luft dick und ungesund, besonders für diejenigen, die nicht aus dieser Gegend stammen. Alle Personen, die zum Haus gehören, bekommen das zu spüren, trotz der Anstrengungen des Arztes, der ständig damit beschäftigt ist, sich um Abhilfe zu bemühen.«

Sie schrieb diese Zeilen keineswegs während der Herbststürme, sondern am 8. Mai 1758.

Es gab auch »Französinnen«, die sich auf dem Lande sehr wohl fühlten, wenn sie dort mit ihrer Herrschaft und ihren Zöglingen gut auskamen. Die Demoiselle Mourein beispielsweise war fast fünf Jahre lang auf Gut Elvershagen in Pommern bei der Familie von Bonin – den würdigsten Personen, die man sich nur denken kann – in Stellung geblieben und hatte das sehr gute Haus nur wegen einer längeren Krankheit verlassen. Im Jahre 1777 arbeitete sie als Gouvernante in Schlesien und bat Formey, eine »demoiselle francaise« nach Elvershagen als Erzieherin eines inzwischen siebzehnjährigen Mädchens zu vermitteln. Sie erteilte dem Gut und seinen Bewohnern nur die besten Referenzen. In Fällen jedoch, in denen sich das Verhältnis zwischen Herrschaft und Gouvernante weniger harmonisch gestaltete, konnte die ländliche Einsamkeit noch zur Verschärfung der Konflikte beitragen, weil ja kaum Möglichkeit bestand, sich aus dem Wege zu gehen.

Unter den Hugenottinnen, die mit Jean Henri Samuel Formey korrespondierten, besaßen viele, wie z.B. auch Louise DEyverdun, keine Deutschkenntnisse. Sie bezeichneten zwar ihre Schülerinnen häufig als »mes frelles«, eine französisierte Form von »meine Fräulein«, benutzten sonst aber ein reines Französisch und nicht das Sprachgemisch, das sich später vor allem unter den calvinistischen Glaubensflüchtlingen in und um Berlin herausbildete.[21] Die »Französinnen« aus der Schweiz importierten wie die Gouvernanten, die direkt aus Frankreich kamen, eine lebendigere Sprache, waren außerdem auch noch Protestantinnen und oft zweisprachig, so daß sie im nordostdeutschen Geschäft der häuslichen Erziehung besonders gute Arbeitsmarktchancen besaßen.[22]

Die »Französinnen« gaben während des späten 17. und des gesamten 18. Jahrhunderts in der Mädchenerziehung der höheren Stände in Stadt und Land buchstäblich den Ton an. Sie führten die Methoden der Gouvernantenerziehung aus Frankreich ein, machten französische Materialien im häuslichen Unterricht der Mädchen in Deutschland bekannt und veröffentlichten auch selbst Lehrbücher.[23]

Die Verbreitung der französischsprachigen Gouvernanten trug dazu bei, daß ihre Erwerbsarbeit eine Struktur erhielt, daß Anforderungen, Arbeitsbedingungen und Verdienst über den Arbeitsmarkt festgelegt wurden.

IV. Erzieherinnen

An den Höfen hatte es stets auch deutsche Gouvernanten gegeben, aber während des 18. Jahrhunderts begannen immer mehr gebildete Frauen, ihr Auskommen durch Erwerbsarbeit in der häuslichen Erziehung der Töchter des Adels und des wohlhabenden Bürgertums zu suchen. Sie folgten dabei zwar dem Beispiel der »Französinnen«, die den Arbeitsmarkt vorbereitet hatten, nannten sich aber häufig, um sich von ihnen abzusetzen und den Gebrauch der deutschen Sprache im Unterricht zu betonen, nicht Gouvernanten, sondern Erzieherinnen. Ihre Lehrpläne sahen in der Regel neben deutscher Sprache, deutsche Literatur, Geschichte und Geographie ebenfalls das Französische vor. Im Alltagsleben des 18. und frühen 19. Jahrhunderts wurden die Berusfbezeichnungen Gouvernante, Erzieherin und sogar noch »Französin« synonym benutzt.

Der sich jenseits der Höfe herausbildende Arbeitsmarkt für deutsche Gouvernanten bot vor allem den Töchtern des Bildungsbürgertums Erwerbschancen, ermöglichte in einigen Fällen, wie z.B. in dem von Caroline Rudolphi, aber auch den sozialen Aufstieg. Caroline Rudolphi, geboren 1750 oder 1754, verlor ihren Vater früh und wuchs bei ihrer Mutter in großer Armut auf, während der Bruder seine Ausbildung im Franckeschen Waisenhaus in Halle fortsetzen konnte. Vermutlich ernährten sich Mutter und Tochter durch Heimarbeit. Die junge Frau eignete sich in Potsdam autodidaktisch einige Bildung an und entdeckte ihr dichterisches Talent. Nach den ersten bescheidenen Erfolgen ihrer Dichtkunst trug ihr die Familie von Röpert auf dem Gut Trollenhagen bei Neu-Brandenburg 1778 eine Stelle als Erzieherin von fünf Kindern an. Obwohl das Gut nur 18 Meilen von Potsdam entfernt lag, hatte Caroline Rudolphi zuerst Bedenken, sich so weit von ihrer Mutter und ihren Freunden zu entfernen, entschloß sich dann aber doch schweren Herzens, die Stelle anzunehmen. Sie erinnert sich in ihrer in der dritten Person geschriebenen Autobiographie:

»Nach überstandener Trennung von den Ihrigen kam Caroline an den Ort ihrer neuen Bestimmung sehr ernst, ja traurig, aber mit dem heiligen Vorsatz an, sich ganz ihrem Geschäft hinzugeben und sie hatte aus harten Kämpfen noch Kraft genug gerettet, ihm treu zu bleiben. Am Abend ihrer Ankunft, als sie traurig ihren Koffer auspackte, und viele große Tropfen hineinfielen, sammelten sich die fünf Kinder liebkosend um sie, und baten sie, nicht traurig zu sein, sie wollten alle gehorsam und brav seyn. Das jüngste dieser Kinder war viertehalb Jahr alt, das älteste elf Jahr.«[24]

Caroline Rudolphi hatte als Gouvernante Erfolg: »Die Kinder gediehen sichtlich unter ihrer Leitung; und es begegnete den Eltern vielleicht zum ersten mal, ein Mädchen bürgerlichen Standes hochachten zu müssen.«[25] Die Hochachtung ging soweit, daß sie auch Caroline Rudolphis Mutter aufnahmen, die nicht mehr ohne ihre Tochter leben wollte, aber einige Monate nach der Übersiedlung starb.

Auf dem Land war die Gouvernante auch deshalb nicht einsam, weil sie gute Freundinnen in den Töchtern eines Arztes fand und großen örtlichen Ruhm erntete durch ihre Gedichte, in denen sie die Gegend von Trollenhagen besang. Dennoch betrachtete sie das Landleben als »Exil«, als »weit weg« von den Bildungsmöglichkeiten der Stadt.

Nach fünf Jahren »Exil« beschloß Caroline Rudolphi, Trollenhagen wieder zu verlassen. Sie nahm die vier ihr anvertrauten Kinder (das älteste war aus gesundheitlichen Gründen in einen Arzthaushalt in der Stadt gegeben worden) auf Wunsch der Eltern zur weiteren Erziehung mit und zog in das Dorf Trittau in Holstein, indem sich schon kurz zuvor (was in der Autobiographie nicht erwähnt wird) der Pädagoge Campe mit vier Schülern und vermutlich in Begleitung von Caroline Rudolphis Bruder als Lehrer niedergelassen hatte.[26] Caroline Rudolphi beschreibt ihren neuen Aufenthaltsort im Stil der zeitgenössischen Idyllisierung des freien, unschuldigen Landlebens:

»Der Ort, wohin die kleine Weibercolonie zog, war ein Dorf, vier Meilen von Hamburg gelegen. Dort hatte man in Ermangelung eines besseren ein kleines Bauernhäuschen für sie gemiethet. Dies lag ganz einsam auf einer Haideflur an der Heerstraße, fast ohne freundliche Umgebung. Zwei schöne Linden dicht am Haus waren das einzige Grün, was dem Auge in der Nähe sich darbot; in einiger Ferne war ein kleines wildes Gehölz. Eine armseligere Wohnung für diese Colonie ließ sich nicht leicht denken, und doch – o wie so glücklich war das Häuflein Kinder! und Caroline mit ihm! Welch ein Leben in dem Jahre ihres dortigen Aufenthaltes! Die Träume von einer Unschuldswelt, von einem reinen Idyllenleben wurden zur Wirklichkeit. Es war einer der schönsten Sommer, die dort verlebt wurden, und selbst der Winter hatte für diese frohen Gemüther seine großen Reize. Nur eins war schlimm, die ganz unsichere Lage an der Heerstraße, und der sehr schlechte Bau des Hauses. Es ward in der Nachbarschaft von streifenden Zigeunern oft eingebrochen, und man vermuthete in dem Hüttchen vielleicht größere Beute, als wirklich darin war. Diese Unsicherheit gab böse, schlaflose Nächte, und machte, daß das geliebte Hüttchen, das mit seinem Gärtchen, seiner blühenden Laube und den vier Engelsköpfen von Kindern auf der Haide, einer glückseligen Insel glich, nach einem Jahre wieder verlassen wurde. Das Völklein verließ die arme Hütte mit vielen Thränen, und kam sich selbst vor wie vom Cherub aus dem Paradiese vertrieben. Es ließ sich in der Nähe des gewühlvollen Hamburg nieder, wo es alles besser und bequemer hatte. Nur die unbeschränkte Freiheit, die man Kindern in der Abgeschiedenheit gestatten kann, war dahin, und diese war schmerzlich vermißt.«[27]

Der Stadt mit ihrer größeren Bequemlichkeit, größeren Sicherheit und ihren besseren Bildungsmöglichkeiten konnte das Land als Bildungsort nur eine unbeschränktere Freiheit der heranwachsenden Mädchen entgegensetzen, und das war zu wenig.

Fanny Tarnow, geboren 1779, arbeitete ebenfalls als Gouvernante auf dem Lande. Die finanziellen Schwierigkeiten, in die ihre Familie geraten war, hatte sie gezwungen, mit zwanzig Jahren eine Erwerbstätigkeit aufzunehmen. Die erste Stelle führte sie auf die Insel Rügen, wo sie ihre Zöglinge in Lesen, Schreiben, Geographie, Geschichte und die Mädchen auch in Handarbeiten unterrichtete. Sie selbst hatte nur unregelmäßigen Unterricht genossen, besaß aber gute Französischkenntnisse und bildete sich wie Caroline Rudolphi autodidaktisch durch Lektüre und im Umgang mit kultivierten Menschen weiter.

Das Ehepaar von Schmieterlow, das Fanny Tarnow eingestellt hatte, war mit ihren Kenntnissen, ihren feinen Manieren und ihrer Unterhaltungsgabe sehr zufrieden. Die Gouvernante

dagegen empfand die Verhältnisse, in die sie geraten war, bald
als zu eng. In ihrer Biographie, die eine Nichte auf der Grundlage von Tagebüchern ihrer Tante verfaßt hatte, heißt es:

»Der Umgang, welcher sich ihr in der Familie bot, bestand nur aus
dem Landadel der Umgegend, welcher hier ungefähr den Bildungsgrad aufwies, welchen man gewöhnlich bei den entfernt von Städten wohnenden Gutsbesitzern findet. Die Herren rauchten viel,
tranken eine Bowle mit einander, spielten Karten, und sprachen von
der Jagd und vom Ackerbau; die Damen strickten, unterhielten sich
von Wirthschaft und Haushalt, und dazwischen auch wohl von ihren lieben Nächsten. Fanny, welche sich jetzt mit Plato und Aristote-
les beschäftigte, war unter ihnen allerdings eine ganz unverstande-
ne Seele, eine Art gefesselter Prometheus.«[28]

Die junge Gouvernante fand auf ihren Streifzügen durch Wald
und Felder Trost in der Stille der Natur. Außerdem befreundete
sie sich mit dem Pfarrer und dem Dorfschullehrer, die beide
gebildeter waren als die Junker. Fanny Tarnow glaubte, in den
Lehrer verliebt zu sein und kämpfte mit sich, ob eine Ehe in der
ländlichen Idylle die soziale Erniedrigung wert sei. Diesen
Kampf hätte sie sich sparen können, denn der Lehrer heiratete
lieber eine ungebildete Bauerntochter, die ihm einige hundert
Taler mitbrachte und sein Hauswesen besser besorgen konnte
als ein »gefesselter Prometheus«.

Nach vier Jahren Rügen suchte Fanny Tarnow eine Veränderung und wurde Erzieherin der Kinder eines geschiedenen
Gutsbesitzers, der als sehr gebildet galt. Nun verliefen die
Abende nach getaner Arbeit angenehmer, denn gemeinsam mit
der Gouvernante lasen Herr von Both und sein Bruder Romane
und besahen sich Mappen mit Kupferstichen. Das gefiel Fanny
Tarnow, die im Gegensatz zu Caroline Rudolphi weder gerne
noch geschickt mit Kindern umging, und daher aus ihrer Lehr-
und Erziehungstätigkeit wenig Berufszufriedenheit ziehen
konnte. Um so wichtiger wurden ihr Kompensationen durch
den geselligen Umgang mit einer gebildeten Herrschaft, von
der sie als geschätzte Freundin behandelt werden wollte.

Insgesamt arbeitete Fanny Tarnow vierzehn Jahre lang als
Erzieherin, meist auf adeligen Gütern. Ihr machte der Beruf auf
die Dauer immer weniger Freude, und auch ihre Hoffnung auf
einen eigenen Haushalt durch Heirat – z.B. mit Herrn von Both
– erfüllten sich nicht. Es gelang ihr jedoch, durch Schriftstellerei

genug zu verdienen, um sich in Dresden niederzulassen. Das Land hatte ihr wie auch Caroline Rudolphi Erwerbsmöglichkeiten geboten, die sie in der Stadt so leicht nicht gefunden hätte, es hatte sie zu Naturbetrachtungen und -schwärmereien angeregt, aber es war für sie als Ort bäuerlichen Lebens stets der Ort einer fremden Kultur geblieben, in dem sich die gebildeten Schöngeister zu kleinen Inseln der Geselligkeit zusammenfanden.

V. Bildung und Ausbildung

Der Eintritt einer Gouvernante brachte Abwechslung in ein Haus. Häufig wurde von ihr erwartet, daß sie sich am Kampf gegen die Eintönigkeit des Alltags beteiligte und der eingefahrenen Konversation neues Leben gab. Sie konnte sich aber auch als Verbündete der Eintönigkeit erweisen. Über die Jugend von Caroline von Dacheröden verheiratete von Humboldt, geboren 1766, heißt es beispielsweise: »Das einsame Leben auf dem Lande mit dem pedantischen Vater, dem nüchtern trockenen Bruder, die strenge Zucht einer völlig geistlosen französischen Gouvernante boten ihrem lebhaften Geist und Gemüth nichts als Zwang und unsägliche Langweile.«[29]

Andere adelige Frauen erinnerten sich dagegen gerne an das Leben auf dem elterlichen Gut zurück, besonders wenn sie dort nicht den Winter zubringen mußten. Elise Gräfin Bernstorff geborene Gräfin Dernath beispielsweise lebte mit ihrer Familie im Sommer während der Ernte und der Zeit der Abgaben auf dem Lande, verbrachte aber die winterliche »Umschlagszeit«, in der die Geldgeschäfte getätigt wurden, in der Stadt. Dieser saisonale bedingte Wechsel des Wohnortes im reichen Adel war keine schleswig-holsteinische Eigenart, sondern im 18. Jahrhundert in Deutschland weit verbreitet.

Elise von Bernstorff, geboren 1789, erinnert sich an ihre häusliche Erziehung:

«Ich lernte also gern und leicht, hatte aber eine Virtuosität im Vergessen; dazu kam, daß ich eigentlich nur weiblichen Unterricht empfing, einen Unterricht, der in meinem vierzehnten Jahr ganz aufhörte und bis dahin durch unser Nomadenleben sehr oft unterbrochen ward, wenn meine Erzieherin ihn auch wirklich, sobald wir an Ort und Stelle waren, immer wieder mit großem Eifer aufnahm. Nur in Rantzau, im lieben unvergeßlichen Rantzau, wurden uns Kindern der erste und letzte Tag unseres Zusammenseins ganz geschenkt. Schloß Rantzau, unweit Eutin, war der Besitz meines Onkels Grafen Baudissin; dort verlebten wir einen Theil dieses Sommers und verdankten die größere Freiheit der Freundschaft unserer Gouvernanten, der beiden Mariannen. Die meine, gut und geistreich, mochte wohl im Allgemeinen wenig gefallen, die allerliebste Marianne Heintze dagegen, Susanne Baudissins Lehrerin, war eine Zierde mehr des hübschen Baudissinschen Kreises und paßte auf alle Weise hinein. Später hat sie Wolfs Hofmeister, Pfeiffer, als er Prediger in Eutin ward, geheiratet.«[30]

In den Erinnerungen der dort erzogenen Mädchen wurde das »liebe unvergeßliche Rantzau« zu einem Kinderparadies mit schönen Gärten, schattigen Lindenalleen und vielfältigen Spielmöglichkeiten, aus dem Landwirtschaft und bäuerliches Leben jedoch ausgeschlossen blieben. Dagegen findet sich bei Friedrich Kohlrausch, der als Hofmeister in Rantzau arbeitete, eine prosaischere Beschreibung des Gutes: Es bestand aus einer verpachteten Milchwirtschaft, der sogenannten »Holländerei«, mit 250 Kühen, Wiesen, Koppeln, Ställen und Wirtschaftsgebäuden, zwei verpachteten Vorwerken und den selbstbewirtschafteten Äckern, die mit fünf bis sechs Spann Pferden bearbeitet wurden. Das Schloß selbst schildert Kohlrausch als ein altes, unfreundliches, kaltes Haus mit vom Winde klappernden Fenstern.[31]

Die junge Gräfin Dernath, später verheiratete Bernstorff, hatte zwar nur unregelmäßigen Unterricht genossen, war aber neun Stunden am Tag von ihrer Gouvernante zum Lernen angehalten worden. Sie erwarb gute Französischkenntnisse, liebte den Geschichtsunterricht und las keine Belletristik, wohl weil ihr davon abgeraten wurde. Ihre Gouvernante, Marianne Randahl, zeigte plötzlich im Brautstand merkwürdige Verhaltensänderungen und wandelte sich von einer freundlichen zu einer übellaunigen Person, so daß ihr Arbeitsverhältnis ein abruptes Ende fand. Ihr Zögling mußte sich nun selbst weiterbilden.

Elise von Bernstorff war etwa acht Jahre lang von ihrer Gouvernante unterrichtet worden, aber andere adelige Töchter aus weniger wohlhabenden Familien erhielten oft nur zwei oder drei Jahre lang Gouvernantenunterricht. Wenn die Mädchen

Glück hatten, fand sich in ihrem Umfeld eine befreundete oder verwandte Person, die sich unentgeltlich um ihre weitere Bildung kümmerte. Gouvernanten erwarben die Voraussetzungen für die Ausübung ihrer Tätigkeit ebenfalls weitgehend autodidaktisch oder mit Hilfe zufällig vorhandener Unterstützung. Marianne Randahl, Caroline Rudolphi und Fanny Tarnow besaßen keine Berufsausbildung, die während ihrer Jugend für Lehrerinnen außerhalb von Klöstern auch nur sehr vereinzelt angeboten wurde. Um so häufiger deutsche Frauen aber im häuslichen Unterricht ihren Lebensunterhalt verdienten, um so dringlicher wurden auch die Forderungen nach einer entsprechenden Vorbereitung, die den Erzieherinnen eine qualifiziertere Praxis ermöglichte und den Eltern Kriterien für die Einstellung einer geeigneten Person vermittelte. K.F. Uden schreibt beispielsweise 1783:

»Die Erfüllung der Forderung, viele geschickte Erzieherinnen in einer Stadt zu besitzen, ist wirklich, den Umständen nach, unmöglich. Denn wo sollen sie herkommen? So lange man keine Erziehungsinstitute für Erzieherinnen hat, und für weibliche Pädagogik nicht arbeitet, so lange kann man das kaum erwarten. Wenn die Erziehung des weiblichen Geschlechts eben so zu einer öffentlichen Angelegenheit gemacht würde, als die des männlichen: so würde man bessere Erzieherinnen haben.«[32]

Ende des 18. Jahrhunderts bezogen sich die Forderungen nach Ausbildungsstätten von Lehrerinnen in erster Linie wie bei Uden auf eine Verbesserung der Arbeits- und Unterrichtsbedingungen im häuslichen Erziehungsgeschäft.[33] Als dann aber in der ersten Hälfte des 19. Jahrhunderts die Anzahl der Schulen und Erziehungsinstitute für Mädchen mit wachsendem Tempo zunahm, konzentrierten sich die gleichzeitig entstehenden Lehrerinnenbildungsstätten immer stärker auf eine Vorbereitung für den Schuldienst.[34] Da aber der Wunsch von Eltern, ihren Kindern auf dem Lande fehlende schulische Bildungsmöglichkeiten zu ersetzen, nicht nur fortbestand, sondern sich durch die verbesserten städtischen Bildungseinrichtungen noch weiter verstärkte, bedingte das dadurch entstehende Stellenangebot, daß auch sehr viele Absolventinnen der neuen Lehrerinnenseminare vorübergehend in Privathaushalten arbeiteten. Die Verbesserung der schulischen Bildungsmöglichkeiten für Mädchen bewirkte im 19. Jahrhundert einen Aufschwung des Gouvernantenwesens, der die Vorgängerinnen der ausgebildeten Pädagoginnen aus dem 17. und 18. Jahrhundert weitgehend in Vergessenheit geraten ließ. So schreibt die ehemalige Erzieherin Meta Wellmer 1877:

»Die Schaar deutscher Gouvernanten, welche gegenwärtig in Deutschland und dessen Nachbarländern lebt und wirkt, ist eine Erscheinung des 19. Jahrhunderts, und eben als eine moderne Erscheinung in unserem Volke, wohl noch eine der Untersuchung, der Besprechung und Beurtheilung werthe Angelegenheit.«[35]

Anmerkungen

1 Johann Georg Hamann, Briefwechsel, Bd. 1, 1751–1759, hg. von Walther Ziesener und Arthur Henkel, Wiesbaden 1955, S.33.

2 Achim und Bettina in ihren Briefen. Briefwechsel Achim von Arnim und Bettina Brentano, hg. von Werner Vordtriede, 1. Bd., Frankfurt am Main 1881, S. 284.

3 H.C. von Bothmer an J.H.E. Bernstorff am 3. Oktober 1753, in: Bernstorffsche Papiere. Ausgewählte Briefe und Aufzeichnungen die Familie Bernstorff betreffend, hg. von Aage Friis, II. Band, Kopenhagen 1907, S.89. Übersetzung von mir.

4 Ebd., S. 91.

5 Friedrich Heinrich Christian Schwarz, Grundriß einer Theorie der Mädchenerziehung in Hinsicht auf die mittleren Stände, Jena 1792, S. 263f.

6 Ebd., S. 266.

7 Ernst Brandes, Betrachtungen über das weibliche Geschlecht und dessen Ausbildung in dem geselligen Leben, Hannover 1802, S. 277f.

8 Justus Möser, Patriotische Phantasien, hg. von seiner Tochter J.W.J. von Voigts, geb. Möser, Zweiter Theil, Berlin 1858, S. 86.

9 K.F. Uden, Über die Erziehung der Töchter des Mittelstandes, Stendal 1783, S. 149.

10 Friederike Helene Unger, Julchen Grünthal, 2 Bde., Berlin 1798.

11 Johann Daniel Hensel, System der weiblichen Erziehung, besonders für den mittleren und höhern Stand, Zweiter Theil, Halle 1788, S. 41.

12 Achim und Bettina in ihren Briefen (wie Anm. 1), S. 358.

13 Der Lehrer in einem adeligen Haus wurde im 18. Jahrhundert in der Regel Hofmeister genannt, er konnte aber auch als Informator, Privaterzieher oder Praeceptor bezeichnet werden.

14 Vgl. Irene Hardach-Pinke, Die Gouvernante. Geschichte eines Frauenberufs, Frankfurt am Main1993; Dies., Erziehung und Unterricht durch Gouvernanten, in: Elke Kleinau/Claudia Opitz (Hg.), Geschichte der Mädchen- und Frauenbildung, Bd.1, Frankfurt am Main 1996, S. 409–427.

15 Allgemeines Landrecht für die Preußischen Staaten von 1794, Zweyter Theil, Fünfter Titel, Textausgabe, Frankfurt und Berlin 1970, S. 425.

16 Tatsächlich handelte es sich bei den Hofmeistern oder Hauslehrern keineswegs immer um Akademiker: Vgl. z.B. Johann Heinrich Jung-Stilling, Lebensgeschichte, München 1968 (Erstdruck 1777–1817), S. 158ff. Vgl. dazu auch: Franz Neumann, Der Hofmeister. Ein Beitrag zur Geschichte der Erziehung im achtzehnten Jahrhundert, Halle 1930, S. 14.

17 Vgl. Gustav Stephan, Hofmeister und Gouvernanten. Ein Beitrag zur Kulturgeschichte des 18. Jahrhunderts, in: Zeitschrift für deutsche Kulturgeschichte. Neue Folge, hg. von Christian Meyer, Bd.1, Berlin 1891; Hans H. Gerth, Bürgerliche Intelligenz um 1800. Zur Soziologie des deutschen Frühliberalismus, Göttingen 1976; Ludwig Fertig, Die Hofmeister. Ein Beitrag zur Geschichte des Lehrerstandes und der bürgerlichen Intelligenz, Stuttgart 1979.

18 Johann Christian Meier, Johann Bernhard Basedows Leben, Charakter und Schriften, Erster Theil, Hamburg 1791, S. 219f.; J.B. Basedows Ausgewählte Schriften. Mit Basedow's Biographie, Einleitungen und Anmerkungen, hg. von Hugo Göring, Langensalzy 1880, S. XXXff.

19 Vgl. Deutsche Staatsbibliothek Berlin, Nachlaß Formey.

20 C.S. Heck. Deutsche Staatsbibliothek Berlin, Nachlaß Formey. Die folgenden Gouvernantenbriefe befinden sich in demselben Nachlaß. Die Übersetzung stammt von mir.

21 Vgl. Friedrich August Ludwig von der Marwitz, Ein märkischer Edelmann im Zeitalter der Befreiungskriege, hg. von Friedrich Meusel, Bd. 1, Berlin 1908, S. 20f.

22 Alain Maeder, Gouvernantes et Précepteurs Neuchâtelois dans l' Empire Russe (1800–1890), in: Cahiers de l' Institut d'Histoire No 1, Neuchâtel 1993.

23 Madame (Lucie Elisabeth) Renelle, Géographie nouvelle à l´usage des Instituts et des Gouvernantes francaises, Berlin 1786–1790.

24 Caroline Rudolphi, Aus meinem Leben, in: Schriftlicher Nachlaß, Heidelberg 1835, S. 33.

25 Ebd., S. 36.

26 Otto Rüdiger, Caroline Rudolphi. Eine deutsche Dichterin und Erzieherin, Klopstocks Freundin, Hamburg und Leipzig 1903, S. 62f.

27 Rudolphi (wie Anm. 24), S. 43ff.

28 Amaly Bölte, Fanny Tarnow. Ein Lebensbild, Berlin 1865, S. 29.

29 Anna von Sydow, Gabriele von Bülow. Tochter Wilhelm von Humboldts. Ein Lebensbild. Aus den Familienpapieren Wilhelm von Humboldts und seiner Kinder 1791–1887, Berlin 1905, S. 64.

30 Gräfin Elise von Bernstorff geborene von Dernath. Ein Bild aus der Zeit von 1789 bis 1835. Aus ihren Aufzeichnungen, 1. Bd., Berlin 1897, S. 22f.

31 Friedrich Kohlrausch, Erinnerungen aus meinem Leben, Hannover 1863, S. 60 u. 55.

32 Uden (wie Anm. 9), S. 133.

33   Vgl. Elisabeth Eleonore Bernhardi, Ein Wort zu seiner Zeit. Für ver-
ständige Mütter und erwachsenen Töchter. In Briefen einer Mutter, hg. von
Karl Gottlob Sonntag, Freyberg 1798; Amalie Holst geb. von Justi, Über die
Bestimmung des Weibes zur Höheren Geistesbildung (1802), Zürich 1984;
Betty Gleim, Erziehung und Unterricht des weiblichen Geschlechts. Ein
Buch für Eltern und Erzieher (1810), Paderborn 1989.

34   Vgl. James C. Albisetti, Schooling German Girls and Women. Secon-
dary and Higher Education in the Nineteenth Century, Princeton 1988.

35   Meta Wellmer, Deutsche Erzieherinnen und deren Wirkungskreis,
Leipzig 1890, S. 1.

Autorinnen und Autoren

Lieselott Enders, Dr. phil., wissenschaftliche Archivarin. Forschungsschwerpunkte: Archivwissenschaft und brandenburgische Landesgeschichte. Veröffentlichungen u.a.: Historisches Ortslexikon für Brandenburg Teil, 1–3 und 8, Weimar 1962, 1968, 1970, 1986; Die Uckermark. Geschichte einer kurmärkischen Landschaft vom 12. bis zum 18. Jahrhundert, Weimar 1992; zusammen mit Jan Peters und Hartmut Harnisch: Märkische Bauerntagebücher des 18. und 19. Jahrhunderts. Selbstzeugnisse von Milchviehbauern aus Neuholland, Weimar 1989.

Arno Fitz, Mitarbeiter in der Privatwirtschaft. Forschungsschwerpunkt: Protoindustrialisierung. Veröffentlichungen u.a.: Die Frühindustrialisierung Vorarlbergs und ihre Auswirkungen auf die Familienstruktur, Dornbirn 1985.

Ulrike Gleixner, Dr. phil., wissenschaftliche Assistentin am Institut für Geschichtswissenschaft der Technischen Universität Berlin. Forschungsschwerpunkte: Geschlechtergeschichte in der Frühen Neuzeit, Geschichte der ländlichen Gesellschaft, Religiosität und Bürgertum. Veröffentlichungen u.a.: Das »Mensch« und der »Kerl«. Die Konstruktion von Geschlecht in Unzuchtsverfahren der Frühen Neuzeit (1700–1760), Frankfurt a.M./New York 1994; Die »Ordnung des Saufens« und das »Sündliche erkennen«. Pfingst- und Hutebiere als gemeindliche Rechtskultur und Gegenstand pietistischer Mission, in: Jan Peters (Hg.), Konflikt und Kontrolle in Gutsherrschaftsgesellschaften, Göttingen 1995, S. 13–53.

Silke Göttsch, Dr. phil., Professorin für Volkskunde an der Universität Kiel. Forschungsschwerpunkte: Widerstandskultur, Geschlechtergeschichte. Veröffentlichungen u.a.: Weibliche Erfahrungen um Körperlichkeit und Sexualität nach archivalischen Quellen aus Schleswig-Holstein 1700–1850, in: Kieler Blätter für Volkskunde 18 (1986), S. 29–59; »Alle für einen

Mann ...«. Leibeigene und Widerständigkeit in Schleswig-Holstein im 18. Jahrhundert, Neumünster 1991.

Irene Hardach-Pinke, Dr. phil., Soziologin. Forschungsschwerpunkte: Psychologisch-pädagogische Geschichte der Kindheit und Jugend, interkulturelle Familien- und Geschlechterforschung. Veröffentlichungen u.a.: Die Gouvernante. Geschichte eines Frauenberufs, Frankfurt a.M./New York 1993; zusammen mit Gerd Hardach Herausgeberin von: Deutsche Kindheiten 1700–1900. Autobiographische Zeugnisse, 3. Aufl., Frankfurt a.M. 1992.

Barbara Hoffmann, Dr. phil., wissenschaftliche Mitarbeiterin im Projekt »Konfession, Religiosität und politisches Handeln von Frauen vom ausgehenden 16. bis zum beginnenden 18. Jahrhundert« an der Universität Gesamthochschule Kassel. Forschungsschwerpunkte: Pietismus und Religiosität in der Frühen Neuzeit, politisches Handeln von Frauen im frühneuzeitlichen Leipzig. Veröffentlichungen u.a.: Radikalpietismus um 1700. Der Streit um das Recht auf eine neue Gesellschaft, Frankfurt a.M./New York 1996; mit Ingrid Ahrendt-Schulte: »Von falscher Lehr und bösen unchristlichen Leben«. Zur Verfolgung von Zauberei und Pietisterey in der Frühen Neuzeit, in: Sozialwissenschaftliche Informationen 25 (1996), H. 1, S. 19–26.

Dorothee Rippmann, Dr. Phil., wissenschaftliche Mitarbeiterin der Forschungsstelle Baselbieter Geschichte zur Erarbeitung einer neuen Kantonsgeschichte. Lehraufträge an den Universitäten Zürich und Bern und der Hochschule Luzern. Forschungsschwerpunkte: Sozial- und Wirtschaftsgeschichte des Mittelalters, Archäologie des Mittelalters, Geschlechtergeschichte. Veröffentlichungen u.a.: Basel Barfüsserkirche. Grabungen 1975–1977. Ein Beitrag zur Archäologie und Geschichte der mittelalterlichen Stadt, Olten/Freiburg i.Br. 1987; Bauern und Städter: Stadt-Land-Beziehungen im 15. Jahrhundert. Das Beispiel Basel, unter besonderer Berücksichtigung der Nahmarktbeziehungen und der sozialen Verhältnisse im Umland, Basel/Frankfurt a.M. 1990.

Werner Troßbach, Dr. phil., Privatdozent, wissenschaftlicher Mitarbeiter am Fachbereich Internationale Agrarwirtschaft der Universität Gesamthochschule Kassel (Witzenhausen). Forschungsschwerpunkte: Bäuerlicher Widerstand, Sozialgeschichte der Frühen Neuzeit, Aufklärungsforschung. Veröffentlichungen u.a.: Soziale Bewegung und politische Erfahrung. Bäuerlicher Protest in hessischen Territorien 1648–1806, Weingarten 1987; Der Schatten der Aufklärung. Bauern, Bürger und Illuminaten in der Grafschaft Wied-Neuwied, Fulda 1991.

Helfried Valentinitsch, Dr. phil., Professor für Rechtsgeschichte an der Universität Graz. Forschungsschwerpunkte: Mittelalterliche und frühneuzeitliche Epigraphik, Wirtschafts- und Sozialgeschichte, österreichische Landesgeschichte. Veröffentlichungen u.a.: Das landesfürstliche Quecksilberbergwerk Idria 1575–1659. Produktion – Technik – rechtlich und soziale Verhältnisse – Betriebsbedarf – Quecksilberhandel, Graz 1981; Advokaten, Winkelschreiber und Bauernprokuratoren in Innerösterreich in der frühen Neuzeit, in: Winfried Schulze (Hg.), Aufstände, Revolten, Prozesse. Beiträge zu bäuerlichen Widerstandsbewegungen im frühneuzeitlichen Europa, Stuttgart 1983, S. 188–201; Herausgeber von: Hexen und Zauberer. Die große Verfolgung – ein europäisches Phänomen in der Steiermark, Graz/Wien 1987.

Christina Vanja, Dr. phil., Referentin für Archiv, Gedenkstätten und Historische Sammlungen beim Landeswohlfahrtsverband Hessen in Kassel. Forschungsschwerpunkte: Geschichte der Psychiatrie, Geschlechtergeschichte der Frühen Neuzeit. Veröffentlichungen u.a.: Besitz- und Sozialgeschichte der Zisterzienserinnenklöster Caldern und Georgenberg und des Prämonstratenserinnenstifts Hachborn in Hessen im späten Mittelalter, Darmstadt/Marburg 1984; zusammen mit Heide Wunder Herausgeberin von: Wandel der Geschlechterbeziehungen zu Beginn der Neuzeit, Frankfurt a.M. 1991.

Rainer Walz, Dr. phil., Professor für Geschichte der Frühen Neuzeit an der Ruhruniversität Bochum. Forschungsschwerpunkte: Geschichte der Hexenverfolgungen, Geschichte der Juden, Wissenschaftsgeschichte. Veröffentlichungen u.a.: Stände und frühmoderner Staat. Die Landstände von Jülich-Berg im 16.

und 17. Jahrhundert, Neustadt a.d. Aisch 1982; Hexenglaube und magische Kommunikation im Dorf der Frühen Neuzeit. Die Verfolgungen in der Grafschaft Lippe, Paderborn 1993.

Heide Wunder, Dr. phil., Professorin für Sozial- und Verfassungsgeschichte der Frühen Neuzeit an der Universität Gesamthochschule Kassel. Forschungsschwerpunkte: Geschichte der ländlichen Gesellschaft im späten Mittelalter und in der Frühen Neuzeit, Geschlechtergeschichte in der Frühen Neuzeit. Veröffentlichungen u.a.: Die bäuerliche Gemeinde in Deutschland, Göttingen 1986; »Er ist die Sonn', sie ist der Mond'. Frauen in der Frühen Neuzeit, München 1992.